施工标准化系列丛书

城市轨道交通机电工程
施工工艺标准化操作手册

中交机电工程局有限公司　编著

中国铁道出版社有限公司

2022 年·北　京

图书在版编目(CIP)数据

城市轨道交通机电工程施工工艺标准化操作手册/中交机电工程局有限公司编著.—北京:中国铁道出版社有限公司,2022.4

(施工标准化系列丛书)

ISBN 978-7-113-28730-6

Ⅰ.①城… Ⅱ.①中… Ⅲ.①城市铁路-铁路工程-机电工程-工程施工-标准化-手册 Ⅳ.①U239.5-62

中国版本图书馆 CIP 数据核字(2021)第 277323 号

书　　名:城市轨道交通机电工程施工工艺标准化操作手册
作　　者:中交机电工程局有限公司

策　　划:徐　艳
责任编辑:徐　艳　　　　**编辑部电话:**(010)63583191
编辑助理:杨宣津
封面设计:刘　莎
责任校对:孙　玫
责任印制:樊启鹏

出版发行:中国铁道出版社有限公司(100054,北京市西城区右安门西街 8 号)
网　　址:http://www.tdpress.com
印　　刷:北京柏力行彩印有限公司
版　　次:2022 年 4 月第 1 版　2022 年 4 月第 1 次印刷
开　　本:710 mm×1 000 mm 1/16　**印张:**24　**字数:**494 千
书　　号:ISBN 978-7-113-28730-6
定　　价:128.00 元

编 委 会

序　言

中交机电工程局有限公司(以下简称“公司”)隶属于特大型中央企业——中国交通建设集团有限公司(以下简称中交集团),是中交集团唯一一家从事机电成套业务的二级单位,是集“科技研发、设计咨询、工程施工、运营维护、产品制造和商务开发”为一体的全产业链机电系统集成商,业务涉及投资、设计咨询、轨道交通、港口、公路、房建、市政、生态环保、智慧能源等多个领域版块,足迹遍布亚洲、美洲、欧洲、大洋洲、非洲的20多个国家和地区。

公司凭借一流的技术、管理和人才优势,实施了一大批具有影响力的重点项目。**轨道交通业务:**进入国内20多个城市,先后承建成都地铁17号线、佛山轨道交通2号线、西安地铁14号线、天津地铁11号线等多条整线全系统轨道交通机电工程。**港口业务:**已有30多年历史,是国内港口机电成套业务先行者和领军者,先后承建青岛港20万吨级矿石码头系统装卸工艺设备、上海罗泾港区矿石码头系统装卸工艺设备、唐山港曹妃甸区港煤炭码头等一批港口管控一体化机电工程。**公路业务:**遍布国内多省市和地区,主要包括云南华丽高速、湖北咸通高速、新疆乌尉高速等一批高速公路机电工程。**海外业务:**承建马来西亚东部铁路约8亿美元、肯尼亚蒙内铁路约4亿美元,以及肯尼亚内马铁路、哥伦比亚波哥大地铁、埃塞俄比亚塞内加尔捷斯图巴高速公路、埃塞俄比亚机场等多个铁路、公路和机场机电项目,展示了公司在机电成套业务领域的技术实力和专业水平。

中交集团第三次党代会提出“三核五商”(核心科技、核心主业、核心优势的全球一流工程承包商、全球一流投资运营商、全国一流城市发展商、全球一流交通装备制造商、全国一流生态治理商)新中交发展战略,要求全面打响“中交机电”新品牌,将机电局打造为中交集团核心竞争力重要支撑。公司对标世界一流管理,贯彻新发展理念,突出主责主业,走国际化、市场化、专业化、标准化、区域化、信息化发展之路,构建标准化管理机制,打造“百年品质工程”,实现企业高质量发展。

为贯彻机电工程建设标准化管理要求，满足项目精细化管理需求，规范轨道交通机电、港口机电、公路机电工程等主营业务各专业施工作业的程序、标准和方法，提高现场施工作业人员的管控和操作能力，消除工程项目实施过程中的安全质量隐患，全面提升企业整体施工技术水平，提高工程质量，降低成本，增进效益，公司组织技术管理人员开展“施工标准化系列丛书”的编制工作，将陆续出版。

“施工标准化系列丛书”全面梳理了公司近年来参与轨道交通机电、港口机电、公路机电工程建设的实践经验，系统总结、归纳了机电工程施工中的技术标准、施工程序、质量验收、安全环保关键子项等内容，覆盖面广，创新点丰富，对高标准、高质量、高效率完成机电工程施工具有重要指导作用。

中交机电工程局有限公司总经理

2022 年 3 月

前 言

为规范轨道交通机电工程各专业施工作业，实现工程项目管理精细化，全面提升企业整体施工技术管理能力和水平，促进施工管理和作业人员全面掌握施工程序、施工工艺、施工方法及质量、安全和环保要求，中交机电工程局有限公司组织技术人员编制了本套“施工标准化系列丛书”。

本书依据《城市轨道交通通信工程质量验收规范》GB 50382—2016、《铁路通信、信号、电力、电力牵引供电工程施工安全技术规程》TB 10308—2020、《城市轨道交通自动售检票系统工程质量验收标准》GB/T 50381—2018、《城市轨道交通自动售检票系统技术条件》GB/T 20907—2007、《建筑给水排水及采暖工程施工质量验收规范》GB 50242—2002、《通风与空调工程施工质量验收规范》GB 50243—2016 等施工技术标准、规范、办法编写。

本书涵盖了城市轨道交通机电工程接触网、电力变电、通信、信号、旅客信息、自动售检票、屏蔽门、导向标识、疏散平台、动力照明、给排水、通风空调、环境与设备监测、综合监控系统各专业的施工工艺流程，规范各工艺的作业标准、操作要求及质量控制标准。本书集系统性、规范性、操作性和精细化于一体，对工序、工艺、质量等内容进行了系统阐述，易于理解与操作，实现“拿来就可用，用了就有效”。

受编者水平及时间所限，书中内容难免有不妥之处，请广大读者批评指正。

编　者

2022 年 3 月

目　录

第1章 车站工程

1.1 通风空调系统

通风空调系统施工内容主要包括支吊架制作安装、风管制作与安装、风阀风口安装、空调水管安装、防火封堵、设备安装等，其中设备安装又包括风机安装、组合风阀安装、消声器安装、空调机组安装、冷水机组安装、水泵安装、水处理设备安装、多联机安装等。

1.1.1 支吊架制作与安装

1.1.1.1 支吊架制作与安装施工工艺流程(图1.1)

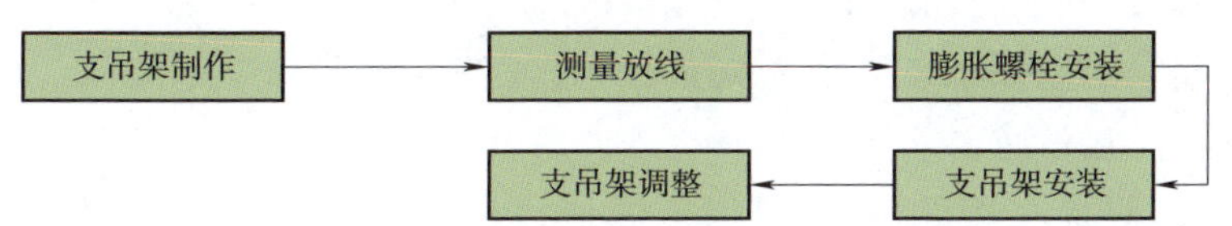

图1.1 支吊架制作与安装施工工艺流程图

1.1.1.2 施工准备阶段

熟悉图纸，对照施工图核对现场，明确支吊架的制作与安装方案，准备好技术标准和质量控制措施文件，现场环境满足作业条件要求，型钢及附属材料进场检验合格，施工机具准备齐全，施工技术交底完成。

1.1.1.3 施工阶段

1. 支吊架制作

综合支吊架根据现场设计图纸及现场测量数据进行深化，开展厂家加工，成套包装，成品到货，现场组装等程序。普通支吊架由槽钢吊耳、热镀锌通丝杆及镀锌角钢制作，支吊架制作必须符合《地铁工程机电设备系统重点施工工艺——给排水、通风与空调系统》14ST201-2的标准，同时应满足设计要求及现场实际管线的承重要求。

2. 测量放线

按照设计图纸进行测量，根据管线位置，用红外线放线仪找正标高中心及水平中心，标出锚栓打孔位置。

3. 膨胀螺栓安装

在螺栓安装位置用电锤按照螺栓安装钻孔要求进行钻孔，并在钻孔完成后，将孔内清洁干净。膨胀螺栓安装后套管不得外露，加垫片并将螺母紧固牢固，其中所有支吊架吊耳均要一直朝向风管。膨胀螺栓安装完成后需按规范或设计要求进行拉拔试验测试并通过。

4. 支吊架安装

根据安装图纸将支吊架进行组装，吊架和支架安装要横平竖直、整齐牢固、无歪斜现象，若打孔遇到钢筋，需调整孔位时，要保证综合支吊架安装效果，不能出现歪斜现象。

5. 支吊架调整

支吊架调整后，各连接件的螺杆丝扣必须带满，锁紧螺母应锁紧，防止松动。所有暴露的槽钢端均需装上封盖。

1.1.1.4 施工总结

1）风管支吊架的安装要做到牢固、可靠，支吊架的间距按规范执行，支吊架不得设在系统风口、风阀、检视门和测定孔等部位。

2）定位、测量和制作加工指定专人负责，既要符合规范标准的要求，又要与水电管支吊架协调配合、互不妨碍。

3）支吊架的焊接应外观整洁，要保证焊透、焊牢，不得有漏焊、欠焊、裂纹、咬肉等缺陷。

1.1.2 风管制作与安装

1.1.2.1 风管制作与安装施工工艺流程（图1.2）

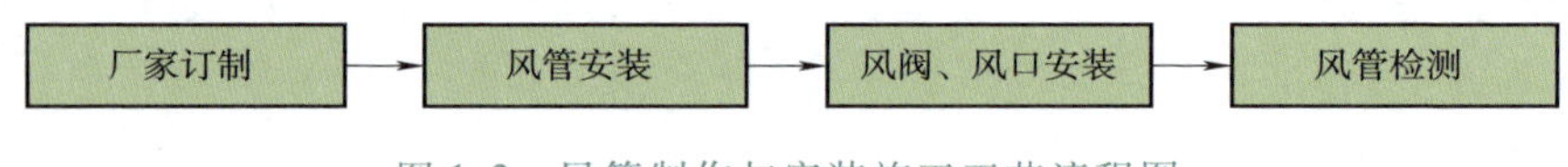

图1.2 风管制作与安装施工工艺流程图

1.1.2.2 施工准备阶段

熟悉图纸，BIM建模，对风管进行预制，厂家按图加工制作，准备好安装方案、技术标准和质量控制措施等文件，风管及附属材料进场校验合格，施工部位环境满足作业条件，施工机具齐备，检查建筑结构的预留孔洞位置，孔洞尺寸要满足套管安装要求，施工技术交底。

1.1.2.3　施工阶段

1. 厂家订制

风管制作采用加工厂集中加工方式生产。依托 BIM 模型生成加工图，向工厂下订单，根据 BIM 模型确定每一节风管位置，进行成品编码。

2. 风管安装

风管及部件安装前，清除内外杂物、保护薄膜及污垢等，并保持清洁。安装风管时，为安装方便，在条件允许的情况下，尽量在地面上进行连接，拼接时复合风管之间需加垫料，空调风管选用 3 mm 厚 70 ℃的耐高温垫料，排烟排风管选用 3 mm 厚 280 ℃的耐高温垫料。

风管安装 5 节后采用物料举升机人工手摇方式，举升到指定位置后开始固定吊架横担。水平悬吊的主、干风管长度超过 20 m 时，设置防止摆动的固定支架，每个系统不少于 1 个。风管防晃支吊架采用 L40 ×4 镀锌角钢焊接而成，切口和焊接口需进行防腐处理。风管吊杆及膨胀螺栓选用见表 1.1。

表 1.1　风管吊杆及膨胀螺栓选用表

风管大边长(mm)	吊杆型号	螺栓规格	横担
$b \leqslant 1\ 250$	$\phi 12$	M10	镀锌角钢 L40 ×4
$1\ 250 < b \leqslant 2\ 000$	$\phi 14$	M12	镀锌角钢 L50 ×5
$2\ 000 < b \leqslant 3\ 000$	$\phi 14$	M12	镀锌 8 号槽钢

风管横担也可采用同等规格的 C 型钢。

3. 风阀、风口安装

风口安装：应注意美观、牢固、位置正确、转动灵活，在同一房间成排安装同类型风口，必须拉线找直找平。送风口必须标高一致，横平竖直，表面平整，与墙面平齐，间距相等或均匀。散流器应与天花面贴紧、位置对称，多风口成一条直线。注意风口外形的完整性，不得碰撞损坏。风口水平安装时，水平度的偏差不应大于 3‰；风口垂直安装时，垂直度的偏差不应大于 2‰。风管上开风口时，一定要用风口作样板，在风管上画线，再用直通机开孔，不能用气割开孔。风口安装工艺如图 1.3 所示。

防火阀、调节阀安装：防火阀、调节阀在安装前后均作相应检查，使之操作灵活，矫正在运输过程中产生的变形，不能影响调节功能，其安装位置要根据设计要求和现场情况，使之安装在便于操作及维修的位置。防火阀、调节阀与风管在地面组装好后一起吊装。防火阀安装时，方向位置应正确，易熔件应迎气流方向；安装后应做动作试验，其阀板的启闭应灵活，动作应可靠，关闭密实。每个防火阀都设置独立支吊架，支吊架不能影响执行器工作。防火阀安装好后把防火阀全部置于开启状态。风阀安装工艺如

图 1.4 所示。

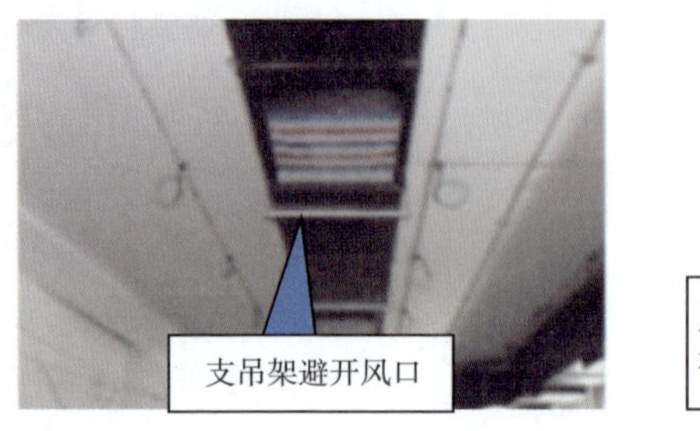

图 1.3　风口安装工艺示意图

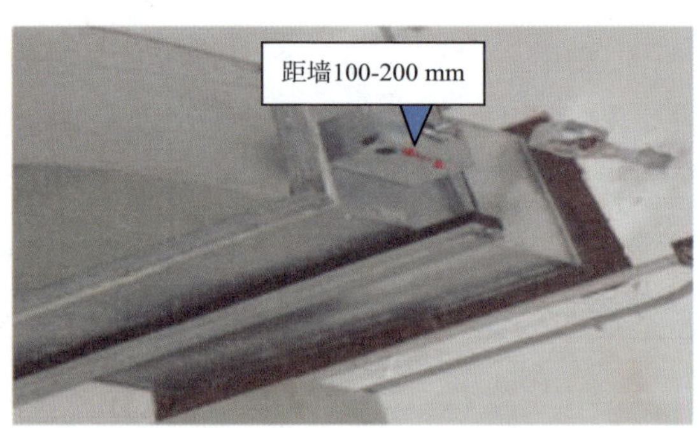

图 1.4　风阀安装工艺示意图

1.1.2.4　施工总结

1)风管系统安装完毕后,应按系统类别进行严密性检验(漏光、漏风检测等),漏风量应符合设计和规范要求。

2)风管长度超过 20 m 时,应设置防止摆动的固定点,每个系统不少于 1 个。

3)风管的连接应平直、不扭曲。明装风管水平安装时,水平度偏差每米不应大于 3 mm,总偏差不应大于 20 mm;垂直安装时,垂直度偏差每米不应大于 2 mm,总偏差不应大于 20 mm。暗装风管位置应正确,无明显偏差。

4)在风管穿越防火墙时,应设防护套管,其钢板厚度不应小于 1.6 mm。风管与防护套管之间,应用不燃柔性材料封堵。

5)风阀安装前检查操作机构是否灵活,叶片是否平直,与边框有无摩擦。各类阀门的安装方向应正确,穿越防火分区的防火阀距墙表面不应大于 200 mm,防火阀直径或长边尺寸≥630 mm 时,须单独设置支吊架。

6)各类风管部件及操作机构应安装在便于操作及检修的部位,安装后的手动或电动操作装置应灵活、可靠,阀板关闭应保持严密。

7)风口安装时应注意其平整度,同一垂直面上应控制其高度差,且均在同一立面上,安装时应特别控制平整度和高度差。明装风口,水平偏差不大于10 mm。风口水平安装时,水平度偏差不应大于3‰;风口垂直安装时,垂直度偏差不应大于2‰。

1.1.3　空调水管安装

1.1.3.1　空调水管安装施工工艺流程(图1.5)

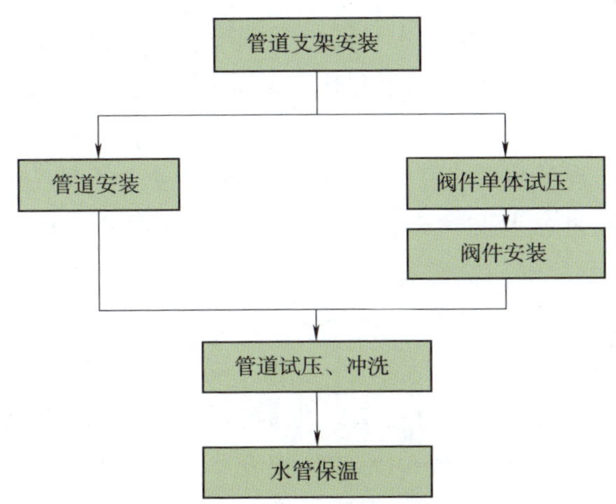

图1.5　空调水管安装施工工艺流程图

1.1.3.2　施工准备阶段

熟悉图纸,材料进场检验,施工部位环境满足作业条件,明确施工方法,施工技术交底,复核管道的安装位置、坡向及坡度,检查建筑结构的预留孔洞及预留套管,施工机具齐备。

1.1.3.3　施工阶段

1. 管道支架安装

管道支吊架制作前,确定管架标高、位置及支吊架形式,同时与其他专业对图,在条件允许的情况下,尽可能地采用共用支架。支吊架形式参照风管设置形式。支吊架型钢下料、开孔严禁使用氧—乙炔切割、吹孔,型钢必须使用砂轮切割机进行截断,台钻钻眼。支吊架固定必须牢固,焊接必须严格按设计要求进行。支架横梁必须保持水平,每个支架均与管道接触紧密。支架安装尽可能避开管道焊口,支架到焊口距离必须大于50 mm。支架必须牢固的固定在构筑物或专设的结构上。大直径管道上的阀门设置专用支架支撑,不能让管道承受阀体的重量。冷冻水管道的支吊架与钢管间采用木托绝热,木托中间空隙必须填实,不留空隙。木托加工完后必须进行防腐处理。

2. 管道安装

管道安装的基本原则:先大管,后小管;先主管,后支管。

电弧焊连接的管道在放样划线的基础上按照矫正管材、切割下料、坡口、组对、焊接、清理焊渣等工序进行施工。螺纹连接管道按矫正管材、切割下料、套丝、连接、清理填料等工序进行施工。

空调冷凝水管安装时，水平管注意坡向排水口，坡度大小应符合图纸设计要求，且不得有倒坡的现象出现。冷凝水管的软管与风机盘管连接时，连接要牢固，不得有瘪管和强扭。冷凝水管支架安装应设置合理，间距不宜过大，以免使管道产生挠性下垂，造成管内积液产生水封，使冷凝水排水困难。冷凝水管采用“U”形管卡时，管卡与管子之间必须垫置橡胶垫，以免造成冷桥产生结露。空调冷凝水管应就近排到厕所或地漏内，冷凝水管管线不应设置过长、坡度过大，避免因上述原因出现冷凝水露出吊顶的现象。

3. 阀件单体试压

阀门进场检验时，设计工作压力大于 1.0 MPa 及在主干管上起切断作用的阀门要进行水压试验（包括强度试验和严密性试验），每批数量抽查20%，且不少于1个。安装在主干管上起切断作用的阀门全数检查。

强度试验压力为公称压力的 1.5 倍，试验时间 5 min。试验时，把阀门放在试验台上，封堵好阀门两端，完全打开阀门启闭件。从一端口引入压力（止回阀应从进口端加压），打开上水阀门，充满水后，及时排气。然后缓慢升至试验压力值。到达强度试验压力后，在规定时间内，检查阀门壳体无破裂或变形，压力无下降，壳体（包括填料函及阀体与阀盖连接处）不应有结构损伤，强度试验为合格。

4. 阀件安装

阀门的安装位置、方向与高度应符合设计要求，不得反装。安装带手柄截止阀，手柄不得向下。阀门与法兰连接要定位、同心，其填料采用橡胶垫片，厚度 $\delta=5$ mm。阀门安装在便于操作的位置，如有天花要做位置标记。阀门安装后要开启灵活。

5. 水管保温

空调冷冻水供、回水管、空调凝结水管、膨胀水管、膨胀水箱需保温。整体外保护层的做法要求：采用防火密封黏结剂均匀涂刷，形成第一道保护层，再紧密均匀缠绕一层10 目玻璃纤维网格布，形成第二道保护层，最后再次采用防火密封黏结剂均匀涂刷，形成管道保温的最外保护层。每道防火密封黏结剂防火保护层都必须保证厚度均匀，平方米质量不小于 1.1 kg，该保护层的制作要求在工厂完成。保温层经济厚度见表 1.2。

表 1.2 保温层经济厚度表

水 管	保温层经济厚度
冷冻供回水管 DN15 ~ DN80	$\delta=40$ mm
冷冻供回水管≥DN100	$\delta=50$ mm
凝结水管	$\delta=25$ mm
膨胀水管	$\delta=50$ mm，保温做法按照室外保温要求进行
集水器，分水器	$\delta=70$ mm

膨胀水箱箱体外用 80 mm 泡沫玻璃保温，保温做法按照室外保温要求进行，外包 $\delta = 0.5$ mm 厚铝板保护层。膨胀水箱应为不锈钢成品，以保证使用功能。所有管道附件保温厚度与所连直管相同要求，玻璃棉毡导热系数≤0.041 W/(m·K)、含水率≤1%、最高使用温度 400 ℃。保温冷水管支架处应加垫经过防腐处理的木块，木块高度与保温层厚度一致，木块应固定在支架上设备，管道的保温做法参见《管道与设备绝热—保冷》08K507-2、08R418-2。保温材料整体达到不燃级要求。水管保温工艺如图 1.6 所示。

图 1.6　水管保温工艺示意图

1.1.3.4　施工总结

1）管径小于 DN80 采用螺纹连接，管径大于 DN80 采用卡箍式连接。螺纹应清洁、规整，断丝或缺丝不大于螺纹全扣数的 10%，连接牢固；接口处根部外露螺纹为 2～3 扣，无外露填料；镀锌管道的镀锌层应注意保护，对局部的破损处，应做防腐处理。

2）闭式系统管路应在系统最高处及所有可能积聚空气的高点设置排气阀，在管路最低点应设置排水管及排水阀。

3）焊接钢管、镀锌钢管不得采用热煨弯。

4）管道与设备的连接，应在设备安装完毕后进行，与水泵、制冷机组的接管必须为柔性接口。柔性短管不得强行对口连接，与其连接的管道应设置独立支架。

5）冷冻水及冷却水系统应在系统冲洗、排污合格（目测：以排出口的水色和透明度与入水口对比相近，无可见杂物）后，再循环试运行 2 h 以上，且水质正常后才能与制冷机组、空调设备相贯通。

6)固定在建筑结构上的管道支、吊架,不得影响结构的安全。管道穿越墙体或楼板处应设钢制套管,管道接口不得置于套管内,钢制套管应与墙体饰面或楼板底部平齐,上部应高出楼层地面20~50 mm,并不得将套管作为管道支撑。

7)冷凝水排水管坡度,应符合设计文件的规定。当设计无规定时,其坡度宜大于或等于8‰。

8)安装在保温管道上的各类手动阀门,手柄均不得向下;阀门安装的位置、进出口方向应正确,并便于操作;连接应牢固紧密,启闭灵活;成排阀门的排列应整齐美观,在同一平面上的允许偏差为3 mm。

9)空调冷冻水管采用离心玻璃棉保温。管道保温中所使用的主要材料、成品必须具有质量合格证明文件,规格、型号及性能检测报告应符合国家技术标准,或设进场时应做检查验收,并经监理工程师核查确认。

1.1.4 防火封堵

1.1.4.1 防火封堵施工工艺流程(图1.7)

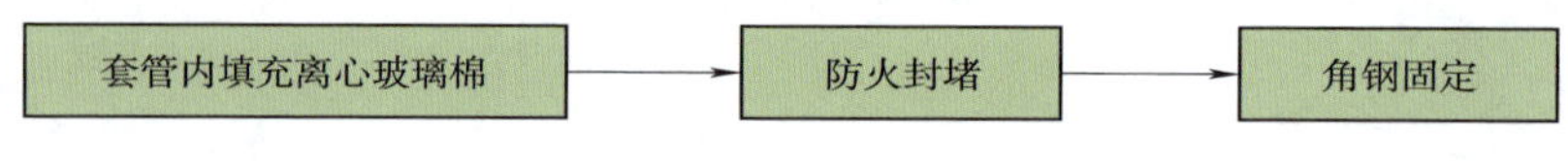

图1.7 防火封堵施工工艺流程图

1.1.4.2 施工准备阶段

检验防火封堵材料,明确施工方法,施工技术交底。

1.1.4.3 施工阶段

1. 塞保温棉

套管与风管水管四周的缝隙采用玻璃棉填实。

2. 防火封堵

套管与风管水管外侧用20 mm厚的防火泥或防火胶封堵。

3. 角钢固定

穿墙防火封堵墙体两面的防火泥采用L40×4的角钢焊接固定圈,然后用膨胀螺栓固定到墙体上。穿中板防火封堵楼板底面的防火泥采用L40×4的角钢焊接固定圈,然后用膨胀螺栓固定到楼板上。楼板上洞口周围使用水泥砂浆砌100 mm×100 mm的防水台。

1.1.4.4 施工总结

下列位置的防火封堵的防火密封材料采用防火胶:穿公共区与设备区的防火隔墙处;穿设备管理用房与环控机房的防火隔墙处;楼板处;穿风道处。其他位置的防火密封材料可用防火泥代替防火胶。

1.1.5　设备安装

1.1.5.1　风机安装

1. 风机安装施工工艺流程(图1.8)

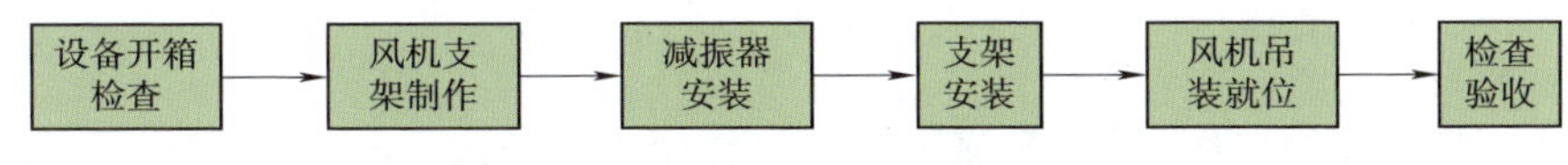

图1.8　风机安装施工工艺流程图

2. 施工准备阶段

熟悉图纸,技术交底,风机检查。

3. 施工阶段

1)风机支吊架制作安装

将4块250 mm×250 mm×10 mm的钢板距离各边25 mm开ϕ14 mm的4个孔,在钢板正中心垂直焊接L40×4的角钢,角钢长度参考风机吊装高度。根据风机底座尺寸截取适当长度的角钢和8号槽钢焊接制作支吊架。

2)风机安装

(1)风机落地安装

①使风机悬空呈水平状,使防振架的支撑板均不触及混凝土表面预埋钢板,调整填隙板,使四块支撑板与基础表面预埋钢板之间距离保持相等。

②将带有防振架的风机放至混凝土基础表面预埋钢板上,旋松防振架与支撑板之间四只底脚螺栓,将每块支撑板与凝土基础表面预埋钢板点焊两处。

③借助于普通千斤顶,将风机抬起,使其不与已点焊的支撑板接触,沿支撑板周长每50 mm长度作点焊,待冷却至环境温度,把风机就位,底脚螺栓全部拧紧。

④所有铁件均去毛刺、倒钝后刷两度防锈底漆、两度面漆。

⑤送风机、排风机、射流风机的两端配有消声器,风机房两端均设隔墙封堵,所有检修门均为防火密闭门。TVF风机两端软接头应采用防火材料或涂防火漆。

(2)风机吊装安装

①风机吊装前,在地面上将风机落在风机吊架上,并将风机与风机吊架连接固定。

②设备房顶板选择四个合适的吊点,将手拉葫芦挂在吊点吊钩上,通过手拉葫芦利用人力将风机逐渐缓慢起吊。

③起吊时为确保风机平稳,风机吊架四个角必须同时同步起吊。

④当风机起吊到风机吊架与顶板预埋钢板接触时,停止起吊。

⑤在四个角将风机吊架与预埋钢板同时焊接,焊接完毕后,再将手拉葫芦去除。安装风机两端消声器及风机软接。

3）风机检查

（1）轴流风机叶轮与主体风筒的间隙应均匀分布，大型轴流风机组装应根据随机文件的要求进行。叶片安装角度应一致，在同一平面内运转平稳。

（2）风机两端接好方变圆后在方口处安装孔大小为 15 mm×15 mm 的防鼠网，使用两法兰垫片夹紧防鼠网。风机安装工艺如图 1.9 所示。

图 1.9　风机安装工艺示意图

4. 施工总结

风机安装时安装方向和叶轮旋转方向必须正确。安装的水平度、标高、联轴器同心度符合规范要求，风机减振器受力均匀，运转时不得出现整体振动现象，轴承部位温升不得过高。对于安装在管道中间的风机须设置专用支吊架，与风机相连的异径风管在风机就位找平后安装。通风机底座采用减振装置时，基础顶面宜附设底座水平方向的限位装置，但不得妨碍底座垂直方向的运动。安装风机隔振支、吊架，其结构形式和外形尺寸应符合设计或设备技术文件的规定；焊接应牢固，焊缝应饱满、均匀。风机就位未配风管前，应将风机接口做临时封闭，防止杂物落入设备内。风管与风机的连接采用柔性短管，入口的柔性短管可适当紧张安装以防止风机启动被吸入，并应就近采用固定支吊托架紧固防止移位。

1.1.5.2　组合风阀安装

1. 组合风阀安装施工工艺流程（图 1.10）

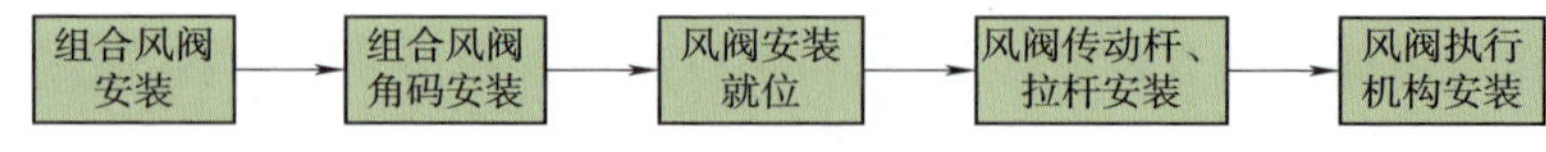

图 1.10　组合风阀安装施工工艺流程图

2. 施工准备阶段

基础验收，风阀检查，施工技术交底。

3. 施工阶段

1)组合风阀安装

(1)立式安装方式

在地面将底框整体组装好,相邻四角对齐,连接好内置的各传动杆,锁紧少量螺栓,待全部组合完毕要检测底框整体对角线(误差小于2 mm为宜),对角线经检测符合要求后锁紧所有固定螺栓,底框组装完成后整体吊装,立在图纸标识的安装位置,用角铁连接件固定在四周混凝土结构柱(或槽钢柱)上,将主拉杆按要求安装在阀体的主摇臂上。若现场不具备整体吊装条件,也可采用逐行安装的形式,将单元底框按图纸标识位置逐行安装在四周混凝土结构柱(或槽钢柱)上,相邻四角要对齐,连接好内置的各传动杆,锁紧少量螺栓,待全部组合完毕要检测底框整体对角线(误差小于2 mm为宜),对角线经检测符合要求后锁紧所有固定螺栓,将主拉杆按要求安装在阀体的主摇臂上。

(2)水平安装方式

将单元底框逐行平摆在洞口上,相邻四角要对齐,连接好内置的各传动杆,锁紧少量螺栓,待全部组合完毕要检测底框整体对角线(误差小于2 mm为宜),对角线经检测符合要求后锁紧所有固定螺栓,调平后,固定底框周边的安装角铁,与底框用螺栓安装定位。将主拉杆按要求安装在阀体的主摇臂上。

2)电动执行器安装

立式或水平安装好阀体后,依照安装图纸的要求,安装电动执行器,电动执行器安装之前应将组合风阀的传动机构进行初调,用手推(或拉)主拉杆检测传动机构的动作方向及开关位置,确认无误后将主拉杆与电动执行器及摆臂连接完成,电动执行器位置确定后,用膨胀螺栓将其连同执行器支架固定在地面。

阀体安装调整完毕后,用自攻钉安装阀面盖板和阀侧方堵板。在储运、安装过程中设备因碰擦、包装不善等原因造成框架防锈层脱落、锈蚀的地方,设备供货商负责重新刷防锈漆和面漆进行防腐处理。电动风阀执行机构安装工艺如图1.11所示。

4. 施工总结

1)组合风阀安装必须与结构面结合牢固,安装强度应满足在风阀开关各种工况下均能抵御活塞风(-500 Pa~+2 000 Pa)频繁冲击,不发生松动或脱落,若底框与结构面出现较大偏差(10 mm以上),须采取密封措施进行处理。

2)立式组合风阀安装先将底框预拼装后吊装,调平、调直后用角铁连接件固定在混凝土孔洞上再安装单元阀和传动部件,同时控制好阀体与传动部件的高差,确保安装强度及操作空间。

3)卧式组合风阀安装先将底框预拼装后平摆在洞口上,调平后,固定底框周边的安装角铁,再安装单元阀和传动部件,同时控制好阀体与传动部件的距离差,确保安装强度及操作空间,并应在孔洞周围采取防止孔洞渗水的措施。

图 1.11　电动风阀执行机构安装工艺示意图

1.1.5.3　消声器安装

1. 消声器安装施工工艺流程(图 1.12)

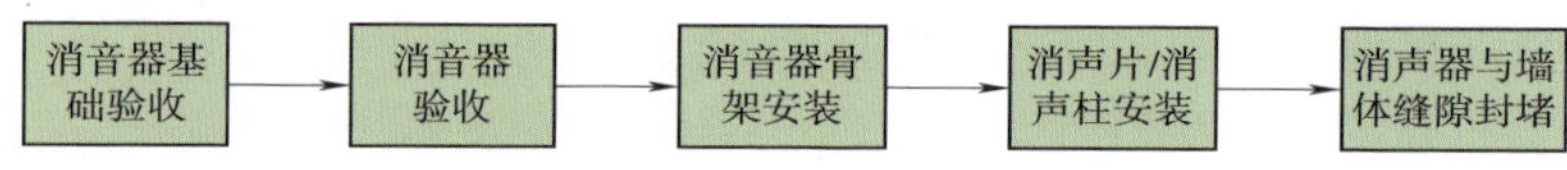

图 1.12　消声器安装施工工艺流程图

2. 施工准备阶段

基础验收,消声器检查,施工技术交底。

3. 施工阶段

1)管式消声器安装

管式消声器和消声弯头安装时,应单独设置支吊架,其重量不得由风管承受;安装前检查消声器外表面应平整,不应有明显的凹凸、划痕及锈蚀;紧固消声器部件的螺钉应分布均匀,接缝平整,不得松动脱落;消声片外包玻纤布应平整无破损,两端设置的导风条应完好,穿孔板表面应清洁,无蚀及孔洞堵塞;消声器法兰与相连接的风管或管件法兰应进行配钻,法兰间加垫圈,螺栓连接且方向应一致,保证法兰连接严密平整牢固。

2)金属壳体式消声器安装

安装前应检查金属壳体壁板平整度,如有变形需校正。制定工艺卡,确定其组装顺序为先连接四面壁板,后装入消声片,消声片安装顺序为先安装两侧壁,后由一端开始逐片装入。消声片与金属壳体上下壁板连接处铺设耐热橡胶板,并划线定位保证消声片片距符合要求。吸声体用定位型钢挤牢,并将型钢与上下壁面和吸声体底部或顶部分别焊接牢固。注意在装入中间吸声体前窄缝一侧的型钢要先与壁面焊牢。如允许现场组焊，外壳四面壁板也可采用焊接连接。

3）自联组合式消声器安装

安装前应检查风道几何尺寸及支承砖座平整度。制定工艺卡，确定组装顺序为先下后上，先侧后中，先固定后可移。组装消声片，应横平竖直，其外缘侧面不垂直度 <0.003。可移消声片最后安装，在确定可移消声片定位销位置时，要保证关门后各消声片前缘平齐。位于可移消声片顶上的固定消声片采用横担支承，并在其顶上铺吊装点来保证安全。当自联组合式消声器顶部间隔大于 50 mm 时，需要在消声器两外端加装堵板，防止噪声直接贯通。组合式消声器工艺如图 1.13 所示。

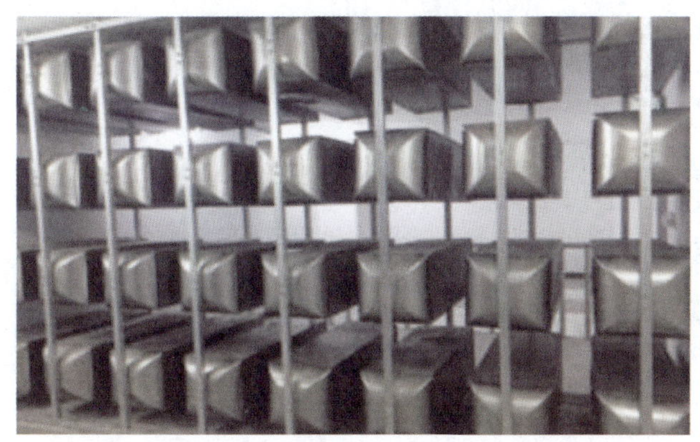

图 1.13　组合式消声器工艺示意图

4. 施工总结

1）管式消声器和消声弯头安装：应单独设置支吊架，其重量不得由风管承受；安装前应对消声器质量进行抽验，抽检率 10%，安装的位置、方向应正确，与风管的连接应严密，不得有损坏与受潮。

2）金属外壳片式消声器安装：安装前应检查金属壳体壁板平整度，如有变形需校正。组装顺序为先连接四面壁板，后装入消声片，消声片安装顺序为先安装两侧壁，后由一端开始逐片装入。消声片与金属壳体上下壁板连接处铺设耐热橡胶板，并划线定位保证消声片片距符合要求。

3）结构片式消声器安装：安装前应检查风道几何尺寸及支承基座平整度。组装顺序为先下后上，先侧后中，先固定后可移。组装消声片，应横平竖直，其外缘侧面不垂直度 <0.003。可移消声片最后安装，在确定可移消声片定位销位置时，要保证关门后各种消声片前缘平齐。位于可移消声片顶上的固定消声片采用横担支承，并在其顶上铺吊装点来保证安全。

1.1.5.4　空调机组安装

1. 空调机组安装施工工艺流程（图 1.14）

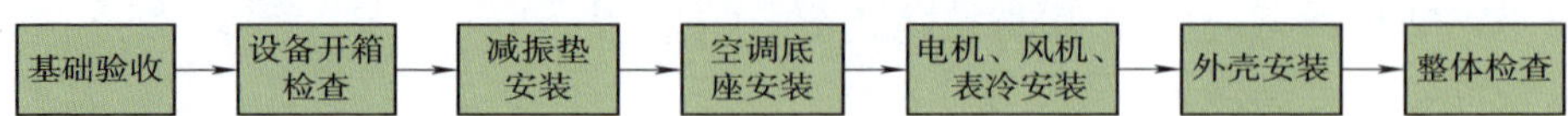

图 1.14 空调机组安装施工工艺流程图

2. 施工准备阶段

基础验收,空调机组检查,施工技术交底。

3. 施工阶段

1)开箱检查

(1)开箱前检查外包装有无受损或受潮。开箱后认真核对设备及各段的名称、规格、型号、技术条件是否符合设计要求。产品说明书、合格证、随机清单和设备技术文件应齐全。逐一检查主机附件、专用工具、备用配件等是否齐全,设备表面应无缺陷、缺损、损坏、锈蚀、受潮的现象。

(2)取下风机段活动板或通过检查门进入,用手盘动风机叶轮,检查有无与机壳相碰、风机减振部分是否符合要求。

(3)检查表冷器的凝结水部分是否畅通、有无渗漏,加热器及旁通阀是否严密、可靠,过滤器零部件是否齐全、滤料级过滤形式是否符合设计要求。

2)空调机组安装

(1)一般装配式空调安装

①阀门启闭要灵活,阀叶须平直。表面式换热器应有合格证,在规定期间内外表面又无损伤时,安装前可不做水压试验,否则应做水压试验。试验压力等于系统最高工作压力的 1.5 倍,且不低于 0.4 MPa,试验时间为 2 ~ 3 min,压力不得下降。空调器内挡水板,可阻挡喷淋处理后的空气夹带水滴进入风管内,使空调房间湿度稳定。挡水板安装时前后不得装反。要求机组清理干净,箱体内无杂物。

②现场若有多套空调机组安装,安装前将段体进行编号,切不可将段位互换调错,按厂家说明书,分清左式、右式,段体排列顺序应与图纸吻合。

③从空调机组的一段开始,逐一将段体抬上底座就位找正,加衬垫,将相邻两个段体用螺栓连接牢固严密,每连接一个段体前,将内部清洗干净。组合式空调机组各功能段间连接后,整体应平直,检查门开启要灵活,水路畅通。

④加热段与相邻段体间应采用内热材料作为垫片。

⑤喷淋段连接处要严密、牢固可靠,喷淋段不得渗水,喷淋段的检视门不得漏水。积水槽应清理干净,保证冷凝水畅通不溢水。凝结水管应设置水封,水封高度根据机外余压确定,防止空气调节器内空气外漏或室外空气进来。

⑥安装空气过滤器时方向应符合要求。

框式及袋式粗效、中效空气过滤器的安装要便于拆卸及更换滤料。过滤器与框架间、框架与空气处理室的维护结构间应严密。

自动浸油过滤器的网子应清扫干净，传动应灵活，过滤器间接缝要严密。

卷绕式过滤器安装时，框架要平整，滤料应松紧适当，上下筒平行。

静电过滤器的安装应特别注意平稳，与风管或风机相连的部位设柔性短管，接地电阻要小于4 Ω。

亚高效、高效过滤器的安装应符合以下规定：按出场标志方向搬运、存放，安置于防潮洁净的室内。其框架端面或刀口端面应平直，其平整度允许偏差为±1 mm，其外框不得改动。洁净室全部安装完毕，并全面清扫擦净。系统连续试车12 h后，方可开箱检查，不得有变形、破损和漏胶等现象，合格后立即安装。安装时，外框上的箭头与气流方向应一致。用波纹板组合的过滤器在竖向安装时，波纹板垂直地面，不得反向。过滤器与框架间必须加密封垫料和涂抹密封胶，厚度为6~8 mm。定位胶贴在过滤器边框上，应梯形或榫形拼接，安装后的垫料压缩率应大于50%。采用硅橡胶密封时，先清除边框上的杂物和油污，在常温下挤抹硅橡胶，应饱满、均匀、平整。采用液槽密封时，槽架安装应水平，槽内保持清洁无水迹。密封液宜为槽深的2/3。现场组装的空调机组，应做漏风量测试。

⑦安装完的空调机组静压为700 Pa，在室内洁净度低于1 000级时，漏风率不应大于2%；洁净度高于或等于100级时，漏风量不应大于1%。

(2)整体式空调机组的安装

①安装前认真熟悉图纸、设备说明书以及有关技术资料。检查设备零部件、附属材料及随机专用工具是否齐全。制冷设备充有保护气体时，应检查有无泄漏情况。

②空调机组安装时，坐标、位置应准确。基础达到安装强度。基础表面应平整，一般应高出地面100~150 mm。

③空调机组加减振装置时，应严格按设计要求的减振型号、数量和位置进行安装并找平找正。

④水冷式空调机组的冷却水系统、蒸汽、热水管道及电气、动力与控制线路的安装工应持证上岗。充注氟利昂和调试应由制冷专业人员按产品说明书的要求进行。

(3)单元式空调机组安装

①分体式室外机组和冷风整体式机组的安装。安装位置应正确，目测呈水平，凝结水的排放应畅通。周边间隙应满足冷却风的循环。制冷剂管道连接应严密无渗漏。穿过的孔墙必须密封，雨水不得渗入。

②水冷柜式空调机组的安装。安装时其四周要留有足够空间，方能满足冷却水管道连接和维修保养的要求。机组安装应平稳。冷却水管连接应严密，不得有渗漏现象，应按设计要求设有排水坡度。与机组相连的风管和水管的重量不得由机组承受。柜式空调器与基础间采用0~20 mm厚的橡胶减振垫进行减振处理。

③窗式空调器的安装。其支架的固定必须牢靠。应设有遮阳、防雨措施，但注意不

得妨碍冷凝器的排风。安装时其凝结水从出口用软塑料管引至排放地。安装后,其面板应平整,不得倾斜,用密封条将四周密封严密。运转时应无明显的窗框振动和噪声。

4. 施工总结

1)空调机组安装前先按设计图纸的尺寸放纵横安装基准线和基础几何中心线;如安装基准线与基础几何中心线偏差不大,则按基础几何中心线进行设备就位;设备就位后,先安装橡胶减振垫;减振垫安装牢固后,用加减薄钢片的方法精调水平度和垂直度,要求偏差≤0.1/1 000。吊装安装,吊杆用 ϕ10 ~ 16 镀锌丝杆,吊装牢固后,调整吊杆螺丝使风柜的安装水平度、垂直度符合规范要求。安装时尽量提高其标高,以免影响天花高度。

2)空调设备在水平运输和垂直运输之前尽可能不要开箱并保留好底座,现场水平运输采用滚杠、跳板组合运输,室外垂直运输采用门式提升架,机房内采用滑轮、倒链进行吊装和运输。

3)整体式空调机组安装就位时,基础须达到安装强度。空调机组加减振装置时,须严格按设计要求的减振器型号、数量和位置进行安装并找平找正。

4)空调机组凝结水的排放应畅通,必须保证冷凝水水盘高出水平管的起点 100 mm,空调设备凝结水管须有水封装置,水封高度为机外余压 +50 mm。穿过的墙孔必须密封,雨水、烟气等不得渗入。

1.1.5.5 冷水机组安装

1. 冷水机组安装施工工艺流程(图 1.15)

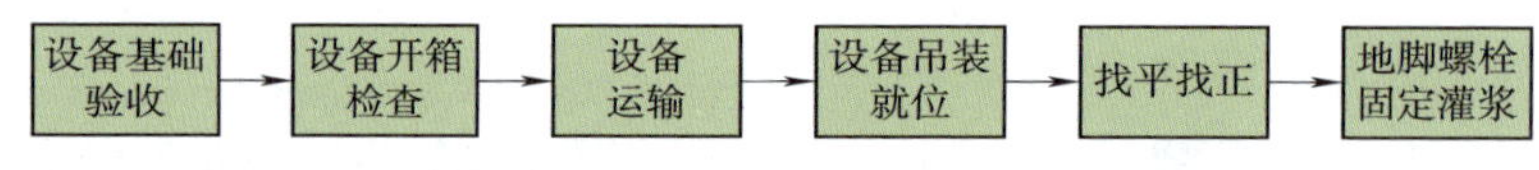

图 1.15 冷水机组安装施工工艺流程图

2. 施工准备阶段

熟悉图纸,基础验收。

3. 施工阶段

1)开箱检查

机组开箱检查核对设备的名称、型号、规格、包装箱号、箱数并检查包装情况。检查随机技术资料及专用工具是否齐全。压缩机:外表有无损坏、生锈现象,随机附件是否齐全,吸排气阀门是否关闭或封口,手盘车是否灵活,如一人盘不动时,应作解体检查并作好记录。辅助设备(如冷凝器、分油器、贮液器、蒸发器等):作外观检查,有无碰坏现象,附件是否齐全,各接口是否堵严,锈蚀程度如何,规格、型号是否符合设计。阀门、仪表:作一般的外观检查,有无损坏现象,是否氟专用产品,规格、数量是否与设计一致,安全阀是否有出厂合格证和铅封,仪表的规格、型号是否符合设计要求。检查后及时填写

“设备开箱记录”,经双方签证后存档。

拆箱后应连同原有包装箱底座,拖运至安装地点,吊装的钢丝绳应设于蒸发器筒体支座外侧,并注意钢丝绳不要使仪表板、油水管路等受力,钢丝绳与设备接触处应垫以木块,以防损伤。

2)冷水机组安装

机组拖拉、吊装就位后,应对基本尺寸进行检查,要求中心线与基础轴线应重合,两台以上并列的机组,应在同一基准标高线上,允许偏差 ±10 mm。

根据施工图纸按照建筑物的定位轴线弹出设备基础的纵横向中心线,利用铲车、人字拔杆将设备吊至设备基础上进行就位。应注意设备管口方向应符合设计要求,将设备的水平度调整到接近要求的程度。利用平垫铁或斜垫铁对设备进行初平,垫铁的放置位置和数量应符合安装要求。

设备初平合格后,应对地脚螺栓孔进行二次灌浆,所用的细石混凝土或水泥砂浆的强度等级,应比基础强度等级高 1~2 级。灌浆前应清理孔内的污物、泥土等杂物。每个孔洞灌浆必须一次完成,分层捣实,并保持螺栓处于垂直状态。待其强度达到 70% 以上时,方能拧紧地脚螺栓。冷水机组安装工艺如图 1.16 所示。

图 1.16　冷水机组安装工艺示意图

设备精平后应及时电焊垫铁,设备底座与基础表面间的空隙应用混凝土填满,并将垫铁埋在混凝土内,灌浆层上表面应略有坡度,以防油、水流入设备底座,抹面砂浆应密实、表面光滑美观。

利用水平仪法或铅垂线法在气缸加工面、底座或与底座平行的加工面上测量,对设备进行精平,使机身纵、横向水平度的允许偏差为 1‰,并应符合设备技术文件的规定。

4. 施工总结

冷水机组安装就位时,基础须达到安装强度。冷水机组加减振装置时,须严格按设计要求的减振器型号、数量和位置进行安装并找平找正。

1.1.5.6　水泵安装

1. 水泵安装施工工艺流程(图 1.17)

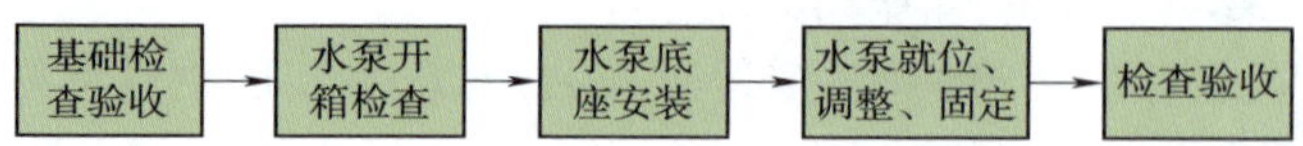

图 1.17 水泵安装施工工艺流程图

2. 施工准备阶段

熟悉图纸,基础验收。

3. 施工阶段

1)水泵检查

水泵安装前,检查水泵的名称、规格型号,核对水泵铭牌的技术参数是否符合设计要求;水泵外观应完好,无锈蚀或损坏;根据设备装箱清单,核对随机所带的零部件是否齐全,有无缺损和锈蚀。

2)水泵安装

对水泵进行手动盘车,盘车应灵活,没有卡涩和异常声音等现象。

水泵吊装时,吊钩、索具、钢丝绳应挂在底座或泵体和电机的吊环上;不允许冠在水泵或电机的轴、轴承座或泵的进出口法兰上。

水泵就位在基础上,装上地脚螺栓,用平垫铁和斜垫铁对水泵进行找平找正,并拧上地脚螺栓的螺母。

地脚螺栓的二次灌浆时,应保持螺栓处于垂直状态,混凝土的强度应比基础高 1 ~ 2 级,且不低于 C25,并做好对地脚螺栓的保护工作。

用水平仪和线坠在水泵进出口法兰和底座加工面上测量,对水泵进行精平工作,使整体安装的水泵纵向水平度偏差不应大于 0.1‰,横向水平度偏差不应大于 0.2‰;解体安装的水泵纵、横向水平度偏差均不应大于 0.05‰。

水泵与电机采用联轴器连接时,用百分表在联轴器的轴向和径向进行测量和调整,使两轴心的允许偏差:轴向倾斜不应大于 0.2‰,径向位移不应大于 0.05 mm。

有隔振要求的水泵安装,其橡胶减振垫或减振器的规格型号和安装位置应符合设计要求。

4. 施工总结

水泵进出口堵盖在配管前不应拆除,以防杂物进入泵体。水泵配管时,管子及阀门内部和管端应清洗洁净,清除杂物,管子重量不得直接承受在泵体上,相互连接的法兰端面应平行。管与泵连接后,应复检泵的原找正精度,当发现管道连接引起偏差时,应调整管道。

1.1.5.7 水处理设备安装

1. 水处理设备安装施工工艺流程(图 1.18)

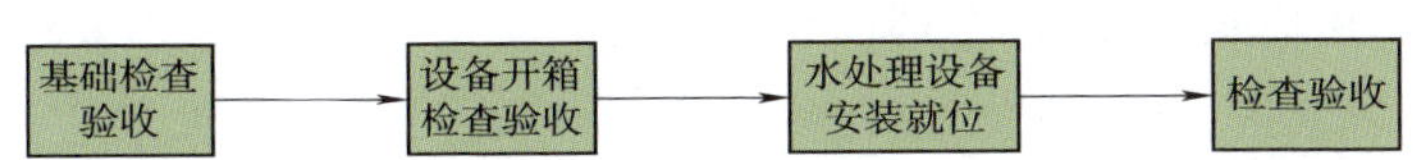

图 1.18　水处理设备安装施工工艺流程图

2. 施工准备阶段

熟悉图纸,基础验收,设备检查,施工技术交底。

3. 施工阶段

1)设备检查

水处理设备安装前,检查设备的名称、规格型号,核对设备的技术参数是否符合设计要求,设备外观应完好,无锈蚀或损坏,根据设备装箱清单,核对随机所带的零部件是否齐全,有无缺损和锈蚀。

2)设备安装

软水设备的定位按照图纸和机房内的其他设备以及和配管统一考虑。在软水设备吊装时要注意保护设备的仪表。设备就位后可用薄垫铁找平后拧紧地脚螺栓固定。在软水设备附近的地面上要设有排水口,盐罐安装时要尽量靠近树脂罐。与软水设备相连接的管道,要在试压、冲洗完毕后再连接。离子交换器安装后其树脂罐若存有水,在冬季应注意防冻。盐罐在安装后在未投入使用前不要装盐以免进水溶解。

4. 施工总结

水处理设备的各种罐安装在地坪或混凝土基础上,基础表面要求平整,同类罐的基础高度要一致,混凝土基础达到承重强度的75%以上时再安装。

1.1.5.8　多联机安装

1. 多联机安装施工工艺流程(图 1.19)

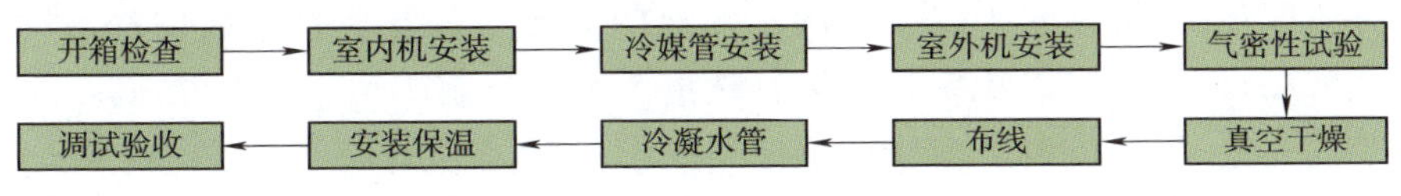

图 1.19　多联机安装施工工艺流程图

2. 施工准备阶段

熟悉图纸,技术交底。

3. 施工阶段

1)室外机安装

(1)开箱检查

根据设备清单、设备装箱单、说明书、合格证、检验记录和必要的装配图及其他技术文件,核对型号、规格,清点全部零部件、附属备件和专用工具、仪表。检查设备整体和零部件外观有无缺损和锈蚀，设备的内压应符合设备技术文件规定的出厂压力。开箱检查后，必须采取保护措施，避免设备受损，填写好开箱记录，经双方签字后存档。

(2)查验设备安装位置及基础

①安装位置的确认

在施工图设计时，设计者已经与业主协调并选择了合适的安装位置，安装时应再次确认该位置对安装室外机是否合适。

该位置处是否有可燃性气体泄漏的危险。

室内外机组之间的制冷剂配管长度及高度差能否保证在允许范围内。

通风是否良好，气流有否短路情况，维修空间最低要求能否满足。

核实放置室外机的场所的承重能力是否满足要求。

②安装需要的空间尺寸

在安装室外机时，应考虑到今后维修、保养时的方便，以及通风条件是否良好。

③室外机的运输

机器在运至安装位置前，切勿拆箱，以防运输过程中可能造成的损坏。如不得不拆箱，则在搬运时要特别小心，不要碰坏机器。

搬运时，室外机的机体倾斜度不得大于 30°。

④室外机的安装

开箱时，首先应检查室外机外观是否损坏。然后核对室外机的铭牌，确认机型、型号、规格是否符合要求，并根据清单清点附件和随机文件是否齐全。

核实机器的安装尺寸，检查安装机座是否符合要求。

⑤室外机就位

室外机与机座之间应加 10 mm 厚的减振橡胶垫，应垫成条形而非仅仅垫四只角。

室外机就位后，要用水平仪或充满水的透明聚乙烯软管检查机器的水平度。水平度保证在 ±1 mm 之内。以免室外机运行时由于水平问题产生振动及噪声。

管道的连接、保温应符合设计要求。

2)室内机安装

(1)安装位置的安装要求

①根据施工图设计时与业主协调商定好的位置进行安装，并检查核实现场安装尺寸是否符合要求，维修空间是否留足，制冷剂铜管、送回风管是否能排得下，气流是否通畅。

②检查冷凝水排管能否排得下，并能流畅地排出冷凝水。

③检查天花板的强度能否承受室内机的重量。如果强度不够，则在安装室内机之前应采取措施进行加固，或采用其他办法使天花板不承重。

④附近无强电磁场干扰，以免影响控制性能，安装室内机的场所无腐蚀性气体。

(2)室内机的检验

机组在运输过程中可能会造成损坏,因此当机组运到安装现场开箱时,必须仔细进行检查。

(3)室内机的安装

室内机型号较多,各有安装特点及要求,详见随机的安装说明书。

①首先安装悬吊螺栓,根据施工图确定室内机位置,并按照该机的安装说明书,确定安装悬吊螺栓的位置。使用地脚锚栓、埋头栓、埋头锚栓或膨胀螺栓等安装悬吊螺栓。螺栓规格为M10以上,长度根据室内机安装高度现场确定。

②将室内机安装到悬吊螺栓上,上下用螺母、垫圈固定。

③将室内机调整到现场要求的高度。室内机的最高安装位置为其上平面距天花板至少30 mm。

④用水平仪或充满水的透明聚乙烯软管检查室内机是否水平,并通过调整悬吊螺栓上的螺母进行校正。水平度应保证在±1 mm之内。

⑤校正好后,拧紧螺母,并用保温材料包裹吊架金属(有的机型可不包裹)。

3)制冷剂配管安装

(1)制冷剂配管选择

①长配管应选用盘铜管,尽可能减少焊接的地方。若无法避免,则该处焊接时需要重点照顾,气密试验时需要重点关心,确保万无一失。

②分支接头、分支集管应该放在可以打开进行检修的吊顶夹层内。

(2)制冷剂配管的养护

配管在施工前存放时以及在施工中,着重注意养护以防止水分、垃圾、尘埃进入配管中。

①管子送到施工现场,无论是直管还是盘管,均要注意不要变形、折弯,两端管口必须加盖盖子,无盖铜管不允许搬入现场。

②配管安装、连接时,未连接的管口必须加盖盖子或用封尾法、捆扎法进行封口。

③在配管、排管施工过程中,配管端口一定要加盖并用塑料袋包裹好。双重保护配管穿墙孔、穿吊顶夹层时端口不会裸露,也就不会有进水、进灰尘的危险,可确保施工过程管内的干燥和清洁。

④下雨时施工,更要密封好配管端口,防止雨水侵入。

⑤配管切断去毛刺时,要求配管朝下,以防止毛刺粉末进入管内。

(3)制冷剂配管允许长度及高度差

在配管安装施工时,必须注意室外机、室内机的安装位置及配管的布局和走向,配管路程应尽量合理、尽量短。

(4)制冷剂配管管径尺寸的选定及分支组件的选定

制冷剂配管管径和分支组件的选定原则:

①配管安装是从离室外机最远的室内机开始。此时的配管管径应与室内机上的液管管径、气管管径相一致。

②根据下游侧的室内机的总容量来选择分支接头的规格。

③分支接头之间的配管管径,由连接下游侧的室内机总容量来选定,该管径不能超过室外机相应的液管管径或气管管径。

④室外机与第一分支接头之间的配管,其管径与室外机上的配管管径相一致。

⑤做好记录。在制冷剂配管安装施工过程,要记录好气管、液管的管径及长度,以备将来补充制冷剂用。

(5)制冷剂配管的连接

①配管与分支接头的连接

若配管尺寸与分支接头尺寸不一致,则用割刀在分支接头上割出所要的管径尺寸。分支接头可水平安装或垂直安装。切断部位要注意清除毛刺和金属粉末。分支接头与配管的连接采用焊接。

②配管与分支集管的连接

根据配管尺寸在分支集管的某一支管上,用割刀割出所需要的管径尺寸。切割在该管径的中心部位进行。当连接的室内机台数小于分支集管的支管数时,不用的支管应安装闭锁管(分支集管附属品)。分支集管只允许水平安装,不允许垂直安装。切断部位要注意清除毛刺和金属粉末。分支集管的吊架要根据保温后的挂钩来设计。分支集管各支管与配管的连接也是采用焊接。

③配管与室内机的连接

室内机的气管、液管均采用扩口连接。首先取下室内机的抛光管接头上的扩口螺母。必须使用两把扳手,一把固定抛光管接头,一把扭转扩口螺母。此时会有少量气体发出“嘶”的声音。将扩口螺母套在配管上,对配管进行扩口加工。安装时抛光管接头的锥形面与配管的扩口面要充分接触并中心对准。涂一些冷冻机油在扩口外表面,便于扩口螺母光滑通过。用手轻轻旋转扩口螺母,由指力锁紧接口。用两把扳手,一把固定抛光管接头,一把扳紧扩口螺母,螺母扭转 1.5 ~ 2 周。做气密性试验时用肥皂水检查是否拧紧。严格讲,扳紧扩口螺母时,一把用普通扳手,另一把应该用力矩扳手,根据力矩来扳紧扩口螺母,如若拧得过紧会损坏扩口。

④配管与室外机的连接

室外机的液管与配管的连接,和室内机与配管的连接相同,也采用扩口连接,其做法相同。

室外机的气管与配管的连接是法兰连接的,安装时,首先从法兰处拆下随机带来的带有扩口的一段配管,与从室内机引来的气管用焊接连接。

重新安装法兰。法兰两面(凹面、凸面)擦净、涂上冷冻机油,放好垫片,再用螺钉拧紧。

(6)制冷剂配管的焊接和扩口连接

制冷剂配管的连接(与室内机、室外机、分支组件、弯管接头、直管接头),除了与室内机的连接和与室外机的液管连接采用扩口连接外,其他的连接均采用焊接连接。由于焊接质量的好坏,直接影响到空调的使用,焊接必须由专业人员仔细地进行操作。

①焊接要点及注意事项

焊接要求焊口向下或水平横向进行,尽可能避免向上。因为向上须进行仰焊,而仰焊易造成漏焊,造成系统隐患。

制冷剂的配管、分支组件、弯管接头、直管接头,都必须采用指定规格的配套产品。

液管、气管的分支组件的安装,必须注意安装方向和角度,以避免引起系统运行不好,或造成除霜时制冷剂流动噪声过大(由制冷剂流动不平衡或冷冻机油短路造成)。因此一定要注意:分支接头若水平安装时,其倾斜度一定要小于30°;若垂直安装时,必须完全垂直。分支集管只能水平安装,不能倾斜。

焊接材料用于普通场合时一般都采用磷铜焊条(BCuP-2)。

焊接时应采取充氮气焊接的方法。焊接时要先用氮气冲走配管内空气,然后一边向管内送氮气,一边焊接。焊好后继续送氮气,直至焊点温度降至常温。

注意:只能用氮气,不能用其他气体;必须使用减压阀,充气的压力约为0.02~0.05 MPa。

②扩口工序的作业顺序

把盘铜管拉直,根据长度需要用割刀将铜管割断,注意管与刀面成垂直,慢慢旋转,以防铜管变形。

铜管口向下,去毛刺,轻敲铜管,清除毛刺粉末,以防止进入铜管。

扩口加工前,记住将扩口螺母插入铜管。

用扩口模具(硬性)夹住铜管,模具规格与铜管尺寸要相配,模具内壁要干净。冲模面到管端面的尺寸,必须留足,否则易造成气体泄漏。

将冲件尖头对准扩口模具的中心,缓缓地转动手柄,使冲件旋转压向铜管端面,将铜管端面压成喇叭形,听到"咔嚓"声音后,表示喇叭口已压到位,反转冲件手柄,将冲件退出。

取下扩口模具,检查扩口内表面是否光泽均匀,扩口部管壁厚度是否一致,扩口部的大小是否合适,可在相应的抛光管接头的锥形面上试一试。扩口部表面应无损伤。若不合格,应将此扩口割去,重新加工。

(7)制冷剂配管的冲洗

在配管安装、施工过程中难免有灰尘、水气进入管内,管内也可能会有垃圾生成,因此在配管安装施工结束后，对配管进行冲洗是十分必要的。

冲洗是用气体(如:氮气)压力冲刷管壁，将管中可能存在的水气、灰尘、垃圾冲出管外，使制冷剂配管干燥、清洁。同时通过冲洗，也可确认室内机、室外机之间的配管系统的连接是否正常、是否通畅。

注意:室外机不参加冲洗。

①氮气钢瓶安装减压阀。

②用耐压软管连接减压阀与表式分流器。

③再用两根耐压软管，一根连接室外机的液侧配管与表式分流器；另一根连接室外机的气侧配管，另一头管口空着。

④用手掌按住此空着的管口，打开氮气钢瓶的总阀门，使经过减压后的氮气压力升至 0.5 MPa。

⑤快速拿开按住管口的手掌，使氮气快速从管口喷出，这就是一次冲刷。

⑥管口放置一块干净的布，氮气喷在布上，可以检查随高速氮气带出的脏物，有时还会发现布有些潮湿，表明管内有水分。

⑦再用手掌按住管子，管内氮气压力再次升高，到 0.5 MPa 时再次放开，再次进行冲洗。反复冲洗，直至无脏物，潮湿也不再出现。

⑧所用的气体只能是氮气，不能用其他气体(如用制冷剂或二氧化碳会有冷凝的危险，如用氧气会有爆炸的危险)。

4)冷凝排水管安装

直接蒸发式空调室内机排冷凝水有自然排水和采用微型提升水泵排水两种方式。

(1)排水管的基本要求

①排水管的管径应与积水盘排水口的管径相配，略大一些，不宜过大。积水盘排水口可先用排水软管(塑料或橡胶)过渡。排水管的直管套管、弯头、三通等连接件，与排水管的规格一定要相同。

②冷凝水沿排水方向保证不小于 1% 的安装坡度，室内机冷凝水管应安装存水弯头以便排水和日后清洗。

③冷凝水排管应就近排放，尽可能短，如果横向走管比较长时，为了保持 1% 的倾斜度，并为了防止冷凝水排管弯曲，应该安装支(吊)架，将排管支(吊)起。

④存水弯处应安装堵头或阀门，以便于日后清洗。

⑤冷凝水排管必须注意保温，否则会造成二次凝露。保温一定要保到室内机积水盘排水口处，如有软接头，软接头也应保温。

(2)采用提升水泵的情况

有些室内机机内带有微型提升水泵。当积水盘内的水位到一定高度，液位开关导通，提升水泵开始工作，将积水盘内的凝露水排入冷凝水排管。水排尽、水泵停机，如此反复。

①水泵提升排出的水有一定高度,因此排水升程管有高度限制,不能超过。不同机型的提升高度不同,安装时应注意。

②排水升程管距室内机的距离应小于 300 mm。

③有提升水泵的室内机,冷凝排水不需要存水弯头。

(3)多台室内机冷凝水集中排放

①横向主配管从上首安装起,要保证安装的倾斜度 1% 以上。

②横向主配管不宜太长,所接室内机尽可能少。如果室内机多或距离较远,可以分成两组甚至三组。

③自然排水和提升水泵排水,不要混合在同一个集中排水系统中。

(4)注意事项

①冷凝水的排放应该就近,尽可能排入卫生间的下水道。冷凝水排管的垂直管部分应埋入墙内。与下水道的接口必须做好,要防堵防漏,与水电工协调好,做好这个接口,还要与装潢协调好,埋有冷凝水垂直排管的墙面,严禁钉钉子或打洞。尽可能避免冷凝水排管直接向室外排放。

②自然排水式的冷凝水排管安装完成后,从室内机注水口处取下橡胶圈,用手提式补水泵,通过注水口向积水盘注水,检查系统排水是否顺畅,排水后积水盘内是否还留水,各接口是否有漏水。

③提升水泵排水式的冷凝水排管安装完成后,尚无法检验,要等电气工程完成后,提升水泵能够工作时,用手提补水泵,从注水口向积水盘注水,注水到一定量,提升水泵开始工作,此时可检查到积水盘中的水正在排除,运行声音从连续到间断,直至停止,属于正常排水。排水结束后,将橡胶圈装回注水口处。

4. 施工总结

1)室外机集中放置时,要考虑间隔距离,方便检修与通风;同一行外机间距在 200 mm 以上,两行外机间应留有 1 000 mm 以上的维修空间。机组周围通风顺畅,散热良好,机组上方 2 m 内不应有障碍物,否则应强制通风。室外机原则上不允许安装在由百叶窗封闭的空间内,若必须安装的话,则叶片间距≥30 mm 以上,百叶不得倾斜,且尽量加大百叶窗的面积。机组周围无易燃、易爆及腐蚀性气体,无热源及排油烟口,无高压线、变压器、发射塔等电磁干扰源。机组吊装运输时应保持直立,不得倾倒,否则会导致机组损坏。

2)保证房间的气流组织均匀,不会产生死角,风管机送回风管 1.5 m 范围内无障碍物,防止气流短路,送回风在同一房间。

3)室内机的安装高度直接影响到空调效果,尤其是冬季制热时,高度太高热风吹不下来。2 匹嵌入机不应超过 2.7 m,3 匹、5 匹不应超过 3 m。卡式机、风管机风口离地面不应超过 3 m。当高度超过以上要求时，应提高机组静压加装辅助电加热。室内机附近必须预留检修口，能够方便进行电机、电脑板的拆卸维修。检修口尺寸必须保证大于等于 400 mm×400 mm。

4）外机与冷媒管焊接时，对机组阀门采取冷却措施，防止焊接的高温损坏阀体内的密封材料。室外机汇总管、分歧管应采用随机附带的合格产品，不允许使用三通配件和现场焊接三通。

5）多个室内机并联时要防止相互之间返水。冷凝水出口要加装防虫防鼠网，以防堵塞。不能伸入水下地下，以免排水不畅时不能被观察到。

1.2 给排水系统

给排水系统的施工内容主要由站内给水系统、排水系统安装，站内热水供应系统安装，站外给水管道施工，卫生器具安装，区间消防系统安装几部分构成。其中，站内给水系统、排水系统包括给水管道、排水管道及配件安装，消火栓及消防喷淋系统安装，给排水设备安装。

1.2.1 给水管道及配件安装

1.2.1.1 给水管道及配件安装施工工艺流程（图 1.20）

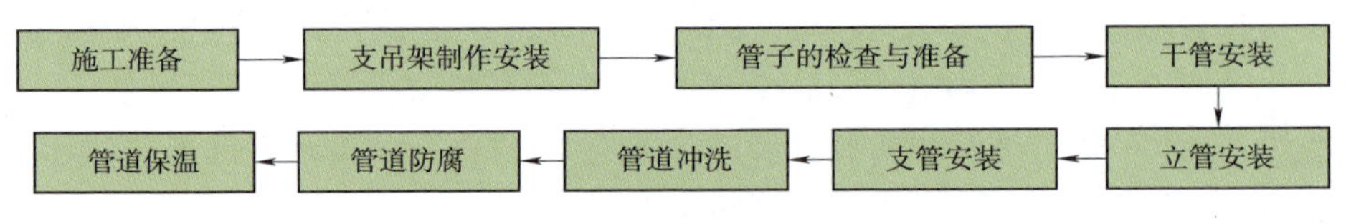

图 1.20 给水管道及配件安装施工工艺流程图

1.2.1.2 施工准备阶段

1. 熟悉图纸，做好施工准备工作

参照有关专业图和建筑结构图以及综合管线图纸，核对管线的坐标、标高是否交叉，管道排列所用的空间是否合理，并协同相关人员及时进行处理。对施工用材料和机具进行清点、核对。

2. 管道支架的放线定位

首先根据设计要求定出固定支架和补偿器的位置；根据管道设计标高，把同一水平面直管段的两端支架位置画在墙上或柱上。根据两点间的距离和坡度大小，算出两点间的高度差，标在末端支架位置上；在两高差点拉一根直线，按照支架的间距在墙上或柱上标出每个支架位置。如果土建施工时，在墙上如预留有支架孔洞或在钢筋混凝土构件上预埋了焊接支架的钢板，应采用上述方法进行拉线校正，然后标出支架实际安装位置。

1.2.1.3 施工阶段

1. 支吊架制作安装

1）支吊架制作

（1）支吊架预制

支架、吊架材料一般采用 Q235 普通碳钢制作，依据各个支吊架实际尺寸加工，画线下料、定位钻孔、焊接成型。

（2）支吊架管道的刷油

支架、吊架在地面加工好后，应马上采用钢丝刷除锈，刷二遍红丹防锈漆，待用。管道在每批材料进库检验合格后，也应马上在地面用钢丝刷除锈，并刷二遍红丹防锈漆，待用。所有支吊架及管道镀锌层在安装过程中的破损处要及时补刷防锈漆，并在试压合格及设备安装合格后，表面统一刷二遍调和漆。

2）支吊架安装

支吊架安装的一般要求：支架横梁应牢固地固定在墙、柱或其他结构物上，横梁长度方向应水平，顶面应与管中心线平行；固定支架必须严格地安装在设计规定位置，并使管子牢固地固定在支架上，在无补偿器、有位移的直管段上，不得安装一个以上的固定支架；活动支架不应妨碍管道由于热膨胀所引起的移动，其安装位置应从支承面中心向位移反向偏移，偏移值应为位移一半；无热位移的管道吊架的吊杆应垂直安装，吊杆的长度应能调节；有热位移的管道吊架的吊杆应斜向位移相反的方向，按位移值的一半倾斜安装。补偿器两侧应安装 1～2 个多向支架，使管道在支架上伸缩时不至偏移中心线。管道支架上管道离墙、柱及管子与管子中间的距离应按设计图纸要求敷设。铸铁管道上的阀门应使用专用支架，不得让管道承重。在墙上预留孔洞埋设支架时，埋设前应检查校正孔洞标高位置是否正确，深度是否符合设计和有关标准图的规定要求，无误后，清除孔洞内的杂物及灰尘，并用水将洞周围浇湿，将支架埋入填实，用 1:3 水泥砂浆填充饱满。在钢筋混凝土构件预埋钢板上焊接支架时，先校正支架焊接的标高位置，消除预埋钢板上的杂物，校正后施焊。焊缝必须满焊，焊缝高度不得少于焊接件最小厚度。各种管材安装支撑控制间距见表 1.3～表 1.5。

表 1.3 塑料管及复合管管道最大支撑间距

公称直径（mm）		12	14	16	18	20	25	32	40	50	63	75	90	110
支撑的最大间距（m）	立管	0.5	0.6	0.7	0.8	0.9	1.0	1.1	1.3	1.6	1.8	2.0	2.2	2.4
	水平管	0.4	0.4	0.5	0.5	0.6	0.7	0.8	0.9	1.0	1.1	1.2	1.35	1.55

注：塑料管采用金属管卡作支架时，管卡与塑料管之间应用塑料带或橡胶物隔垫，且不宜过大或过紧。

表 1.4 镀锌钢管管道最大支撑间距

公称直径(mm)		15	20	25	32	40	50	65	80	100	125	150	200	250	300
支撑的最大间距(m)	保温管	2	2.5	2.5	2.5	3	3	4	4	4.5	6	7	7	8	8.5
	不保温管	2.5	3	3.5	4	4.5	5	6	6	6.5	7	8	9.5	11	12

表 1.5 铜管管道最大支撑间距

公称直径(mm)		15	20	25	32	40	50	65	80	100	125	150	200
支撑的最大间距(m)	立管	1.8	2.4	2.4	3.0	3.0	3.0	3.5	3.5	3.5	3.5	4.0	4.0
	水平管	1.2	1.8	1.8	2.4	2.4	2.4	3.0	3.0	3.0	3.0	3.5	3.5

管道支架安装方法:支架结构多为标准设计,可按国标图集《室内管道支架及吊架》03S402 要求集中预制。现场安装中,托架安装工序较为复杂。结合实际情况可用栽埋法、膨胀螺栓法、射钉法、预埋焊接法、抱柱法安装。

栽埋法:适用于墙上直形横梁的安装。安装步骤:在已有的安装坡度线上,画出支架定位的十字线和打洞的方块线,即可打洞、浇水(用水壶嘴往洞顶上沿浇水,直至水从洞下沿流出)填实砂浆直至抹平洞口,插栽支架横梁。栽埋横梁必须拉线(即将坡度线向外引出),使横梁端部 U 形螺栓孔中心对准安装中心线,即对准挂线后,填塞碎石挤实洞口,在横梁找平找正后,抹平洞口处灰浆。

膨胀螺栓法:适用于角形横梁在墙上的安装。安装步骤:按坡度线上支架定位十字线向下量尺,画出上下两膨胀螺栓安装位置十字线后,用电钻钻孔。孔径等于套管外径,孔深为套管长度加 15 mm 并与墙面垂直。清除孔内灰渣,套上锥形螺栓并拧上螺母,打入墙孔直至螺母与墙平齐,用扳手拧紧螺母直至胀开套管后,打横梁穿入螺栓,并用螺母紧固在墙上。

射钉法:多用于角形横梁在混凝土结构上的安装。安装步骤:按膨胀螺栓法定出射钉位置十字线,用射钉枪射入 8 ~ 12 mm 的射钉,用螺纹射钉紧固角形横梁。

预埋焊接法:在预埋的钢板上,弹上安装坡度线,作为焊接横梁的端面安装标高控制线,将横梁垂直焊在预埋钢板上,并使横梁端面与坡度线对齐,先电焊,校正后焊牢。

抱柱法:管道沿柱子安装时,可用抱柱法安装支架。安装步骤:把柱上的安装坡度线,用水平尺引至柱子侧面,弹出水平线作为抱柱托架端面的安装标高线,用两条双头螺栓把托架紧固于柱子上,托架安装一定要保持水平,螺母应紧固。

2. 管道检查与准备

1)常规检查

球铁管及管件表面不得有裂纹,管及管件不得有妨碍使用的凹凸不平的缺陷;承口内工作面和插口外工作面应光滑、轮廓清晰,不得有影响接口密封性的缺陷;管及管件尺寸应符合现行的国家标准和国际标准。

2)校圆

管子在运输和搬运过程中,可能造成管子插口部分产生椭圆而影响安装。鉴于球铁管具有良好的弹性性能和可塑性能,采用液压或机械的方法,顶起内部,向外压或从管子外表面使用压力向内压,可将有稍许椭圆的插口校圆。

3. 干管安装

管道的连接方式有螺纹连接、卡箍连接、法兰连接、焊接、粘接、热熔连接、挤压夹紧连接。

1)螺纹连接

螺纹连接时,一般应加填料,填料的种类有铅油麻丝、铅油、聚四氟乙烯生料带和一氧化铅甘油调合剂等几种。可根据介质的种类进行选择。螺纹加工和连接的方法要正确。不论是手工或机械加工,加工后的管螺纹都应端正、清楚、完整、光滑。断丝和缺丝总长不得超过全螺纹长度的10%。管螺纹连接要点:螺纹连接时,应在管端螺纹外面敷上填料,用手拧入2~3扣,再用管钳一次装紧,不得倒回;装紧后应留有螺尾;管道连接后,应把挤到螺栓外面的填料清除掉;填料不得挤入管道,以免阻塞管路;一氧化铅与甘油混合后,需在10 min内完成,否则就会硬化,不得再用;各种填料在螺纹里只能使用一次,若螺纹拆卸,重新装紧时,应更换新填料;螺纹连接应选用合适的管钳,不得在管钳的手柄上加套管增长手柄来拧紧管道。螺纹加工工艺如图1.21、图1.22所示。

图1.21 滚丝机示意图

图1.22 螺纹加工完成示意图

2)卡箍连接

(1)用滚槽机加工沟槽时应按下列步骤进行:将切割合格的管子架设在滚槽机和滚槽机尾架上;在管子上用水平仪量测,使其处于水平位置;将管子端面与滚槽机正面贴紧,使管轴线与滚槽机正面垂直;启动滚槽机,滚压环形沟槽;停机,用游标卡尺量测沟槽的深度和宽度,在确认沟槽尺寸符合要求后,取出管子。需注意,在滚槽机滚压沟槽过程中,严禁管子出现纵向位移和角位移。卡箍加工工艺如图1.23所示。

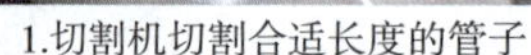

2.滚槽机滚压环形沟槽

3.管道压制完成

图 1.23 卡箍连接管道加工步骤示意图

(2)滚槽机滚压成型的沟槽应符合下列要求：管端至沟槽段的表面应平整，无凹凸、无滚痕；沟槽圆心应与管壁同心，沟槽宽度和深度应符合表 1.6 的规定；用滚槽机对管材加工成型的沟槽，不得损坏管子的镀锌层及内壁各种涂层和内衬层；沟槽外径不得大于表 1.6 的规定，加工一个沟槽的时间不宜小于表 1.7 的规定。钢管滚槽工艺如图 1.24 所示。

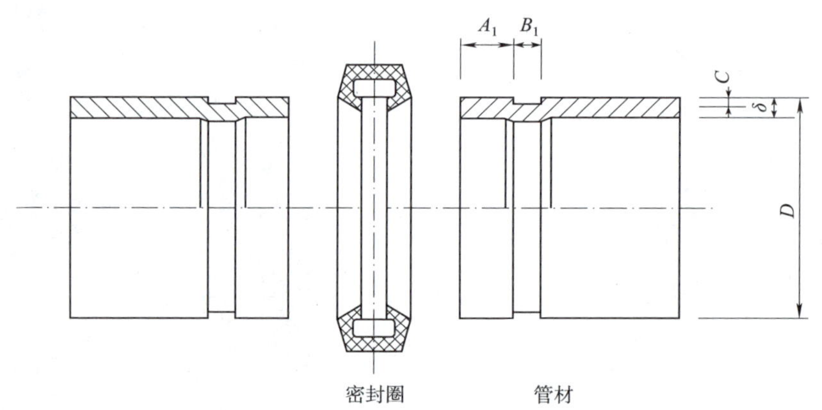

图 1.24 钢管滚槽示意图

表 1.6 钢管滚槽、开槽基本尺寸及偏差表(单位：mm)

公称直径 DN	外径 D	最小壁厚 δ	$A_1\ {}^{0}_{-0.5}$	$B_1\ {}^{+0.5}_{0}$	$C\ {}^{+0.5}_{0}$
80	89	4.0	14.5	9.5	2.2
100	108	4.0	16	9.5	2.2
100	114	4.0	16	9.5	2.2
125	133	4.5	16	9.5	2.2

续上表

公称直径 DN	外径 D	最小壁厚 δ	$A_1\ {}^{0}_{-0.5}$	$B_1\ {}^{+0.5}_{0}$	$C\ {}^{+0.5}_{0}$
125	140	4.5	16	9.5	2.2
150	159	4.5	16	9.5	2.2
150	165	4.5	16	9.5	2.2
150	168	4.5	16	9.5	2.2
200	219	6.0	19	13	2.5
250	273	6.5	19	13	2.5
300	325	7.5	19	13	3

表 1.7　沟槽加工时间表

公称直径 DN(mm)	50	65	80	100	125	150	200	250	300
加工时间(min)	>2	>2	>2.5	>2.5	>3	>3	>4	>5	>6

(3)沟槽式接头应按下列步骤进行:用游标卡尺检查管材、管件的沟槽是否符合表 1.6 的规定,以及卡箍件的型号是否正确;在橡胶密封圈上涂抹润滑剂,并检查橡胶密封圈是否有损伤;管道连接时先将橡胶密封圈安装在接口中间部位,可将橡胶密封圈先套在一侧管端,定位后再套上另一侧管端;校直管道中轴线,在橡胶密封圈的外侧安装卡箍件,必须将卡箍件内缘嵌固在沟槽内,并将其固定在沟槽中心部位;压紧卡箍件至端面闭合后,即刻安装紧固件,应均匀交替拧紧螺栓;在安装卡箍过程中,必须目测检查橡胶密封圈,防止起皱,安装完毕后,检查并确认卡箍件内缘全圆嵌固在沟槽内。卡箍连接步骤如图 1.25 所示。

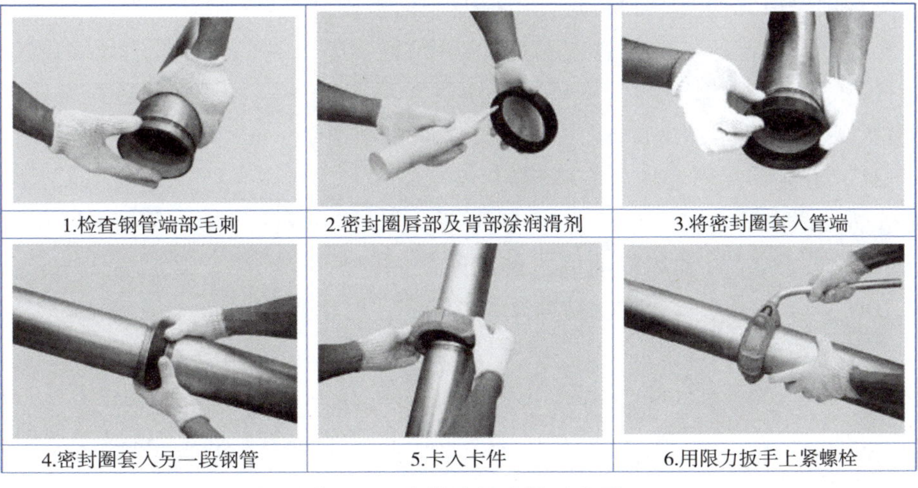

图 1.25　卡箍连接步骤示意图

3)法兰连接

法兰的各部分加工尺寸应符合标准或设计要求,法兰表面应光滑,不得有砂眼、裂纹、斑点、毛刺等降低法兰强度和连接可靠性的缺陷。法兰垫片是成品件时应检查核实其材质,尺寸应符合标准和设计要求,软垫片质地柔韧,无老化变质现象,表面不应有折损皱纹缺陷,法兰垫片无成品件时,应现场根据需要自行加工,加工方法有手工剪制和工具切割两种。手工剪制时,常剪成手柄式,以便安装调整垫片位置。螺栓及螺母的螺纹应完整,无伤痕、毛刺等缺陷,螺栓、螺母应配合良好、无松动和卡涩现象。

法兰连接安装:法兰与管子组装前对管子端面进行检查,管口端面倾斜尺寸不得小于1.5 mm;法兰与管子组装时要用角尺检查法兰的垂直度,法兰连接的平行度偏差尺寸当设计无明确规定时,则不应小于法兰外径的1.5 mm,且不应大于2 mm;法兰与法兰对接时,密封面应保平衡,见表1.8。

表1.8 法兰密封面的平行度及平行度允许偏差值

法兰公称直径 DN(mm)	在下列标称压力下的允许偏差(最大间隙-最小间隙)(mm)		
	P_N <1.6 MPa	1.6≤P_N≤6.0 MPa	P_N >0.6 MPa
≤100	0.2	0.10	0.05
>100	0.3	0.15	0.06

为了便于装拆法兰紧固螺栓,法兰平面距支架和墙面的距离不应小于200 mm;拧紧螺栓应对称成十字交叉进行,以保障垫片各处受力均匀,拧紧后螺栓露出丝扣的长度不应大于螺栓直径的一半,也不应小于2 mm。

4)铜管焊接

在安装过程中,应轻拿轻放,防止碰撞及表面被硬物划伤。

弯管的管口至起弯点的距离应不小于管径,且不小于30 mm。采用螺纹连接时,螺纹应涂石墨甘油。法兰连接时,垫片采用橡胶制品等软垫片。采用翻边松套法兰连接时,应保持同轴。DN≤50 mm时,其偏差≤1 mm;DN>50 mm时,其偏差≤2 mm。除此之外,还应遵循镀锌钢管安装的有关规定。

铜管焊接时在焊前必须清除焊丝表面和焊件坡口两侧约30 mm范围内的油污、水分、氧化物及其他杂物,常用汽油或乙醇擦拭。焊丝清洗后,置于含硝酸35%~40%或含硫酸10%~15%的水溶液中,浸蚀2~3 min后用钢丝刷清除氧化皮,并露出金属光泽。

坡口制备时,当δ<3 mm时,采用卷边接头,卷口高度1.5~2 mm;当δ介于3~6 mm之间时,纯铜可不开坡口;当δ>6 mm时,采用V形坡口;当δ≥14 mm时,采用U形坡口或X形坡口。对接接头坡口尺寸见表1.9。

表 1.9　铜管接头坡口尺寸

简　图	管壁厚 δ（mm）	间隙 b（mm）	填充焊丝直径（mm）	错边允许	备注
	1.5～3（不含） 3～6	0 3～6	不填充 ϕ2～3	小于壁厚8%	
	6（不含）～10	1.5	ϕ3～5	小于壁厚8%	钝边1.5 mm
	≥14	1.5	ϕ6	小于壁厚8%且不大于15 mm	钝边1.5 mm

注：壁厚度 δ>3 mm，推荐采用预热，预热 200 ℃～600 ℃。

焊接方法：气焊、碳弧焊、手工电弧焊、氩弧焊。

5）塑料管黏结

将管材切割为所需长度，两端必须平整，最好使用割管机进行切割。用中号钢锉刀将毛刺去掉并倒成 2×45°角，并在管子表面根据插口长度作出标识。

用干净的布清洁管材表面及承插口内壁，选用浓度适宜的黏合剂，使用前搅拌均匀，涂刷黏合剂时动作迅速，涂抹均匀。涂抹黏合剂后，立即将管子旋转推入管件，旋转角度不大于 90°，要避免中断，一直推入到底，根据管材规格的大小，轴向推力保持数秒到数分钟，然后用棉纱蘸丙酮擦掉多余的黏合剂，把盖子盖好，防止渗漏和挥发，用丙酮或其他溶剂清洗刷子。

立管和横管按规定设置伸缩节，横管伸缩节应采用锁紧式橡胶管件，当管径大于或等于 100 mm 时，横干管宜采用弹性橡胶密封圈连接形式，当设计对伸缩节无规定时，管端插入伸缩节处。预留的间隙：夏季为 5～10 mm，冬季为 15～20 mm。

注意事项：

（1）黏结面必须保持干净，严禁在雨天或潮湿环境下进行黏结；

（2）不能使用脏的刷子或不同材料使用过的刷子来进行黏结操作；

（3）不能用脏的或有油的棉纱擦拭管子和管件接口部分；

（4）不能在接近火源或有明火的地方进行操作。

6)塑料给水管道热熔连接

将热熔工具接通电源,到达工作温度指示灯亮后方能开始操作。

切割管材时,必须使端面垂直于管轴线。管材切割一般使用管子剪或管道切割机,必要时可使用锋利的钢锯,但切割后管材断面应去除毛边和毛刺。

管材与管件连接端面必须清洁、干燥、无油。

用卡尺和画线笔在管端测量并标绘出热熔深度,热熔深度应符合表 1.10 的规定。

表 1.10 热熔连接技术要求

公称外径(mm)	热熔深度(mm)	加热时间(s)	加工时间(s)	冷却时间(min)
20	14	5	4	3
25	16	7	4	3
32	20	8	4	4
40	21	12	6	4
50	22	18	6	5
63	24	24	6	6
75	26	30	10	8
90	32	40	10	8
110	38.5	50	15	10

注:若环境温度小于 5 ℃,加热时间延长 50%。

熔接弯头或三通时,按设计图纸要求,应注意其方向,在管件和管材的直线方向上,用辅助标志标出位置。

连接时,无旋转地把管端导入加热套内,插入到所标志的深度,同时,无旋转地把管件推到加热头上,达到规定标志处。加热时间必须满足表 1.10 的规定(也可按热熔工具生产厂家的规定)。

达到加热时间后,立即把管材与管件从加热套的加热头上同时取下,迅速地、无旋转地、直线均匀地插入到所标深度,使接头处形成均匀凸缘。在表 1.10 中所规定的加工时间内,刚熔接好的接头还可校正,但严禁旋转。

注意事项:

(1)在整个熔接区周围,必须有均匀环绕的溶液瘤;

(2)熔接过程中,管子和管件应平行移动;

(3)所有熔接连接部位必须完全冷却,正常情况下规定最后一个熔接过程结束,1 h 后才能进行压力试验;

(4)焊接管工必须经过培训;

(5)严格控制加热时间、冷却时间、插入深度、加热温度;

(6)管子和管件必须应用有吸附能力的、没有纤维的、含乙醇基的清洗剂,比如酒精;

(7)管道支架严格按照规范要求施工。

7)塑料管的挤压夹紧连接

通过塑料管与夹紧接头之间机械作用而达到的连接。塑料管被两个挤压面围住,挤压面将压力作用在管子表面上,通过管子表面与挤压面产生的摩擦,阻止管子从连接部位滑脱出来,以实现连接。挤压连接采用专用的施工工具和挤压夹紧接头,接头由夹紧固定部分和密封部分组成。管子和连接件(接头)之间通过弹性密封圈实现密封。塑料管的挤压夹紧连接方式有全塑料连接、金属连接和嵌入环压紧连接。

4. 立管安装

1)立管明装

每层从上至下统一吊线安装卡件,将预制好的立管按编号分层排开,按顺序安装,对好调直时的印记,丝扣外露 2 ~3 扣,清除麻头,校核预留甩口的高度、方向是否正确。外露丝扣和镀锌层破损处刷好防锈漆。支管甩口均加好临时丝堵。立管阀门安装朝向应便于操作和修理。安装完后用线坠吊直找正,配合土建堵好楼板洞。

2)立管暗装

竖井内立管安装的卡件宜在管井口设置型钢,上下统一吊线安装卡件。安装在墙内的立管应在结构施工中预留管槽,立管安装后吊直找正,用卡件固定。支管的甩口应露明并加好临时丝堵。水管敷设工艺如图 1. 26 所示。

图 1. 26　水管敷设工艺示意图

5. 支管安装

1)立管明装

将预制好的支管从立管甩口依次逐段进行安装,根据管道长度适当加好临时固定卡,核定不同卫生器具的冷热水预留口高度,加好临时丝堵。支管装有水表位置先装上连接管,试压后在交工前拆下连接管,换装水表。

2)立管暗装

确定支管高度后画线定位,剔出管槽,将预制好的支管敷在槽内,找平、找正定位后用勾钉固定。卫生器具的冷热水预留口要做在明处,加好丝堵。

6. 管道冲洗

管道在试压完成后即可做冲洗,冲洗时,应避开用水高峰,保证有充足的流量,冲洗流速不小于 1.0 m/s,连续冲洗。

管道第一次冲洗应用清洁水冲洗至出水口水样浊度小于 3 NTU 为止,冲洗流速应大于 1.0 m/s。管道第二次冲洗应在第一次冲洗后,用有效氯离子含量不低于 20 mg/L 的清洁水浸泡 24 h 后,再用清洁水进行第二次冲洗直至水质检测。

7. 管道防腐

给水管道铺设与安装的防腐均按设计要求及国家验收规范施工,所有型钢支架及管道镀锌层破损处和外露丝扣要补刷防锈漆。

8. 管道保温

给水管道明装、暗装的保温有三种形式:管道防冻保温、管道防热损失保温、管道防结露保温。其保温材质及厚度均按设计要求,质量达到国家验收规范标准。

1.2.1.4 施工总结

管道的支、吊架安装应平整牢固,按照要求设防晃支架。给水水平管道应有 2‰ ~ 5‰ 的坡度坡向泄水装置。生产给水系统管道在交付使用前必须冲洗和消毒,达到相关标准才能使用。室内直埋给水管道(塑料管道和复合管道除外)应做防腐处理。水表应安装在便于检修,不受曝晒、污染和冻结的地方。

1.2.2 排水管道及配件安装

1.2.2.1 排水管道及配件安装施工工艺流程(图 1.27)

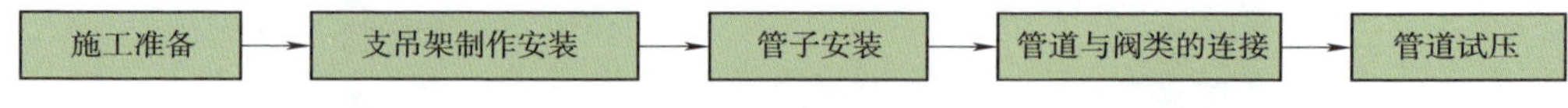

图 1.27 排水管道及配件安装施工工艺流程图

1.2.2.2 施工准备阶段

1. 熟悉图纸,做好施工准备工作

参照有关专业图和建筑结构图以及综合管线图纸,核对管线的坐标、标高是否交叉,管道排列所用的空间是否合理,并协同相关人员及时进行处理。对施工用材料和机具进行清点、核对。

2. 管道支架的放线定位

首先根据设计要求定出固定支架和补偿器的位置;根据管道设计标高,把同一水平面直管段的两端支架位置画在墙上或柱上。根据两点间的距离和坡度大小,算出两点间的高度差,标在末端支架位置上;在两高差点拉一根直线,按照支架的间距在墙上或柱上标出每个支架位置。如果土建施工时,在墙上如预留有支架孔洞或在钢筋混凝土构件上预埋了焊接支架的钢板,应采用上述方法进行拉线校正,然后标出支架实际安装位置。

1.2.2.3 施工阶段

1. 支吊架制作安装

支吊架制作参见 1.2.1.3 施工阶段。

2. 管道安装

1)镀锌钢管管道安装时,严禁采用焊接连接或进行局部加热、冷弯和煨弯等加工。

2)管子的截断,应使用专用的管剪,将管子剪断,在没有专用管剪时,允许使用割刀和细齿钢锯,将管子锯断,断口应垂直于管子的轴线,清除断口内外的毛刺及锯削。

3)管道的连接:根据设计要求的连接方式,按连接操作程序和方法进行。严禁在塑料管上套丝连接。

4)必须按照加工预制单线图进行,施工中严格执行"上堵下开"施工工艺,及时封堵管道水平和朝上的开口,防止异物进入管内。

5)安装于墙体内的管道,除分水管件处(三通、四通)不宜采用其他管件接驳管道。

6)压力排水管道,宜设置 0.002~0.005 的坡度,坡向泵房集水池(坑)。

7)管道穿越楼板和墙壁时应加设套管,当管道穿越建筑物沉降缝或伸缩缝时,应加设金属软接头。

8)管道的固定:沿墙面或楼地面敷设的管道,必须采用管卡或插座固定,并用钢钉或膨胀螺栓固定在依托墙体或楼板上。吊装的管道或有保温的管道应采用吊架或托架固定管道。

3. 管道与阀类的连接

1)管道阀门安装均应按照设计图纸要求,仔细核对阀门附件的规格、型号、压力等级及安装位置、介质流向和安装高度均应符合设计要求,同时便于操作维修。

2)按照镀锌钢管管道产品技术要求,在钢管管道与阀门连接时,必须使用配套管件进行。

4. 管道试压

1)管道安装完毕后,应进行压力试验,以检查管道强度和严密性,水压试验应根据设计进行。

2)温度低于 0 ℃进行水压试验时,应采取防冻措施,试验合格后及时将系统内水排净。

1.2.2.4 施工总结

金属排水管道上的吊钩或卡箍应固定在承重结构上。固定件间距：横管不大于 2 m；立管不大于 3 m。楼层高度小于或等于 4 m，立管可安装一个固定件。立管底部的弯管处应设支墩或采取固定措施。生活污水塑料管道的坡度必须符合设计。排水塑料管必须按设计要求及位置装设伸缩节。如设计无要求时，伸缩节间距不得大于 4 m。在生活污水管道上设置的检查口或清扫口，埋在地下的排水管道的检查口，应设在检查井内。井底表面标高与检查口的法兰相平。井底表面应有 5% 的坡度和坡向检查口。

1.2.3 消防系统安装

1.2.3.1 消防系统安装施工工艺流程（图 1.28）

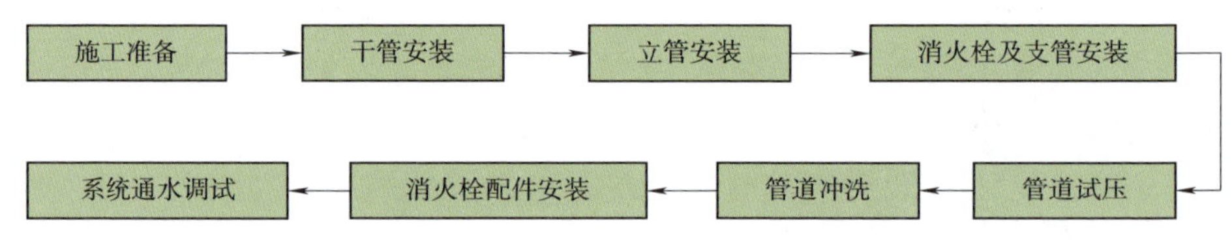

图 1.28 消防系统安装施工工艺流程图

1.2.3.2 施工准备阶段

1）认真熟悉经消防主管部门审批的设计施工图纸，编制施工方案，进行技术、安全交底。

2）核对有关专业图纸，查看各种管道的坐标、标高是否存在排列位置不当的问题，及时与设计人员研究解决，办理洽商手续。

3）检查预埋件和预留洞是否准确。

4）检查管材、管件、阀门、设备及组件等是否符合设计要求和质量标准。

5）要安排合理的施工顺序。

1.2.3.3 施工阶段

1. 干管安装

消火系统干管安装应根据设计要求使用管材。

1）采用橡胶圈接口的管道，允许沿曲线敷设，每个接口的最大偏转角不得超过 2°。

2）法兰连接时衬垫不得凸入管内，其外边缘接近螺栓孔为宜。不得安放双垫或偏垫。

3）连接法兰的螺栓，直径和长度应符合标准，拧紧后，突出螺母的长度不应大于螺杆直径的 1/2。

4）螺纹连接管道安装后的管螺纹根部应有 2 ~ 3 扣的外露螺纹，多余的麻丝应清理干净并做防腐处理。

5)卡箍(套)式连接两管口端应平整、无缝隙,沟槽应均匀,卡紧螺栓后管道应平直,卡箍(套)安装方向应一致。

6)管道穿墙处不得有接口。

2. 立管安装

1)立管暗装在竖井内时,立管底部的支、吊架要牢固,防止立管下坠。

2)立管明装时每层楼板要预埋套管。

3. 消火栓及支管安装

1)消火栓箱体要符合设计要求(其材质有钢、铝合金等),栓阀有单出口和双出口两种。产品均应有消防部门的制造许可证及合格证方可使用。

2)消火栓支管要以栓阀的坐标、标高定位甩口,核定后再稳固消火栓箱,箱体找正稳固后再把栓阀安装好,栓阀侧装在箱内时应在箱门开启的一侧,箱门开启应灵活。

3)消火栓箱体安装在轻质隔墙上时,应有加固措施。消火栓与管道连接如图1.29所示。

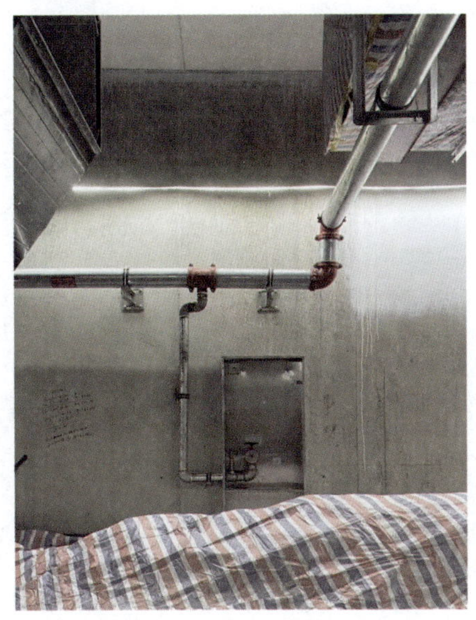

图1.29　消火栓与管道连接示意图

4. 管道试压

消防管道试压可分层、分段进行,上水时最高点要有排气装置,高低点各装一块压力表,上满水后检查管路有无渗漏,如有法兰、阀门等部位渗漏,应在加压前紧固,升压后再出现渗漏时做好标记,卸压后处理。必要时泄水处理。试压环境温度不得低于+5 ℃,当低于+5 ℃时,水压试验应采取防冻措施。当系统设计工作压力等于或小于1.0 MPa时,水压强度试验压力应为设计工作压力的1.5倍,并不低于

1.4MPa;当系统设计工作压力大于1.0 MPa时,水压强度试验压力应为该工作压力加0.4 MPa。水压强度试验的测试点应设在系统管网最低点。对管网注水时,应将管网内的空气排净,并应缓慢升压,达到试验压力后,稳压30 min,目测管网应无泄漏、无变形,且压力降不大于0.5 MPa,水压严密性试验应在水压强度试验和管网冲洗合格后进行。试验压力应为设计工作压力,稳压24 h,应无泄漏。试压合格后及时办理验收手续。

5. 管道冲洗

管道冲洗:消防管道在试压完毕后可连续做冲洗工作。冲洗前先将系统中的流量减压孔板、过滤装置拆除,冲洗水质合格后重新装好,冲洗出的水要有排放去向,不得损坏其他成品。

6. 消火栓配件安装

消火栓配件安装:应在交工前进行。消防水带应折放在挂架上或卷实、盘紧放在箱内,消防水枪要竖放在箱体内侧,自救式水枪和软管应放在挂卡上或放在箱底部。消防水龙带与水枪快速接头的连接,应使用配套卡箍锁紧。设有电控按钮时,应注意与电气专业配合施工。

7. 系统通水调试

消防系统通水调试应达到消防部门测试规定条件。消防水泵应接通电源并已试运转,测试最不利点的消火栓的压力和流量能满足设计要求。

1.2.3.4 施工总结

消防水管安装应在线缆桥架下方,且周围不应有电气设备。安装消火栓水龙带,水龙带与水枪和快速接头绑扎好后,应根据箱内构造将水龙带挂放在箱内的挂钉、托盘或支架上。施工完毕后对消防管道及设备进行标识,如图1.30所示。

图1.30 消防管道及设备标识工艺示意图

1.2.4 给水设备安装

1.2.4.1 给水设备安装施工工艺流程(图1.31)

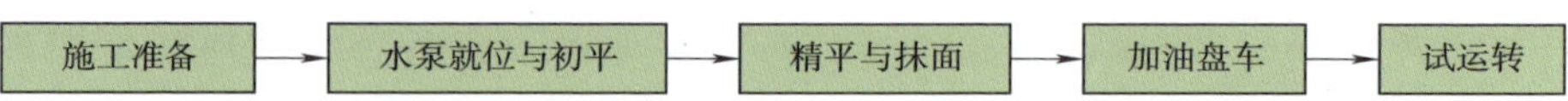

图1.31 给水设备安装施工工艺流程图

1.2.4.2　施工准备阶段

1)安装前应核对基础进行验收,结合设计图纸复核基础尺寸及螺栓孔或预埋螺栓尺寸。将基础表面清扫干净,地脚螺栓孔打毛。水冲洗并清理干净。

2)水泵型号应与设计相符,动力机械与水泵功率应匹配;产品合格证、产品说明书及随机配件应齐全。

3)进行开箱检查。检查其箱号和箱数以及包装情况;检查名称、型号、规格是否符合设计要求;检查有无缺件、损坏和锈蚀情况。进出管口保护物和封盖应好。手盘转动部位是否轻便自如。检查有无阻滞、卡住、异常等现象。水泵型号应与设计相符,动力机械与水泵功率应匹配;产品合格证、产品说明书及随机配件应齐全。

4)进行技术交底、安全交底。

1.2.4.3　施工阶段

1. 水泵就位与初平

将水泵放于基础上,然后穿上地脚螺栓并带螺帽(外露工丝)底座下放置垫铁(每组为斜垫铁2块),以水平尺初步找平,地脚螺栓内灌混凝土。

2. 精平与抹面

待混凝土凝固期满进行精平并拧紧地脚螺帽,每组垫铁以点焊固定,基础表面打毛,水冲洗后以水泥砂浆抹平。

另带联轴器水泵安装需增加电动机就位与初平、调整联轴器等工艺环节。而后将水泵电动机的地脚螺栓孔灌满混凝土,待养护期后再次按表1.11的规定复核联轴器的同心度。

表1.11　联轴器间隙与轮缘允许误差标准表

对轮直径(mm)	间隙(mm)	轮缘检查上、下、左、右允许误差	
		允许误差(mm)	允许误差极限(mm)
ϕ250以下	3~4	0.03	0.075
ϕ250以上	4~5	0.04	0.10

找正方法:中心找正,以水泵轴线为基准;标高找正,以水泵底为基准;吸水管连接,要平整、垂直、密封。

3. 加油盘车

检查泵上油杯和往孔内注油,盘动联轴器,使水泵电动机转动灵活。

4. 试运转

将泵出水管上阀件关闭,随泵启动运转再逐渐打开,并检查有无异常,电动机温升、水泵运转、压力表及真空表的指针数值、接口严密程度是否符合标准规范要求。

1.2.4.4 施工总结

水泵就位前应该检查基础混凝土强度、坐标、标高、尺寸和螺栓孔位置。为保证水泵平稳运转,水泵地脚螺栓应紧固或增设减振器。

1.2.5 排水设备安装

1.2.5.1 排水设备安装施工工艺流程(图1.32)

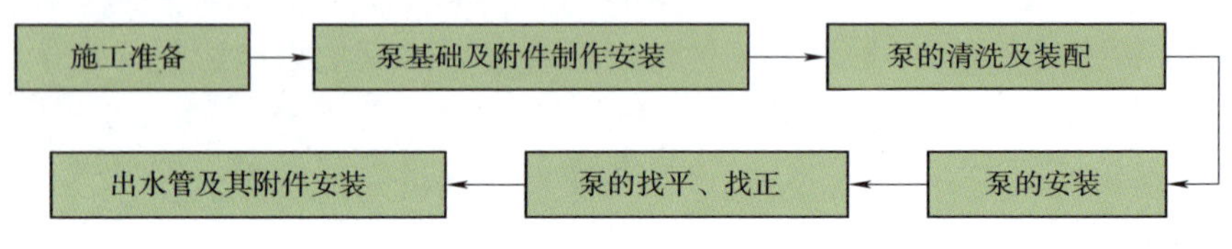

图1.32 排水设备安装施工工艺流程图

1.2.5.2 施工准备阶段

1)进行技术交底、安全交底。

2)材料、设备确认合格,准备齐全,送到现场。

3)测试泵坑内有害气体浓度,确保人身安全。

1.2.5.3 施工阶段

1. 泵基础及附件制作安装

1)泵基础的配筋、混凝土标号、配合比严格按设计图施工;基础减振动装置按图纸要求安设。

2)泵地脚螺栓的安装,安装人员在安装前需仔细阅看泵房设计图、泵安装图;地脚螺栓的不垂直度不应超过10‰;地脚螺栓最外缘离灌浆孔壁应大于15 mm;螺栓底端不应碰孔底;地脚螺栓上的油脂和污垢应清除干净。但灌浆孔上与泵相连的螺纹部分应涂油脂;螺母与垫圈间和垫圈与设备底座间的接触均应良好;拧紧螺母后螺栓必须露出螺母1.5~5个螺距。

2. 泵的清洗及装配

1)装配前需要对装配的零部件进行清洗,清洗前要熟悉设计图纸和选型,确认泵的型号与设计相符,有产品合格证、生产许可证、检测报告、产品装配图及使用说明书。清洗时应根据装配顺序清洁洗净,并涂于适当的润滑脂。设备上原已装好的零部件应全面检查清洁程度,如不合要求应进行清洗。

2)设备装配时应先检查零、部件与装配有关的外表形状和尺寸精度,确认符合要求方可装配。

3. 泵的安装

1)水泵机组就位安装前水泵及电动机应检查,看是否符合设计要求和其产品说明书的规定;检查基础的尺寸位置、标高是否符合设计要求,设备的零部件是否有缺件、锈蚀。

2）产品出厂时装配、调试完善的部分不应随意拆卸。确需拆卸时，应会同厂方、建设方、监理方研究后进行。拆卸和复装应按设备的技术文件规定进行。

3）水泵机组外观完好，无损伤，漆层无斑驳脱落现象；泵体和电机上必须有出厂铭牌；在施工安装时要采取措施保护铭牌，防止磨损和脱落。

4）水泵机组安装在建筑地下室最底层，其出水管上应安装柔性接头减振。

4. 泵的找平、找正

1）卧式和立式泵的纵横向水平度不超过0.1/10 m。测量时，应以加工面为准。并与底座连接牢固。

2）小型整体安装的泵，不应有明显的偏差。

3）泵与管路连接后，应复核找正情况，检查管路与泵的连接是否符合设计和规范要求；如管路连接不正常时，应调整管路。

5. 出水管及其附件安装

1）水泵出水管管径、管道连接形式应符合设计规定。

2）水泵出水管上应安装压力表、止回阀、闸阀及橡胶软接头；阀门的安装位置要保证操作方便。

3）水泵出水管上所安装的柔性接头的位置和数量应符合设计规定；水泵出水管上的压力表宜带有放气的旋塞及缓冲装置；其量程应为工作压力的2～2.5倍，表上应有校验标志。

4）水泵出水管及其附件应用支、吊架固定，不得使管道重量承压在水泵设备上。

1.2.5.4　施工总结

水泵安装的外观质量检查：泵壳不应有裂纹、砂眼及凹凸不平等缺陷；水泵试运转，叶轮与泵壳不应相碰，进、出口部位的阀门应灵活。轴承温升应符合产品说明书的要求。压力表必须安装在便于观察和吹洗的位置，并防止受高温、冰冻和震动的影响，同时要有足够的照明。压力表必须设有存水弯管。存水弯管采用铜管煨制时，内径不应小于6 mm。

1.2.6　站外给水管道施工

1.2.6.1　站外给水管道施工工艺流程（图1.33）

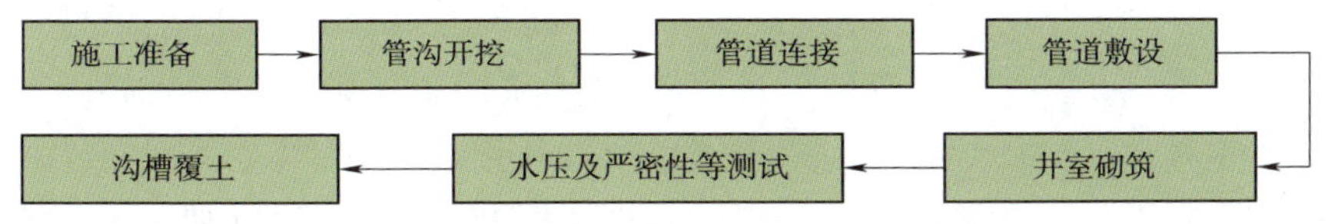

图1.33　站外给水管道施工工艺流程图

1.2.6.2 施工准备阶段

1)管道铺设应在沟底标高和管道基础检查合格后进行，在铺设管道前要对管材、管件、橡胶圈、阀门等作一次外观检查，发现有问题的不得使用。

2)准备好下管的机具及绳索，并进行安全检查。对于管径在 150 mm 以上的金属管道可用撬压绳法下管，直径大的要启用起重设备。对捻口连接的管道要对接口采取保护措施。

3)定位放线，给水管放线，设中心桩，必要时应设控制桩，开工前，根据设计图纸和基本水准点放设临时水准点，临时水准点应设置在不受影响的固定构筑物上，并应妥善保护。

1.2.6.3 施工阶段

1. 管沟开挖

1)沟槽开挖

(1)沟槽开挖宜分段快速施工，敞沟时间不宜长，管道安装完毕及时验收，合格后立即回填。挖好的沟槽应保证管道安装扣的中心线和坡度均能符合设计要求，沟底应平整，沟边不坍塌，沟槽应有足够的宽度。沟槽断面形式为直槽和梯形槽。

管道沟槽底部的开槽，通过下式计算沟槽底宽：

$$B = D_1 + 2(B_1 + B_2)$$

式中 B——沟槽底宽(mm)；

D_1——管道结构的外缘宽度(mm)；

B_1——管道一侧的工作面宽度(mm)；

B_2——管道一侧的支撑宽度，一般可取 150 ~ 200 mm。

(2)一般沟槽均采用梯形断面，在无地下水天然湿润的土中开挖沟槽可采用不支撑直立沟槽断面。

(3)为了保持梯形槽沟槽槽壁的稳定，槽壁应做成一定的坡度，加支撑的槽壁最陡坡度一般为 1:0.33 ~ 1:0.67。

(4)沟槽开挖方式有两种：机械开挖与人工开挖。

a. 机械开挖：本工程考虑机械开挖配合人工修整进行，应注意以下事项：

机械开挖前严格控制标高，为防止超挖或扰动槽底员，槽底应留 0.2 ~ 0.3 m 厚的土层暂不挖，待临铺管前用人工清理挖至标高，并同时修整槽底；

沟槽开挖需要支撑时，挖土应与支撑互相配合，机械挖土后及时支撑，以免槽壁失稳导致坍塌。

b. 人工开挖：在工作量不大、地面狭窄、地下有障碍物、或无机械施工条件下，采用人工挖土；开挖沟槽，应集中人力、机械尽快挖成，转入下道工序施工，开挖时应注意以下事项：沟槽应分段开挖，因有纵向坡度，应由低向高处开挖，当接近地下水时，应先开挖最低和土方，以便在最低处排水。在开挖过程中和敞沟期间应保持沟壁完整，防止坍塌，必要时应支撑保护。开挖的沟槽如不能立即铺管，应在沟底留 0.15 ~ 0.2 m 的土层暂不挖除，待铺管时再挖至设计标高。沟槽底不得超挖，如有局部超挖，应用相同的土填补，并夯至接近天然密度。槽底遇有不易清除的大块石，应将其凿至沟底以下不小于0.15 m。

2）沟槽支撑

（1）若沟槽土质较差、深度较大又挖成直槽状，或地下水位高、砂性土质时，均应设置沟槽临时支撑。

（2）支撑材料选用木材，采用横撑形式，即槽壁上水平排列撑板，然后每间隔1.0～1.5 m设竖向立柱，用横撑对顶立柱，撑板一般选用5 cm×400 cm长木板，立柱选用10×10方木，横撑为50×100方木。

（3）沟槽支撑应注意以下事项。

撑板必须随挖土深度及时安装，雨季施工不允许空槽过夜。撑板应均匀地与槽壁紧贴，当有空隙时用土填实。撑板必须牢固可靠，并应经常检查，发现松动及时加固。在不稳定土层中采用撑板支撑时，开始支撑的开挖沟槽深度不得超过1.0 m，以后，挖深与支撑交替进行，每次交替的深度为0.4～0.8 m。采用木材料支撑时，横撑应在垂直垫板上，横撑端下方应钉木托。上下沟槽应设安全梯，严禁攀登横撑。

3）沟槽排水

在管道工程施工时，要重视地面水的浸入和地下水的排除，特别是多雨时节、汛期。遇有沟槽出现地下水时，沿沟槽底开挖排水沟，顺槽底坡降方向将地下水引到沟槽低洼处的集水坑，用污水泵及时排除。

2. 管道连接

1）丝接和焊接工艺（适用于热镀锌钢管、焊接钢管、无缝钢管的安装）

其工艺参见室内给水管道安装和消防管道安装。

2）胶圈接口的连接工艺（适用于硬聚氯乙烯管道UPVC、铸铁管道）

（1）检查管材、管件及胶圈质量，用棉纱清理干净承口内侧（包括胶圈凹槽）和插口外侧，不得有土或其他杂物，将橡胶圈安装在承口凹槽内，不得扭曲，异形胶圈必须安装正确，不得装反。

（2）涂刷润滑剂。可用毛刷将润滑剂均匀地涂在装嵌在承口内的胶圈和插口的外表面上；不得将润滑剂涂在承口内。

（3）塑料管端插入长度必须留出由于温差产生的伸量，伸量应按施工时闭合温差计算确定，一般情况下可采用表1.12中的规定。

表1.12　塑料管长6 m时管端温差伸量

插入时环境最低温度（℃）	设计最大温升（℃）	伸缩量（mm）
≥15	25	10.5
10～15	30	12.6
5～10	35	14.7

(4)插入深度确定后,必须按插入长度要求在管端表面划出一圈标记。连接时将插口端对准承口并保持管道轴线平直,将其一次插入,直至标线均匀外露在承口端部。

(5)小直径管道插入时宜用人力。在管端垫木块用撬棍将管子推入到位的方法可用于公称外径不大于 315 mm 的管道;公称外径更大的管道,可用手动葫芦或专用拉力工具等拉入。

(6)当插入时阻力过大,应拔出检查胶圈是否扭曲,不得强行插入。插入后用塞尺顺接口间隙沿管圆周检查胶圈位置是否正确。

(7)当采用润滑剂降低插入阻力时,润滑剂应采用管材生产厂家提供的经检验合格的润滑剂。润滑剂必须对管材、弹性密封圈无任何损害作用。对输送饮用水的管道,润滑剂必须无毒、无味、无臭,且不会发育细菌。禁止采用黄油或其他油类作为润滑剂。

3)溶剂黏结连接工艺(适用于硬聚氯乙烯管道 UPVC,ABS 管)

(1)检查管材、管件质量。必须将管端外侧和承口内侧擦拭干净,使被黏结面保持清洁、无尘沙与水迹。表面粘有油污时,必须用棉纱蘸丙酮等清洁剂擦净。

(2)采用承口管时,应对承口与插口的紧密程度进行验证。黏结前必须将两管试插一次,使插入深度及松紧度配合情况符合要求,并在插口端表面画出插入承口深度的标线。管端插入承口深度可按现场实测的承口深度,但不能小于表 1.13 中的规定。

表 1.13 管端插入承口深度(单位:mm)

公称直径	20	25	32	40	50	75	100	125	150
插入深度	16	19	22	26	31	44	61	69	80

(3)涂抹黏结剂时,应先涂承口内侧,后涂插口外侧,涂抹承口时应顺轴向由里向外涂抹均匀、适量,不得漏涂或涂抹过量。

(4)涂抹黏结剂后,应立即找正方向对准轴线将管端插入承口,并用力推挤至所画标线。插入后将管旋转 1/4 圈,在不少于表 1.14 中的时间内保持施加的外力不变,并保证接口的直度和位置正确。

表 1.14 接口结合最少保持时间

公称直径(mm)	≤63	>63
保持时间(s)	>30	>60

(5)插接完毕后,应及时将接头外部挤出的黏结剂擦拭干净。应避免受力或强行加载,其静止固化时间不应少于表 1.15 的规定。

表 1.15 静止固化时间

管材外径 DN (mm)	管材表面温度	
	18 ℃ ~40 ℃	5 ℃ ~18 ℃
≤50	20 min	30 min
63 ~90	45 min	60 min

注:工厂加工各类管件时,粘接固化时间由生产厂家技术条件确定。

(6)黏结接头不得在雨中或水中施工,不宜在 5 ℃以下操作。所使用的黏结剂必须经过检验,不得使用已出现絮状物的黏结剂,黏结剂与被黏结管材的环境温度宜基本相同,不得采用明火或电炉等设施加热黏结剂。

4)热熔连接(适用于聚丙烯 PPR)

(1)热熔工具接通电源,达到工作温度指示灯亮后开始操作。

(2)切割管材,必须使端面垂直于管轴线。管材切割一般使用管子剪或管道切割机,必要时可使用钢锯,但切割后管材断面应去除毛边和毛刺。

(3)管材与管件连接端面必须清洁、干燥、无油。

(4)用卡尺和划线笔在管端测量并标绘出热熔深度,热熔深度要符合表 1.16 的规定。

(5)熔接弯头或三通时,按设计图纸要求,应注意其方向,在管件和管材的直线方向上,用辅助标志标出其位置。

(6)连接时,无旋转地把管端导入加热套内,插入到标志地深度,同时,无旋转地把管件推到加热头上,达到规定标志处。

表 1.16 热熔连接参数表

管材外径 (mm)	热熔深度 (mm)	加热时间 (s)	熔融时间 (s)	冷却时间 (min)
20	14	5	4	2
25	15	7	4	2
32	16	8	6	4
40	18	12	6	4
50	20	18	6	4
63	24	24	8	6
75	26	30	8	8
90	29	40	8	8
110	32	50	10	8

注:若环境温度小于 5 ℃,加热时间延长 50%。

(7)达到加热时间后,立即把管材和管件从加热套和加热头上同时取下,迅速无旋转地直线均匀插入到所标深度,使接头处形成均匀凸缘。预防插入过深,使接头质量下降。

(8)热熔连接的结合面应有一均匀的熔接圈,不得出现局部熔瘤或熔接圈凸凹不均匀现象。

5)水泥捻口(适用于给水铸铁管)

(1)先清洗管口,用钢丝刷刷净承口内和插口外的毛刺,用气焊烤掉沥青防腐层。

(2)打麻。将清洁的油麻搓成 1.5 倍环形间隙直径的麻辫,其长度搓拧后为管外径周长加上 100 mm,从接口的方向开始向上塞进缝隙里,沿接口向上收紧,边收边用捻凿打入承口,凿应相压打两圈,从下往上依次打紧、打实。当锤击发出金属声,捻凿被弹回为打好,被打实的油麻深度为承口深度的 1/3(2 ~3 圈,油麻接头应错开)。

(3)调和水泥填料。以 0.2 ~0.5 mm 清洗晒干的砂和硅酸盐水泥为料,按砂:水泥:水 =1:1:0.28 ~0.32(重量比)的配比拌和,拌好后的填料应手抓成团,松开即散。拌好后的填料宜在 1 h 内用完。冬季施工时,需用热水调拌。

(4)将调好的填料一次塞满在承口间隙内,一面塞入填料,一面用捻灰凿分层捣实,捣实程度以捻凿能被弹回为适宜,直至与承口边沿相平为好,相平后可在灰口上涂抹一层水泥保护接口。

(5)养护。接口完毕后,用湿泥或草袋封口养护,要防止夏季太阳直射和冬季结冻接口质量下降,养护期不少于 48 h。

3. 管道敷设

1)管道应敷设在原状土地基上或开挖后经过回填处理达到设计要求的回填层上。对高于原状地面的填埋试管道,管底的回填处理层必须落在达到支撑能力的原状土层上。

2)敷设管道时,可将管材沿管线方向排放在沟槽边上,依次放入沟底。为减少地沟内的操作量,对焊接连接的管材可在地面上连接到适宜下管的长度;承插连接的在地面连接一定长度,养护合格后下管;黏结连接一定长度后用弹性敷管法下管;橡胶圈柔性连接宜在沟槽内连接。

3)管道下管时,下管方法可分为人工下管和机械下管、集中下管和分散下管、单节下管和组合下管等方式。下管方法的选择可根据管径大小、管道长度和重量、管材和接口强度、沟槽和现场情况及拥有的机械设备量等条件确定。下管时应精心操作,搬运过程中应慢起轻落,对捻口连接的管道要保护好捻口处,尽量不要使管口处受力。

4)在沟槽内施工的管道连接处,便于操作要挖槽作坑,工作坑的尺寸见本标准管沟开挖。

5)塑料管道施工中须切割时,切割面要平直。插入式接头的插口管端应削倒角,倒角坡口后管端厚度一般为管壁厚的1/3～1/2,倒角一般为15°。完成后应将残屑清除干净,不留毛刺。

6)采用橡胶圈接口的管道,允许沿曲线敷设,每个接口的最大偏转角不得超过2°。

7)管道安装完毕后应按设计要求防腐,如设计无要求参照本丛书质量标准部分防腐。

4. 井室砌筑

1)一般要求

砖的品种和强度等级必须符合设计要求并应规格一致。砂浆要严格按照配合比进行施工,以保证其强度能达到设计要求。检查井基础混凝土结合管沟槽开挖一次到位,与管道基础混凝土同时浇筑。检查井砌筑前先打扫冲洗基础表面、清除杂物,砖材进行浇水湿润,水泥砂浆使用机械拌和,搅拌时间满足1～1.5 min,砌砖做到墙面平直,边角整齐宽度一致,砖缝中砂浆饱满,不得有通缝,砖墙砌筑至一定高度时,采用1:2水泥砂浆进行墙体内外防水抹面,采用三层做法,厚度为20 mm,抹面高度符合设计要求,粉刷前先将墙面洒水湿润,抹面后做好养护,防止起壳、裂缝等现象。检查井流槽用砖砌,然后用1:2水泥砂浆抹面。

管道穿过砖砌检查井壁,必须严密、不渗漏,并采取措施,保证管道和井壁之间能适应不均匀的沉陷,其具体措施为:管径大于300 mm的墙洞周围应设环形砖圈,砖圈高度在管径≤1.0 m时为120 mm,管径>1.0 m时为240 mm;检查井基础与管道基础混凝土整体浇筑;管沟槽超挖部分要用砂石或低标号混凝土回填夯实;接入检查井的混凝土管道端口外壁要凿毛处理。

2)材料要求

砌井用砖的强度等级不得低于MU10,吸水率不得大于20%;砌井前应先用水浸砖浸透砖的2/3即可;砌井一般用中砂,使用前过筛,含泥量不得大于5%。砂浆应根据图纸要求进行配比;结合使用要求,每次拌和量在正常温度下应1 h内用完。

3)砌井方法

砌井前应检查基础尺寸及高程是否符合设计要求;用水冲净基础后,先铺一层砂浆,厚1 cm,再压砖砌筑,必须做到满铺满挤,砖与砖间灰缝保持1 cm;圆形井采用丁砖砌法。外缝应用砖渣嵌平。平整大面向外,砌完一层后,再灌一次砂浆,使缝隙内砂浆饱满,然后再铺浆砌筑上一层砖,上下两层砖之间竖缝错开。砌至井身上部收口时,应按坡度将砖头打成坡茬,以便于井里顺坡抹面;井内壁砖缝应采用缩口灰,井身砌完后,应将表面浮灰残渣扫净。

井壁与混凝土管接触部分,必须坐满砂浆,砖面与管外壁留缝1～1.5 cm,用砂浆堵严,并在井壁外抹箍,以防漏水,管外壁抹箍处应提前洗刷干净;支管或预埋管按设计高程、位置、坡度随砌井一并安好,做法与上条相同,管口与井内壁取齐,预埋管应在还土前用干砖封堵抹面,不得漏水;护底、溜槽应与井壁同时砌筑;井身砌完后,外壁应用砂浆搓缝,使所有外缝严密饱满,然后用扫帚将灰渣清扫干净。

4)防水抹面

井内抹面是防止内外渗漏的主要措施,必须认真操作。抹面前先用水浇湿砖面,然后采用三遍法抹面,如分段抹面时,接缝要分层压茬,精心操作;抹面完成后,井顶应覆盖草袋,防止干裂,砌井抹面达到要求强度后方可还土,严禁先还土后抹面。为了保证抹面分层砂浆整体性,因此分层时间最好在定浆后,随即抹下一层,更不得过夜,如间隔时间过长,应刷素浆一道,以保证接茬质量。

5)安装井座及井盖

设计采用球墨铸铁防盗专用井盖。在安装和浇筑各类型井圈前,应仔细检查井盖是否符合设计标准,如有无损坏裂纹等;测量人员给出自砖面至井盖上面距离以后,先将井框放稳妥,四周用三块半砖头垫稳,里外模均应用钢模,不得用砖代替里外模,然后浇筑混凝土井圈;井圈混凝土浇筑后,应覆盖草袋并洒水养护不少于 7 d;检查井、溢流井砌完后,应立即安装井盖,防止行人跌入井内,或土块、杂物落入井内,增加清理工作量。井盖施工工艺如图 1.34 所示。

图 1.34　井盖施工工艺示意图

6)质量标准

井壁砂浆必须饱满,灰缝平整,抹面压光不得有空鼓、缝等现象,井内流槽平顺,不得有建筑垃圾等杂物,井圈井盖必须完整无损、牢固平稳,检查井允许偏差见表 1.17。

表 1.17　井室施工允许偏差标准表

序号	项目		允许偏差(mm)	检验频率		检验方法
				范围	点数	
1	井身尺寸	长度	±20	每座	4	用尺丈量
2		直径	±20	每座	4	用尺丈量
3	井底高程	$D \leqslant 1\ 000$ mm	±10	每座	1	用水准仪测量
4		$D > 1\ 000$ mm	±15	每座	1	用水准仪测量
5	井盖高程	非路面	+20	每座	1	用水准仪测量
6		路面	+5	每座	1	用水准仪测量
7	基础厚度		不得小于设计规定	每座	2	用尺量

5. 水压及严密性等试验

管道工程连接完毕必须进行压力试验,水压试验的要求除执行各种管道专业设计标准外,应满足下列规定。

1)管道试验应逐段进行,分段试压合格后,两段管道的接口,应通入输送介质进行检查,接口不得有任何渗漏,方可填土。

2)当管基检查合格后,才能铺管,沟槽回填至管顶上方 0.5 m 以后(接口暂时不回填),应进行一次管道强度和严密性试验。

3)进行强度试验时,应先加压至强度试验压力,恒压时间不小于 10 min(为保持试验压力,允许向管内补水),若未发现管材接口破坏或漏水(允许表面有湿斑,但不得有水珠流淌现象)即认为合格。

4)严密性试验应在强度试验合格后进行,将强度试验压力降至严密性试验压力。严密性试验压力应为工作压力加 100 kPa。金属管道经两小时不漏水,非金属管道经四小时不漏水,则认为合格,并记录为保持试验压力所补充的水量,在严密性的最终试验中,为保持压力所补充的水量,不应超过先前强度试验时各分段补充水量及先前没有涉及的阀件等渗出量总和。

6. 沟槽覆土

回填土可分两步进行:第一步为管道两侧和管顶以上 0.5 m 以内的回填土,可于管道安装完毕回填,回填用人工从管道两旁同时分层填土夯实,但需留出接口;第二步待水压试验或漏水试验合格后,用机械或人工分层回填夯实。但管顶以上 0.5 m 以内不允许用强力夯实。

管道覆土应保证管顶以上 1.95 m 的防冻深度。

1.2.6.4　施工总结

给水管道在埋地敷设时,应在当地的冰冻线以下,如必须在冰冻线以上敷设时,应做可靠的保温防潮措施。如无冰冻地区,埋地敷设时,管顶的覆土埋深不得小于

500 mm,穿越道路部位的埋深不得小于 700 mm。给水管道不得直接穿越污水井、化粪池、公共厕所等污染源。管道的接口法兰、卡口、卡箍等应安装在检查井或地沟内,不应埋在土中。给水系统的各种井室内的管道安装,如设计无要求,井壁距法兰或承口的距离:管径小于或等于 450 mm 时,不得小于 250 mm;管径大于 450 mm 时,不得小于 350 mm。镀锌钢管、钢管的埋地防腐必须符合设计要求。

1.2.7 卫生器具安装

1.2.7.1 卫生器具安装施工工艺流程(图 1.35)

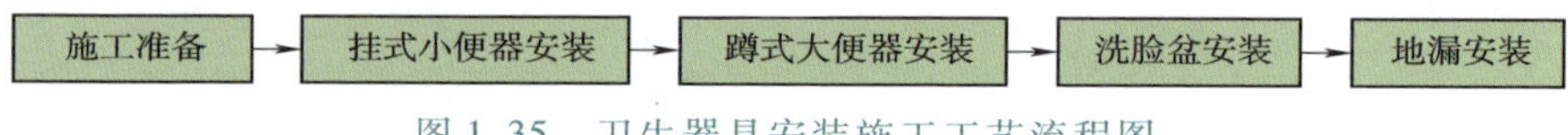

图 1.35 卫生器具安装施工工艺流程图

1.2.7.2 施工准备阶段

卫生器具质量及外观检查:卫生洁具的规格、型号必须符合设计要求,且有出厂合格证;卫生洁具外观规矩、造型周正、表面光滑、美观无裂纹、边缘平滑、色泽一致;卫生洁具零部件规格标准、质量可靠、外表光滑、电镀均匀;螺纹清晰,锁母松紧适度,无砂眼、裂纹等缺陷。

1.2.7.3 施工阶段

1. 挂式小便器安装

1)对照图纸,依据小便器及水封存水弯管的规格、型号和土建给出的水平标高线及隔墙线,复核小便器排水管甩头及给水管甩头的管径、坐标及标高是否正确,对不合格处进行修整,使之符合要求。

2)在安装小便器的墙壁上画出符合图纸要求高度与间距的小便器安装中心垂线和安装中心水平线。

3)将小便器靠放在安装墙壁上,使小便器的中心垂线及中心水平线分别与墙上的安装中心垂线及安装中心水平线对齐,用木钉通过小便器两耳螺丝眼在墙上钉出螺丝眼中心位置,并据中心位置划出螺丝眼中心垂线及中心水平线。

4)根据螺丝眼中心位置,在墙上凿洞预栽防腐木砖(或预栽 M6 × 70 螺栓),木砖面应平整,外表面应与砖墙面平齐(螺栓应与墙面垂直,比装饰后的墙面高出 25 mm)。且在木砖上的小便器螺丝眼中心处钉上铁钉,铁钉应外露于装饰后的墙面。

5)待墙壁装饰面做完后,拔下墙壁上安装小便器螺丝眼中心处铁钉,把经外观检查符合设计规格型号且无损坏的小便器靠放在安装处,找平找正,核对安装高度无误后用木螺钉垫以铅板把小便器牢固的安装在墙上。

6)用镀锌短管、镀锌管箍(或弯头)小便器角型阀连接给水管甩头与小便器进水口,连接后角型阀的冲洗立管应垂直端正,位于小便器进水口中心,各压盖应稳固。

7）在小便器水封存水弯管上承口周围用油灰填充，下插口用油灰石棉绳缠绕，连接小便器排水口与排水管甩头，连接后反水弯上承口应与小便器排水口连接严密，下插口与排水管甩头间应用油灰石棉绳填充密实牢固，遇有丝扣连接时，可采用活节固定。

2. 蹲式大便器安装

1）确定位置、标高：检查大便器、水封存水弯管是否符合设计及施工规范的质量要求，根据所采用的便器和存水弯管的规格核对排水支管甩头甩口的位置，确定合理的坐标无误后进行下道工序施工。

2）清扫与划线：清扫安装便器处地面，在安装处划出便器的中心“十”字线和便器排出口的中心“十”字线。

3）安装水封存水弯管

（1）安装P形水封存水弯管，应在地面防水前进行，水封存水弯管进口中心对准大便器排出口中心，并接长带有承口的短管至地面上10 mm，水封存水弯管出口接入预留的排水支管甩口。临时固定水封存水弯管，按要求打口和灌完楼板孔洞后做好地面防水。

（2）安装N形水封存水弯管，应用水泥砂浆把水封存水弯管底稳住，使管底的坐标高控制在基准室内地面的同一高度。水封存水弯管承口对准已确定的大便器排出口中心，水封存水弯管的插口插入已预留的排水支管甩头内，插入深度不小于40 mm，接口处用油麻、腻子抹平。

4）大便器安装

将大便器试安装在水封存水弯管上，用红砖在大便器四周临时垫好，核对便器的安装位置，（坐标）标高符合质量要求后，用水泥砂浆砌好大便器四周经润湿的垫砖，在便器下和水封存水弯管周围添入白灰膏拌制的炉渣。再核对大便器的位置与标高，无误后将便器取下，用油灰腻子做成首尾相连的圆圈放入水封存水弯管或大便器排水短管的承口内，重新把便器安在水封存水弯管上，稳正找平，将便器的排出口均匀压入水封存水弯管的承口内，再将挤出承口的腻子抹实找平。最后在大便器两侧用楔形砖挤住，用水泥砂浆把便器与砖接角的两侧抹成“八”字形，留出安装胶皮碗的进水口。

5）成品保护

（1）大便器排出口做可靠的临时封堵。

（2）便器内用草绳、灰袋纸或其他柔软材料添满并盖好，对仍有大量后序工种作业的房间，大便器应临时做木框罩上。

（3）竣工通水前严禁使用大便器。

3. 洗脸盆安装

1）对照图纸，洗脸盆及反水弯的型号、规格，土建给出的室内水平标高线及隔墙线，核对排水管甩头及给水管甩头的管径、坐标与标高，对不符合要求的修整到合格。

2）在安装洗脸盆的墙上画出洗脸盆安装中心垂线和上沿水平线，根据洗脸盆和支架的组装尺寸，量出各支架到洗脸盆垂直中心的尺寸及支架各固定孔到洗脸盆上沿的尺寸。依据量出的尺寸把支架固定孔中心量画到墙上。

3）根据墙上洗脸盆支架固定孔中心位置，在墙上凿洞，预栽防腐木砖（或把洗脸盆预制支架防腐后直接栽入墙内），预栽的木砖应牢固、表面平整，外表面应比装饰后的墙面低 8 ~ 10 mm，并在支架固定孔中心位置钉入铁钉，铁钉应外露于装饰后的墙面。

4）待墙壁装饰面施工之后，拔下墙上支架固定孔中心铁钉，核对支架安装尺寸调整平正，再把支架手木螺钉垫铅板牢固地安装在墙上，把符合设计要求、外观检验无缺损的洗脸盆放到支架上，支架有卡具的要用卡具把洗脸盆卡紧。使洗脸盆平整、稳固。

5）用符合设计要求并经外观检查合格、无缺损的水嘴、阀门、镀锌钢管、镀锌三通、镀锌弯头、镀锌活接头及有关辅助材料连接给水管甩头到洗脸盆，连接后的水嘴、阀门朝向应合理、一致，标高准确，管道应正、直，坡度正确，接口严密，有冷、热水的水管在同一平面上下平行设置时，热水管道应在冷水管上侧，竖向设置时，冷水管道应在正向的右侧。

6）用符合设计并经外观检查合格的排水栓、存水弯管、镀锌管及有关辅助材料连接洗脸盆排水口与排头管甩头，连接后的管道应正、直，坡度正确，接口严密、牢固。卫生器具安装工艺如图 1.36 所示。

图 1.36　卫生器具安装工艺示意图

4. 地漏安装

1）地漏安装

地漏预留套管由土建预留，根据已核实的套管位置及标高，把地漏安装在已留好的孔洞中，用水平尺找平地漏上沿，临时稳固好地漏，并同时在地漏及楼板下支好模板。

2）复核后再涂抹

管口连接固定以前，应先进行测量，复核地漏的标高及位置，无误后方可进行打口涂抹。

3）灌孔洞

用水冲洗孔洞浮灰润湿墙壁后，根据现场位置将防水水泥砂浆或环氧树脂嵌缝胶、沥青油膏嵌缝均匀灌入地漏周围的孔隙中，并仔细捣实，灌至地漏上沿向下 30 mm 处止，以使地面施工时统一处理。

1.2.7.4　施工总结

卫生器具安装高度和位置按规范及施工图执行，允许偏差 ±10 mm。成排卫生设备安装，高度和间距应一致，允许偏差 ±5 mm。连接卫生器具的排水管管径和最小坡度按设计要求执行。卫生器具安装后，认真做好成品保护，在竣工验收前不得损坏和使用，并应符合如下要求：盆安装后，应用木板全封闭保护；地漏等敞口器具安装后，应加临时堵头；其余卫生器具安装后，应包扎保护。

卫生洁具安装必须平、稳、牢、准、不漏，使用方便，性能良好。

平：所有卫生器具的上口边缘要水平，同一房间成排的器具标高应一致，允许偏差小于 5 mm，安装垂直度允许偏差小于 3 mm。

稳：器具安装好后应无摇动现象。

牢：安装应牢固，防止使用一段时间后产生松动。

准：卫生器具的坐标位置、标高尺寸、排水口与排水管口要求准确。

不漏：卫生器具上的给、排水管口连接处必须严密不漏。

使用方便：卫生器具的安装应根据不同对象，合理安排；阀门手柄的位置要朝向合理，整套设施力求美观。

性能良好：阀门、水嘴开关灵活。

1.3　低压配电及动力照明

1.3.1　电缆桥架安装

1.3.1.1　电缆桥架安装施工工艺流程（图 1.37）

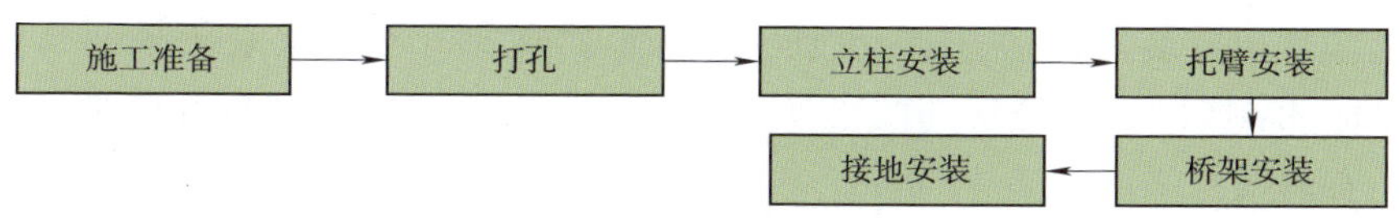

图 1.37　电缆桥架安装施工工艺流程图

1.3.1.2　施工准备阶段

1)依据图纸、综合管线图及施工规范的要求,与土建单位配合,确定站台、站厅的地面基准标高及吊顶标高,依据以上标高核算出桥架的安装高度及桥架吊臂和吊臂横梁长度。根据桥架路径统计电缆桥架的数量及三通、水平弯头、垂直弯通、支吊架等附件的数量,并绘制施工简图,提出物资需用计划;根据施工简图确定吊架的安装位置,直线段用墨斗弹出标记线,用记号笔在标记线上标出吊架的安装距离及安装膨胀螺栓的打孔位置。

2)电缆桥架路径确定后,用记号笔在桥架与墙体、楼板穿越处画出位置、标高及尺寸。对孔洞预留不完善部位及时解决,以便安装。

3)检查要安装的支架、吊架、连接件及附件的外观,钢材有无扭曲变形、防腐类型是否符合要求。

4)针对电缆桥架安装高度组装移动梯车,备好支、吊架安装的工机具及材料。

5)电缆桥架敷设路径遇有低于线槽标高的建筑物承重梁时,应考虑采用蹬踏弯配件方式过渡。且盖板与梁底距离不小于 50 mm,以便于敷设电缆及将来检修电缆时开启盖板。

1.3.1.3　施工阶段

1)用电锤对定测过的吊架位置进行打孔,安装膨胀螺栓。吊架与膨胀螺栓固定后,安装横梁。在线槽的转弯、分支处依规范要求加装吊架。

2)对于潮湿地带沿墙布置的桥架,其支架应采用凸出墙面方式固定。对于陶粒砖墙体,由于不能承重,采用过墙穿钉固定电缆桥架的方法。

3)按安装部位的要求,核对电缆桥架的规格、型号及质量状况。

4)先将电缆桥架的一端与连接片连接,然后移至安装好的吊臂框架上,再与另一节电缆桥架的一端连接,逐节接续。每节电缆桥架都须与吊臂横梁固定。

5)镀锌桥架连接板的两端不跨接地线,但连接板两端不少于 2 个防松螺帽或防松垫圈的固定螺栓,使用桥架自带专用跨接地线,干线桥架及支架全长应不少于两处与接地干线相连接,桥架末端应接地。

6)敷设在竖井内和穿越不同防火分区的桥架,要有防火封堵措施。

7)支架与预埋件焊接时焊缝饱满,膨胀螺栓固定时,选用螺栓适配连接紧固,放松零件齐全。

1.3.1.4　施工总结

1)电缆桥架安装保持平直、整齐、牢固、无歪斜现象。水平安装距地面高度一般不低于 2.5 m,在电气专用房间(如配电室、环控电控室、电缆沟等)内敷设时除外。支吊架走向左右的偏差不应大于 10 mm。

2)穿越墙体、楼板的电缆桥架,在穿越处不得安排接口连接。

3)电缆桥架安装时,在接头处、离开桥架两端出口0.5 m处及桥架转弯、分岔处加装吊架或支架。

4)电缆桥架垂直或倾斜安装时,桥架底部应有防止电缆滑动的电缆固定支撑。电缆桥架路径与其他管道发生冲突时,应遵循电让水、暖、风的原则。

5)同一路径向一级负荷供电的双电源电缆,应急照明和其他照明的电缆,强电和弱电电缆,当敷设在同一层桥架时,电缆桥架应加装隔板。电缆桥架安装工艺如图1.38所示。

图1.38　电缆桥架安装工艺示意图

1.3.2　电缆、电线导管安装

本工程电线、电缆导管安装分为明敷与暗敷两种方式。

钢管敷设至动力配电箱、动力设备、照明箱之间及照明支线的保护管为钢管,暗敷设在地板垫层、顶板和墙内。明敷设在车站吊顶内。变电所夹层及站台板下照明的保护管,采用阻燃塑料管暗敷设。

1.3.2.1　钢管明敷

1. 施工准备阶段

依据施工图纸及综合管线图确定钢管的走向、标高及固定点,并测量钢管的用量,用记号笔标出固定点的位置。

2. 施工阶段

根据固定点的位置用电锤打孔,安装膨胀螺栓。安装吊杆(吊臂),吊杆(吊臂)根据实际情况采用以下几种方式。

1)环型管卡固定:用膨胀螺栓将吊杆固定于顶板上,钢管穿入管卡后,管卡通过螺栓与吊杆连接。

2)抱式管卡固定:钢管穿入管卡后,将管卡斜开口与吊杆连接。旋紧固定螺栓可将钢管固定于吊杆上。采用这种固定方法,钢管的安装高度可根据需要自由调节。

3)吊臂固定:用膨胀螺栓将吊臂固定于顶板上,钢管通过U形螺栓固定于吊臂上。管与管之间的连接,先把导管与直管接头(或螺纹接头带紧定螺钉一端)插紧定位后,用紧定扳手持续拧紧紧定螺钉,直至拧断脖颈,使导管与管接头成一个整体即达到连接要求。管与盒之间的连接,旋下螺纹接头的爪形锁母并置于接线盒内壁面,用紧定扳手使爪形锁母与六角锁母里外夹紧接线盒即可。管与管之间跨接4 mm^2 多芯(黄绿相间)BV线接地,做烫锡处理,并用专用接地卡子固定。

1.3.2.2 钢管暗敷

施工阶段

1)钢管暗敷尽量配合土建工程同步完成,避免在墙体上开槽。管路沿最近的路线敷设并尽量减少弯曲,埋入墙或混凝土内的管子,离表面的净距离不得小于 15 mm;埋入地下的电线管路不宜穿过设备基础。

2)进入落地式配电箱的电线管路,排列要整齐,管口高出基础面不小于 50 mm。

3)钢管切断使用切管刀、钢锯弓或砂轮切割机,断口处平齐不歪斜,管口打磨光滑、无毛刺,管内铁屑要除净。

4)钢管套丝根据管径大小采用套丝机或手动套丝板牙,采用套丝机时要注意及时浇水冷却,丝扣不乱不过长、干净清晰。

5)钢管管径在 25 mm 及以下时用手扳弯管器煨弯,管径在 25 mm 以上时用液压弯管机煨弯。钢管的最小弯曲半径、弯曲处的弯扁度符合规范要求。

6)以土建弹出的水平线为基准,确定暗装箱、盒位置;先稳定箱、盒,然后灌浆,要求砂浆饱满、平整牢固、位置正确。

7)钢管连接使用接头,严禁采用熔焊连接;钢管进入箱、盒采用锁紧螺母固定,露出丝扣为 2 ~ 3 扣。

8)当电线保护管遇下列情况之一时,中间增设接线盒或拉线盒,且接线盒或拉线盒位置便于穿线:管长度每超过 30 m 无弯曲;管长度每超过 20 m 有一个弯曲;管长度每超过 15 m 有两个弯曲;管长度每超过 8 m 有三个弯曲。

9)暗敷钢管采用 4 mm^2 的黄绿双色铜芯绝缘线作跨接地线。钢管敷设完成对其加以固定,并在土建专业砌墙时派人配合。

10)绝缘导管敷设管口应平整光滑;管与管、管与盒(箱)等器件采用插入法连接时,连接处结合面涂专用胶合剂,接口牢固密封。

1.3.2.3 施工总结

1)镀锌的钢导管不得熔焊跨接接地线,以专用接地卡跨接的两卡间连线为铜芯软导线,截面积不小于 4 mm^2。

2)非镀锌钢导管采用螺纹连接时,连接处的两端焊接接地线,当镀锌钢导管采用螺纹连接时,连接处的两端用专用接地卡固定跨接接地线。

3)电缆导管弯曲半径不应小于电缆最小允许弯曲半径。暗配的导管,埋设深度与建筑物、构筑物表面的距离不应小于 15 mm,明配的导管应排列整齐,固定点间距均匀,安装牢固。

4)绝缘导管管口平整光滑,管与盒、箱等器件采用插入法连接时,连接处结合面涂专用胶合剂,接口牢固密封。

5)线管敷设施工工艺如图 1.39 所示。

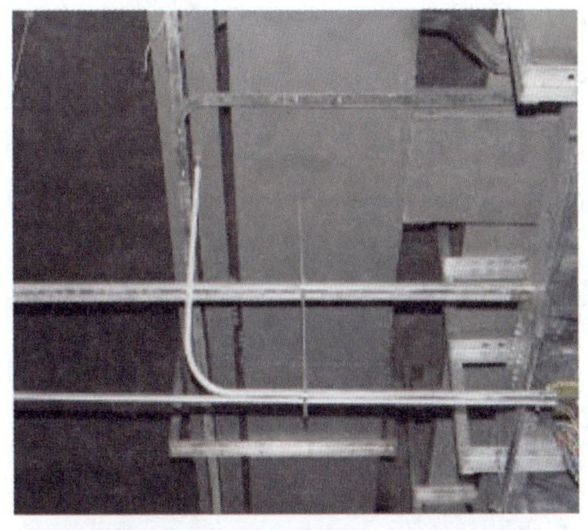
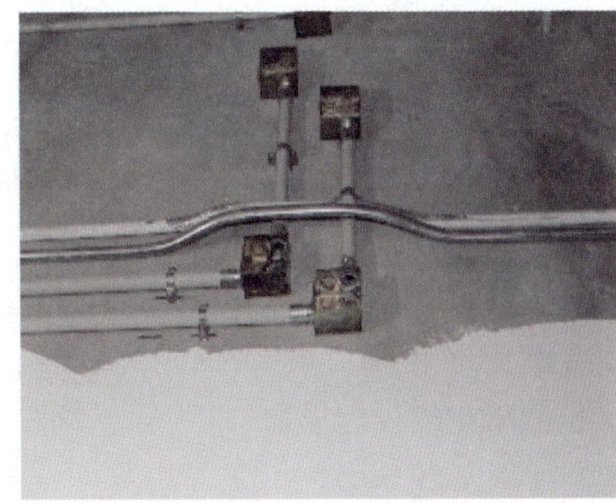

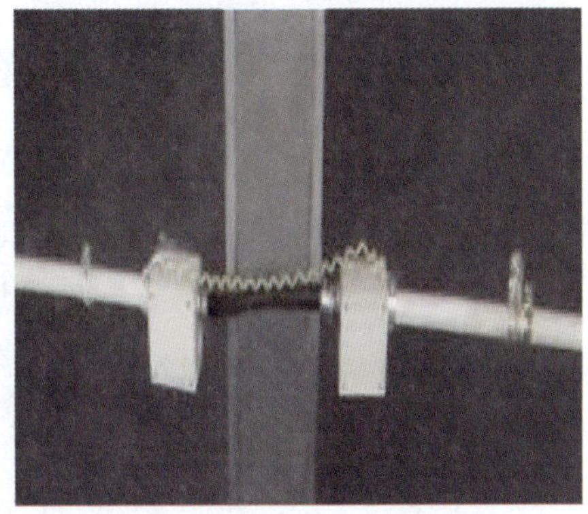

图 1.39　线管敷设施工工艺示意图

1.3.3　环控电控柜安装

1.3.3.1　环控电控柜安装施工工艺流程(图 1.40)

图 1.40　环控电控柜安装施工工艺流程图

1.3.3.2　施工准备阶段

1)在建筑装修专业施工地坪前完成基础型钢的预埋工作。按图纸位置,将型钢放在预留铁件上用水平仪找平、找正,要求偏差每米不大于 1 mm,全长不大于 5 mm。找平过程中,需要垫片的地方最多不能超过三片。然后将基础型钢架与预埋铁件、垫片用电焊焊牢,除锈并刷好防锈漆。最后浇筑混凝土稳固。按照设计要求,基础型钢顶部宜高出抹平面 10 mm 且须有明显的可靠接地。

2)配电柜运至安装现场要进行开箱检查,检查的主要内容为:包装是否完好、柜体颜色是否一致、规格型号是否符合设计要求、备品备件是否齐全，技术资料是否完整等。

1.3.3.3　施工阶段

1）柜体安装前按图纸规定的排列顺序将柜子做好标记，安装时先把每个柜调整至大致位置，然后再精确地调整第一个柜，以其为标准，将相邻柜调好，依次将所有柜体调整就位。柜体水平调整用水平尺测量，垂直度调整可自柜顶沿柜面悬挂一线锤，测量柜面上下端与吊线的距离，直到达到要求为止。调整完毕后再全部复查一遍，将柜与柜间用螺栓连接起来。

2）柜体采用螺栓固定时，事先在基础槽钢上钻出安装孔，并仔细核对与安装底盘的安装孔间距是否一致。

3）引进柜内的控制电缆需排列整齐，避免交叉，电缆型号、规格符合设计要求。电缆固定牢固，不得使所接的端子排受到机械应力。电缆头一般宜固定于最低端子排150～200 mm处。有绝缘要求的开关柜在安装时要注意绝缘要求，以防止杂散电流的腐蚀。

4）按照设备厂家要求将盘、柜内接地铜排连接牢固；在成列设备的两端采用软铜编织线与变电所接地网可靠连接。环控拒安装工艺如图1.41所示。

图1.41　环控柜安装工艺示意图

1.3.3.4　施工总结

1）配电柜独立或成列安装时，其水平度、垂直度以及盘、柜面不平度和盘、柜间接缝的标准应符合要求。盘、柜基础型钢安装不直度允许偏差1 mm/1 000 m，全长不超过5 mm。

2）配电柜的接地要牢固，接触良好。

3）配电柜的漆层完整无损伤，修补后的颜色尽量和原色一致。

4）配电柜间模拟线应整齐对应，其误差不应超过视差范围，安装牢固。

5）配电柜施工结束，进行内外清扫，柜内放置袋装防潮剂，以防元器件锈蚀，柜体利用原包装物包装保护。

1.3.4　配电箱安装

1.3.4.1　配电箱安装施工工艺流程(图 1.42)

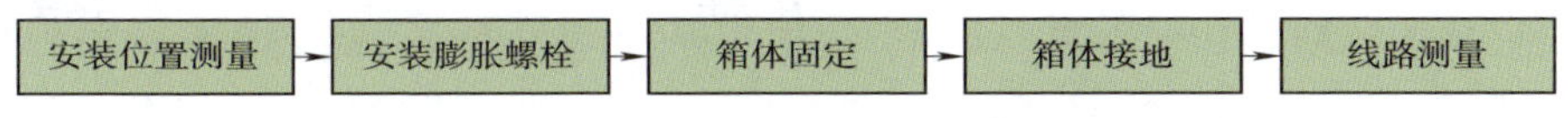

图 1.42　配电箱安装施工工艺流程图

1.3.4.2　施工阶段

1)配电箱的安装分为明装、暗装两种方式。明装配电箱距地 1.4 m,与墙体采用膨胀螺栓固定,当墙体为陶粒砖时,采用预埋螺栓的方式固定。安装示意图如图 1.43 所示。

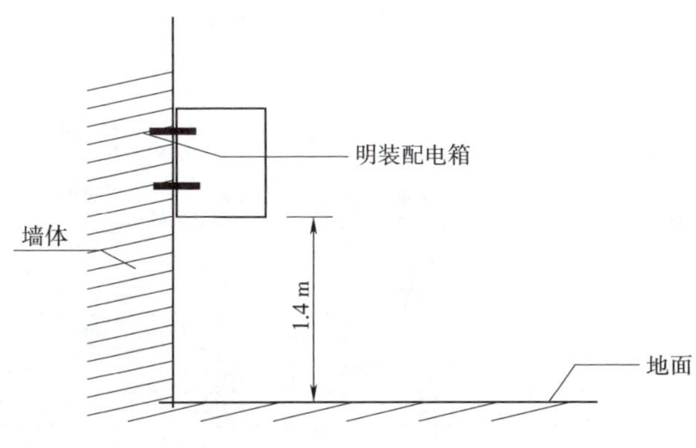

图 1.43　明装配电箱安装示意图

2)室内暗装配电箱安装在主体工程完工,室内抹灰前进行。首先依据图纸要求落实配电箱的安装位置,然后根据配电箱的大小核实预留孔洞的尺寸及距地面的尺寸,若孔洞尺寸小,先进行剔凿处理,再进行安装。

3)在墙体上暗装配电箱时,将箱体后背凹进墙内不小于 20 mm,将箱体固定,同时将墙内预埋管穿入配电箱内,要求一管一孔,不得开长孔,管口与箱体用锁扣锁紧。在配电箱后背采用钢丝网定牢,再用水泥砂浆抹好,配电箱四周边缘紧贴墙体,箱体门板不能缩进墙体表面。配电箱面板安装前,必须清理干净箱内的杂物,并检查箱内的元器件是否齐全、牢固。

4)配电箱全部电器及其相关回路安装完毕后,先用万用表检测线路通断,在用 500 V 兆欧表对线路进行绝缘测量。线与线之间,相线与零线之间,相线与地线之间,零线与地线之间,绝缘电阻不得小于 0.5 MΩ,并做好记录。

1.3.4.3　施工总结

1)配电箱的安装高度符合设计要求。垂直度允许偏差为 1.5%。

2)配电箱外壳需接地或接零线,连接应可靠。

3)配电箱运输及安装过程中,应避免磕碰,箱体漆层完整。

4)装有电器的可开启门,门和框架的接地端子间应用裸铜编织线连接。

5)配电箱安装位置正确,部件齐全,箱体开孔与导管管径适配,暗装配电箱箱盖紧贴墙面。箱内接线整齐,标识正确。

6)电气低压柜、电源柜的设备基础采取限制杂散电流对结构钢筋产生腐蚀的技术措施。

7)配电箱、配电柜的金属外壳的接地线与箱(柜)内接地端子可靠连接,另一端应与变电所低压柜的接地线相接。

8)等电位联结干线应从与接地装置有不少于两处直接连接的接地干线或总等电位箱引出,并应形成环行网路,环形网路就近与等电位联结干线或局部等电位箱连接。支线间不允许串联连接。配电箱安装工艺如图 1.44 所示。

图 1.44　配电箱安装工艺示意图

1.3.5　线缆敷设

1.3.5.1　施工准备阶段

1)检查电缆桥架是否安装完毕,转弯处的电缆桥架是否满足敷设电缆的弯曲半径。电缆桥架的规格型号应与图纸相符,电缆夹层及电缆竖井内的土建结构应粉刷完毕,电缆支架及接地扁钢安装完毕。检查电线管是否敷设完毕,有无不通情况。

2)将电缆运至车站,运输过程中不应使电缆造成损伤,保证电缆盘的完好、牢固,不应有明显的扭曲变形。电缆在仓储和运输过程中应有防止电缆盘滚动的措施。

3)电缆敷设前,首先检查电缆是否存在铠装压扁,电缆绞拧、护层折断等未消除的机械损伤。使用摇表对电缆进行绝缘测试,测试合格后方可敷设。

4)电线、电缆穿管前,应清除管内杂物,管口采取保护措施。站内采用多相供电,电线绝缘层颜色选择一致,保护线为黄绿相间色,零线为淡蓝色,A 相为黄色,B 相为绿色,C 相为红色。电线绝缘层完整无损,厚度均匀,外护层有明显的标识及制造厂标。

1.3.5.2　施工阶段

1)在室外(或站台上)将电缆盘吊起后放置到电缆放线架上,用人工展放,电缆敷设时避免与地面或其他硬物摩擦,若设备间电缆较短,可先测量出所需长度,将该段电缆从盘上拉出截断后,再敷设到电缆所在位置。车站金属线槽内电缆敷设时,沿电缆桥架路径放置人字梯,打开电缆桥架盖板,在电缆桥架转弯处放置地滑轮,并派专人看守,施工负责人、安全员配备通信工具,随时保持联络。按电缆的走向及长短合理安排电缆敷设顺序。电缆敷设完毕后,扣好电缆桥架槽盖,不得遗漏。

2)站台夹层、电缆竖井敷设电缆时,与供电系统专业密切配合,将电缆放置在指定的电缆支架托臂上。在电缆通道内布设地滑轮,每 3 m 布设 1 个,避免电缆与电缆支架、夹层地板发生摩擦。

3)电缆、电线穿管时,用管内的预留铁线与线缆绑扎牢固,用铁线牵引线缆进入管内,电线在接线盒、灯具处及设备处预留一定的长度。

4)电缆桥架内水平敷设的电缆,在电缆首末两端及转弯处、每隔 10 m 处加以固定,车站夹层内电缆每隔 5 m 固定 1 处,车站竖井内电缆每隔 1 m 处进行电缆固定。电缆在垂直或超过 45°倾斜敷设的电缆桥架上敷设,每隔 2 m 处加以固定。电缆的排列应整齐美观,电缆绑扎整齐、方向一致,不得交叉。线缆敷设工艺如图 1.45 所示。

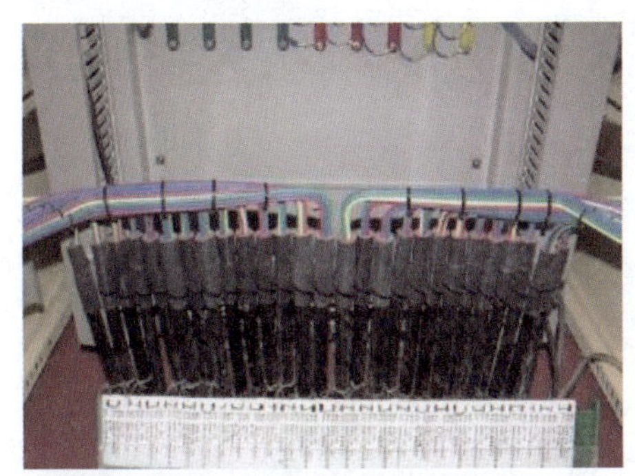

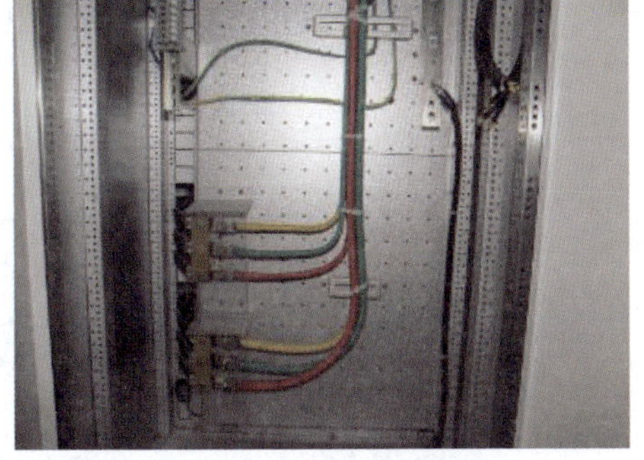

图 1.45　线缆敷设工艺示意图

1.3.5.3　施工总结

1)电缆起重、装卸、进场运输和支盘,应有专人负责指挥,各负其责。

2)电缆盘支盘处地面应平整、结实,放缆支架放置应水平、稳固。

3)电缆敷设前,检查电缆的型号、规格、电压是否符合图纸要求,检查电缆的出厂合格证、技术资料是否齐全,并用摇表测量电缆芯线的绝缘是否符合要求。

4)在电缆盘起吊、电缆牵引过程中,受力钢丝绳的周围、下方、内角侧和起吊物的下面,严禁有人逗留或通过。

5)人工牵拉电缆过程中,注意电缆与支架的摩擦。

6)电缆敷设时,防止人手被电缆砸伤或挤伤,严禁电缆砸伤设备。

7)不同回路、不同电压等级和交流与直流的电线,不应穿于同一导管内,同一交流回路的电线应穿于同一金属导管内,且管内电线不得有接头。

1.3.6　灯具安装

1.3.6.1　灯具安装的一般要求

1)灯具的型号、规格及安装形式、高度应符合设计要求,照明灯具金属外壳均应接地。

2)同一室内成排安装的灯具应整齐,其中心偏差不应大于 5 mm。

3)应急照明灯具应有特殊标志,疏散指示标志应标明走行方向。

4)在变电所内、通风空调电控室内的灯具安装应避开高压、低压配电设备的正上方。

5) AC 24 V 照明变压器,电源侧应有短路保护,其开关的额定电流不应大于变压器的额定电流。变压器外壳、铁芯均应接地。

6)当吊灯(如装修要求)灯具重量大于 3 kg 时,应采用预埋吊钩或螺栓固定,当软线吊灯具重量大于 1 kg 时,应增加吊链。

7)灯具不得直接安装在可燃物件上,当灯具表面高温部位靠近可燃物时,应采取隔垫、散热措施。

8)疏散指示灯具的标识方向应符合建筑物设计布置的疏散方向,应急照明和灯光疏散标志,应设玻璃或其他不燃材料保护罩。

9)灯具安装应与环控专业密切配合,灯具位置不应与风口位置相碰撞。

10)所有岔线区域在轨旁转辙机上方安装照明灯具。

1.3.6.2　嵌入吊顶、顶棚内的装饰灯具安装的要求

1)灯具应固定在专设的框架上,电源线不应贴近灯具外壳,灯线应留有余量,固定灯罩的边框边缘应紧贴在顶棚面上。

2)矩形灯具的边缘应与顶棚面的装修直线平行,如灯具对称安装时,其纵横中心轴线应在同一条直线上,偏斜不应大于5 mm。

3)与嵌入式灯具连接的金属软管,其末端的固定管卡,宜安装在自灯具、器具边缘起沿软管长度1 m处。

4)固定花灯的吊钩,其直径不应小于灯具吊挂销钉的直径,且不得小于6 mm。

5)采用钢管作灯具吊杆时,钢管的内径不应小于10 mm,钢管壁厚度不应小于1.5 mm。

6)大型花灯的固定及悬吊装置,应按灯具重量的两倍做过载实验。灯具安装工艺如图1.46所示。

图1.46 灯具安装工艺示意图

1.3.7 应急照明和疏散指示灯具安装

1.3.7.1 应急照明灯具

应急照明灯具一般有荧光照明灯具、专用应急灯具等。

1)荧光照明应急灯有单管吸顶式、双管吸顶式、筒式、不锈钢格栅灯四种。

2)专用应急灯一般分为节能灯、工矿灯和吸顶灯。

1.3.7.2 灯光疏散指示标志

出口或安全出口的疏散指示灯,为绿底白字符。室内通路走道的疏散指示灯,为白底绿字符。安全出口,通行提示均为绿色。

1.3.7.3 接线方式

应急照明和疏散指示灯具有二线制、三线制、四线制、五线制的接线方式,还有应急照明灯管和普通照明灯管装置在同一灯具内,但线路接线方式是各接各的系统,具体采用哪种接线方式,应严格按照工程设计进行。

1.3.7.4　施工总结

1)应急照明和疏散指示灯具的安装方式,和普通照明灯具的安装方式基本相同,安装位置,安装高度都应按设计要求进行,疏散指示灯具的标志指示方向应符合建筑物设计布置的疏散方向,应急照明和灯光疏散指示标志,应设玻璃或其他不燃材料的保护罩。

2)灯具安装方式分为链吊式、管吊式、嵌入式、吸顶式和壁挂式等方式。

3)疏散照明安装在安全出口的顶部,疏散走道及其转角处,距地 1 m 以下的墙面上,当交叉口处的墙面下侧,安装难以明确表示疏散方向时,也可将疏散标志灯安装于顶部,标志灯间距不大于 20 m,楼梯间的疏散标志灯宜安装在休息平台上方的墙角处或壁上,标明上下层层号。应急照明和疏散指示灯具安装工艺如图 1.47 所示。

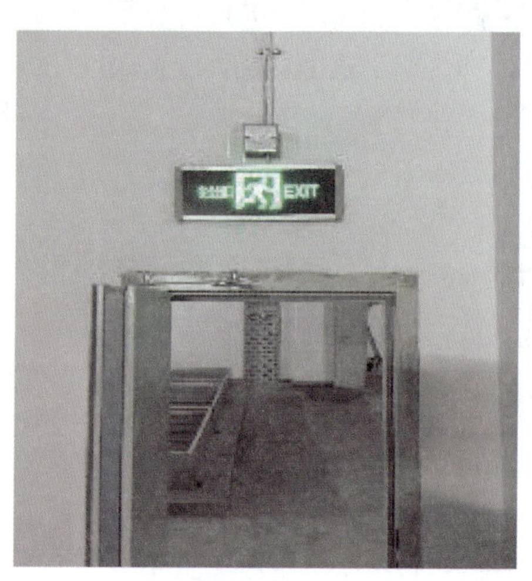

图 1.47　应急照明和疏散指示灯具安装工艺示意图

1.3.8　插座、开关安装

1.3.8.1　施工阶段

1. 插座的安装

根据室内 500 mm 标高线和接线盒的位置及标高,若接线盒预埋盒距面层深度大于 25 mm 时,加设套盒。同一室内安装的插座高度差不宜大于 5 mm,并列安装的相同型号插座高度差不宜大于 1 mm。

2. 插座的接线

单相三孔插座,面对插座的右孔与相线连接,左孔与零线连接,上孔接地线。

三相四孔及三相五孔插座的接地线或接零线都应接在上孔,插座的接线端子不应与零线端子直接连接,同一场所的三相插座,其接线的相位必须一致。插座均采用暗装接线盒，插座及其接线盒必须通过 CCC 认证。

3. 开关的安装位置及高度

安装在同一建筑物内的开关，宜采用同一系列的产品，开关的通断位置一致。

开关边缘距门框的距离为 0.18 ~0.2 m；开关距地高度为 1.3 m。开关不得设于单扇门后。并列安装的相同型号开关距地高度应一致，高度差不应大于 1 mm；同一室内安装的开关高度差不大于 5 mm。

4. 跷板式开关安装

跷板式开关安装接线时，应使开关切断相线，并根据跷板或面板上标志确定面板的装置方向。面板上有指示灯的，指示灯应在上面；跷板上有红色标志的应朝下安装；面板上有产品标记或有英文字母的不能装反，更应注意带有跷板上"ON"字母开的标志；跷板上部顶端有压制条纹或红点的应朝上安装；当跷板或板面上无任何标志的，应装成跷板下部按下时，开关处在合闸的位置，跷板上部按下时，应处于断开位置，即从侧面看跷板上部突出时灯亮，下部突出时灯熄。同一场所中开关的切断位置应一致，且操作灵活，触点接触可靠。当采用双联及以上开关时，应使开关控制灯具的顺序与灯具的位置相互对应，电源相线必须进行并接头，禁止在接线柱处跳接。开关接线时，应将盒内导线理顺好，依次接线后，将盒内导线盘成圆圈，放置于开关盒内。在安装固定面板时，找平找正后再与开关盒安装孔固定。用手将面板与墙面顶严，防止安装螺钉时损坏面板安装孔。

1.3.8.2　施工总结

安装开关、插座时，调整面板或修补墙面后再拧紧固定螺丝，使其紧贴建筑表面，以防开关、插座与建筑物表面之间出现缝隙。安装开关、插座时，导线必须严格分色，并校线准确，以防零火、零地线混压。在接线时，仔细分清各路灯具导线，依次进行压接，保证开关方向一致。插座、开关安装工艺如图 1.48 所示。

图 1.48　插座、开关安装工艺示意图

1.4　车站装饰装修工程

1.4.1　地面工程

1.4.1.1　细石混凝土地面

1. 细石混凝土地面施工工艺流程(图 1.49)

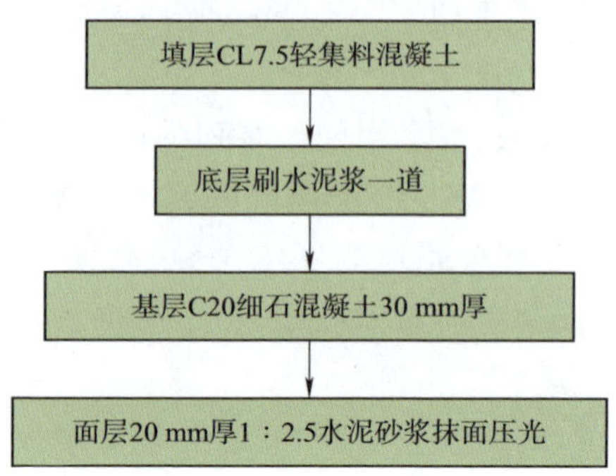

图 1.49　细石混凝土地面施工工艺流程图

2. 主控项目及检查方法

1)粗骨料其最大粒径不应大于面层厚度的2/3,细石混凝土面层采用的石子粒径不应大于15 m。

2)面层的强度等级应符合设计要求,且不应小于C25。

3)面层与下一层应结合牢固,无空鼓裂纹(空鼓 $S<400\ cm^2$,≤2处/每间)。

检验方法:用小锤轻击检查。

4)面层表面不应有裂纹、脱皮、麻面、起砂等缺陷。

检验方法:观察检查。

5)面层表面的坡度应符合设计要求,不得有倒泛水和积水现象。

检验方法:观察和采用泼水或用坡度尺检查。

6)水泥砂浆踢脚线与墙面应紧密结合,高度一致,出墙厚度均匀。

检验方法:用小锤轻击、钢尺和观察检查。

注:局部空鼓长度不应大于300 mm,且每自然间(标准间)不多于2处可不计。

细石混凝土地面施工的允许偏差和检验方法应符合表1.18中的规定,施工工艺如图1.50所示。

表 1.18　细石混凝土地面施工的允许偏差和检验方法

项次	项目	允许偏差	检验方法
1	表面平整度	5 mm	用2 m靠尺和楔形塞尺检查
2	踢脚线上口平直	4 mm	拉5 m线和用钢尺检查
3	缝格平直	3 mm	

1.4.1.2　地面花岗岩石材

本工程站厅、站台、出入口通道地面、残疾人电梯基座、坡道、地面恢复、盲道等部分采用花岗岩石材。

1.基层处理

2.粘贴墙边带

3.润湿

4.弹水平控制线

5.打饼、冲筋、铺设成品砂浆

6.找平、压光、养护、验收

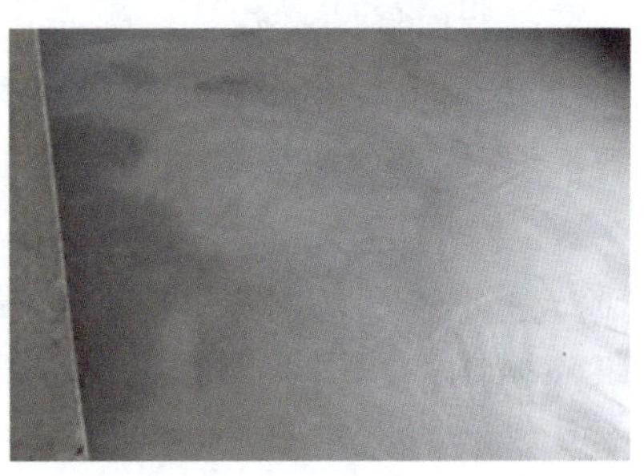

图 1.50　细石混凝土地面施工工艺示意图

1. 地面花岗岩石材施工工艺流程(图 1.51)

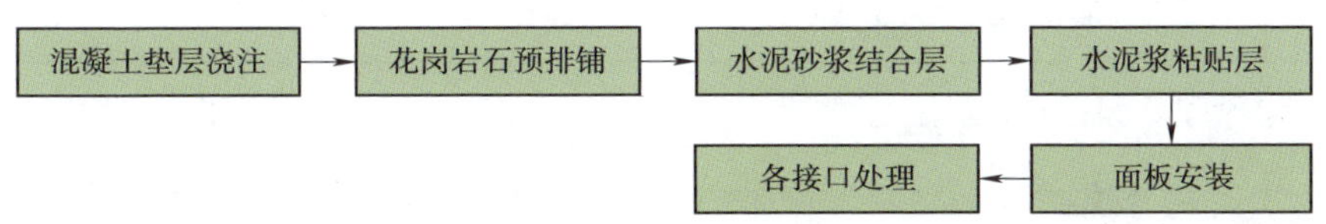

图 1.51　地面花岗岩石材施工工艺流程图

2. 地面花岗岩石材施工准备阶段

1)地面面层应在地面混凝土垫层、吊顶和墙柱面装修完工后施工。如确实需要提前完成的地面面层,完成后需加铺保护层。

2)地面必须以轨道中线位置及标高为基准,测放其标高程及侧面帽石外缘的位置,其允许偏差为:距离 0 ~ 3 mm,高程 ± 3 mm。

3)铺砌前应分类选料,凡有裂纹、表面破损和有缺陷的应剔出,不同品种的石板材不得混用。

4)花岗岩石块应按施工图工艺进行铺贴,其表面应平整,板缝直顺、缝宽一致,图案镶嵌正确。施工间歇后继续铺砌时,应将铺砌花岗岩石块挤出的砂浆清理干净。

5)石材面铺砌前,应按设计要求或板面纹理试拼并编号。铺砌后应保护,待水泥砂浆结合层达到设计强度后方可使用。

3. 地面花岗岩石材施工阶段

1)捣混凝土垫层:根据设计要求的厚度、强度捣混凝土垫层,预埋设备管线并预留接线口。

2)弹控制线:根据业主提供的墙面水平基准线,在四周墙面上弹出地面完成面标高控制线和踢脚线顶面标高控制线,在楼、扶梯开口周边放止灰带控制线。

3)基层处理:清除基层的垃圾、砂浆和油垢,将灰尘冲洗干净,并刷素水泥浆一道。

4)摊铺水泥砂浆结合层:水泥砂浆既是结合层也是找平层,应严格控制其稠度,以保证黏结牢固及面层的平整度。结合层先采用 1:3 干硬性水泥砂浆铺 20 mm,再采用素水泥膏铺 15 mm,使结合层铺至厚度 35 mm。

5)花岗岩石材铺砌:首先进行试铺。控制石材天然色差,避免过大色差;调整块材的纹理;检查板面标高是否与构造设计标高相吻合;砂浆面层是否平整或达到规定的泛水坡度;检查板面尺寸是否一致并调整板缝。

6)细部处理:采用 1:1 水泥砂浆擦缝。

4. 地面花岗岩石材验收总结

1)验收标准参照《建筑装饰装修工程质量验收标准》GB 50210—2018 中的石材工程。

2)花岗岩石板地面铺砌的允许偏差和检验方法应符合表 1.19 中的规定。

表 1.19 花岗岩石板地面铺砌的允许偏差和检验方法

检验项目	检验要求	检验方法
花纹和色差	无明显的色差	目视检查
相邻板材板角错位	1 mm	用钢直尺检查
表面平整度	0.5 mm	用 2 m 靠尺和塞尺检查
缝隙直线度	1 mm	拉 5 m 线,不足 5 m 拉通线,用钢直尺检查
缝隙高低差	0.5 mm	用钢直尺和塞尺检查
缝隙宽度	0.2 mm	用钢直尺检查

5. 地面花岗岩石接口处理

1)地面花岗岩石材与搪瓷钢板、陶铝复合板、烤瓷铝板、瓷砖以及墙面石材之间接缝由我单位负责现场细部处理,保证缝隙宽度均匀,缝隙两侧无明显高差。

2)地面花岗岩石材按设计要求预留检票机等设备的出线口,有预留后期开口位置按要求供检修盖板。根据设计要求,将楼梯不锈钢栏杆的支座固定安装在结构层或混凝土垫层上,在检验合格后,才可铺砌此部分石材,并负责接口处理。

3)负责楼梯、扶梯口侧封板,采用花岗岩干挂施工,并负责石材与上面地面的接口及与下面吊顶的接口处理。

4)负责水沟盖板安装,并负责石材与沟边的收口。

5)嵌入式排队线以及箭头图案按设计要求在石材相应预留位置开孔、开槽,在现场嵌入式安装。

6)地面石材与自动扶梯上、下平台应注意衔接,接口过渡平滑,接缝两侧无高差,此部分材与周边无错缝。与自动扶梯的侧板接口用不锈钢收口。

7)负责地面管井石材检修口石材盖板制作与安装。

8)石材铺贴的色差需要严格控制,在铺贴前须预先排版按批量石材进场的次序整体按由浅到深的外观颜色排版，后由监理、设计等认可后方可进行施工。花岗岩施工工艺如图1.52所示。

图1.52　地面花岗岩石材施工工艺示意图

1.4.1.3　地面砖铺贴

1. 地面砖施工工艺流程(图1.53)

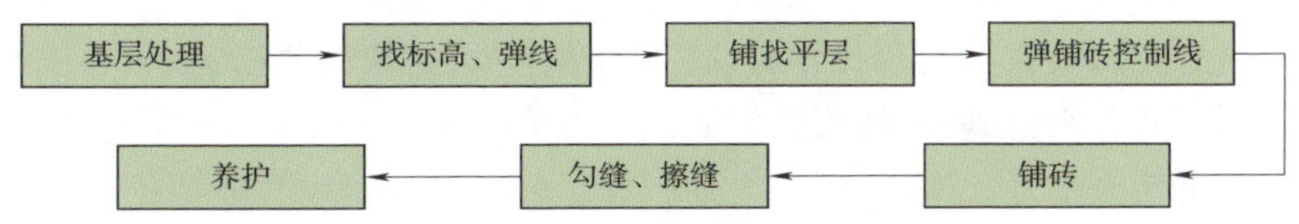

图1.53　地面砖施工工艺流程图

2. 施工准备阶段

1)基层处理、定标高

将基层表面的浮土或砂浆铲掉，清扫干净，有油污时，应用10%火碱水刷净，并用清水冲洗干净；根据+50 cm水平线和设计图纸找出板面标高。

2)弹控制线

先根据排砖图确定铺砌的缝隙宽度，一般为：缸砖10 mm；卫生间通体砖3 mm；房间、走廊通体砖2 mm；根据排砖图及缝宽在地面上弹纵、横控制线。注意该十字线与墙面抹灰时控制房间方正的十字线是否对应平行，同时注意开间方向的控制线是否与走廊的纵向控制线平行，不平行时应调整至平行，以避免在门口位置的分色砖出现大小头。

3)排砖原则

开间方向要对称(垂直门口方向分中)。

破活尽量排在远离门口及隐蔽处。

为了排整砖,可以用分色砖调整。

与设备区走廊的砖缝尽量对上,对不上时可以在门口处用分色砖分隔。

根据排砖原则画出排砖图。

3. 施工阶段

1)铺砖

为了找好位置和标高,应从门口开始,纵向先铺2~3行砖,以此为标筋拉纵横水平标高线,铺时应从里向外后退操作,人不得踏在刚铺好的砖面上,每块砖应跟线,操作程序是:

(1)铺砌前将砖板块放入半截水桶中浸水湿润,晾干后表面无明水时,方可使用;

(2)找平层上洒水湿润,均匀涂刷素水泥浆(水灰比为0.4~0.5),涂刷面积不要过大,铺多少刷多少;

(3)结合层的厚度:一般采用水泥砂浆结合层,厚度为10~25 mm;铺设厚度以放上面砖时高出面层标高线3~4 mm为宜,铺好后用大杠尺刮平,再用抹子拍实找平(铺设面积不得过大);

(4)结合层拌和:干硬性砂浆,配合比为1:3(体积比),应随拌随用,初凝前用完,防止影响黏结质量,干硬性程度以手捏成团,落地即散为宜;

(5)铺贴时,砖的背面朝上抹黏结砂浆,铺砌到已刷好的水泥浆找平层上,砖上楞略高出水平标高线,找正、找直、找方后,砖上面垫木板,用橡皮锤拍实,顺序从内往外退着铺贴,做到面砖砂浆饱满、相接紧密、结实,与地漏相接处,用云石机将砖加工成与地漏相吻合,铺地砖时最好一次铺一间,大面积施工时,应采取分段、分部位铺贴。

2)拨缝、修整:铺完2~3行,应随时拉线检查缝格的平直度,如超出规定应立即修整,将缝拨直,并用橡皮锤拍实。此项工作应在结合层凝结之前完成。地面砖施工工艺如图1.54所示。

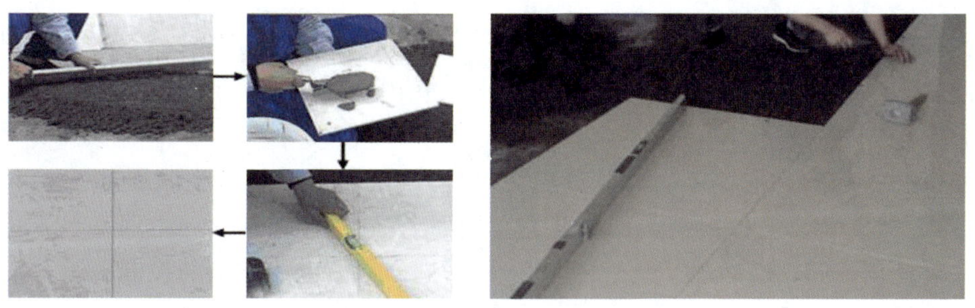

图1.54 地面砖施工工艺示意图

3)勾缝、擦缝

面层铺贴应在24 h后进行勾缝、擦缝的工作,并应采用同品种、同标号、同颜色的水泥,或用专门的嵌缝材料。

勾缝:用1:1水泥细砂浆勾缝,缝内深度宜为砖厚的1/3,要求缝内砂浆密实、平整、光滑,一边勾缝一边将剩余水泥砂浆清走、擦净。

擦缝:如设计要求缝隙很小时,则要求接缝平直,在铺实修好的面层上用浆壶往缝内浇水泥浆,然后用干水泥撒在缝上,再用棉纱团擦揉,将缝隙擦满。

4)养护

铺完砖24 h后,洒水养护,时间不应小于4 d。

5)镶贴踢脚板

踢脚板的缝与地面缝形成骑马缝,铺设时应在房间的两端头阴角处各镶贴一块砖,出墙厚度和高度应符合设计要求,以此砖上楞为标准挂线,开始铺贴,砖背面朝上抹黏结砂浆,使砂浆粘满整块砖为宜,及时粘贴在墙上,砖上楞要跟线且立即拍实,随之将挤出的砂浆刮掉,将面层清擦干净。

1.4.1.4 防静电地板

1. 防静电地板施工工艺流程(图1.55)

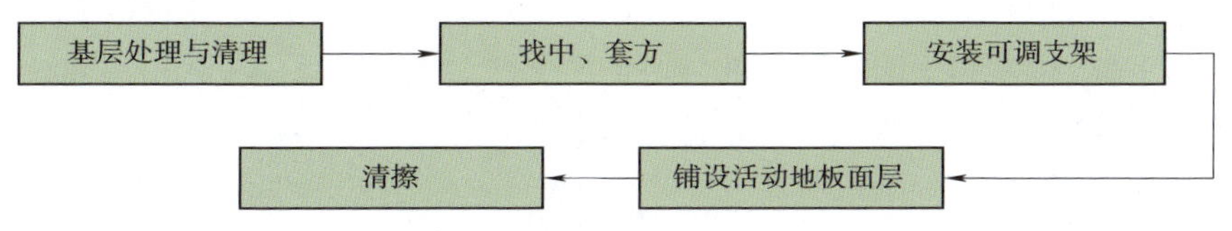

图1.55 防静电地板施工工艺流程图

2. 施工准备阶段

1)技术标准

(1)规格:600 mm×600 mm×35 mm。

(2)产品技术性能要求

防静电性能稳定、防火、防潮、耐磨、耐老化性;表面高洁高雅、无眩光、花色均匀、抗污性能强;应有一定强度。荷载和强度根据各车站具体情况而定;国家A级不燃材料、地板支架、出线盒由厂家配套提供,须有防腐、防火、不燃和无毒处理,应有接地设施。

(3)主要性能参数

挠度:<2 mm;

均布荷载>16 kN/m^2;

集中荷载>4 kN/m^2;

板面不平度(mm)<0.3;

相邻不垂直度(mm)<0.3;

开孔率不小于5%(站长室、车站控制室除外)。

2)产品的材料组成

表 1.20　地板材料组成

品名		材料明细
地板	钢体	上钢板采用厚 0.7 mm 的优质 SPCC 冷轧钢板,下钢板采用厚 0.7 mm 的优质 ST14 深拉伸板
	填充物	425 号硅酸盐优质发泡水泥
贴面		10 mm 厚防静电陶瓷砖面层
配件	横梁	1.0 mm 壁厚优质镀锌方管,规格 573 mm×21 mm×30 mm
	支架	标准支架:上托板规格 75 mm×75 mm×3.0 mm,下托板规格 90 mm×90 mm×2.0 mm,ϕ22 支承圆管,壁厚 1.5 mm,模具装夹自动焊接

地板材料组成见表 1.20。根据活动地板安装使用原理,考虑到地铁场所的特殊性与架空活动地板的实际使用情况,使用砌筑踏步,以便整体具有良好的规定性。

踢脚使用 10 mm 厚防静电陶瓷砖,实施过程中应考虑便于静电地板的维修以及管线的检修等。

3)施工主要机具

激光扫平仪、切割机、角向砂轮机、圆弧曲线锯、冲击电锤、手推车、手枪电钻、2 ~ 3 m 靠尺板、吸盘。

4)作业条件

(1)首先按照设计图纸要求,事先把要铺设的活动地板的基层做好(大多是水泥地面或现制水磨地面等),基层表面应平整、光洁、不起尘、含水率不大于 8%,安装前应清扫干净。房间平面若是矩形,其相邻墙体必须相互垂直。

(2)安装活动地板面层,必须待室内各项工程完工和超过地板面承载力的设备进入房间预定位置之后,方可进行,不得交叉施工,也不得在房间内加工。相邻房间内也应全部完工。

(3)架设活动地板面层前,要检查核对地面面层标高,应符合设计要求。将室内四周的墙画出面层标高控制水平线。

3. 防静电地板施工阶段

1)基层处理与清理:进场前施工场地清扫,检查地面基层,确保平整、光洁、不起尘、含水率不大于 8%。

2)找中、套方:根据房间平面尺寸和设备布置等情况,按活动地板模数选择板块铺设方向,具体有以下几种情况。

(1)如室内平面无控制柜等设备,平面尺寸又符合板块模数时,宜由内向外铺设。

(2)如室内平面尺寸不符合板块模数时,应把室内 2 个方向平面中心线找出来。看两面尺寸相差多少,若相差的不明显宜由外向内铺设;若相差较大时,宜进行对称对格,由内向外铺设。

(3)如室内有控制柜等设备要留洞时,其铺设方向和先后顺序应综合考虑。

根据上述选铺方法确定后,就要进行找中、套方、分格、定位弹线工作。获取地板支撑位置。

3)安装固定可调支架:首先要事先检查复核原室内四周墙上弹画出的标高控制线,按选定的铺设方向和顺序确定基准点,安放可调支座,以水平线的高度用水平尺延伸支架水平。

4)铺设活动地板:将支架调到所需高度,开始安放地板。放板时要保持横向和纵向的直线性。在此过程中,每个支架与地板之间,都要用螺丝将其一一旋紧固定。铺设活动地板块不符合模数时,不足部分可根据实际尺寸将板面切割后镶补,并配装相应的可调支撑和横梁。切割边一般应用清漆封边。与墙边的接缝处,应根据缝隙宽窄分别采用活动地板或木条镶嵌。随后应检查调整板块水平度及缝隙。

5)清擦:进行清擦地板面层。

6)报验:施工完后自检、局部调整,报监理方验收。防静电地板施工工艺如图1.56所示。

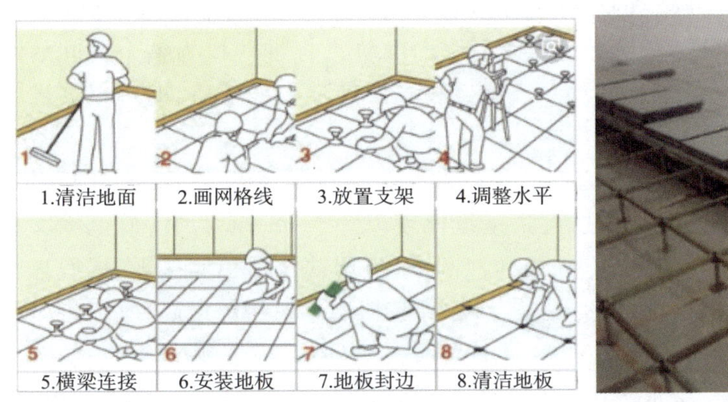

图1.56 防静电地板施工工艺示意图

1.4.1.5 水磨石地面

1. 水磨石地面施工工艺流程(图1.57)

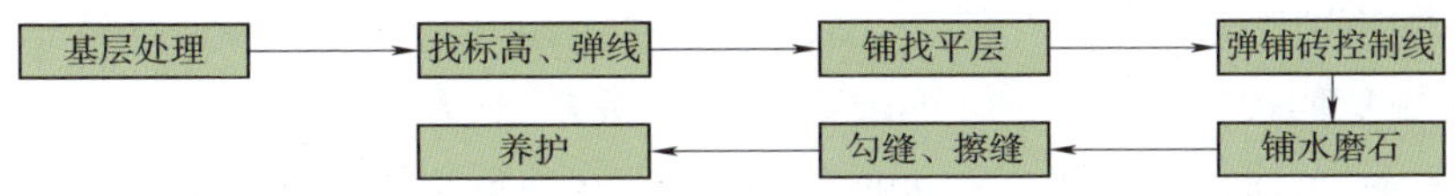

图1.57 水磨石地面施工工艺流程图

2. 施工准备阶段

1)基层处理:将黏结在基层上的砂浆(或洒落的混凝土)及浆皮砸掉刷净,并用扫帚将表面浮土清扫干净。

2)定基准线:根据设计图纸要求的地面标高,从墙面上已弹好的 +1 000 mm 线,找出板面标高,在四周墙面上弹好板面水平线。然后从房间四周取中拉十字线以备铺标准块,与走道直接连通的房间应拉通线。

3. 施工阶段

1)预制水磨石板浸水:为确保砂浆找平层与预制水磨石板之间的黏结质量,在铺砌板块前,板块应用水浸湿,铺时达到表面无明水。

2)砂浆拌制:找平层应用 1:3 干硬性水泥砂浆,拌制时要注意控制加水量,拌好的砂浆以用手捏成团,颠后即散为宜,随铺随抹,不得拌制过多。

3)基层洒水及刷水泥浆:将地面基层表面清扫干净后洒水湿润(不得有明水)。铺砂浆找平层之前应刷一层水灰比为 0.5 左右的素水泥浆,注意不可刷的过早、量过大,刷完后立即铺砂浆找平层,避免水泥浆风干不起黏结作用。

4)铺水泥砂浆结合层及预制水磨石板

确定标准块的位置:在已确定的十字线交叉处最中间的一块为标准块位置(如以十字线为中缝时,可在十字线交叉点对角安设两块标准块),标准块作为整个房间的水平及经纬标准,铺砌时应用 90°角尺及水平尺细致校正。确定标准块后,即可根据已拉好的十字基准线进行铺砌。

5)虚铺干硬性水泥砂浆结合层:检查已刷好的水泥浆无风干现象后,即可开始铺砂浆结合层(随铺随砌,不得铺的面积过大),铺设厚度以 2.5 ~3 cm 为宜,放上水磨石板时比地面标高线高出 3 ~4 mm 为宜,先用刮杠刮平,再用铁抹子拍实抹平,然后进行预制水磨石板试铺,对好纵横缝,用橡皮锤敲击板中间,振实砂浆至铺设高度后,将试铺合适的预制水磨石板掀起移到一旁,检查砂浆上表面,与水磨石板底相吻合后(如有空虚处,应用砂浆填补),满浇一层水次比为 0.5 左右的素水泥浆,再铺预制水磨石板,辅时要四角同时落下,用橡皮锤轻敲,随时用水平尺或直板尺找平。

6)标准块铺好后,应向两侧和后退方向顺序逐块铺砌,板块间的缝隙宽度如设计无要求时,不应大于 2 mm,要拉通长线对缝的平直度进行控制,同时也要严格控制接缝高低差。安装好的预制水磨石板应整齐平稳横竖缝对齐。

7)铺砌房间内预制水磨石板时,铺至四周墙边用非整板镶边时,应做到相互对称(定基准线在房间内拉十字线时,应根据水磨石板规格、尺寸计算出镶边的宽度)。凡是有地漏的部位,应注意铺砌时板面的坡度,铺砌在地漏周围的水磨石块,套割、弧度要与地漏相吻合。

8)养护和填缝:预制水磨石板铺砌两昼夜,经检查表面无断裂、空鼓后,用稀水泥浆(水泥:细砂=1:1)填缝,并随时将溢出的水泥浆擦干净,灌2/3高度后,再用与水磨石板同颜色的水泥浆灌严(注意所用水泥的强度)。最后铺上锯末或其他材料覆盖保持湿润,养护时间不应小于7 d,且不能上人。

9)贴镶踢脚板;安装前先设专人挑选,厚度须一致,并将踢脚板用水浸湿晾干。如设计要求在阳角处相交的踢脚板有割角时,在安装前应将踢脚板一端割成45°角。

在已抹好灰的墙面垂直吊线确定踢脚板底灰厚度(同时要考虑踢脚板出墙厚度,一般为8~10 mm),用1:2水泥砂浆抹底灰(基层为混凝土时应刷一层素水泥浆结合层,其水灰比为0.4~0.5),并刮平划纹,待底子灰干硬后,将已湿润阴干的踢脚板背面抹上2~3 mm厚水泥浆或聚合物水泥浆(掺10%107胶)进行粘贴,并用木槌敲实,拉线找平找直,次日用白色水泥浆擦缝。

10)酸洗、打蜡

酸洗:在单位工程竣工前应将面层进行处理,撒草酸粉及清水进行擦洗,再用清水洗净撒锯末扫干(如板块接缝高低差超过0.5 mm时,宜用磨石机磨后再进行酸洗)。

打蜡:预制磨石面层清洗干净后(表面应晾干),用布或干净麻丝沾稀糊状的成蜡。涂在水磨石面上(要均匀),再用磨石机压麻打第一遍蜡,用同样方法打第二遍蜡达到表面光亮、图案清晰、色泽一致。

预制磨石踢脚板酸洗和打蜡方法与上述方法相同。

1.4.2 墙面工程

1.4.2.1 抹灰工程

1. 抹灰施工工艺流程(图1.58)

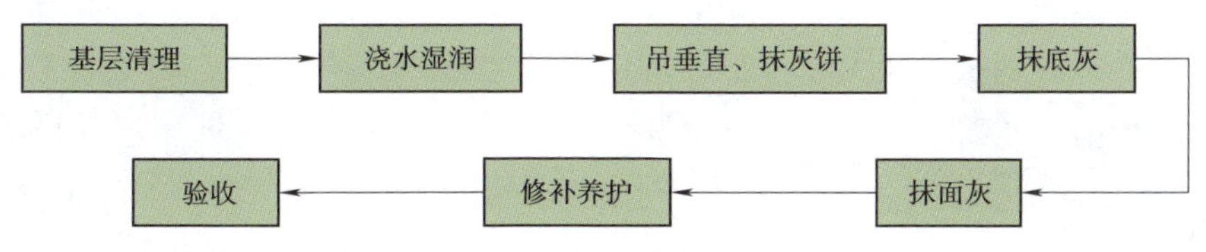

图1.58 抹灰施工工艺流程图

2. 施工准备阶段

抹灰前检查墙面,剔除松动砂浆,对于砌体松动、灰浆不饱满的拼缝及梁、板下的顶头缝,用砂浆填塞密实;将露出墙面的舌头灰刮净,凸出墙面不平整的部位剔凿平整;坑洼不平、砌块缺棱掉角、设备管线槽、洞剔凿以后用水洇透,再用砂浆整修密实、平顺;用靠尺、塞尺检查墙体的垂直偏差及平整度,将抹灰基层处理完好。

3. 施工阶段

1)砖砌墙和构造柱、圈梁或结构墙交接部位需挂金属网格布,且网格布压边尺寸不得小于 100 mm。

2）洒水湿润：墙面浮土扫净，抹灰前分三遍进行洒水湿润，洒水量以水分深入砌块 1 cm 为宜，浇水在抹灰前一天进行，如果抹灰时墙面仍干燥不湿，就再喷一遍水，但必须保证墙面在抹灰时不显浮水。

3）吊垂直、套方、抹灰饼、冲筋

（1）吊垂直、套方找规矩：先用托线板全面检查墙体表面垂直、平整度，确定抹灰厚度，按墙面上已弹好的基准线，分别在门口角、垛、墙面等处吊垂直，套方找规矩。

（2）贴灰饼、冲标筋：吊垂直、套方找规矩之后，以墙面面积和实际平整度来决定贴灰饼和冲筋的数量，一般间距为 1.2 m，用 1∶3 水泥砂浆做成 5 cm 见方的灰饼，灰饼厚度同抹灰厚度，上下灰饼用吊线板找垂直，水平方向用靠尺板找平，先上后下；依照已贴好的灰饼，从水平方向各灰饼之间用水泥砂浆冲筋，反复搓平，上下吊垂直。

4）抹底层砂浆：在墙面湿润的情况下，刷一遍素水泥浆拉毛，随刷随打底，底灰采用干混水泥砂浆，厚度 5～7 mm，抹灰时不得将标筋碰坏，后用大杠刮平，并用木抹子搓平、搓毛。

5）修补墙面上箱、槽、孔洞：底层砂浆抹完后，将墙面上预留孔洞、箱、槽、开关盒等周边 5 cm 宽的砂浆清除干净，周边用毛刷蘸水湿润，再用干混砂浆修补平整、方正，压实赶光，厚度比底层砂浆高处一个罩面灰的高度。

6）抹面层砂浆：用干混抹灰砂浆罩面抹灰。抹灰施工工艺如图 1.59 所示。

图 1.59 抹灰施工工艺示意图

4. 施工质量要求

1）普通抹灰表面应光滑、洁净，接槎平整，分格缝应清晰；护角、孔洞、槽、盒周围的抹灰应整齐、光滑，管道后面抹灰表面平整；抹灰总厚度应符合设计要求。

（1）立面垂直度，允许偏差 4 mm，用 2 m 垂直检测尺检查；

（2）表面平整度，允许偏差 4 mm，用 2 m 靠尺及塞尺检查；

（3）阴阳角方正，允许偏差 4 mm，用直角检测尺检查；

(4)分割条(缝)直线度,允许偏差 4 mm,拉 5 m 线,不足 5 m 拉通线,用钢直尺检查;

(5)墙裙、勒角上口直线度,允许偏差 4 mm,拉 5 m 线,不足 5 m 拉通线,用钢直尺检查。

2)相关质量要求详见《建筑装饰装修工程质量验收标准》GB 50210—2018。

1.4.2.2　涂膜防水工程

1. 涂膜防水施工工艺流程(图 1.60)

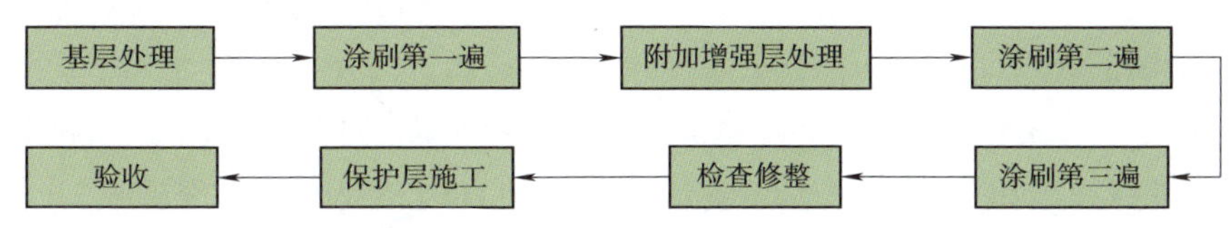

图 1.60　涂膜防水施工工艺流程图

2. 施工准备阶段

1)材料要求

(1)涂膜防水材料必须有出厂合格证明、产品说明书、检验报告,材料的品种、规格、性能等应符合国家现行标准和设计要求。并需经见证取样送检合格。

(2)涂膜防水材料为多组分材料时,配料应按配合比规定准确计量、搅拌均匀,每次配料量必须保证在规定的可操作时间内涂刷完毕,以免固化失败。

(3)涂料防水层按设计要求可采用反应型、水乳型、聚合物水泥基防水涂料,或水泥基、水泥基渗透结晶型防水涂料。其厚度应符合设计和规范要求。

2)主要机具

根据施工条件,应合理选用适当的机具设备和辅助用具,以能达到设计要求为基本原则,兼顾进度、经济要求。

常用机具设备有:棕扫帚、钢丝刷、衡器、搅拌器、容器、开罐刀、棕毛刷、圆滚刷、刮板、喷涂机械、剪刀、卷尺等。

3)作业条件

(1)穿过防水层的管道、设备及预埋件安装完毕。

(2)防水基层已经完工并通过验收,质量符合设计和规范规定。

(3)地下结构基层表面应平整、牢固,不得有起砂、空鼓等缺陷。

(4)基层表面应洁净干燥,含水率不应大于 9%。

(5)防水涂料严禁在雨天、雪天、雾天施工;五级风及其以上时不得施工。

(6)预计涂膜固化前有雨时不得施工,施工中遇雨应采取遮盖保护措施。

(7)严冬季节施工环境温度不得低于 5 ℃。

(8)溶剂型高聚物改性沥青防水涂料和合成高分子防水涂料的施工环境温度宜为 -5 ~ 35 ℃;水乳型防水涂料的施工温度必须符合规范规定要求,施工环境温度宜为 5 ~ 35 ℃。

3. 施工阶段

1)涂膜防水层施工方法

(1)抹压法:涂料用刮板刮平后,待其表面收水而尚未结膜时,再用铁抹子压实抹光。用于流平性差的沥青基厚质防水涂膜施工。

(2)涂刷法:用棕刷、长柄刷、圆滚刷蘸防水涂料进行涂刷。用于涂刷立面防水层和节点部位细部处理。

(3)涂刮法:用胶皮刮板涂布防水涂料,先将防水涂料倒在基层上,用刮板来回涂刮,使其厚薄均匀。用于粘度较大的高聚物改性沥青防水涂料及合成高分子防水涂料的大面积施工。

(4)机械喷涂法:将防水涂料倒入设备内,通过喷枪将防水涂料均匀喷出。用于黏度较小的高聚物改性沥青防水涂料或合成高分子防水涂料的大面积施工。

2)技术要点

(1)基层要求

①平整度:基层的平整度是保证涂膜防水层质量的关键。如果基层表面凹凸不平或局部隆起,在作涂膜防水层时就容易出现涂膜厚薄不匀。找平层的平整度用 2 m 长直尺检查,缝隙不应超过 5 mm。

②表面质量:如表层表面酥松、强度过低、裂缝过大,就容易使涂膜与基层黏结不牢,在使用过程中往往会造成涂膜与基层剥离,而成为渗漏的主要原因之一。因此基层应压实平整,不得有酥松、起砂、起皮等现象。

③含水率:基层含水率的大小,对涂膜有着不同程度的影响。一般来说,溶剂型防水涂料对基层含水率的要求要比水乳型防水涂料严格。溶剂型涂料必须在干燥的基层上施工,以避免产生涂膜鼓泡现象等质量问题。

(2)涂刷基层处理剂

涂膜防水层施工前,在基层上应涂刷基层处理剂,涂刷基层处理剂的目的是:

①堵塞基层毛细孔,使基层的潮湿水蒸气不易向上渗透至防水层,减少防水层起鼓;

②增加基层与防水层的黏结力;

③将基层表面的尘土清洗干净,以便于黏结,所涂刷的基层处理剂可用防水涂料稀释后使用,涂刷基层处理剂时要用力薄涂,使其渗入基层毛细孔中。

(3)细部构造要求

外墙基层转角处及地下室飘出的底板处,均应抹成圆弧,其半径不应小于 50 mm,

以保证涂膜层薄厚均匀,且防水涂料做到飘出底板上。

(4)涂布防水涂料及铺贴胎体增强材料

①准确计量,充分搅拌

对于多组分防水涂料,施工时应按规定的配合比准确计量,充分搅拌均匀;有的防水涂料,施工时要加入稀释剂、促凝剂或缓凝剂,以调节其稠度和凝固时间,掺放后只有搅拌充分,才能保证防水涂料的技术性能达到要求。特别是某些水乳型涂料,由于内部含有较多纤维状或粉粒状填充料,如搅拌不均匀,不仅涂布困难,而且会使没有拌匀的颗粒杂质残留在涂层中,成为渗漏的隐患。

②薄涂多遍,确保厚度

确保涂膜防水层的厚度是涂膜防水屋面最主要的技术要求。过薄会降低屋面整体防水效果,缩短防水层耐用年限,过厚将在一定意义上造成浪费。每遍涂膜厚度以0.4～0.5 mm为宜,涂料用量约1～1.2 kg/m^2,不宜一遍过厚。施工中严格控制加水量,以免涂料流淌,致使立面厚度不易达到设计厚度,同时导致阴阳角堆积过厚,产生裂纹。

在涂料涂刷时,无论是厚质防水涂料还是薄质防水涂料均不得一次涂成,以防厚质涂膜收缩和水分蒸发后易产生开裂;而薄质涂料很难一次涂成规定的厚度。因此,防水涂膜应分遍涂布,待先涂的涂层干燥成膜后方可涂布后一遍涂料。

③铺设胎体增强材料

在涂料第二遍涂刷时,或第三遍涂刷前,即可加铺胎体增强材料,胎体增强材料的铺贴方向应视屋面坡度而定:屋面坡度小于15%时,可平行屋脊铺设;屋面坡度大于15%时,应垂直屋脊铺设。其长边搭接宽度不得小于50 mm,短边搭接宽度不得小于70 mm。

若采用二层胎体增强材料时,上下层不得互相垂直铺设,搭接缝应错开,其间距不应小于幅宽的1/3。

④涂料涂布方向及接茬

防水涂层涂刷致密是保证质量的关键。要求各遍涂膜的涂刷方向应相互垂直,使上下遍涂层互相覆盖严密,避免产生直通的针眼气孔,提高防水层的整体性和均匀性。

涂层间的接茬,在每遍涂布时应退茬50～100 mm,接茬时也应超过50～100 mm,避免在接茬处涂层薄弱,发生渗漏。

当结构有高低差时,在平面上的涂刷应按“先高后低、先远后近”的原则涂刷。立面则由上而下,先转角及特殊加强部位,再涂大面。

⑤收头处理

在涂膜防水层的收头处应多遍涂刷防水涂料,或用密封材料封严。泛水处的涂膜宜直接涂布至女儿墙的压顶下,在压顶上部也应做防水处理,避免泛水处或压顶的抹灰层开裂,造成屋面渗漏。收头处的胎体增强材料应裁剪整齐,黏结牢固,不得有翘边、皱褶、露白等现象，否则应先处理再行涂封。

4. 施工总结

1）检查修整、验收

整个防水涂膜施工完后，应有一个自然养护的时间，尤其是因涂膜防水层的厚度较薄，耐穿刺能力较弱，为避免人为因素破坏防水涂膜的完整性，保证其防水效果，在涂膜实干前，不得在防水层上进行其他施工作业，涂膜防水屋面上不得直接堆放物品。

2）保护层

在涂膜防水层上应设置保护层，以避免阳光直射，而使防水膜过早老化；同时还可以提高涂膜防水层的耐穿刺、耐外力损伤的能力，从而提高涂膜防水层的耐用年限。

保护层材料可采用细砂、云母、蛭石、浅色涂料；也可采用水泥砂浆或块材等刚性保护层。但要注意，当采用水泥砂浆或块材保护层时，应在防水涂膜与保护层之间设置隔离层，以防止因伸缩变形将涂膜防水层破坏而造成渗漏。

3）质量检查与验收

（1）主控项目

①涂料防水层所用的材料及配合比必须符合设计要求。

检验方法：检查产品合格证、产品性能检测报告、计量措施和材料进场检验报告。

②涂料防水层的平均厚度应符合设计要求，最小厚度不得低于设计厚度的90%。

检验方法：用针测法检查。

③涂料防水层在转角处、变形缝、施工缝、穿墙管等部位做法必须符合设计要求。

检验方法：观察检查和检查隐蔽工程验收记录。

（2）一般项目

①涂料防水层应与基层黏结牢固、涂刷均匀，不得流淌、鼓泡、露槎。

检验方法：观察检查。

②涂层间夹铺胎体增强材料时，应使防水涂料浸透胎体覆盖完全，不得有胎体外露现象。

检验方法：观察检查。

③侧墙涂料防水层的保护层与防水层应结合紧密，保护层厚度应符合设计要求。

检验方法：观察检查。

4）成品保护措施

（1）防水施工完成后，严禁凿孔打洞或重物冲击。

（2）防水施工完成后应尽快进行保护层施工，保护层做法应符合设计要求。

（3）侧墙涂料防水层的保护层可采用水泥砂浆、聚苯板、砌砖做法，应与防水层黏结牢固，结合紧密，厚度均匀一致，对于种植屋面防水层采用防根刺的卷材保护层，铺贴应平整，搭接宽度应符合要求。

5. 涂膜防水施工常见的质量问题

1)涂膜防水层的基层裂缝、下沉、不平整。

2)细石混凝土保护层与防水层之间未设隔离层或保护层厚度不足。

3)胎体外露、涂料未浸透胎体,覆盖不完全。

4)涂膜防水层厚度不足、涂刷不均匀、表面有气泡现象。

1.4.2.3　墙面乳胶漆工程

1. 墙面乳胶漆工程施工工艺流程(图1.61)

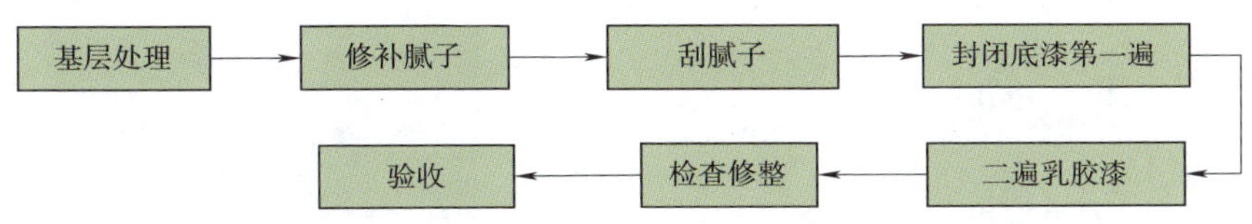

图1.61　墙面乳胶漆工程施工工艺流程图

2. 施工要点

1)基层处理:首先将墙面等基层上起皮、松动及鼓包等清除凿平,将残留在基层表面上的灰尘、污垢、溅沫和砂浆流痕等杂物清除扫净。对于砖墙基层、表面不平整,但结合度好,所以基层的处理目的就是找平。

2)修补腻子:用水石膏将墙面等基层上磕碰的坑凹、缝隙等处分遍找平,干燥后用1号砂纸将凸出处磨平,并将浮尘等扫净。

3)刮腻子:刮腻子的遍数可由基层或墙面的平整度来决定,一般情况为三遍。具体操作方法为:第一遍用胶皮刮板横向满刮,一刮板紧接着一刮板,接头不得留槎,每刮一刮板最后收头时,要注意收的干净利落。干燥后用1号砂纸打磨,将浮腻子及斑迹磨平磨光,再将墙面清扫干净。第二遍用胶皮刮板竖向满刮,所用材料和方法同第一遍腻子,干燥后用1号砂纸磨平并清扫干净。第三遍用胶皮刮板找补腻子,用钢片刮板满刮腻子,将墙面等基层刮平刮光,干燥后用细砂纸磨平磨光,注意不要漏磨或将腻子磨穿。

4)封闭底漆涂料:施涂顺序是先刷顶板后刷墙面,刷墙面时应先上后下。先将墙面清扫干净,再用布将墙面粉尘擦净。乳胶漆涂料一般用排笔涂刷,使用新排笔时,注意将活动的排笔毛理掉。乳胶漆使用前应搅拌均匀,适当加水稀释,防止头遍涂料施涂不开。干燥后复补腻子,待复补腻子干燥后用砂纸磨光,并清扫干净。

5)一遍乳胶漆涂料:操作要求同封闭底漆涂料,使用前要充分搅拌,如不很稠,不宜加水或尽量少加水,以防露底。漆膜干燥后,用细砂纸将墙面小疙瘩和排笔毛打磨掉,磨光滑后清扫干净。

6)二遍乳胶漆涂料:操作要求同一遍乳胶漆涂料。由于乳胶漆膜干燥较快,应连续迅速操作,涂刷时从一头开始,逐渐涂刷向另一头,要注意上下顺刷互相衔接,后一排笔紧接前一排笔，避免出现干燥后再处理接头。墙面乳胶漆施工工艺如图 1.62 所示。

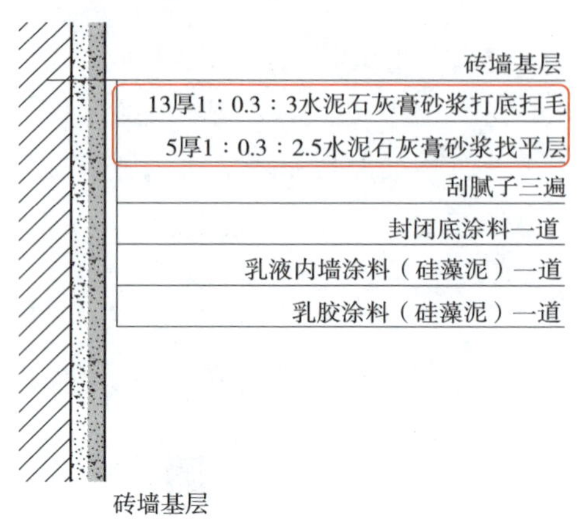

图 1.62 墙面乳胶漆施工工艺示意图

1.4.2.4 搪瓷钢板墙面施工工程

1. 搪瓷钢板施工工艺流程(图 1.63)

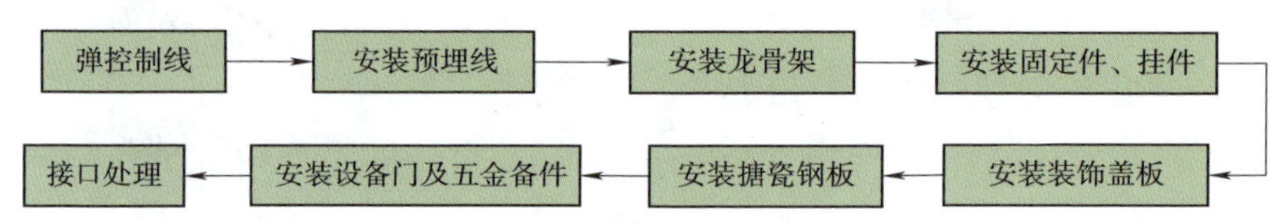

图 1.63 搪瓷钢板施工工艺流程图

2. 施工技术要求

1) 在满足设计要求的前提下进行深化，并提供相应的设计方案，方案深度应为施工图。深化设计内容包括：搪瓷钢板面板及龙骨；配电箱、电源插座等设备的安装构造；与广告灯箱及标志牌的接口构造。

2) 车站主体地面有一定的纵坡。搪瓷钢板墙面分缝应以地面完成面为基准面，竖向密拼垂直于地面完成面，横向分缝 5 mm 与地面完成面平行。

3) 各材料涉及的结构部分均应经国家相关认可的检测部门现场测试荷载或拉拔力数据，符合要求、提交监理和设计单位确认后，方可进行施工。

4) 负责搪瓷钢板的成品保护。竣工验收前所有搪瓷钢板面板表面以塑料薄膜覆盖保护，车站装修工程基本完工并完成地面清洁工作后，揭除薄膜。

3. 搪瓷钢板施工工艺及检验标准

1) 骨架与主体结构连接的预埋件（或不小于 ϕ10 mm 热浸镀锌处理膨胀螺栓）应牢固、位置准确、预埋件的标高偏差不得大于 10 mm。预埋件位置与设计的偏差不得大于 20 mm。

2)骨架与预埋件的连接及骨架防锈、防蚀处理应符合设计要求。

3)骨架制作及焊接质量应符合现行行业标准《建筑钢结构焊接技术规程》JGJ 81的有关规定。

4)充分考虑广告及其他较厚墙面设施的定位、衔接和安装。在较厚墙位的位置如需使用额外的连接件或更改的厚度以满足荷载要求等所涉及的费用,则由此承包商负责。

5)板材饰面的墙体为混凝土结构时,应对墙体表面进行清理修补,使墙面平整坚实。

6)搪瓷钢板安装前饰面板应按品种、规格、颜色进行分类并清理干净,板块应进行试拼编号。

7)板材饰面应固定牢固,位置正确,横向分缝5 mm,竖向密拼。

8)搪瓷钢板墙面安装的允许偏差和检验方法应符合表1.21中的规定。

表1.21 搪瓷钢板墙面安装的允许偏差和检验方法

检验项目	检验要求	检验方法
同一颜色面板之间色差	车站正常照明情况下观察色差;若用仪器测量,$\Delta E \leqslant 2$	车站正常照明情况下观察,若有明显不同,用色差检测仪检测
立面垂直度	1 mm	用2 m垂直检测尺检查
阴阳角方正	1 mm	用直角检测尺检查
缝隙直线度	1 mm	拉5 m线,不足5 m拉通线,用钢直尺检查
缝隙高低度	1 mm	用钢直尺和塞尺检查
缝隙宽度	5 mm	用钢直尺检查

9)以上无明确要求的搪瓷钢板工程验收应参照《建筑装饰装修工程质量验收标准》GB 50210—2018中金属板幕墙工程质量的验收标准。

10)检验方法:由国家认可的相关检验部门进行检验。

4. 搪瓷钢板接口处理工艺

搪瓷钢板施工过程中与车站各专业、系统有(但不限于)如下接口。

1)搪瓷钢板与吊顶、地面之间不接触,无须接口处理。如果部分车站有特殊构造,则详见施工图。

2)搪瓷钢板墙面与石材墙面连接时,两部分板材间留有5 mm缝隙。

3)搪瓷钢板与扶梯之间存在接口,先安装此部分搪瓷钢板,扶梯与搪瓷钢板之间的空隙由扶梯专业负责安装钢骨架、不锈钢饰面封口等工作,扶梯安装完成后,负责收口处理。

4)搪瓷钢板墙面按施工图放线并预留出广告灯箱、导向指示灯箱的位置,预留位置下部的搪瓷钢板首先安装完毕，灯箱方可进行安装。所有灯箱安装完毕后，安装两侧及上部剩余的搪瓷钢板，无须特别接口处理。

5）消火栓箱、配电箱、控制箱等设备箱体由相应施工单位负责供货与安装，搪瓷钢板施工方负责设备箱装饰门扇的安装。

6）搪瓷钢板供应商应按施工图要求预留电源插座、疏散指示灯等设备的安装孔洞，由安装施工单位负责安装。

7）搪瓷钢板施工方负责防火门外框与搪瓷钢板接口处理。

1.4.2.5 墙面面砖施工工程

1. 墙面面砖施工工艺流程（图 1.64）

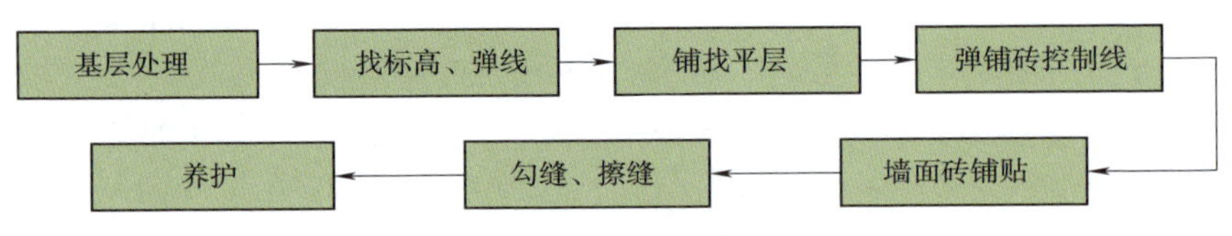

图 1.64 墙面面砖施工工艺流程图

2. 施工准备阶段

1）饰面砖表面应平整、洁净、色泽一致，无裂痕和缺损。

2）阴阳角处搭接方式、非整砖使用部位应符合设计要求。

3）墙面突出物周围的饰面砖应整砖套割吻合，边缘应整齐。墙裙、贴脸突出墙面的厚度应一致。

4）饰面砖接缝应平直、光滑，填嵌应连续、密实，宽度和深度应符合设计要求。

5）天棚（天花）墙柱面粉刷抹灰施工完毕。

6）墙柱面暗线管线、电线盒及门、窗框安装完毕，并经检验合格。

7）墙柱面必须坚实、清洁（无油污、浮浆、残灰等），影响面砖铺贴凸出墙柱面部分应凿平，过于凹陷墙柱面应用 1:3 水泥砂浆分层抹压平（先浇水湿润后再抹灰）。

8）安装好的窗台板及门窗框与墙柱之间缝隙用 1:3 水泥砂浆堵灌密实；门窗框边隙之嵌塞材料应由设计确定，铺贴面砖前应先粘贴好保护膜。

9）大面积施工前，应先做样板墙和样板间，并经质量及有关部门检查符合要求。

3. 施工阶段

1）选砖

面砖一般按 1 mm 差距分类选出若干个规格，选好后根据墙柱面积、房间大小分批类计划用料。选砖要求方正、平整，棱角完好。同一规格的面砖，力求颜色均匀。

2）基层处理和抹底子灰

对光滑表面基层，应先打毛，并用钢丝刷满刷一遍，再浇水湿润。

对表面很光滑的基层应进行"毛化处理"。即将表面尘土、污垢清理干净(油污可用10%火碱水清刷后,再用清水将碱液冲洗干净);浇水湿润,用1:1水泥细砂浆,喷洒或用毛刷(横扫)将砂浆甩到光滑基面上。甩点要均匀,终凝后再浇水养护,直至水泥疙瘩有较高的强度,用手掰不动为止。

砖墙面基层:提前二天浇水湿润。

3)抹底子灰

吊垂直,打规矩,贴灰饼(打墩),冲筋(打栏)。吊垂直、打规矩时,应与墙面的窗台、腰线、阳角立边等部位面砖贴面排列方法对称性以及室内地台块料铺贴方正综合考虑,力求整体完美。

将基层浇水湿润,(混凝土基层面应用水灰比为0.5内掺107胶的素水泥均匀涂刷),分层分遍用1:2.5水泥砂浆底灰(亦可1:0.5:4水泥石灰砂浆)。第一层宜为5 mm厚用铁抹子(铁灰匙)均匀抹压密实;待第一层干至7~8成后即可抹第二层,厚度约为8~10 mm,直至与冲筋大致相平,用木杠(压尺)刮平,再用木抹子(磨板)磋毛压实,划成麻面。

4)预排砖块、弹线

预排砖块应按照设计色样要求,一个房间,一整幅墙柱面贴同一分类规格面砖;在同一墙面,最后只能留一行(排)非整块面砖,非整块面砖应排在靠近地面或不显眼的阴角等位置;砖块排列一般自阳角开始至阴角停止(收口)和自开棚(天花)开始至楼地面停止(收口)。

弹好花色变异分界线及垂直与水平控制线。垂直控制线一般以1 m设一度为宜,水平控制线一般按5~10排砖间距设一度为宜;砖块从天棚顶往地面排列至最后一排整砖度,应弹置一度控制线;墙裙、踢脚线顶也应弹置高度控制线。

5)贴瓷砖

将釉面砖浸入清水内,30 min(最少)后叠起漓干,后进行安装。

在每一分段或分块内的瓷砖,均应自下向上铺贴。从最下一排砖的下皮位置用钉子装好靠尺板(室内靠尺板装在地面上第一排整砖的下皮位置上;室外靠尺板装在当天计划完成的分段或分块内最下一排砖的下皮位置控制线上),以此承托第一排瓷砖。

浇水将底子灰面湿润,先贴好第一排(最下一排)砖块下皮要紧靠装好的靠尺板,砖面要求垂直平正,并应用木杠(压尺),校平砖面及砖上皮。

以第一排贴好的砖面为基准,贴上基准点(可使碎块瓷砖),并用垂球(线称)校正,以控制砖面出墙面尺寸和垂直度。

铺贴应从最低一皮砖开始,并按基准点接线,逐排由下向上铺贴。瓷砖背面应满涂水泥膏(厚度一般控制在2~3 mm内),贴上墙面后用铁抹子(灰匙)木把手着力敲击,使瓷砖粘牢,同时用木杠(压尺)校平砖面及上皮。每铺完一排应重新检查每块瓷砖,发现空鼓，应及时掀起加浆重新贴好。

铺贴完毕，待粘贴水泥初凝后，用清水将砖面洗干净，用白水泥浆（彩色瓷砖应按设计要求用矿物颜料调色）将缝填平，完工后用棉纱、布片将表面擦拭干净至不留残灰痕迹为止。

瓷砖如需调整，则需在安装后 10 min 内进行，2 h（最多）后将瓷砖洗刷干净。

4. 施工总结

主控项目及检验方法

1）饰面砖的品种、规格、图案颜色和性能应符合设计要求。

检验方法：观察；检查产品合格证书、进场验收记录、性能检测报告和复验报告。

2）饰面砖粘贴工程的找平、防水、黏结和勾缝材料及施工方法应符合设计要求及国家现行产品标准和工程技术标准的规定。

检验方法：检查产品合格证书、复验报告和隐蔽工程验收记录。

3）饰面砖粘贴必须牢固。

检验方法：检查样板件黏结强度检测报告和施工记录。

4）满粘法施工的饰面砖工程应无空鼓、裂缝。

检验方法：观察；用小锤轻击检查。

饰面砖粘贴的允许偏差和检验方法见表 1.22。

表 1.22　饰面砖粘贴的允许偏差和检验方法

项次	项目	允许偏差（mm）		检验方法
		外墙面砖	风墙面砖	
1	立面垂直度	3	2	用 2 m 垂直检测尺检查
2	表面平整度	4	3	用 2 m 靠尺和塞尺检查
3	阴阳角方正	3	3	用直角检测尺检查
4	接缝干线度	3	2	拉 5 m 线，不足 5 m 拉通线，用钢直尺检查
5	接缝高低差	1	0.5	用钢直尺和塞尺检查
6	接缝宽度	1	1	用钢直尺检查

5. 墙面面砖施工质量问题

空鼓：基层清理不够干净；抹底子灰时，基层没有保持湿润；面砖铺贴前没有事先泡浸或底子灰面没有保持湿润；面砖背抹水泥不够均匀或量不足；砂浆配合比不准；调度控制不好，砂浆中含砂量过大，以及粘贴砂浆不饱满，面砖勾缝不严均可引起空鼓。

墙面脏：主要因为铺贴完成后，没有及时将墙面清洗干净，贴砖用水泥膏粘着砖面，以及擦缝时没有将多余白水泥浆彻底清干净。此时可用棉纱稀盐酸加 20% 水刷洗，然后用清水冲净即可。

1.4.2.6　玻璃幕墙施工工程

1. 玻璃幕墙施工工艺流程(图1.65)

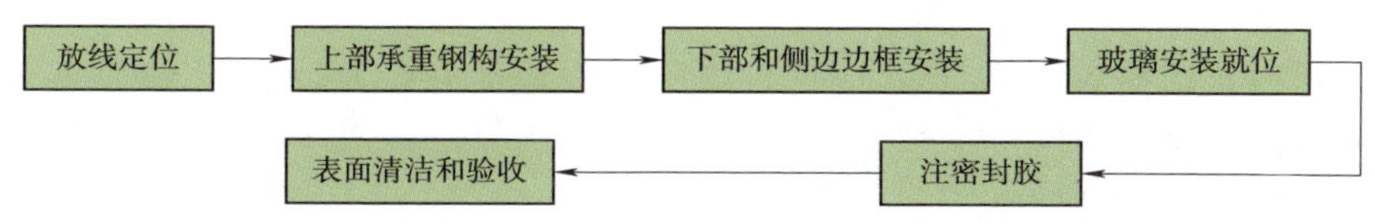

图1.65　玻璃幕墙施工工艺流程图

2. 玻璃幕墙施工技术要点

1)放线定位

放线是玻璃幕墙安装施工中技术难度较大的一项工作,除了要充分掌握设计要求外,还需具备丰富的工作经验。因为有些细部构造处理在设计图纸中并未明确交代,而是留给操作人员结合现场情况具体处理,特别是玻璃面积较大、层数较多的高层建筑玻璃幕墙,其放线难度更大一些。

(1)测量放线

①幕墙定位轴线的测量放线必须与主体结构的主轴线平行或垂直,以免幕墙施工和室内外装饰施工发生矛盾,造成阴阳角不方正和装饰面不平行等缺陷。

②要使用高精度的激光水准仪、经纬仪,配合用标准钢卷尺、重锤、水平尺等复核。对高度大于7 m的幕墙,还应反复2次测量核对,以确保幕墙的垂直精度。要求上、下中心线偏差小于1~2 mm。

③测量放线应在风力不大于4级的情况下进行,对实际放线与设计图之间的误差应进行调整、分配和消化,不能使其积累。通常以利用适当调节缝隙的宽度和边框的定位来解决。如果发现尺寸误差较大,应及时反映,以便采取重新制作一块玻璃或其他方法合理解决。

(2)放线定位

全玻璃幕墙是直接将玻璃与主体结构固定,应首先将玻璃的位置弹到地面上,然后再根据外缘尺寸确定锚固点。

2)上部承重钢构安装

(1)注意检查预埋件或锚固钢板的牢固,选用的锚栓质量要可靠,锚栓位置不宜靠近钢筋混凝土构件的边缘,钻孔孔径和深度要符合锚栓厂家的技术规定,孔内灰渣要清吹干净。

(2)每个构件安装位置和高度都应严格按照放线定位和设计图纸要求进行。最主要的是承重钢横梁的中心线必须与幕墙中心线相一致,并且椭圆螺孔中心要与设计的吊杆螺栓位置一致。

(3)内金属扣夹安装必须通顺平直。要用分段拉通线校核,对焊接造成的偏位要进行调直。外金属扣夹要按编号对号入座试拼装,同样要求平直。内外金属扣夹的间距应均匀一致,尺寸符合设计要求。

(4)所有钢结构焊接完毕后,应进行隐蔽工程质量验收,请监理工程师验收签字,验收合格后再涂刷防锈漆。

3)下部和侧边边框安装

要严格按照放线定位和设计标高施工,所有钢结构表面和焊缝刷防锈漆。将下部边框内的灰土清理干净。在每块玻璃的下部都要放置不少于 2 块氯丁橡胶垫块,垫块宽度同槽口宽度,长度不应小于 100 mm。

4)玻璃安装就位

(1)玻璃吊装

大型玻璃的安装是一项十分细致、精确的整体组织施工。施工前要检查每个工位的人员到位,各种机具工具是否齐全正常,安全措施是否可靠。高空作业的工具和零件要有工具包和可靠放置,防止物件坠落伤人或击破玻璃。待一切检查完毕后方可吊装玻璃。

①再一次检查玻璃的质量,尤其要注意玻璃有无裂纹和崩边,吊夹铜片位置是否正确。用干布将玻璃的表面浮灰抹净,用记号笔标注玻璃的中心位置。

②安装电动吸盘机。电动吸盘机必须定位,左右对称,且略偏玻璃中心上方,使起吊后的玻璃不会左右偏斜,也不会发生转动。

③试起吊。电动吸盘机必须定位,然后应先将玻璃试起吊,将玻璃吊起 2 ~ 3 cm,以检查各个吸盘是否都牢固吸附玻璃。

④在玻璃适当位置安装手动吸盘、拉缆绳索和侧边保护胶套。玻璃上的手动吸盘可使在玻璃就位时,不同高度工作的工人都能用手协助玻璃就位。拉缆绳索是为了玻璃在起吊、旋转、就位时,工人能控制玻璃的摆动,防止玻璃受风力和吊车转动发生失控。

⑤在要安装玻璃处上下边框的内侧粘贴低发泡间隔方胶条,胶条的宽度与设计的胶缝宽度相同。粘贴胶条时要留出足够的注胶厚度。

(2)玻璃就位

①吊车将玻璃移近就位位置后,司机要听从指挥长的命令操纵液压微动操作杆,使玻璃对准位置徐徐靠近。

②上层工人要把握好玻璃,防止玻璃在升降移位时碰撞钢架。待下层各工位工人都能把握住手动吸盘后,可将拼缝一侧的保护胶套摘去。利用吊挂电动吸盘的手动倒链将玻璃徐徐吊高,使玻璃下端超出下部边框少许。此时,下部工人要及时将玻璃轻轻拉入槽口,并用木板隔挡,防止与相邻玻璃碰撞。另外,有工人用木板依靠玻璃下端,保证在倒链慢慢下放玻璃时,玻璃能被放入到底框槽口内,要避免玻璃下端与金属槽口

磕碰。

③玻璃定位。安装好玻璃吊夹具,吊杆螺栓应放置在标注在钢横梁上的定位位置。反复调节杆螺栓,使玻璃提升和正确就位。第一块玻璃就位后要检查玻璃侧边的垂直度,以后就位的玻璃只需检查与已就位好的玻璃上下缝隙是否相等,且符合设计要求。

④安装上部外金属夹扣后,填塞上下边框外部槽口内的泡沫塑料圆条,使安装好的玻璃有临时固定。

5)注密封胶

(1)所有注胶部位的玻璃和金属表面都要用丙酮或专用清洁剂擦拭干净,不能用湿布和清水擦洗,注胶部位表面必须干燥。

(2)沿胶缝位置粘贴胶带纸带,防止硅胶污染玻璃。

(3)要安排受过训练的专业注胶工施工,注胶时应内外双方同时进行,注胶要匀速、匀厚,不夹气泡。

(4)注胶后用专用工具刮胶,使胶缝呈微凹曲面。

(5)注胶工作不能在风雨天进行,防止雨水和风沙侵入胶缝。另外,注胶也不宜在低于5 ℃的低温条件下进行,温度太低胶液会发生流淌、延缓固化时间,甚至会影响拉伸强度。严格遵照产品说明书要求施工。

(6)耐候硅酮嵌缝胶的施工厚度应介于35~45 mm之间,太薄的胶缝对保证密封质量和防止雨水不利。

(7)胶缝的宽度通过设计计算确定,最小宽度为6 mm,常用宽度为8 mm,对受风荷载较大或地震设防要求较高时,可采用10 mm或12 mm。

(8)结构硅酮密封胶必须在产品有效期内使用,施工验收报告要有产品证明文件和记录。

6)表面清洁和验收

(1)将玻璃内外表面清洗干净。

(2)再一次检查胶缝并进行必要的修补。

1.4.2.7 干挂石材施工工程

1. 干挂石材施工工艺流程(图1.66)

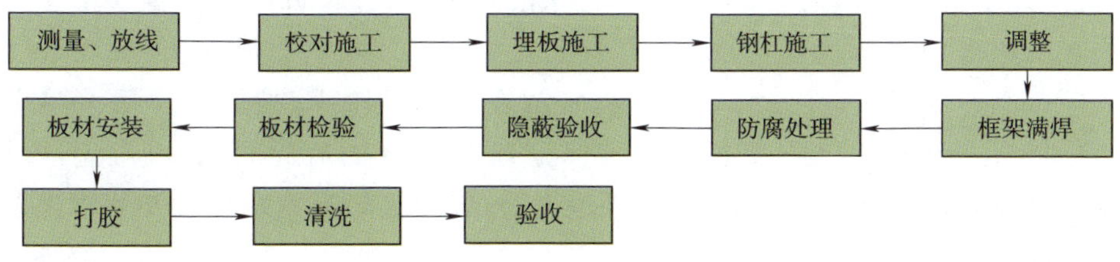

图1.66 干挂石材施工工艺流程图

2. 干挂石材施工技术要点

1)施工方法

(1)放线定位

根据墙面分格大样图和标高点,采用吊锤、钢丝线、测量器具及水平仪等工具定出石材墙平面、立柱、分格等基准线,并进行调整、复测。

(2)预埋件施工

石材骨架后补埋件采用化学螺栓固定在梁板、圈梁上,螺母与螺杆点焊,防止松脱,点焊后防腐处理。

(3)竖向龙骨安装

将竖向龙骨焊接到埋件上,并进行调整和固定,严格控制龙骨的水平度和垂直度(误差在 ±2 mm)。

先点焊,后满焊,焊脚高为 7 ~ 8 mm。竖向龙骨施工质量的好坏直接影响到石材的干挂质量,所以严格控制竖向龙骨的安装质量。

(4)安装横龙骨

横龙骨安装要严格控制水平度。因水平度直接影响石材横缝的质量,水平公差控制在 ±1 mm 内。调整好后满焊。

(5)防腐处理

焊接后均涂防锈漆两遍。

(6)隐蔽验收

检查构件与混凝土结构连接点的安装。

检查钢杠之间的连接形式及焊接质量。

(7)石材安装施工

石板进场后,严格按设计图纸和规范要求检验,包括色差挑选。

(8)石板材开槽。石板材现场开槽,首先确定石板材开槽位置,开槽宽度为 6 mm ± 1 mm,长为 100 mm ± 12 mm,深为 13 ~ 18 mm,两短槽端部距离石板的边缘距离为 90 ~ 180 mm,开槽后专项检查,是否有破损及暗伤,打磨处是否有遗漏,合格后方可准运输安装。

(9)石板安装前用细钢丝做好控制线,保证安装精度,石板安装符合要求。石材安装是从底层开始,吊好垂直线,然后依次向上安装。必须对石材的材质、颜色、纹路、加工尺寸进行检查,按照的石材编号将石材轻放在 T 形挂件上,按线就位后调整准确位置,并立即清孔,槽内注入胶,要求锚固胶保证有 4 ~ 8 h 的凝固时间,以避免过早凝固而脆裂,过慢凝固而松动,板材垂直度、平整度、拉线校正后扳紧螺栓。安装时注意各种石材的交接和接口,保证石材安装交圈。

(10)打胶:在缝内填入泡沫条后用大理石胶打入缝隙内。为了保证打胶的质量,用事先准备好的泡沫条塞入石材缝隙，预留好打胶尺寸，既不需要太深，也不应太浅，要求密实，并在石材的边缘贴上胶带纸然后打胶，一般要求打胶深度在 6～10 mm，保证雨水不能进入骨架内即可。待完成后轻轻将胶带纸撕掉使打胶边成一条直线。干挂石材施工工艺如图 1.67 所示。

(11)清理：勾缝或打胶完毕后，待胶凝固后，再用壁纸刀、棉纱等物品对石材表面清理。拆架子时注意成品保护。

图 1.67　干挂石材施工工艺示意图

1.4.3　顶面工程

1. 金属铝合金吊顶施工工艺流程(图 1.68)

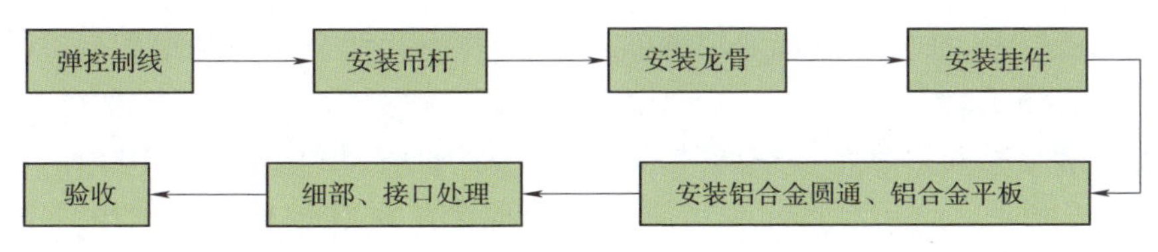

图 1.68　金属铝合金吊顶施工工艺流程图

2. 施工准备阶段

1)施工条件

(1)吊顶工程在施工前应熟悉现场、图纸及设计说明。

(2)施工前应按设计要求对房间的净高、洞口标高和吊顶内的管道、设备及其支架的标高进行交接检验。

(3)材料进场验收记录、检验报告应齐全。

(4)吊顶内的管道、设备安装完成;罩面板安装前,上述设备应检验、试压验收合格。

(5)罩面板安装前,墙、柱面装饰基本完成,涂料只剩最后一遍面漆并经验收合格。

(6)技术准备

①工程技术人员认真阅读图纸、图纸会审和技术核定单,发现疑问及时与设计、监理进行沟通解决并形成记录,做到对图纸的透彻理解。

②编制吊顶工程施工方案,并报指挥部审批,监理审查。

③将技术交底落实到作业班组。

④熟悉图纸后,组织工程技术人员进行现场放线。放线人员要严格按照施工图纸进行放线,随放随复核。放线完毕,请监理进行验收合格后施工。

2)主要材料

(1)主龙骨为 U38 型镀锌轻钢龙骨;次龙骨为 T 形铝合金龙骨。

(2)轻钢骨架主件为小龙骨;配件有吊挂件、连接件、插接件。

(3)零配件:吊杆、角码、丝杆和螺母、膨胀螺栓、射钉、自攻螺钉。

(4)按设计要求选用罩面板,其材料品种、规格、质量应符合设计要求。

3. 施工要求

1)吊顶饰面工程应在顶棚内设备管道、检修通道安装完毕后施工。

2)吊顶的吊挂件不得与设备管道及检修通道的吊挂件合用,也不得吊挂在管道或其他设备上。

3)吊顶施工前应在结构顶板底面,确定大龙骨吊点位置;在吊顶周边放线以及控制吊顶高程。

4)吊顶的吊挂点与结构连接可采用预埋件或膨胀螺栓,位置应正确并固定牢固。膨胀螺栓为镀锌钢,须通过拉拔强度测试,测试类量不小于总安装类量 1%,由国家认可检测单位进行测试。

5)膨胀螺栓钻孔遇到结构钢筋时,应沿大龙骨方向前后移动 50 ~ 100 mm 补设。

6)吊杆应使用不小于 $\phi 8$ mm 热浸镀锌处理全丝螺纹吊杆。吊顶吊杆长度超过 1 500 mm 时,应按施工验收规范要求增设反向支撑。

7)吊杆与吊点及大龙骨的连接件必须连接牢固,吊杆不得弯曲。大、中、小龙骨的挂、插件应连接牢固。

8)吊杆及连接件等,除采用镀锌件外,凡金属外露面均应做防锈、防蚀处理。

9)吊顶的大龙骨悬挑长度不应大于 300 mm。大龙骨对接接长时,相邻大龙骨的接头位置应相互错开。

10)吊顶上的照明灯具(筒灯除外)、通风口及广播喇叭等,应单独吊挂或增设附加龙骨固定在大龙骨上,不得架设在中、小龙骨上。平板天花在板面开口安装;圆通天花设备终端及灯具安装在圆通空隙之中。

11)简装修车站设备终端及灯具通过综合吊架安装。无须独立吊挂,在规范允许的范围内减少吊杆数量,保证整体装饰效果。铝合金异型板装饰风管安装时,采用独立的龙骨系统,不得影响风管的保温与使用功能。风口在铝合金异型板上开口安装,风口安装时应考虑其自身重量,增加承重龙骨不得直接安装于铝合金异型板之上。

12)吊顶饰面板应在吊顶内的照明、广播及通风等其他设备的所有管线敷设完工并验收合格后安装。

13)负责铝板吊顶的成品保护。竣工验收前所有吊顶板、龙骨、表面以塑料薄膜覆盖保护,车站装修工程基本完工并完成地面清洁工作后,由监理工程师确定揭除薄膜的时间。

4. 施工工艺及检验标准

1)吊顶饰面材料与龙骨固定牢固,装饰完成面平整,间距纵横直宽窄均匀一致。

2)吊顶饰面材料与灯口、风口等相交处,套割尺寸应正确,边缘整齐,不得露缝。

3)吊顶饰面材料应平整,条缝应直顺,相邻接头位置应相互错开,接缝严密,不得有错台和错位。

4)铝板吊顶安装的允许偏差和检验方法应符合表1.23中的规定,施工工艺如图1.69所示。

表1.23　铝板吊顶安装的允许偏差和检验方法

检验项目	检验要求	检验方法
板面平整度	1 mm	用2 m靠尺和塞尺检查
龙骨平整度	1 mm	用2 m靠尺和塞尺检查
龙骨阴阳角方正	1 mm	用直角检测尺检查
缝隙直线度	1 mm	拉5 m线,不足5 m拉通线,用钢直尺检查
缝隙高低度	1 mm	用钢直尺和塞尺检查
缝隙宽度	2 mm	用钢直尺检查

图1.69　金属铝合金吊顶施工工艺示意图

5）如无明确要求的吊顶工程按照《建筑装饰装修工程质量验收标准》GB 50210—2018中明龙骨吊顶工程和饰面板安装工程的规定进行施工及验收。

6）检验方法：由国家认可的相关检验部门进行检验。

1.4.4 防火门安装及五金施工工程

1.4.4.1 防火门安装及五金施工工艺流程（图1.70）

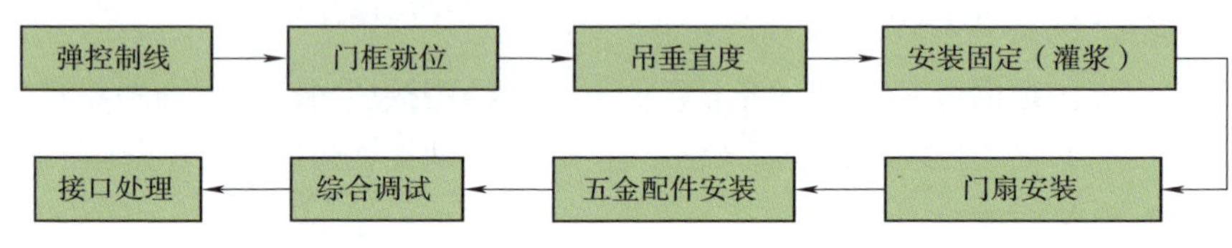

图1.70　防火门安装及五金施工工艺流程图

1.4.4.2 施工工艺要求

1. 门框预先安装

根据设计图纸中门的平面位置，分别在楼地面基层上或窗下的墙上划出门的中心线，再以门中心线为准向两边量出门边线，并做好记录。按设计图纸要求的门规格、型号，依次按线立起门框，并用临时支撑固定，支撑的上端应钉在门框的上部内端，下端用砖或其他东西压住，严禁固定在脚手架上。当设计图纸中没有要求时，外开门应立在墙的厚度中间，内开门应靠内墙面立框，内墙面有粉刷层时，内开门框应突出内墙面，预留出粉刷层的厚度，以便墙面粉刷后与门框内表面相平齐。用水平直尺校正框冒头水平度，用吊线坠校正门框的正、侧面垂直度，并检查门框的标高正确与否。对等标高的同排门，应先立两边的门框，然后拉通线立中间的门框，上下层对应的门框可用吊线坠或经纬仪从上层沿门框梃边吊线或划线校核，使其对齐。砌墙时，应及时将涂有防腐剂的木砖砌入墙内木砖位置，同时固定在框上，并检查和校正框的垂直度。该层墙体砌过两层木砖时，方可拆除临时支撑。

2. 门框的后安装

主体结构完工后，复查洞口标高、尺寸及木砖位置。将门窗框用木楔临时固定在门洞口内相应位置。用吊线坠校正框的正、侧面垂直度，用水平尺校正框冒头的水平度。

3. 门扇的安装

量出樘口净尺寸，考虑留缝宽度。确定门扇的高宽尺寸，先画出中间缝处的中线，再画出边线，并保证梃宽一致，四边画线。若门扇高、宽尺寸过大，则刨除多余部分，修刨时应先锯掉余头，再进行修刨。门窗扇为双扇时，应先作打叠高低缝，并以开启方向的右扇压左扇。若门扇高、宽尺寸过小，可在下边或装合页一边用胶和钉子绑刨光的木条。钉帽砸扁，钉入木条内1～2 mm，然后锯掉余头刨平。试装门扇时，应先用木楔塞在门扇的下边,然后再检查缝隙。合格后画出合页的位置线,剔槽安装合页。

4. 门小五金的安装

所有小五金必须用木螺丝固定安装,严禁用钉子代替。使用螺丝时,先用手锤钉入全长的1/3,接着用螺丝刀拧入。当门框为硬木时,先钻孔径为木螺丝直径0.9倍的孔,孔深为木螺丝全长的2/3,然后再拧入木螺丝。铰链距门扇上下两端的距离为扇高的1/10,且避开上下冒头,安装好后必须开关灵活。门锁距地面高约900～1 050 mm。并错开中冒头和边梃的榫头。门拉手应位于门扇中线以下,拉手距地面1.5～1.6 m,门拉手距地面900～1 050 mm。门插销位于门拉手下边。装插销时应先固定插销底板,再关门打插销压痕,凿孔,打入插销。门扇开启后易碰墙的门,为固定门扇安装门碰头。小五金应安装齐全,位置正确,固定可靠。防火门安装及五金施工工艺如图1.71所示。

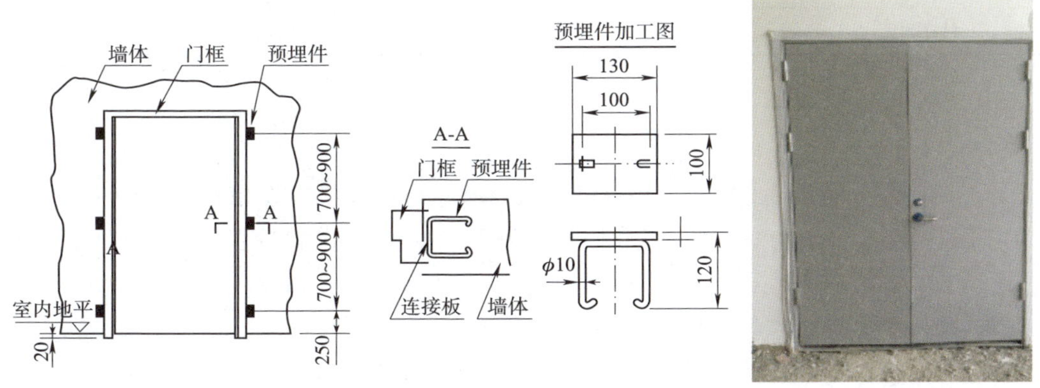

图1.71　防火门安装及五金施工工艺示意图(单位:mm)

1.4.4.3　施工质量要求

1)门框垂直度偏差不大于2 mm,水平高差不大于2 mm。

2)门框细石混凝土灌注密实,不得有孔洞现象。

3)门扇及五金安装应牢固,不得有松动现象。

4)防火门相关质量要求详见《建筑装饰装修工程质量验收标准》GB 50210—2018规范。

1.4.5　不锈钢栏杆及扶手施工

1.4.5.1　不锈钢栏杆及扶手施工工艺流程(图1.72)

图1.72　不锈钢栏杆及扶手施工工艺流程图

1.4.5.2 施工准备阶段

1. 不锈钢栏杆、楼梯扶手以下项目应进行中间检验,并符合本章有关规定:

1)使用的材质、品种、规格;

2)制作尺寸和安装位置。

2. 栏杆、扶手竣工后应固定牢固,位置正确,表面光滑、色泽光亮一致,扶手弧形弯角无变形,直角接口严密无缝隙,其允许偏差应符合表1.24的规定。

表1.24 不锈钢栏杆扶手安装允许偏差值

项目	允许偏差	检查方法
扶手直顺度	1 mm	拉5 m线,不足5 m拉通线尺量检查
栏杆直顺度	1 mm	吊线尺量检查
栏杆间距	2 mm	尺量检查

1.4.5.3 施工技术要求

1. 测量、放线

1)仔细研究和审查土建单位提供的车线、中线,标高图纸和误差测量结果。

2)利用水准仪和经纬仪施放预埋件的位置,并复核此次测量误差,做好测量误差记录。

2. 测量和放线注意的事项

1)所有使用的仪器,如光学测量经纬仪、水平仪、垂直仪等,以及钢卷尺、直尺,均需符合相应的标准。

2)所有测量仪器、工具均需在使用前经专门检测机构的校验,以保证处于正常状况,在使用过程中,每次测量前均需作零位设定。

3)垂直标定线每隔15~20 m要设中间固定点,拉力不得低于20 kg。

4)使用铅垂线作业时,必须严格等待至无风力影响的静止状况才能开始测量。

3. 预埋件的埋件

1)严格按设计图纸放预埋件,其关键位置尺寸偏差为±10 mm。

2)根据施工图纸和土建单位提供的轴线、中线、标高,严格检查预埋件的放置尺寸。

4. 立标的安装

1)利用经纬仪在预埋件上放出立杆安装的中心线,在适当的部位先临时固定立柱。

2)利用水准仪在临时立柱上测放出所需标高,并拉设施工用线。

3)在合理的位置上临时固定立柱,再通过水准仪、经纬仪等仪器进行检测立柱垂直变横向、纵向是否符合要求。

4)加固立柱,检查螺栓、螺帽连接牢固程度。

5)若少数采用焊接连接固定处,必须保证设计要求的焊缝高度下焊缝不得出现有夹渣、气孔等各种缺陷。

5. 横料的安装(含扶手)

1)利用水准仪在安装完成的立柱上测放出需要安装横料的标高,并记号笔标记在立柱上。

2)用钢卷尺复测两立柱间距是否符合要求。

3)安装横料。

4)用2 m靠尺检查横料是否纵向弯曲,允许偏差不大于3 mm。

6. 防止金属电能作用措施

1)两种不同金属不致相互接触,隔离物必须为不吸收水分的绝缘胶皮。

2)所有钢配件必须在不影响装饰效果处加设保护金属片,保护工程材料不发生化学反应及电解反应。

7. 玻璃安装

1)所有玻璃必须全新,未经过使用于任何工程上的玻璃必须符合本要求的规格,并需有平正的边及方角,不可装有瑕疵的玻璃在工程上。

2)在安装玻璃之前,必须检查框架是否正确。

玻璃的安装要求:

(1)一般规定安装玻璃时要使用吸盘搬移。

(2)玻璃安装前应将表面尘土和污物擦拭干净。

(3)玻璃与构件应避免直接接触,玻璃四周与构件凹槽底保持一定的空隙,每块玻璃下部设不少于二块弹性定位垫块,垫块的宽度与槽口宽度应相同,长度不小于100 mm,玻璃嵌入量及空隙应符合设计要求。

(4)玻璃四周橡胶条按规定型号选定,镶嵌平整,橡胶条长度应比框内槽口长1.5%~2%,其断口应留在四角、斜面断开后拼成预定的设计角度,并黏结牢固后嵌入槽内。

8. 硅胶的施工

1)打硅胶是一项技术性很强的工艺,非有经验的技工不能参加施工(无论是机械打胶或者是现场手工打胶)。

2)打胶工件表面在施工前一定要清洁干净,保持干燥,要用清洁剂,如二甲苯、异丙醇或丙酮等将不锈钢和玻璃的结合部位抹干净,抹布要采用不掉毛的软布。

3)打胶要按图纸的要求施工,在特定的部位采用图纸标准的硅胶种类,不能随意采用替换品。

4)打胶要均匀、充密、平直、光滑,尽量减少接头,密封胶的厚度与高度应符合规范要求与设计要求。

5)本工程采用双组分结构胶在工厂进行施工,因结构硅胶的凝固时间在 25 ℃的温度和 50%的相对湿度条件下为 2 ~3 d,所以打胶后,要用木架托住水平放置,不能重叠放置。不锈钢栏杆及扶手施工工艺如图 1.73 所示。

9. 清洗工序

1)清洁玻璃表面污垢和有硅胶残留痕迹的任何表面。

2)在施用清洁剂抹净不锈钢材料或玻璃表面时,必须采用软质布料或海绵。

图 1.73 不锈钢栏杆及扶手施工工艺示意图

1.4.6 墙体砌筑施工

1.4.6.1 墙体砌筑施工工艺流程(图 1.74)

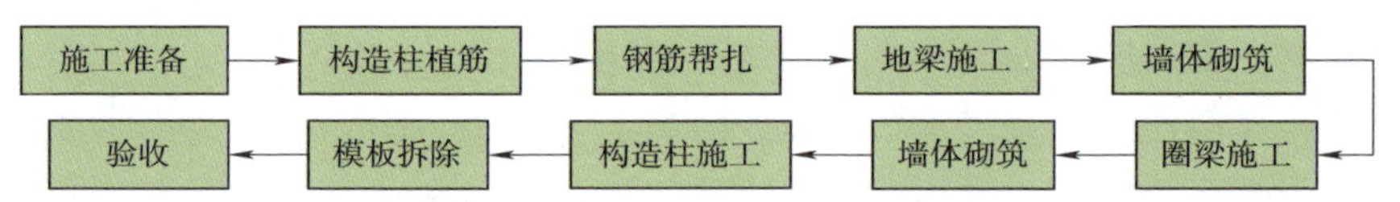

图 1.74 墙体砌筑施工工艺流程图

1.4.6.2 施工工艺要求

1. 施工测量放线

1)地铁设备区墙体测量放线应依次保证走廊、安全出口、设备房间、管理房间使用距离,墙体定位过程中,需预留抹灰层厚度、门框安装尺寸厚度。

2)墙体砌筑施工前按照业主测量队移交的车站高程控制点,复测控制点高程,无误后引测墙体 1 m 线(经过业主测量队复核),并将 1 m 线引至每一个设备区结构柱上,弹线做标记。

3)钢筋加工、安装

(1)钢筋原材料进场,厂家随车带材料证明文件、合格证并经第三方检测单位检测

(检测合格),钢筋表面无锈蚀和油污。

(2)核对钢筋品种、级别、形状、尺寸、数量、位置是否与施工图纸及加工配料单相符,弹好标高水平线及构造柱的外皮线。

(3)钢筋植筋:钢筋植筋采用建筑植筋胶植入结构板(或结构柱、结构墙),钢筋植入深度站厅层为植入钢筋直径的15倍(本工程构造柱、圈梁用主筋为HRB400,植入深度为180 mm),站台层植入深度为植入钢筋直径的10倍,但小于等于150 mm;构造柱钢筋搭接长度为35倍,构造柱上下两端需加密(加密区长度为1/6柱净长,但小于等于600 mm),自板面5 cm开始第一道箍筋,加密区箍筋间距100 mm,非加密区箍筋间距200 mm。

2. 墙体砌筑

1)实心混凝土砖砌筑

(1)砌筑基底砖前一天对砌筑砖进行湿润。

(2)砌筑前对砌筑区域进行清扫并洒水湿润。

根据进场砖的实际规格尺寸排砖,预留中间构造柱位置、门窗洞口位置(注意排砖时余量压缩在马牙槎位置,构造柱预留应考虑风管、桥架等预留孔洞,以免造成断柱现象)。

(3)按设计标高要求立好应数杆,皮数杆的间距不大于15 m。

砌筑施工前要洒水湿润,当基层不满足平整度要求时,应采用砂浆进行找平处理。

用方木、铝合金杆或角钢制作的皮数杆,长度一般为3 m,并根据设计要求,将砖规格和灰缝厚度(皮数)及竖向结构的变化部位在皮数杆上标明。砌筑时用来控制墙体竖向尺寸及各部位构件的竖向标高,并保证灰缝厚度的均匀性。

(4)组砌方法:砌体一般采用一顺一丁(满丁、满条)梅花丁或三顺一丁砌法。不得采用先砌两边后填心的包心砌法。

(5)水平灰缝厚度和竖向灰缝宽度一般为10 mm,但不应小于8 mm,也不应大于12 mm。砌筑砂浆应随搅拌随使用,一般水泥砂浆必须在3 h内用完,水泥混合砂浆必须在4 h内用完,不得使用过夜砂浆。应随砌随将舌头灰刮尽。

(6)留马牙槎:内外墙交接、构造柱处必须留槎,留槎应先退后进(第一槎先退),槎口必须平直、通顺。每一个马牙槎沿高度方向的尺寸不宜超过30 cm。

2)加气块砖砌筑

(1)浇水:砌筑施工前要洒水湿润,当基层不满足平整度要求时,应采用砂浆进行找平处理。

(2)砌块上下皮应错缝搭接,搭接长度不宜小于砌块长度的1/3。砌体灰缝要横平竖直,竖直灰缝厚度为15 mm,且不大于20 mm,水平灰缝宽度为15 mm。立缝砂浆要饱满,竖缝砂浆的饱满度不低于80%。砌到接近上层梁板时,间隔14 d后,用实心砖斜砌挤紧,砖倾斜度为45°~60°,砂浆应饱满。

1.5 车站附属钢结构工程

1.5.1 车站附属钢结构施工

1.5.1.1 车站附属钢结构施工工艺流程(图 1.75)

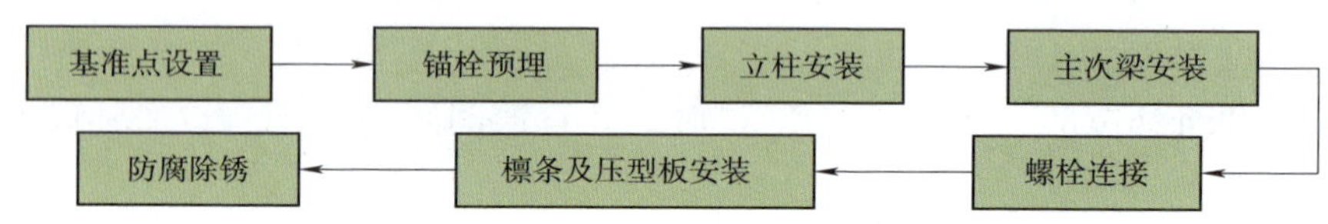

图 1.75 车站附属钢结构施工工艺流程图

1.5.1.2 施工准备阶段

1)由项目部专业技术人员组成骨干项目小组,置于项目部管理组织架构内,按照设计院及相关单位的要求对该钢结构进行施工图纸细化(包括生产加工图纸),并要求项目班组有关人员认真阅读、熟悉图纸及设计技术要求和规范,并进行自审、会审工作,以保证正确无误的施工。通过学习、熟悉图纸内容,了解设计要求施工达到的技术标准,明确工艺流程。

2)加工厂负责绘制加工制作详图,经我部技术负责人审核后方可下料加工。所有钢构件在制作前均需放 1:1 施工大样,复核无误后方可下料。钢结构制作加工前,需要对土建结构如预埋件尺寸、位置、柱顶高程、中线及跨径进行复测,若测量误差在允许范围之内,则可以按图纸施工;若测量误差超出允许范围,则需要会同项目部技术及测量人员一起商量图纸设计尺寸等更改事宜。

3)进行自审,组织各工种的施工管理人员对本工种的有关图纸进行审查,掌握和了解图纸中的细节。

4)进行图纸会审,由设计人员进行交底,理解设计意图及施工质量标准,准确掌握设计图纸中的细节。主要内容:

(1)设计文件是否齐全(设计图、设计说明、设计变更通知单及联系单);

(2)钢构件的几何尺寸是否齐全、正确;

(3)节点是否清楚及符合国家标准;

(4)构件数量是否符合图纸总数量;

(5)连接形式是否合理;

(6)加工符号是否标识清楚与完整(切割、焊接);

(7)构件制作工厂设备、流水线等技术条件是否能满足图纸上的技术要求。

对出现结构不合理或施工有困难等问题需与设计单位沟通处理,对施工中的重点、难点及特殊的地点加以重点说明。确保为施工创造一个良好的开端。

1.5.1.3　施工阶段

1. 基准点设置

根据甲方确定的轴线和平面基准点，通过经纬仪和水准仪进行复核，将复核测量出的轴线和水准点，重新标注在柱脚基础上，以加强质量控制的精确度。主次梁吊装前，必须预拼，保证梁长及预拱度精度。

2. 锚栓预埋

1）钢构件安装前应与基础施工人员进行交接，并对预埋锚栓的标高、轴线、栓距进行复测，放出轴线，标高和轴线做详细记录。

2）清除预埋件的油污、泥沙等杂物。为防止预埋锚栓在安装前或安装中螺纹受损，应对螺栓进行必要的保护。

3）柱顶标高如有误差，本工程采用螺母调整法调整。吊装前在锚栓上加一螺母，吊装时可以通过调整螺母来调整标高。

3. 立柱吊装

1）安装前放好基础平面的纵横向基准线作为柱底板安装定位线。

2）根据现场实际，各出入口 Y 形单根立柱最大吊重为 5 t，拟采用 25 t 汽车吊机吊装。柱子安装属于竖向垂直吊装，为了使吊起的柱子保持下垂，便于就位，绑扎点设在柱子全长 2/3 的上方位置处。为避免吊起的柱子自由摆动，在柱底上部用麻绳绑好，作为牵制溜绳的调整方向。吊装前的准备工作就绪后，首先进行试吊，吊起一端高度为 100 ~ 200 mm 时应停吊，检查索具牢固。当吊车稳定于安装基础上方时，可指挥吊车缓慢下降，当柱底距离基础位置 40 ~ 100 mm 时，调整柱底对准预埋锚栓达到准确位置，指挥吊车下降就位。

3）柱子的校正：主要校正钢柱的垂直度与标高。测量采用两部经纬仪。首先将经纬仪放的柱子一侧，使纵中丝对准柱子座的基线，然后固定水平度盘的各螺丝。测柱子的中心线，由上至下观测，若纵中心线对准，则柱子垂直，不对准则需调整柱子，直至对准经纬仪纵中丝为止。以同样的方法测横线，使柱子另一面中心线垂直于基线横轴。柱子准确定位后，即可对柱子进行固定工作。

4. 主梁及次梁安装

1）主次梁安装，事先在地面上拼装，主次梁拼装时尽量地靠近所吊装的立柱位置。拼装时主次梁应放在找平好的枕木上进行。在拼装主次梁前，应检查其弯曲度（预拱度），几何尺寸的偏差是否符合施工图纸的尺寸，误差是否在规范范围内。当尺寸在规范的构件外形尺寸允许偏差范围内核对合格后，可以进行拼装连接。

2）主次梁地面组装后，经复核合格，才可以进行主梁吊装。

3）主次梁吊装过程中，为了避免左右晃动过大，应在主次梁构件端拉上4根麻绳，通过地面操作，使主次梁吊装时更加平稳。

5. 螺栓连接

本工程结构高强螺栓连接主要用于柱和屋面钢梁连接，其余螺栓连接为普通螺栓连接。

高强螺栓采用10.9级摩擦型高强螺栓，要求摩擦面抗滑移系数Q235钢为$\mu=0.45$，Q345钢为$\mu=0.50$。高强螺栓连接副的型式、尺寸及技术条件应符合现行有关标准的规定，高强螺栓的螺孔应为钻孔，孔径大小按设计要求，螺栓应自由穿入螺栓孔，不应采用气割扩孔，扩孔数量应征得设计同意。

高强度螺栓连接摩擦面应保持干燥、整洁，不应有飞边、毛刺、焊接飞溅物、焊疤、氧化铁皮、污垢等，除设计要求外摩擦面不应涂漆。螺纹不应有损伤。安装前进行摩擦面抗滑移系数试验，检验合格后方可安装。

高强度大六角头螺栓连接副终拧完成1 h后，48 h内应进行终拧扭矩检查。检查结果符合要求。

普通螺栓为C级螺栓，其性能等级为4.6级，螺栓紧固应牢固、可靠，外露死扣不应少于2扣。

6. 檩条及压型板安装

1）檩条安装前对变形大的部分作调直，安装后保证其水平度，平直度不超差，并随檩条安装拉杆、窗侧框檩条，否则不准进入轻板安装。

2）檩条安装后，轻板安装前要特别注意检查结合面的平面度，可吊线检查，檩条安装质量关系轻板安装质量和厂房美观，必须重视。

3）檩条等次要构件安装的允许偏差见表1.25。

表1.25 檩条等次要构件安装的允许偏差（单位：mm）

序号	项目	允许偏差	备注
1	抗风桁架的垂直度	$h/250$，且不应大于15.0	用吊线和钢尺检查
2	檩条、墙梁的间距	±5	用钢尺检查
3	檩条的弯曲矢高	$L/750$，且不应大于12.0	用拉线和钢尺检查
4	墙梁的弯曲矢高	$L/750$，且不应大于12.0	用拉线和钢尺检查

注：h为抗风桁架的高度；L为檩条或墙梁的长度。

4）压型金属板的铺设和固定按下列原则进行。

（1）屋面、墙面压型金属板均应逆主导风向铺设。

（2）压型金属板从屋面或墙面的一端开始铺设。屋面第一列高波压型金属板安放在檩条一端的第一个和第二个固定支架上，屋面第一列低波压型金属板和墙面第一列压型金属板分别对准各自的安装基准线铺设。

(3)屋面、墙面压型金属板安装时，应边铺设，边调整其位置，边固定。对于屋面，在铺设压型金属板的同时，还应根据设计图纸的要求，敷设防水密封材料。

(4)在屋面、墙面上开洞，可先安装压型金属板，然后再切割洞口；也可先在压型金属板上切割洞口，然后再安装。切割时，必须核实洞口的尺寸和位置。

铺设屋面压型金属板时，宜在压型金属板上设置临时人行木板。

7. 防腐除锈

1)在钢结构预制前应先将进行底漆涂刷，先对涂刷面进行彻底除锈处理，承重构件采用机械除锈，除锈等级不低于 Sa2，即钢材表面会无可见的油脂和污垢，并且没有附着不牢的氧化皮、铁锈和油漆涂层等附着物。其他构件可采用手工除锈，除锈等级不低于 St2，即钢材表面应无可见的油脂和污垢，并且没有附着不牢的氧化皮、铁锈和油漆涂层等附着物。

2)当构件表面涂刷防火涂料时，应在除锈后涂二道以上的防锈底漆，然后在其表面涂防火涂料。

3)钢构件安装前不需要涂漆部位如下：

(1)与混凝土紧贴或埋入的部位；

(2)高强度螺栓节点摩擦面；

(3)地脚螺栓和底板；

(4)焊接部位及两侧 100 mm。

4)构件表面涂装要求见表 1.26，每遍涂层干漆膜厚度的允许偏差为 $-5\ \mu m$。

表 1.26　构件表面涂装要求

涂层	涂料名称	道数	干漆膜厚度(μm)	干漆膜总厚度(μm)
底漆	环氧富锌底漆	2	60	≥180
中间漆	环氧云铁中间漆	1	60	
面漆	高氯化聚乙烯涂料	2	60～80	

1.5.1.4　施工总结

1. 材料到货后的检验

1)所使用钢材必须符合我国国家标准或材料生产国国家的标准，其化学成分及力学性能必须符合设计要求。

2)使用的钢材须均为新制品，不得有裂痕、分层、锈蚀等。

3)工程常用钢材见表 1.27。

表 1.27 工程常用钢材

种类	标准代号	标准名称	使用部位
Q235B	GB/T 700—2006	碳素结构钢	柱脚锚栓
Q345B	GB/T 1591—2018	低合金高强度结构钢	主构件

2. 钢材检查

1)根据设计说明书及设计图,核对厂商提供的质保书并检测其外观和尺寸是否符合规定值,且记录于检验记录表。

2)厚钢板必须依规定作 UT 检测,检查是否有不符合规定的夹层存在。

3)钢材须送国家公证机构做材质试验,主要进行拉伸试验测定其强度,并可根据业主需要做弯曲试验、冲击试验、化学成分分析等。

3. 钢材管理

1)本工程钢材不可与其他工程用料混合堆置。

2)钢材的堆置不可有产生变形或倒塌。

3)钢材不可沾上油污、尘垢或易生锈的物品。

4)钢材底部须加垫材,不得直接放在地上以免受潮或受污。

5)Q235B 钢材与 Q345B 钢材须用不同颜色标识。

6)搬运时应使用适当的吊夹具,避免钢材受损。

4. 基础验收

钢结构安装前应对建筑物的定位轴线和标高,地脚螺栓位置等进行检查,且应进行基础检查的办理交接验收。同时应符合下列规定:

1)基础混凝土强度达到设计要求;

2)基础周围回填夯实完毕;

3)基础的轴线标志和标注基准点准确,齐全。

基础面作为柱的支承面,其支承面、地脚螺栓(锚栓)的允许偏差应符合表 1.28 的规定。

表 1.28 支承面、地脚螺栓(锚栓)的允许偏差

项　　目	允许偏差
标高	±3.0 mm
支承面水平度	1‰
螺栓中心偏移	5.0 mm
螺栓露出长度	±20.00 mm
地脚螺栓(锚栓)螺纹长度	±20.00 mm
预留孔中心偏移	10.0 mm

5. 施工程序

1)焊材干燥及管理

(1)一般钛钙型焊条若为新品则不必干燥,未用完的回收品则必须经60 ℃ ~1 000 ℃的干燥再使用。

(2)低氢焊条需经3 500 ℃温度、1 h以上的干燥后,放入1 000 ℃的干燥箱内时常干燥。

(3)从焊剂新箱打开使用时,必须完全干燥状态下施焊。

(4)焊剂如打开经12 h后,需经1 200 ℃、1 h的干燥。

(5)新购买的焊条必须交仓库保管,置于通风、干燥、不直接接触地面的场所,使用时必须填写领料单向仓库领用。

(6)工作结束,剩余焊条必须收回置于干燥箱内,次日再取用。

2)焊接前检查

(1)是否选择正确的焊接方法和焊接材料。

(2)焊接施工顺序是否正确。

(3)焊接面是否清洁。

6. 焊接方法

1)手工电弧焊

(1)焊条型号选择见表1.29。

表1.29　焊条型号选择

构件材质	焊条型号	说明
	GB	
Q235B	E4303	焊缝金属最低抗拉强度43 kg/mm
Q345B	E5016	焊缝金属最低抗拉强度50 kg/mm

(2)焊条直径选择见表1.30。

表1.30　焊条直径选择

板厚(mm)	<4	4 < t < 12	>12
焊条直径(mm)	不大于工件厚	3.2 ~4.0	>4.0

(3)电流选择见表1.31。

表1.31　电焊电流选择

焊条直径(mm)	2.5	3.2	4.0	5.0
电流(A)	50 ~80	100 ~130	160 ~210	200 ~270

2)埋弧自动焊

(1)埋弧自动焊参数选择见表1.32。

表1.32 埋弧自动焊参数选择

板厚(mm)	焊丝直径(mm)	焊接道数	焊接电流(A)	焊接电压(V)	焊接速度(cm/min)
6~14	4.0	1~2道	400~580	28~40	50~73
14~30	4.0~6.0	2道以上	600~1 000	36~40	30~75
30以上	4.0~6.0	2道以上	800~1 100	36~40	20~30

(2)填角焊焊接参数选择见表1.33。

表1.33 填角焊焊接参数选择

焊脚长度(mm)	焊丝直径(mm)	焊接电流(A)	焊接电压(V)	焊接速度(cm/min)
6	2	450~475	34~36	67
8	3	550~660	34~36	50
	4	575~625	34~36	50
10	3	600~650	34~36	38
	4	650~700	34~36	38
12	3	600~650	34~36	25
	4	725~775	36~38	33
	5	775~825	36~38	30

3)CO_2焊接电流参数见表1.34。

表1.34 CO_2焊接电流参数

焊丝直径(mm)	水平角焊(A)	对接(A)	全熔透焊接(A)
1.2	200~300	190~300	320~380
1.6	300~400	320~380	320~380

1.6 电扶梯施工工程

1.6.1 施工准备阶段

1.6.6.1 施工人员培训

1)进场开工前,对施工人员进行安装技能、安全教育、环境保护教育等相关方面的培训,做到熟悉电(扶)梯安装的标准和规范,并了解本工程的施工组织设计。相关培训记录存档备案。

2)特种作业人员必须持证上岗。职工安全教育(包括安全法规学习、安全常识普及教育、强制性条文学习)按规定要求落实到位。考核合格后上岗,相关证书存档备案。

3)施工人员进场前,认真开展安全生产宣传教育培训工作,分部、架子队(班组)主要负责人和施工人员必须具备相应安全生产知识和安全管理能力,参加各类培训教育。

4)根据现场实际勘察情况及施工方案,与现场管理沟通作业流程。施工的准备工作见表1.35。

表1.35　施工的准备工作

技术准备	材料准备	作业条件	工程施工许可
电梯设备技术文件	开箱清点	土建条件	开工告知(申报)
编制项目施工组织设计方案	施工工具	安全用品	—

(1)技术准备

熟悉设备随机技术文件、井道土建图、机房平面布置图等资料,并与实际对照确认。如有异议应及时与公司安装部和建设单位联系。

由电梯公司安装部门组织专业技术人员按工程项目情况编制项目施工组织设计方案,由质量安全工程师审核。对于重大的项目工程,建设单位组织专家组对方案进行专项论证审查。

技术交底:开工前电梯公司安装项目部技术负责人必须将本工程项目施工组织设计方案及时向安装班组交底,使其熟悉操作工艺的各项要求(工期要求、质量要求、施工过程中应注意的问题)。

安装环保交底:结合工程特点和要求,项目部安全员以书面形式向安装班组交底各项工序应遵守的安全操作规程及现场的环保制度。

(2)材料准备

开箱清点:由开箱验收组织者(电梯公司委派)、建设单位(或委托监理单位)人员、总包单位专业负责人(若有)、项目经理(或委托人)多方共同确认的方式开箱清点,将现场设备实物与装箱清单逐一核对。如有破损、错缺件、丢失件等情况,应填写在开箱记录清单上,并反馈给公司,由相关责任方承担赔偿责任。

施工工具:根据工程项目需要准备施工的电焊机、电气焊工具、电锤、切割机、卷扬机、激光放线仪、找导尺、线坠、水平尺、磁力线坠、电工工具、钳工工具等。

(3)作业条件准备

土建条件:井道土建完工,井道尺寸、机房预留孔、机房机墩符合图纸要求,井道垂直度在允许偏差范围内,井道凸出物清理,底坑内建筑垃圾清除完毕。如不符合要求,项目部以“安装工地勘察表”“安装工地备忘录”的书面形式通知建筑单位予以修正。

安全用品准备:准备好必需的劳动防护用品和安全用品,如安全帽、安全带、安全鞋、安全标志、生命线、医药箱、安全护栏等。

供电:建设单位将三相五线制电源接入电梯机房,电线线径应符合设计要求。若施工用电照明用电采用临时电源,则该电源设施必须符合作业标准《施工现场临时用电安全技术规范》的要求。

(4)工程施工许可

根据《特种设备安全监察条例》(国务院 2003 年 373 号令)要求,电梯安装施工前应书面告知市一级特种设备安全管理部门。由项目部填写的《电梯安装改造维修告知书》并附安装人员的《特种设备作业人员证》原件送当地技术监督部门告知,经同意后开始安装施工。

1.6.2 施工阶段

1.6.2.1 施工工序

1)在接到监理单位的开工令后,安装班组按计划进场施工。

2)项目经理部组织甲方、监理单位和安装班组现场开箱点件,逐项填写点件清单,各方共同签字确认;开箱后的设备应妥善存放。

3)现场各级管理人员及时根据施工进度情况做好施工记录和工程技术资料,班组长逐日填写施工日志,由专职资料员整理归档。

4)单位工程完工后,安装班组进行自检。由项目经理组织项目技术、质量和安全负责人进行抽检。

5)自检合格后,由项目质量负责人安排公司终检部门对电梯进行终检。

6)终检合格后,由项目经理部报送政府相关安全质量监督部门进行验收。

1.6.2.2 电梯安装

1. 有脚手架电梯安装过程的控制

电梯(有脚手架安装)施工流程如图 1.76 所示。

1)样板架安装

取 L45(L50)等边角钢两根,长度约为井道深度尺寸,在井道顶板下 200 ~ 1 000 mm处用 M16 膨胀螺栓将角钢水平固定于井道壁上。再将样板架固定于角钢上。若井道壁为非混凝土而是砖墙结构,则角钢适当加长,在砖墙凿洞,将角钢埋入固定。

控制要点:样板架固定应水平垫实、不翘动,水平度≤3/1 000。

2)挂基准线

(1)根据井道尺寸、机房尺寸情况,从样板架上挂基准垂线:

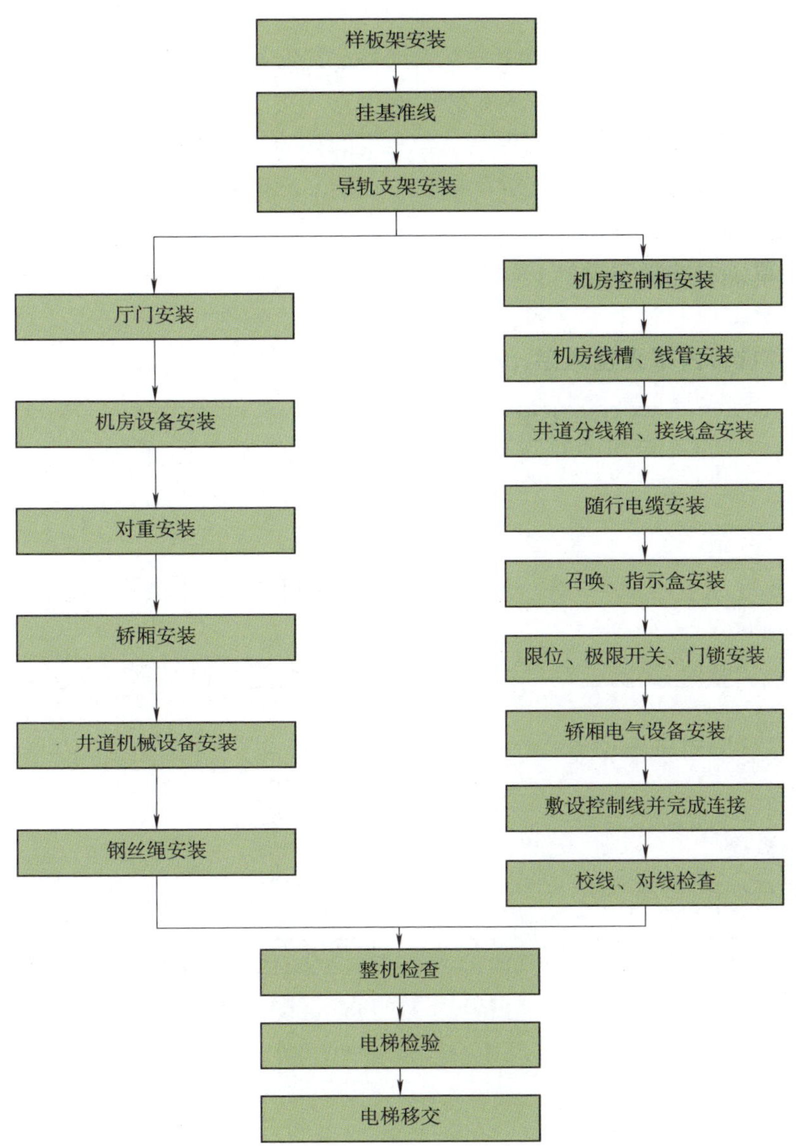

图 1.76　电梯(有脚手架安装)施工流程图

①轿厢导轨基准线 4 根;

②对重导轨基准线 4 根;

③厅门地坎基准线 2 根。

当垂线晃动不易静止时,可在底坑内放一水桶,桶内装入适量的水或机油,将线坠置于桶内,增加阻尼使线坠尽快静止。

(2)控制要点：

①基准线的确定应根据井道尺寸综合考虑，在符合安装要求的前提下，尽可能少剔牛腿和墙面，避免费工费时；

②有 2 台或多台电梯并列安装时，基准线的确定还应考虑多台电梯的层门、层指灯、召唤盒、大理石或装饰墙门套的间隔尺寸，高低上下保持一致。

3)导轨支架、导轨的安装

导轨支架、导轨安装时对电梯运行的振动、噪声、乘坐舒适感都有很大的影响，施工时应特别引起重视。

安装流程如图 1.77 所示。

图 1.77 导轨支架、导轨安装流程

控制要点：

(1)导轨支架安装应牢固，在调整好导轨支架后，用电焊焊接固定，防止松动移位；

(2)导轨调整时，为保证调整精度，要在导轨支架处及相邻的两导轨支架中间的导轨处设置测量点；

(3)注意控制支架的水平度、导轨的垂直度、导轨端面的距离偏差、导轨接头处的缝隙、接头处台阶等必须符合公司规定的安装质量要求。

4)层门安装

安装流程如图 1.78 所示。

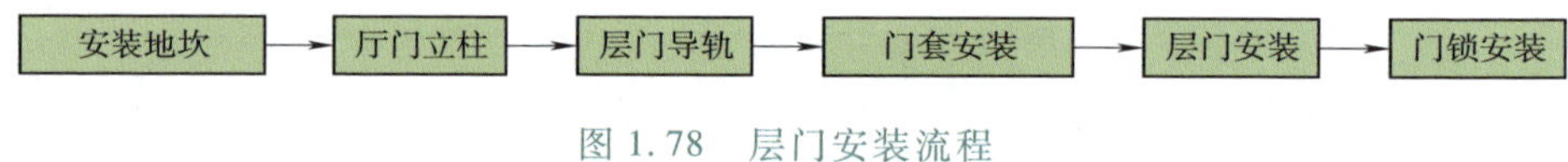

图 1.78 层门安装流程

控制要点：

(1)因层门是经常运动的部件，且在使用时易被碰撞，故特别要注意安装可靠，不松动；

(2)每档门的定位(地坎中心线为基准)，从顶楼至底楼必须统一准确。

5)机房设备安装

安装流程如图 1.79 所示。

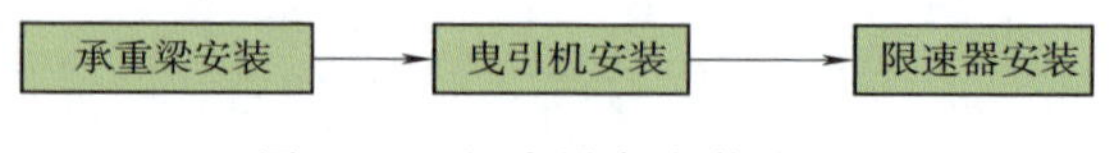

图 1.79 机房设备安装流程

控制要点：

(1)承重梁安装为隐蔽工程，承重梁埋入承重墙的深度必须≥1/2 墙身 +20 mm 且≥75 mm；

(2)曳引机安装注意曳引轮、导向轮、轿厢(或轿顶轮)中心、对重(或对重轮)中心点的定位准确性。

6)对重安装

安装流程如图 1.80 所示。

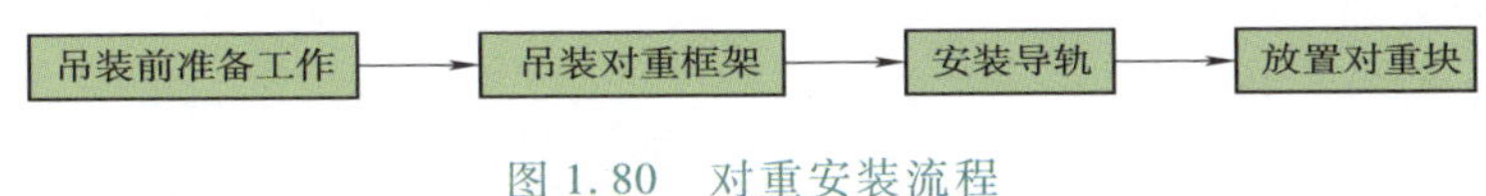

图 1.80　对重安装流程

控制要点：

(1)注意对重框吊装的安全；

(2)导靴安装调整后，所有螺栓一定要拧紧，防止松动；

(3)必须要安装对重的安全护栏。

7)轿厢安装

安装流程如图 1.81 所示。

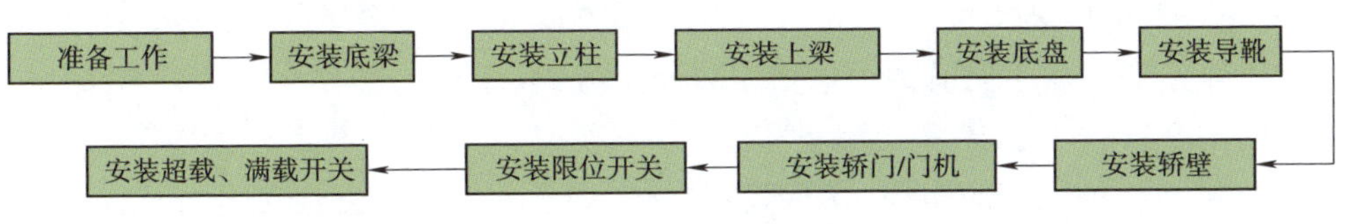

图 1.81　轿厢安装流程

控制要点：

(1)底梁定位准确，且横、纵向水平偏差≤1/1 000；

(2)安装安全钳楔块，楔齿距导轨间隙 3 ~4 mm，且四个工作面应一致；

(3)上下导靴中心与安全钳中心三点要在同一条垂线上，不能有歪斜、偏移现象；

(4)安装轿顶门机，门机导轨应保持水平。

8)井道机械设备安装

安装流程如图 1.82 所示。

图 1.82　井道机械设备安装流程

控制要点：

(1)缓冲器底座必须安装在混凝土或型钢基础上，缓冲器的中心位置、垂直偏差、水平偏差符合要求；

(2)安装限速器涨紧装置、限速绳须与机房内限速器垂直对应，即限速器轮槽心与轿厢控制杆上的绳头中心、涨紧轮槽心垂直；

(3)安装补偿链或补偿绳装置时注意必须使补偿链或补偿绳自由悬挂，充分退扭。

9)钢丝绳安装

安装流程如图1.83所示。

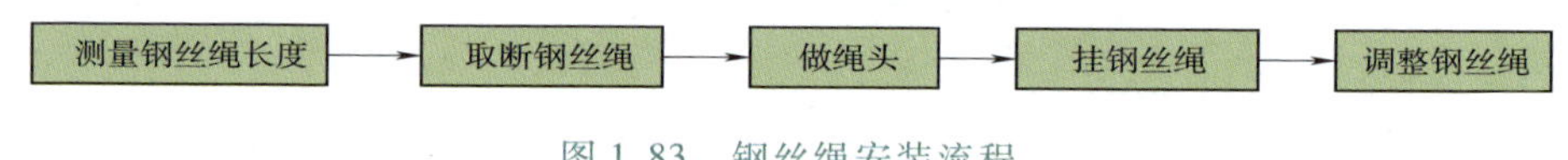

图1.83　钢丝绳安装流程

控制要点：

(1)取断钢丝绳后，使之自然悬挂于井道内，消除内应力；钢丝绳有油污、泥渣，用棉纱浸煤油拧干后擦拭。注意不能直接用煤油清洗，以防洗掉绳内的润滑脂；

(2)调整钢丝绳，使其相互间的张力差控制在5%内。

10)电气部分安装

电气部分安装顺序见前文中电梯安装施工流程。

控制要点：

(1)电线管、槽固定应牢固，横平竖直，固定卡子的安装密度应符合电气安装规范；

(2)中间接线盒、分线盒、召唤盒、层楼指示盒等均应安装平整、牢固；

(3)感应器、限位开关、极限开关、遮磁(光)板、感应打板的安装应保证电梯运行时的动作可靠性，且与其他部件没有相碰擦的现象；

(4)随行电缆安装前必须充分自由退扭，随行电缆长度的选取应使当轿厢墩底时距地面100~200 mm，且当轿厢墩底和撞顶时不使电缆拉紧，还应避免电缆与限速器钢丝绳、限位开关、缓冲开关、感应器和对重装置、电线槽、电线管、支架等在运行时相碰擦；

(5)控制柜、接线盒、线槽、线管等电气设备金属外壳必须有良好的接地，接线采用黄绿双色线，其截面积不小于相线的1/2，且≥2.5 mm^2。

11)整机调试

调试流程如图1.84所示。

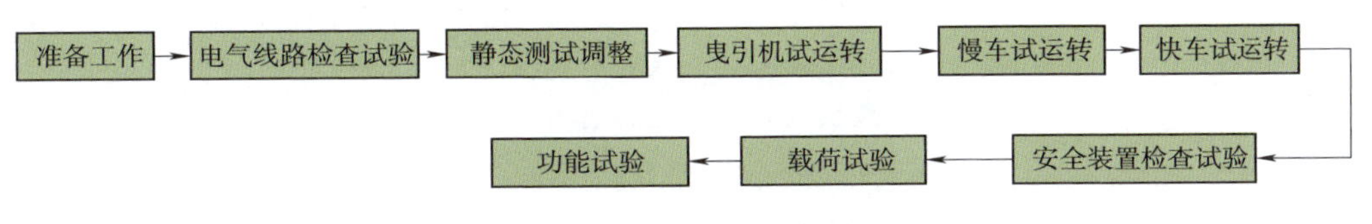

图 1.84 整机调试流程

整机调试是项重要的工作,调试的质量直接牵涉到整机的性能和各项指标。因此准备工作必须充分。

控制要点:

(1)随机文件的有关图纸、说明书应齐全。调试人员必须掌握电梯调试大纲的内容,熟悉该电梯的性能特点和测试仪器的使用方法。为此,公司指派富有实践经验的调试工程师负责该项目工程的调试;

(2)对所有机械设备包括导轨等需清洁、除尘、加油;

(3)检查电气线路接线正确,核对无误,连接可靠,编号齐全准确;

(4)测试电气设备及线路的绝缘电阻达到要求;

(5)所有电气设备的金属外壳均可靠接地;

(6)电动机的过电流、短路保护的保护装置整定值在产品设计规定的范围内;

(7)在控制柜处,取掉曳引机连线,采用模拟的方法检查选层、开关门、定向、换速、截车、平层、停车等各种动作程序分别正确,门锁、安全开关、限位开关是否在系统中起作用。电气元件动作是否正常,是否有不正常的振动、噪声、过热、接触不良的现象。以上准备工作完毕后,按电梯型号相应的调试大纲中的步骤进行调试。

12)电梯的检验

(1)安装班组自检:安装班组在安装过程中,在不同的安装阶段需完成一道工序后自检,符合要求后再完成下一道工序;整机安装完成后,对整机进行自检。自检合格后安装班组填写《施工验收报验申请单》由项目部报公司(分公司)安装部申请专检检验。

(2)公司(分公司)安装部在接到项目部专检申请后指派检验工程师进行专检,检验中如有不合格项,安装班组负责整改。

(3)整机检验合格后,检验工程师填写《电梯安装竣工验收报告》报送当地特种设备安装检测机构申请对电梯进行检测,检测合格后再办理三方移交手续。

2. 无脚手架电梯安装过程的控制

电梯(无脚手架安装)施工流程如图 1.85 所示。

1)样板架安装

样板架固定在机房内地面上,首先用卷尺大致测量好厅门面线的位置,做好记号,

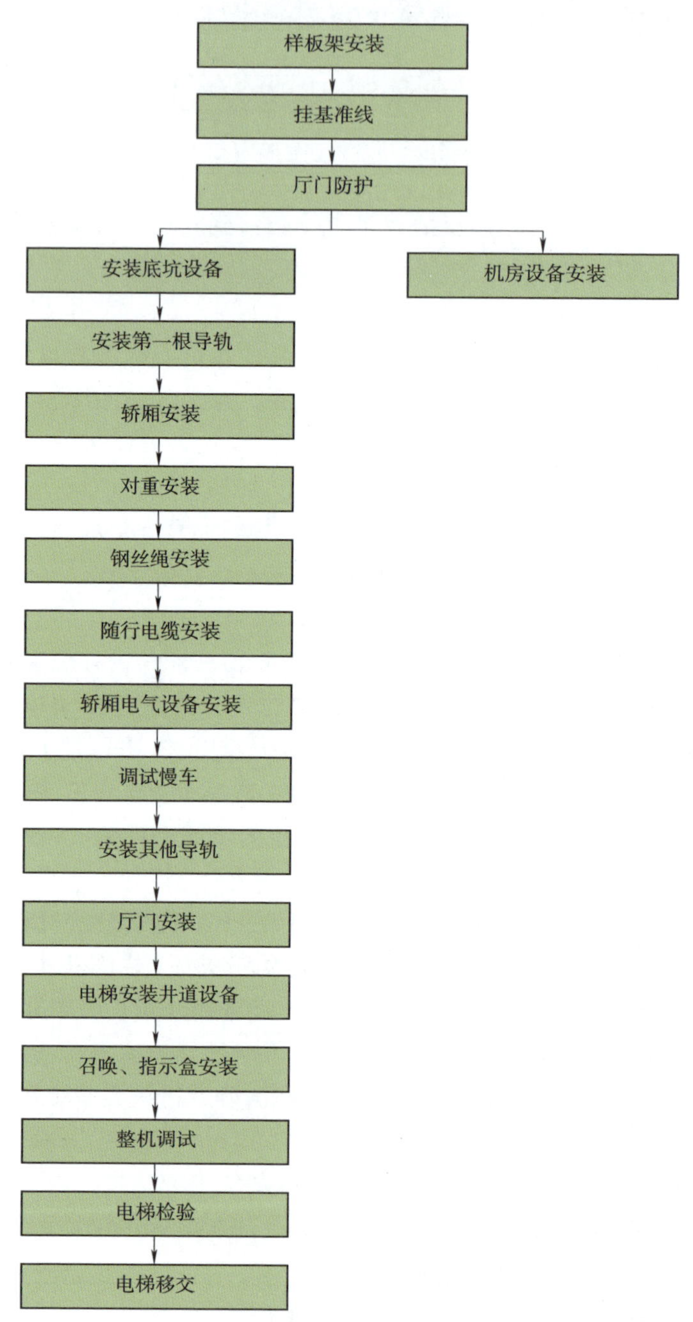

图 1.85 电梯(无脚手架安装)施工流程图

用电锤或用水钻 22 mm 以上钻头打两个孔，先把门面样线放下，吊上重锤，先测量井道的垂直度，必须每层厅门口都测量，并记录所测量的尺寸。

控制要点：样板架固定应水平垫实、不翘动，平行线、对角线误差 2 mm。

2）挂基准线

（1）根据井道尺寸、机房尺寸情况，从样板架上挂基准垂线：

①轿厢导轨基准线 4 根；

②对重导轨基准线 4 根；

③厅门地坎基准线 2 根。

当垂线晃动不易静止时，可在底坑内放一水桶，桶内装入适量的水或机油，将线坠置于桶内，增加阻力使线坠尽快静止。

（2）控制要点：

①基准线的确定应根据井道尺寸综合考虑，在符合安装要求的前提下，尽可能少剔牛腿和墙面，避免费工费时；

②有 2 台或多台电梯并列安装时，基准线的确定还应考虑多台电梯的层门、层指灯、召唤盒、大理石或装饰墙门套的间隔尺寸，高低上下保持基本一致。

3）固定全封闭的厅门护网

（1）厅门护网选用有一定强度的尼龙网制作。

（2）规格高 2 500 mm、宽 1 800 mm，可把整个厅门遮住。

（3）在有厅门护栏的基础上，固定厅门护网。

（4）厅门护网必须使用六颗 6 mm 膨胀螺丝固定，固定要平整、牢固，下端必须粘连地。

4）导轨支架、导轨的安装

导轨支架、导轨安装时对电梯运行的振动、噪声、乘坐舒适感都有很大的影响，施工时应特别引起重视。

安装流程如图 1.86 所示。

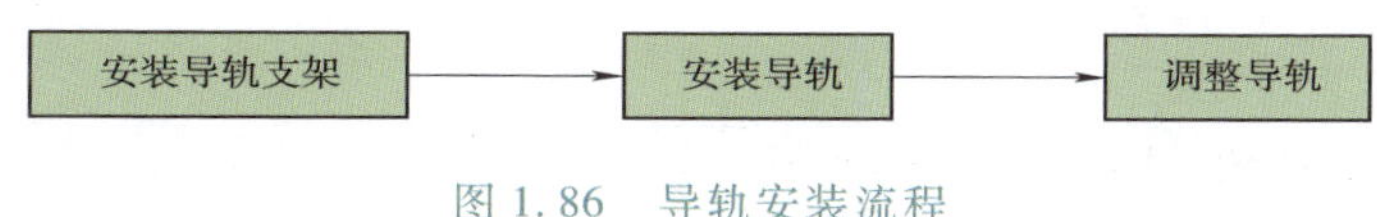

图 1.86　导轨安装流程

控制要点：

（1）导轨支架安装应牢固，在调整好导轨支架后，用电焊焊接固定，防止松动移位；

（2）导轨调整时，为保证调整精度，要在导轨支架处及相邻的两导轨支架中间的导轨处设置测量点；

（3）注意控制支架的水平度、导轨的垂直度、导轨端面的距离偏差、导轨接头处的缝隙、接头处台阶等必须符合公司规定的安装质量要求。

5)机房设备安装

安装流程如图1.87所示。

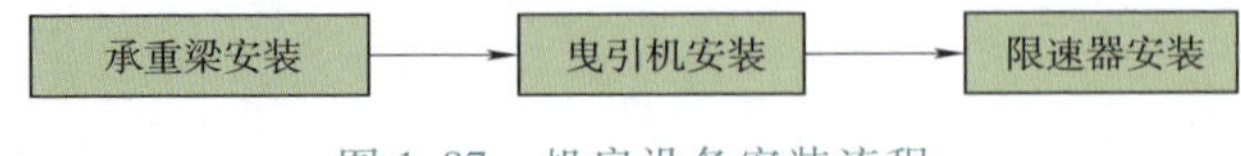

图1.87　机房设备安装流程

控制要点：

(1)承重梁安装为隐蔽工程，承重梁埋入承重墙的深度必须≥1/2墙身+20 mm(且≥75 mm)；

(2)曳引机安装注意曳引轮、导向轮、轿厢(或轿顶轮)中心、对重(或对重轮)中心点的定位准确性。

6)轿厢安装

安装流程如图1.88所示。

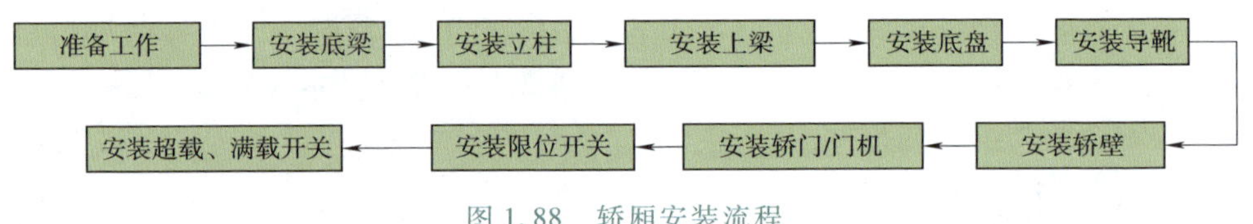

图1.88　轿厢安装流程

控制要点：

(1)底梁定位准确，且横、纵向水平偏差≤1/1 000；

(2)安装安全钳楔块，楔块距导轨间隙3~4 mm，且四个工作面应一致；

(3)上下导靴中心与安全钳中心三点要在同一条垂线上，不能有歪斜、偏移现象；

(4)安装轿顶门机，门机导轨应保持水平。

7)对重安装

安装流程如图1.89所示。

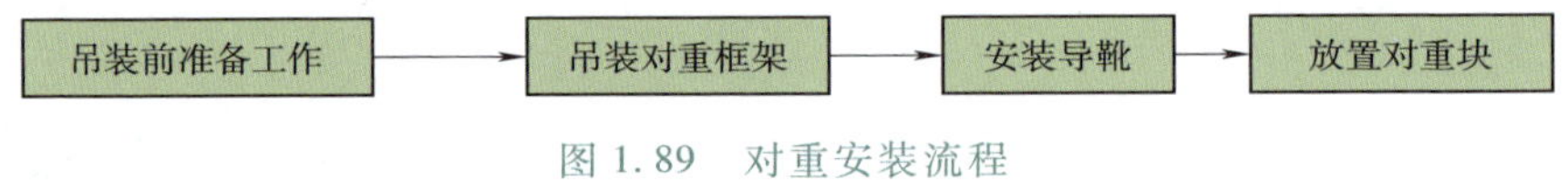

图1.89　对重安装流程

控制要点：

(1)注意对重框吊装的安全；

(2)导靴安装调整后，所有螺栓一定要拧紧，防止松动；

(3)必须要安装对重的安全护栏。

8)钢丝绳安装

安装流程如图1.90所示。

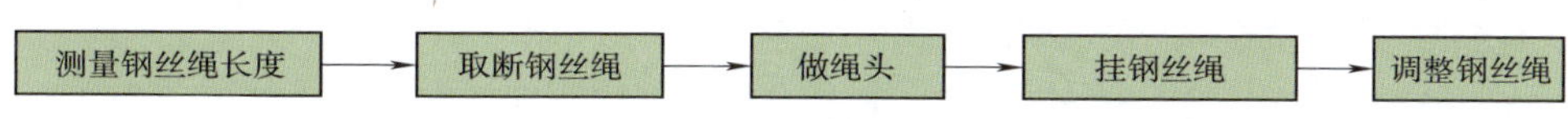

图 1.90　钢丝绳安装流程

控制要点：

(1)取断钢丝绳后，使之自然悬挂于井道内，消除内应力；钢丝绳有油污、泥渣，用棉纱浸煤油拧干后擦拭。注意不能直接用煤油清洗，以防洗掉绳内的润滑脂。

(2)调整钢丝绳，使其相互间的张力差控制在5%内。

9)悬挂随行电缆和轿顶检修盒

(1)悬挂随行电缆。

(2)随行电缆捆绑在钢管上临时固定在机房内。

(3)轿底随行电缆固定处可以安装到位。

10)慢车调试具备条件

在调试慢车之前，相关项点必须符合表1.36的规定。表中检查内容非常重要，其中任意1项没有达到要求，都存在安全隐患，决不允许调试慢车。

表 1.36　调试慢车检查表

序号	检查内容		现场检查描述
1	机房	限速器、钢丝绳安装完成	
2		有齿轮曳引机需安装夹绳器	
3		机房门窗能够锁闭	
4		钢丝绳孔台阶做好	
5		电源符合标准(±7%)	
6		检查抱闸系统，确保制动性能可靠	
7		曳引轮、导向轮挡绳杆安装完成	
8		控制柜内短接线符合WWJSSS标准	
9		限速器开关不允许短接	
10		检修速度≤0.3 m/s	
11	轿厢	安全钳、涨紧轮、连动机构、电器开关安装完成，并起作用	
12		轿顶检修盒安装完成，轿顶急停开关起作用	
13		轿顶护栏和头顶保护安装完成	
14		轿厢移动工作平台安装完成	
15		防脱离导轨开关安装完成并起作用	
16		轿顶轮护罩、挡绳杆安装完成	
17		随行电缆安装完成	
18		声光报警安装好并起作用	

续上表

序号	检查内容		现场检查描述
19	底坑	第一根轿厢导轨安装完成	
20		轿厢和对重缓冲器安装完成	
21		底坑爬梯安装完成	
22		底坑内无渗水现象	
23	井道	井道壁无突出物(如钢筋)	
24		曳引钢丝绳与头顶保护、工作平台不发生干涉	
25		召唤盒孔洞需有防护	
26		每一层门都安装有护网和护栏	
27		第二导轨安装完成	
28		层门口没有滴水现象	
29	对重	对重导向装置安装完成	
30		对重块已经压紧	
31		对重架的总重量略轻于轿厢	

11)层门安装

安装流程如图 1.91 所示。

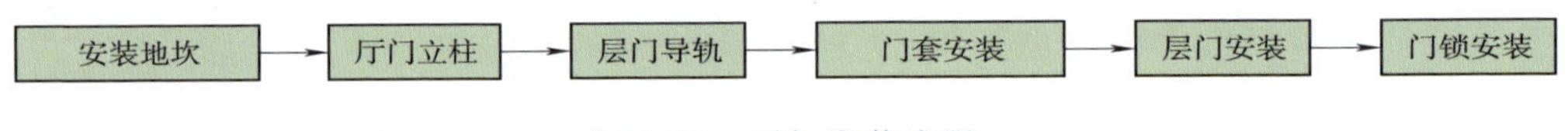

图 1.91 层门安装流程

控制要点:

(1)因层门是经常运动的部件,且在使用时易被碰撞,故特别要注意安装可靠,不松动;

(2)每档门的定位(地坎中心线为基准),从顶楼至底楼必须统一准确。

12)电气部分安装

控制要点:

(1)电线管、槽固定应牢固,横平竖直,固定卡子的安装密度应符合电气安装规范;

(2)中间接线盒、分线盒、召唤盒、层楼指示盒等均应安装平整、牢固;

(3)感应器、限位开关、极限开关、遮磁(光)板、感应打板的安装应保证电梯运行时的动作可靠性,且与其他部件没有相碰擦的现象;

(4)随行电缆安装前必须充分自由退扭,随行电缆长度的选取应使当轿厢墩底时距地面 100~200 mm,且当轿厢墩底和撞顶时不使电缆拉紧,还应避免电缆与限速器钢丝绳、限位开关、缓冲开关、感应器和对重装置、电线槽、电线管、支架等在运行时相碰擦；

(5)控制柜、接线盒、线槽、线管等电气设备金属外壳必须有良好的接地，接线采用黄绿双色线，其截面积不小于相线的1/2，且≥2.5 mm^2。

13)整机调试

调试流程如图1.92所示。

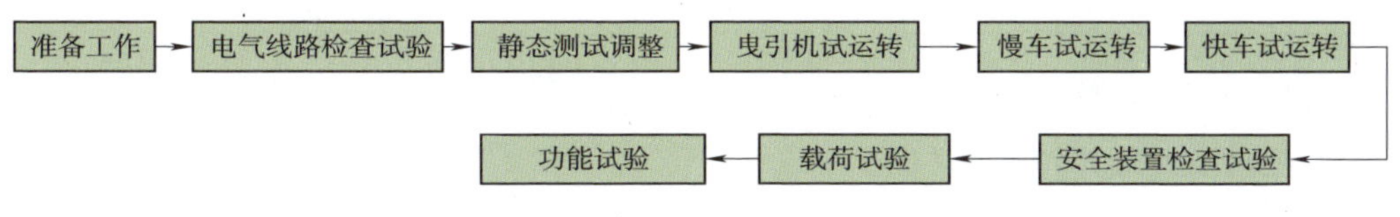

图1.92　整机调试流程

整机调试是项重要的工作，调试的质量直接牵涉到整机的性能和各项指标。因此准备工作必须充分。

控制要点：

(1)随机文件的有关图纸、说明书应齐全。调试人员必须掌握电梯调试大纲的内容，熟悉该电梯的性能特点和测试仪器的使用方法。为此，公司指派富有实践经验的调试工程师负责该项目工程的调试；

(2)对所有机械设备包括导轨等需清洁、除尘、加油；

(3)查电气线路接线正确，核对无误，连接可靠，编号齐全准确；

(4)测试电气设备及线路的绝缘电阻达到要求；

(5)所有电气设备的金属外壳均可靠接地；

(6)电动机的过电流、短路保护的保护装置整定值在产品设计规定的范围内；

(7)在控制柜处，取掉曳引机连线，采用模拟的方法检查选层、开关门、定向、换速、截车、平层、停车等各种动作程序分别正确，门锁、安全开关、限位开关是否在系统中起作用。电气元件动作是否正常，是否有不正常的振动、噪声、过热、接触不良的现象。以上准备工作完毕后，按电梯型号相应的调试大纲中的步骤进行调试。

在调试之前，相关项点必须符合表1.37的要求。表中检查内容非常重要，其中任意1项没有达到要求，都存在安全隐患，决不允许调试快车。

表1.37　调试快车检查表

序号	检查内容		现场检查描述
1	机房	机房所有设备安装完毕	
2		拆除控制柜所有短接线	
3	轿厢	轿厢所有设备安装完成	
4		轿厢头顶保护已拆除	

续上表

序号	检查内容		现场检查描述
5	底坑	底坑设备全部安装完成	
6	井道	井道设备全部安装完成	
7		上下限位、极限安装完毕并起作用	
8		厅门门洞封堵完毕	

1.6.2.3 扶梯安装

1. 扶梯安装施工流程图(图1.93)

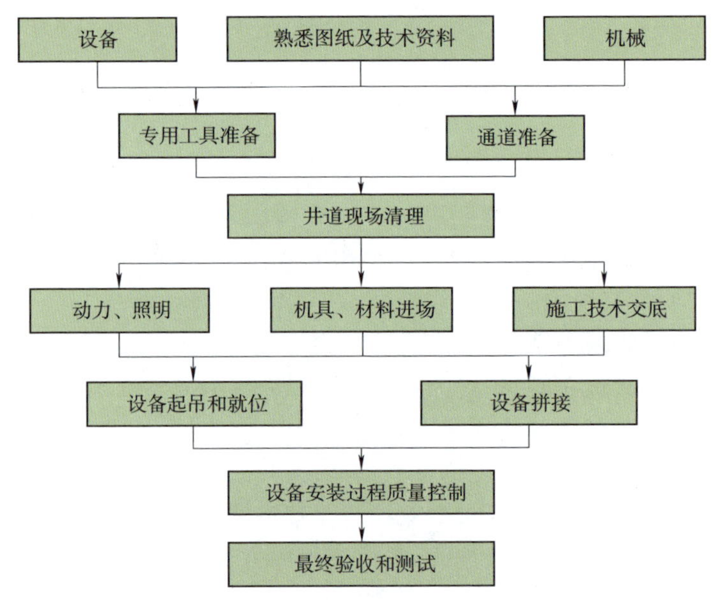

图1.93 扶梯安装施工流程图

2. 安装工艺流程

测量基坑上下基点,并做好记录;扶梯就位、桁架对接、链条对接、导轨对接;调整扶梯水平,安装中间支撑;安装扶手带驱动轮及扶手驱动轮附件;安装扶手带涨紧轮;安装围裙板支撑架及围裙板;安装扶手支撑立柱和支撑横梁架;安装扶手带导轨;安装扶手装置各种托辊轮、防偏轮、扶手带和护壁板;安装上下前沿板及支架;安装各安全开关,调整安全开关及各设备保护开关;安装扶手带左右侧装饰面板;测试送电后的各种保护开关;安装空缺梯级检查减速箱油位;调整扶梯各部位间隙和机件配合;试运转并检查各部位是否正常;全面进行调试梯路、保护开关、电器装置及各种电流电压记录;试运行各润滑部位加油,提交试运行申请并填写各部位安装记录;清理场地,拆除围挡,试运行，验收交接。

3. 安装工艺方案

1)安装过程控制(扶梯桁架内主机、控制柜、导轨、梯级、等部件出厂前已安装完成)

(1)扶梯设备起吊和就位

扶梯设备起吊和就位一般委托有资质的专业起吊运输单位完成，运输前应勘测工地的情况和运输路线。就位前安装人员应确定扶梯安装的机头、机尾标高线和中心轴线，定位必须正确。

(2)设备拼接及控制要点

大提升的扶梯和人行道在运输中进行了分段，在工地现场进行拼接，拼接时应注意分段的标号，对于大提升的扶梯，要求在现场拼接后再就位，拼接时注意链条的拼接，导轨的拼接(要保证导轨的接头平面度不大于0.2 mm)以及桁架的拼接接头螺栓的拧紧力矩。

(3)围裙板的安装及控制要点

围裙板应垂直，围裙板上缘与梯级、踏板或胶带踏面之间的垂直距离不应小于25 mm。围裙板应坚固、平滑、对接缝良好。底部护板搭接顺序应先上后下，以免机内油污渗漏到底部护板下面。

(4)外盖板的安装及控制要点

内外盖板依照盖板上的编号顺序，从下往上安装内外盖板。安装顺序依次为下曲线段内外盖板、下部水平段内外盖板、中间倾斜直线段内外盖板、上曲线段内外盖板、上部水平段内外盖板。内外盖板的接头间隙要求小于0.3 mm，接头处平整，内盖板与围裙板、外盖板与装饰板贴合。

(5)护壁板的安装及控制要点

玻璃护壁板的安装应按由下至上的顺序安装。在安装时将玻璃夹衬放入玻璃夹紧型材靠近夹紧座的地方，用玻璃吸盘将玻璃板慢慢插入预先放好的夹衬中，调整玻璃板的位置使间隙上下一致，并使两相邻玻璃板的间隙一致，调整好后紧固夹紧座。注意在用扳手拧紧夹紧座螺栓时用力不能过猛以免损坏玻璃。

金属护壁板的安装应注意朝向梯级踏板和胶带一侧，扶手装置部分应是光滑的。压条或镶条的不平度不应超过3 mm，且应坚固，并有圆角和倒角的边缘。护壁板之间的空隙不应大于1 mm，且在连接处呈圆角和倒角状。电扶梯施工工艺如图1.94所示。

(6)扶手带的安装及注意要点

扶手带是扶梯上购买价格比较高的部件之一，并直接影响扶梯外观。同时扶手带是橡胶制品质地较软容易划伤，所以在安装扶手带时一定要认真细致，防止扶手带划伤；在动车前，请仔细检查扶手出入口、下托轮下边的支撑板有无与扶手带表面相碰擦，若有，则请处理好后再动车，以避免扶手带表面被划伤。扶手驱动部分是扶手带运动的驱动力产生的部分，该部分驱动力的大小由扶手带内部滑动层和摩擦轮的摩擦系数以及扶手带驱动的压紧力两个方面决定，扶手带在运行的过程中，扶手驱动力不宜过大，也不宜过小，是靠调节压紧弹簧的压紧力来实现调节的。涨紧轮涨紧扶手带，不宜过紧，也不宜太松，调整涨紧轮使扶手带在两间距 1 200 mm 托辊轮之间的垂直方向，下垂量在 7 ~ 10 mm 之间。扶手带良好运行的特征：

①扶手带无论在向上和向下运行时都不应跑偏；

②扶手带表面应清洁，在安装好后，应对扶手带的外表面用清洁剂擦洗干净，内表面的灰尘应及时清除；

③扶手带运行时与扶手导轨型材要都有间隙，中心对齐；

④扶手带运行时的松紧度应适中，不宜过松或过紧。

图 1.94 电扶梯施工工艺示意图

2）扶梯的调试

（1）调试前的准备

扶梯调试前应已将机械部分的扶手系统和梯路系统的所有部件安装完毕，调试必须在机房、底坑设备安装合格、买方动力电源三相五线引进合格后进行。调试前物料准备工作应完整，调试仪器、调试工具、调试用辅料等准备完善后才能进入调试。

（2）电气部分的调试

扶梯的电源应由建筑物配电间送到扶梯的总开关，扶梯的电源需专用，每台都有单独的配电开关，并给予梯子和开关唯一标识，供电的电压波动不超过 ±7%，且电源要有足够的容量，线路的电压损失满足要求；扶梯应有良好的接地，电缆各接头处的绝缘电阻不应小于下列值：

①动力电路和电器安全装置为0.5 MΩ；

②其他电路(控制、照明、信号等)为0.25 MΩ。

控制回路采用的是微机控制器，普通的控制主要有Y-△等效变换(星形-三角形变换)、检修的控制、正常的运转；扩展的功能有主机的防逆转、主机测速保护、扶手带与梯级同步检测；辅助服务功能有运行前的启动警铃、出入口梯级间隙照明、链条的自动润滑、运行状态和故障显示服务功能。

安全回路主要组成部分：扶梯本体安全保护开关、急停开关、曳引机热敏开关、马达风帽保护开关、制动保护开关等。

安全保护的代号与名称是：急停按钮和钥匙开关、扶手出入口保护开关、梯级链断链保护开关、围裙板保护开关、梯级断裂保护开关、梯级链滚轮保护、马达热敏保护、制动器保护开关、检修盒保护开关、本体接地保护开关、梳齿板安全保护开关等。

(3)机械部分调试

在扶梯主驱动和涨紧打水平前，检查扶梯左右主轮进出切向导轨面是否等高，若不等高，可调节驱动支座下部的支撑螺钉，以使两边主轮等高；通过调节桁架上的调节螺栓，以达到调节驱动及涨紧的水平，要求为水平小于0.2/1 000；扶梯涨紧部分能否自由运动和补给链条的运转，将直接影响到梯路的跑偏和舒适感，在调节过程中应该注意到：

①交叉导轨处侧板两边间隙相等；

②涨紧弹簧的压紧量两边调节到一致。

扶梯围裙板的调整，注意围裙板和梯级的间隙，要两边间隙上下一致，大小相等，单边间隙不大于1 mm，双边间隙之和小于7 mm，围裙板固定C型材与主轮间间隙不小于2 mm。在主轮及副轮导轨工作面上，由于在安装工地现场灰尘较大，在调试好扶梯或人行道后，一定要对扶梯或人行道导轨工作面进行清洁，可采用以下办法：

①先用干毛巾将所有导轨的工作面擦干净；

②再用棉毛巾沾油将导轨工作面再擦一遍；

③运转扶梯约半小时；

④再将扶梯导轨工作面用毛巾沾油将导轨工作面擦洗一遍即可。

(4)配合车站设备联合调试

与扶梯有关的联合调试工作主要有：

①与车站低压配电系统的接口；

②与车站BAS系统的接口；

③车站控制室急停开关功能；

④扶梯底部空间处消防装置的调试等。

1.6.3 施工总结

现场施工安全需满足以下规定。

1)自觉遵章守纪,牢固树立安全第一的思想,不违章指挥,不违章施工。

2)注意文明施工,安全通道及现场禁止乱堆乱放机具物品,禁止乱设电缆和配电箱,不准大声喧哗打闹,不准猛跑跳跃,不准甩抛接工具。注意相互协调、相互提醒、相互保护。

3)施工人员进入工作场地必须按劳保着装,遵守工地的一切规章制度,服从安排,听从指挥,严格遵守各项操作程序。

4)主要机具必须经过安全技术检查后才能投入使用。必须严格遵守各类技术标准和安全操作规程,严禁违章使用,接触钢丝绳时要戴手套。

5)各劳保用品的购买要符合国家规定,并有产品合格证和产品检验证。

6)施工所用的手持电动工具、电焊机、电动吊链等在使用前检测绝缘性能良好。

7)当施工要停、送电工作时,应按操作规程执行停送电制度。

8)指定专人负责现场用电管理,严格办理停送电手续,严格用电的挂牌上锁制度。施工现场要有足够的照明,使用配电箱必须装有合格的漏电保护器。临时供电的电源必须采用 TN-S 或 TN-6-S 供电系统。

9)严禁在潮湿区域设置电器设备,施工现场必须配备良好的应急灯。

10)电器焊工操作必须要按电气焊安全操作规程作业,严禁燃烧各类物品和乱扔烟头。

11)严格遵守高空作业规范,凡从事高处作业的人员,必须使用全身式安全带。

12)在有坑、井、沟或高于一米以上的场合作业时,需做好防坠落保护。

13)搬运机具物品时,要小心地面突出物绊脚摔倒,搬运大件物品时要遵守章程,明确统一行动的程序和号令,并设专人保护、专人监护、专人指挥。

14)施工中上、下监护要协调配合好,禁止垂直上、下层同时作业和投递工具物品。

15)各队负责人和安全员在起重工作前要认真检查吊链各部件,转动和制动要安全可靠。吊链要垂直悬挂,防止造成卡环受力过重。必须坚持试吊制度,确认无误后才能开始工作。

16)坚持动用明火、电气焊提前申报制度,安全员负责施工前、后的检查工作,清除易燃、可燃物品,做好氧气、乙炔、油类危险品的专人保管工作,并配备灭火器材,以防万一。

17)临时库房的物品存放要按仓库防火标准要求执行。

18)施工现场除工作照明外,在潮湿和金属物堆放、易造成划、撞的现场应使用安全低压照明,防止造成触电伤害事故。

19)车辆运输和吊装时注意人员配合,物件要捆绑牢固,并指定专人负责带车工作,在车辆启动前再次检查捆绑情况。

20)电梯试运行前的检查,必须坚持断电、挂牌上锁程序。人员撤离机房或危险地区,安全员负责清点,人员到齐后方可开始试运行。

21)在发生紧急情况时,现场负责人应保持头脑清醒,及时处理并通报相关人员。

第 2 章 主变电所工程

主变电所工程主要包括基础预埋件安装、变压器安装、GIS 组合电器安装、电缆支架、桥架安装、接地母线安装、35 kV 电缆终端头制作、电缆敷设、防火封堵等。

主变电所工程施工工艺流程如图 2.1 所示。

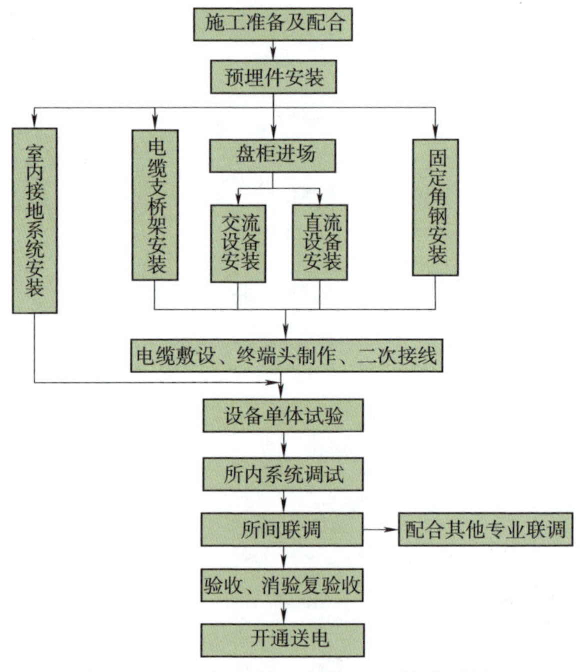

图 2.1　主变电所工程施工工艺流程图

2.1　主变压器安装

2.1.1　主变压器安装施工工艺流程(图 2.2)

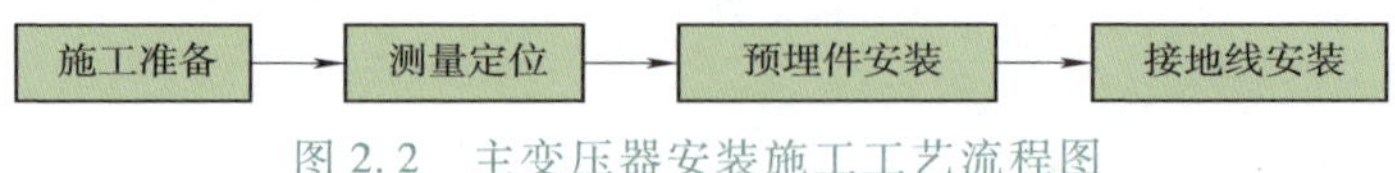

图 2.2　主变压器安装施工工艺流程图

2.1.2　施工准备阶段

1)依据施工图纸将基础型钢安装所需预埋配件加工备齐。

2)按图纸尺寸将槽钢调平、调直,加工成框架形状,以便现场安装。基础(预埋件)中心位移≤5 mm,水平度误差≤2 mm。

3)备好施工用工具,检修好机具。

2.1.3　施工阶段

1. 主变压器、油浸式电抗器安装

1)基础(预埋件)中心位移≤5 mm,水平度误差≤2 mm。

2)防松件齐全完好,引线支架固定牢固、无损伤;本体牢固稳定且与基础吻合。

3)附件齐全,安装正确,功能正常,无渗漏油现象,套管无损伤、裂纹。安装穿芯螺栓应保证两侧螺栓露出长度一致。

4)引出线绝缘层无损伤、裂纹,裸导体外观无毛刺尖角,相间及对地距离符合规范要求。

5)本体两侧与接地网两处可靠连接。外壳机构箱及本体的接地牢固,且导通良好。

6)电缆排列整齐、美观,固定与防护措施可靠,有条件时采用封闭桥架。

7)本体上感温线排列美观。

8)主变内主要设备部件施工工艺如图2.3~图2.6所示。

图2.3　主变内检示意图

图 2.4 散热片安装示意图

图 2.5 高压套管安装示意图

2. 主变压器铁芯、夹件接地线安装

1)接地线采用扁钢时,应经热镀锌防腐。

2)接地线与设备本体采用螺栓搭接,搭接面紧密。接地体连接可靠,工艺美观。

3)变压器本体应两点接地。中性点接地引出后,应有两根接地引线与主接地网的不同 T 线连接,其规格应满足设计要求。

4)中性汇流母线应采用淡蓝色标识,铁芯、夹件引出线宜采用黑色标识。

5)110 kV 及以上变压器的中性点、夹件引出线与本体可靠绝缘。

6)钟罩式本体外壳在上下法兰之间应做可靠跨接。

7)按运行要求设置试验接地端子。

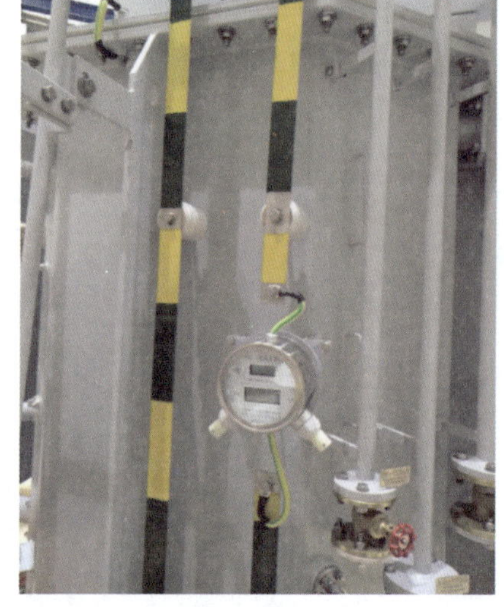

图 2.6 主变铁芯、夹件接地示意图

3. 干式站用变压器安装

1)基础(预埋件)水平度误差≤3 mm。

2)本体固定牢固、可靠,防松件齐全、完好,接地牢固,导通良好。

3)附件齐全,安装正确,功能正常。

4)引出线支架固定牢固、无损伤,绝缘层无损伤及裂纹。

5)裸露导体无尖角、毛刺,相间及对地距离符合规范要求。干式站用变压器安装如图 2.7 所示。

2.1.4 施工总结

整流变压器进所多采用滚杠搬运的方法,变压器上加装了运输附件,故进所时不能一次性到位,还需要进行就位调整安装。由于变电所内场地空间的限制,就位调整要充分利用现场条件和现有的工机具。

图 2.7　干式站用变压器安装示意图

2.2　GIS组合电器安装

2.2.1　GIS组合电器安装施工工艺流程(图 2.8)

图 2.8　GIS组合电器安装施工工艺流程图

2.2.2　施工准备阶段

1)与设备厂家联系,复核设备的安装孔距及电缆进出孔位置是否和设计图纸相符。

2)复核基础槽钢安装位置及水平度是否满足施工要求。

2.2.3　施工阶段

1. 设备运输及进场

1)盘柜随变电所其他设备一起进场,设备运到施工现场后,及时进行开箱检查,检查开关柜外壳是否有碰撞痕迹,各部位螺栓应紧固,油漆完整无锈蚀现象。

2)检查GIS组合电器铭牌是否与设计相符,产品说明书、合格证、备品备件等技术资料应齐全,并做好收集工作。

2. 盘、柜组立及拼接

1)根据 GIS 组合电器的安装孔尺寸,在槽钢上用墨斗弹出两条直线,定出第一面 GIS 组合电器安装孔位置,然后用钢卷尺定出所有 GIS 组合电器的安装孔位置,复核安装孔的对角线应相等。

2)安装孔位置无误后用手电钻在槽钢上打孔,用攻丝器攻丝。

3)用液压叉车将 GIS 组合电器运至基础槽钢附近后,按设计图纸要求利用龙门吊将第一面 GIS 组合电器安装到位。

4)用自制吊装架吊装 GIS 组合电器到基础槽钢上,利用线坠或水平仪校整开关柜的垂直度,调整完毕后及时将 GIS 组合电器固定。用同样方法将第二面 GIS 组合电器运至第一面柜附近约 1 m 远(以能容一人进出的宽度为限)的位置,调整两柜盘面保持在同一水平面上。GIS 固定、拼装及组合电器成品如图 2.9 ~ 图 2.11 所示。

图 2.9 GIS 固定示意图

3. 设备清洁处理

1)用吸尘器将 GIS 组合电器外表面清扫干净,拿掉母线套筒防护罩并拆除套筒外侧法兰挡板。

2)用洁净的无纺布和脱脂棉蘸无水酒精(或丙酮)将套筒内表面、法兰连接面及母线铜排清理干净。

4. 接地线安装

将柜间的接地铜排连接完成后,用万用表测量,确定所有接地铜排已贯通,用50 mm^2 铜编织线将柜接地铜排与接地扁钢连接起来,接地线数量应不少于两处。

图 2.10 GIS 拼装示意图

图 2.11 组合电器成品示意图

2.2.4 施工总结

1)开关柜开箱检查,必须报经业主同意并组织有关方面共同参加。

2)拆除开关柜包装时,必须采取相应的安全措施,防止梯子倾倒或包装板砸伤人员或设备。

3)在拆卸开关柜包装底座和移动过程中,工作人员要注意力集中,听从统一指挥,选择合适的受力点,避免其受到强烈振动或造成局部变形。

4)凡进行导电部位的安装,工作人员必须清洁双手,以免污染导电体。

5)母线室对接时,必须均衡对称的紧固螺栓,逐步达到紧度要求。防止因受力不均导致对接法兰损坏或密封不严。

2.3 电缆支架、桥架安装

2.3.1 电缆支架、桥架安装施工工艺流程(图2.12)

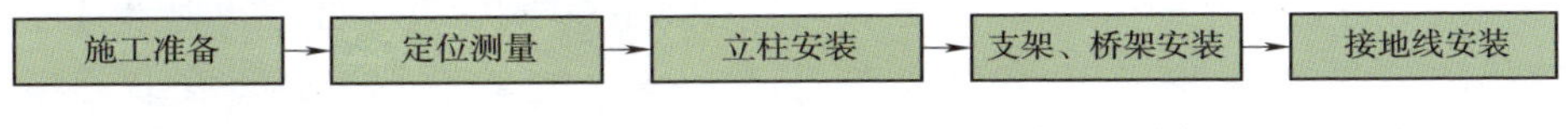

图2.12 电缆支架、桥架安装施工工艺流程图

2.3.2 施工准备阶段

1)检查变电所电缆夹层地面平整清洁,夹层高度满足桥架安装需要。

2)复核电缆桥架的规格型号与设计图纸一致,检查电缆桥架外表应光滑平整,镀锌层均匀。

2.3.3 施工阶段

1. 测量定位

1)依据设计图纸,确定电缆桥架的走向。

2)根据开关柜的安装位置确定电缆桥架的安装位置,电缆桥架让开高压电缆进出位置,如图2.13所示。

2. 立柱安装

1)根据电缆桥架的安装位置测量出立柱的安装位置,用墨斗标出两列立柱的中心线。

2)根据立柱的安装孔距打孔安装膨胀螺栓,先在一列的两端各安装一个立柱,将立柱安装调整垂直后,绑扎线绳作为基准线,以便于其他立柱的安装调整。

3)当地面不平立柱倾斜时,可在立柱下面加垫片进行调整。

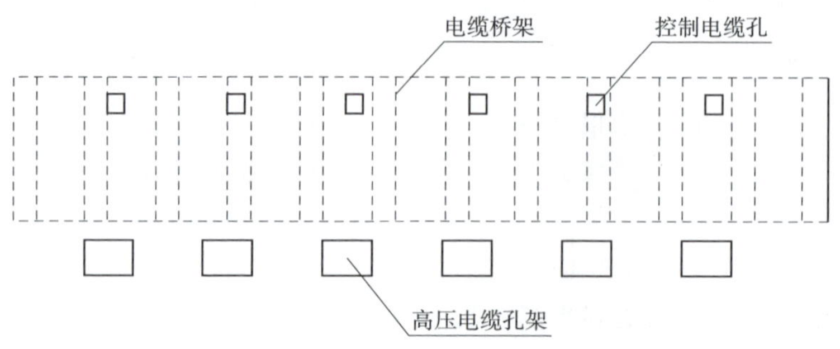

图 2.13 电缆桥架安装位置图

3. 桥架安装

1）立柱安装完毕后，按设计图纸安装桥架托臂，托臂应固定牢固。

2）安装完一层托臂及时安装电缆桥架，电缆桥架安装水平连接牢固。

4. 接地线安装

1）接地线安装在桥架立柱上，在立柱的下部距地面 300 mm 处敷设接地扁钢，接地扁钢与桥架立柱用螺栓连接固定。

2）扁钢与扁钢搭接处采用焊接，扁钢与立柱连接完成后设两处与接地母排连接。

3）桥架安装结束后及时填写安装技术记录。电缆支架、桥架安装示意图如图 2.14、图 2.15 所示。

图 2.14 电缆夹层支架打孔示意图

图 2.15 电缆桥支架安装示意图

2.3.4 施工总结

1）施工用电电源应带漏电保护装置。

2）使用电焊，应办动火证，并做好防火措施。

3）焊接接地干线时，应加白铁皮，湿棉布保护墙面和地脚瓷砖，防止烧坏。

4)连接自然接地体时,一定要确认自然接地体的电阻值是否符合设计要求。若不符合要求时应及时通知施工单位整改。

2.4　接地装置安装

2.4.1　接地装置安装施工工艺流程(图2.16)

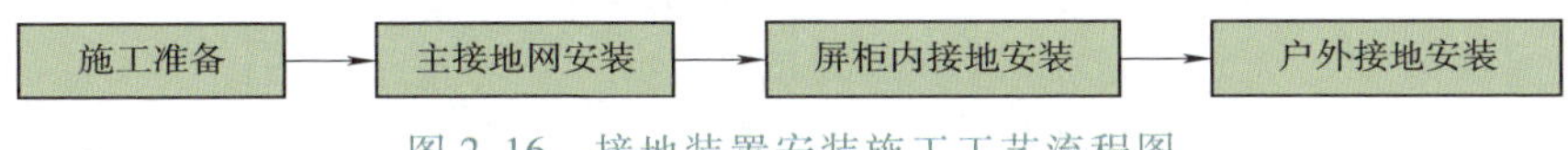

图2.16　接地装置安装施工工艺流程图

2.4.2　施工准备阶段

根据设计图纸,复核接地装置的规格型号。

2.4.3　施工阶段

1. 主接地网安装

1)接地体顶面埋深应符合设计规定,当设计无规定时,不应小于600 mm。

2)垂直接地体间的间距不宜小于其长度的2倍,水平接地体的间距不宜小于5 m。

3)接地体的连接应采用焊接,焊接必须牢固、无虚焊,焊接位置两侧100 mm范围内及锌层破损处应防腐,铜绞线接地体焊接如图2.17所示。

图2.17　铜绞线接地体焊接示意图

4)采用焊接时搭接长度应满足:扁钢搭接为其宽度的2倍;圆钢搭接为其直径的6倍;扁钢与圆钢搭接时长度为圆钢直径的6倍。

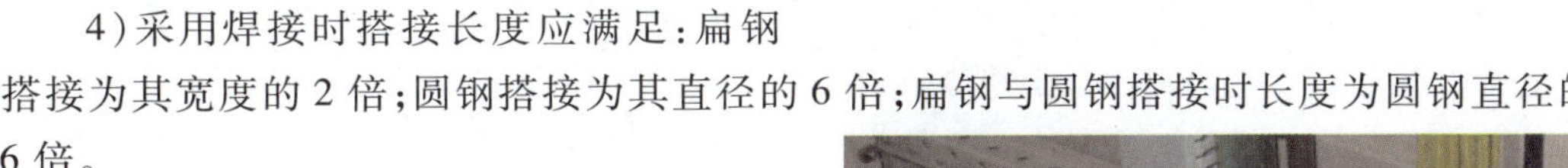

2. 屏柜内接地安装

1)专用接地铜排的接线端子布设合理,间隔一致。

2)一个接地螺栓上安装不超过2个接地线鼻子。每个接地线鼻子不超过6根屏蔽线。

3)电缆屏蔽接地线压接牢固,绑扎整齐,走线合理、美观,如图2.18所示。

图2.18　屏柜内接地安装示意图

4）可开启的屏柜（箱）门接地线齐全、牢固。

5）电流电压互感器中性点接地线应单独接至等电位屏蔽铜排。

3. 户内接地装置安装

1）接地线的安装位置应合理，便于检查，无妨碍设备检修和运行巡视，接地线的安装应美观，防止因加工方式不当造成接地线截面减小、强度减弱、容易生锈。

2）接地体一般采用暗敷，沿墙设有室内检修接地端子盒，如图 2.19、图 2.20 所示。

3）接地线暗敷时，临时接地点采用埋设于墙体内的接地端子盒形式。盒体底部距离室内地面高度统一为 0.3 m，暗敷于室内墙体，盒门采用截面积不小于 4 mm^2 多股软铜线跨接至盒体接地，盒门外侧刷边长为 60 mm 的等边倒三角形，白色底漆，并标以黑色标识。

4）接地点应方便检修使用。

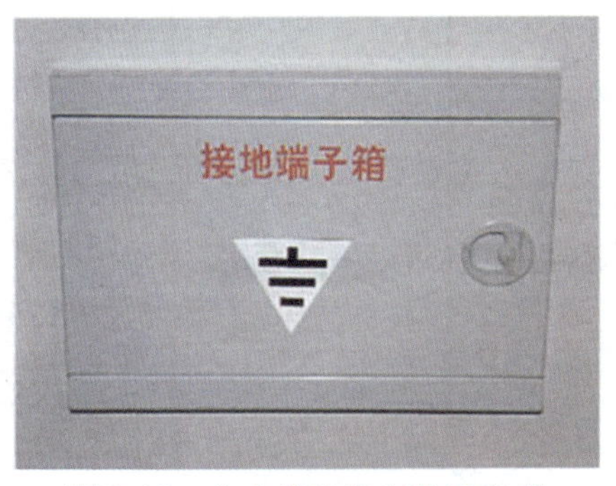

图 2.19 户内接地箱安装示意图

图 2.20 户内接地箱接地端子安装示意图

2.4.4 施工总结

1）设备的接地干线采用 50×5 镀锌扁钢。接地干线沿水平敷设，距地面距离为 300 mm，与墙间隙约为 10 mm，用 S 形卡子固定在墙上，卡子的间距宜为 1.5～3 m。接地干线穿墙时，加塑料套管保护；接地干线过门时，预埋在地板的装修层内；接地干线通过 50×5 的镀锌扁钢在“向下敷设”处引至变电所夹层内，完成与接地母排的连接。

2）与预埋件相连的接地支线采用 50×5 的镀锌扁钢，接地支线预埋在地板的装修层内。

3）接地线之间的焊接采用搭接焊，搭接长度为扁钢宽度的两倍，焊接的部位应作防腐处理。

4）接地引上线通过电缆与电缆夹层中接地母排相连。

5）变电所的接地母排要绝缘安装。

2.5 35 kV电缆终端头制作

2.5.1 35 kV电缆终端头制作施工工艺流程(图2.21)

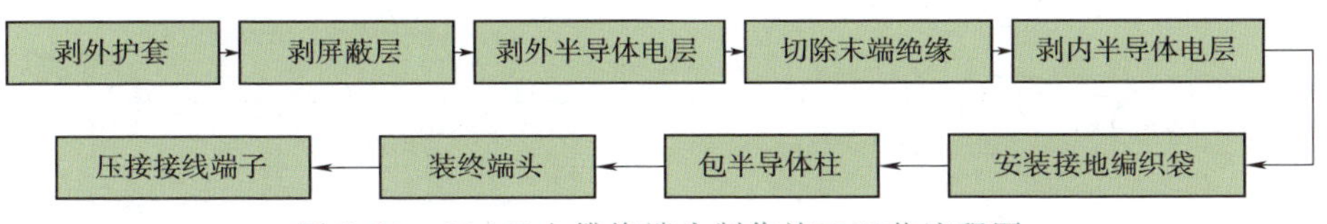

图2.21 35 kV电缆终端头制作施工工艺流程图

2.5.2 施工准备阶段

1)根据电缆芯直径尺寸选择与之相适应的电缆头型号。

2)用兆欧表测量电缆的绝缘电阻,满足有关的技术规定。

3)施工现场的照明设施满足施工需要。

4)施工人员向有关管理单位办理施工动火证。

2.5.3 施工阶段

电缆头的制作工艺

1)剥外护套

自电缆端头剥除电缆外护套,长度为 $L+430$ mm(L 为端子孔深,含雨罩深20 mm)。保留30 mm钢丝铠装(铠装断口用扎丝扎紧)及10 mm内护套,其余剥去。

用胶粘带将铜屏蔽带的端头临时包好,清理填充物,如图2.22所示。

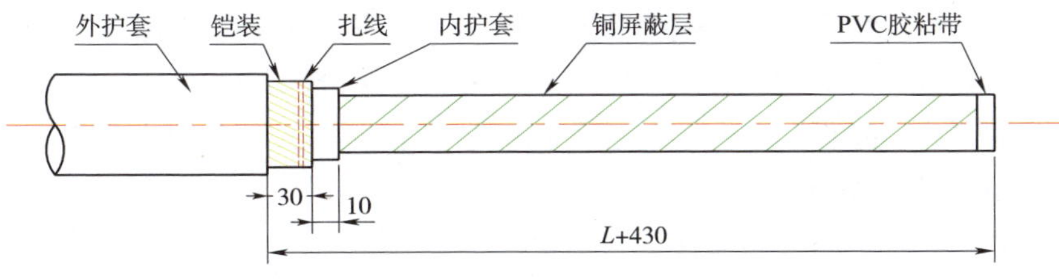

图2.22 剥外护套示意图(单位:mm)

2)焊接地线,确定安装尺寸

用扎线将一根铜编织带扎紧在铠装上,用锡焊牢;将另一根铜编织带用扎线扎紧在内户套以上20 mm处的铜屏蔽上,用锡焊牢;或用恒力弹簧固定编织带。自外护套断口处至其以下25 mm长范围内的铜编织带均需进行渗锡处理,掀起两铜编织带,在电缆外护套口上绕1层填充胶,将两铜编织带压入其中,在外包绕1~2层填充胶,然后在绕包的填充胶外再包绕 1 层胶粘带(注:两铜编织带不能接触,绕包后的外径应小于绝缘管外径);在离外护套断口大约 40 mm 位置将铜编织带固定。距电缆端头 $L+320$ mm(L 为端子孔深),用胶粘带做好标记,如图 2.23 所示。

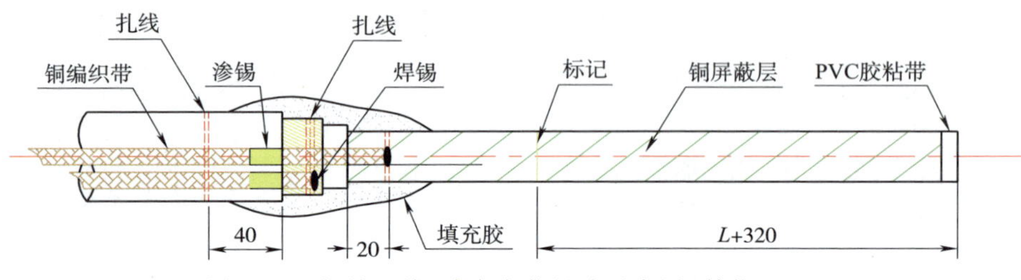

图 2.23　焊接地线,确定安装尺寸示意图(单位:mm)

3)冷缩绝缘管

将冷缩绝缘管套入电缆,衬管条伸出的一端先入电缆,冷缩绝缘管一端与标记齐平,另一端与电缆外护套自然搭接。从标记处起收缩绝缘管(注:冷缩绝缘管缩好后,其顶端需与标记平齐),如图 2.24 所示。

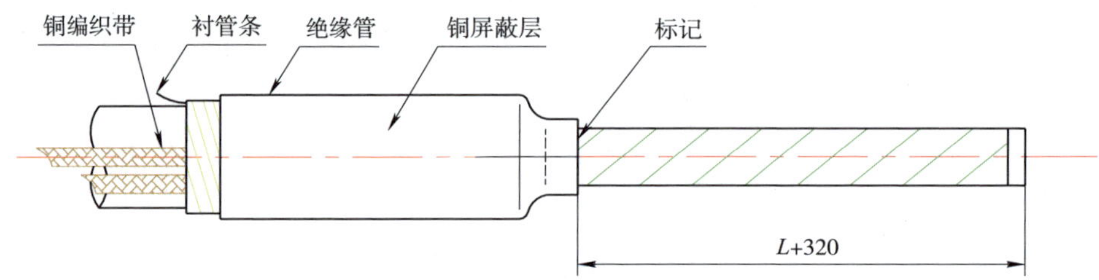

图 2.24　缩绝缘管示意图(单位:mm)

4)剥铜屏蔽层、半导电层

在绝缘管下端包绕 2~3 层 DJ-20 绝缘带,外面用胶粘带包好,加强密封。自绝缘管端口向上量取 15 mm 长铜屏蔽层,其余铜屏蔽层去掉;自铜屏蔽断口向上量取 15 mm 长半导电层,其余半导电层去掉,将绝缘表面用砂纸打磨以去除吸附在绝缘表面的半导电粉尘,半导电层末端用砂纸或纱布磨成小斜坡,使之平滑过渡;绕二层半导电带将铜屏蔽层与外半导电层之间的台阶盖住,如图 2.25 所示。

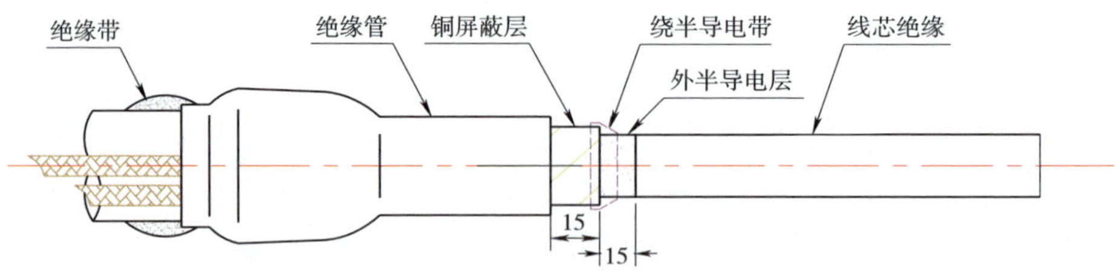

图 2.25　剥铜屏蔽层、半导电层示意图(单位:mm)

5)剥线芯绝缘

自电缆末端剥去线芯绝缘及内屏蔽层,长度为 $L+10$ mm(L 为端子孔深,含雨罩深 20 mm);将绝缘层端头倒角 1.5 mm×45°,用细砂纸或纱布将绝缘层表面砂光。

复核绝缘长度:280 mm。在半导电层端口以下 70 mm 处用胶粘带做好标记[以上 3)~5)工序中的电缆相关剥切尺寸可以通过所配标尺量取]。如图 2.26 所示。

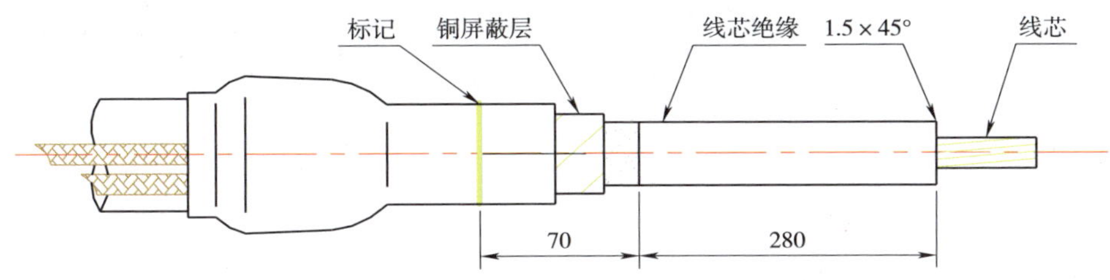

图 2.26　剥线芯绝缘示意图(单位:mm)

6)安装冷缩终端

用胶粘带将线芯端头临时包好,用清洁巾从上至下把电缆洗干净,待清洁剂挥发后,在绝缘层表面均匀地涂上一层硅脂,将冷缩终端套入,沿逆时针方向均匀抽掉衬管条使终端收缩(注意:终端缩好后,终端下端与标记平齐);在终端与绝缘管搭接处包绕几层胶粘带。如图 2.27 所示。

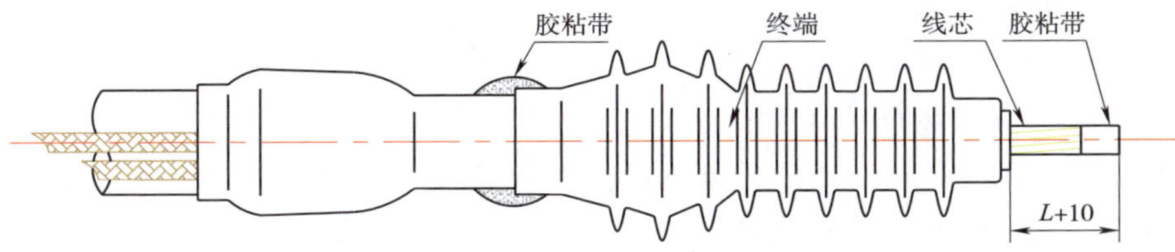

图 2.27　安装冷缩终端示意图(单位:mm)

7)安装罩帽

将罩帽大端向外翻开,套入电缆,待罩帽内腔台阶顶住绝缘,再将罩帽大端复原罩住终端,如图 2.28 所示。

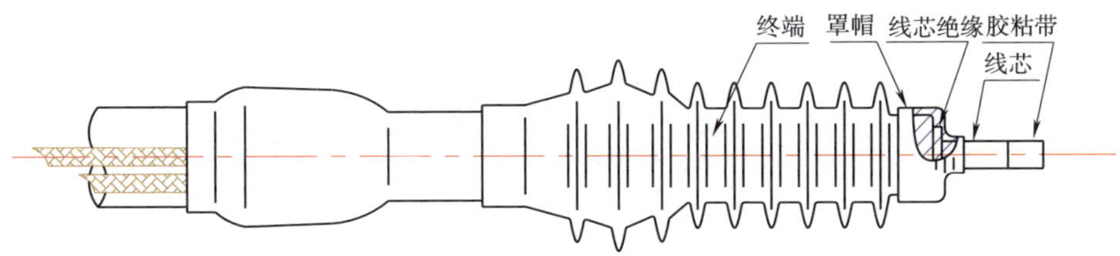

图 2.28　安装罩帽示意图

8)压接接线端子、连接地线

除去临时包在线芯端头上的胶粘带,将接线端子套在线芯上,压接接线端子;将接地铜编制带与地网连接好,安装完毕,如图 2.29 所示。

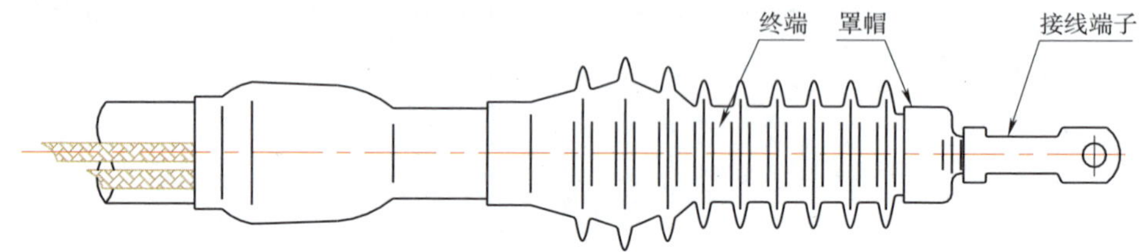

图 2.29　压接接线端子、连接地线示意图

2.5.4　施工总结

1. 35 kV 电缆终端头制作的质量控制点

1)电缆头均须采用电缆供货商提供的材料制作,不得用其他材料替代。

2)电缆头制作,从剥切到完成必须连续作业,一次性完成,防止受潮。

3)电缆头制作过程中注意清洁,严禁在雨雾中施工,防止受潮。

4)电缆终端头的制作,封闭严密;芯线连接紧密,绝缘带包扎严密。

5)电缆头安装,固定牢靠,相序正确。

2. 注意事项

1)施工时保证足够的照明设施。

2)隧道内施工必须有充足的通风设备以保证空气流通。

3)施工现场必须配备灭火装置,并由专人监护,防止火灾。

4)施工区段两端必须设置安全防护措施,严禁施工人员串区活动。

5)人员穿防护鞋,穿反光背心。

2.6　电缆敷设

2.6.1　电缆敷设施工工艺流程(图 2.30)

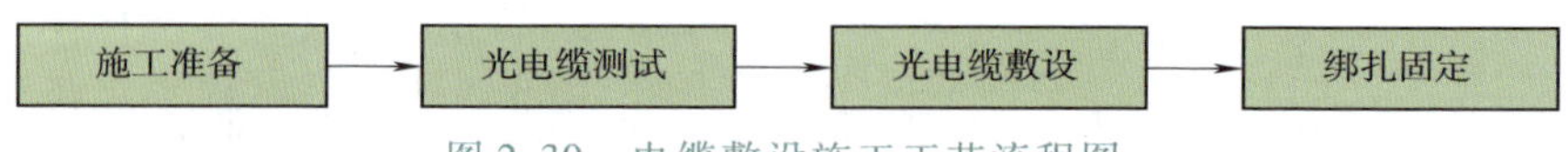

图 2.30　电缆敷设施工工艺流程图

2.6.2　施工准备阶段

1)检查电缆的规格型号是否符合设计要求。

2)外观检查有无损伤。

3)用1 000 V兆欧表测试该电缆的绝缘电阻值,是否已达到有关的技术标准。

4)把液压式放线架固定在平板车上。两支架的外边间距不得超越行车限界;中间间距根据钢棒及电缆盘确定。并加工2副固定电缆盘的圆钢板和卡子。

2.6.3　施工阶段

1. 吊装电缆

1)用吊车把电缆吊到液压式放线架上,用紧线器将电缆盘固定牢靠。

2)进入施工现场,将电缆盘拆开,清除盘上的铁器及杂物,以免敷设时伤及电缆。

3)用千斤顶把电缆盘升到离平板4 cm的位置,电缆盘两边应基本水平。

4)在支架与钢棒、钢棒与电缆盘连接处涂上黄油。

2. 电缆敷设

1)敷设电缆时由专人指挥。

2)电缆从盘的上端引出,在电缆与平板车接触部分加转角滑轮,并将其固定。

3)根据实际需要,将电缆以人工方式敷设至所内,如果该路径不长,则可组织人力扛着电缆走动敷设,如果路径较长,则施放时应将电缆放在滚轮上,用人力拉电缆,引导电缆向前移动。

4)人工转动电缆盘,牵引机车带动平板以5 km/h的速度向前移动,车后跟人,将电缆翻上支架。

5)按照此方法,可以满足在工期短的情况下,进行双电缆敷设。

3. 电缆绑扎固定

1)将电缆放在电缆支架上,使电缆稍有波纹状,有利于防止热胀冷缩。

2)根据电缆的使用技术条件及设计要求,绑扎固定。

3)单芯电缆的固定应符合设计要求。

4. 挂电缆标志牌

1)在电缆终端头、电缆接头、拐弯处、夹层内以及人井等地方应装设电缆标志牌。

2)标志牌上应注明线路编号,当无编号时,应写明电缆型号、规格及起讫点;并联使用的电缆应有顺序号。标志牌的字迹应清晰不易脱落。

5. 清理场地

施工完毕,应注意清理场地,人员、工具、材料清,保证设备的正常运行,不影响行车安全。

2.6.4　施工总结

1)电缆盘上的杂物随时清理,以避免人员和设备受到伤害。

2)敷设电缆时人员应站在电缆弯曲的外侧。

3)电缆盘前方禁止站人。

2.7 防火封堵

2.7.1 防火封堵施工工艺流程(图2.31)

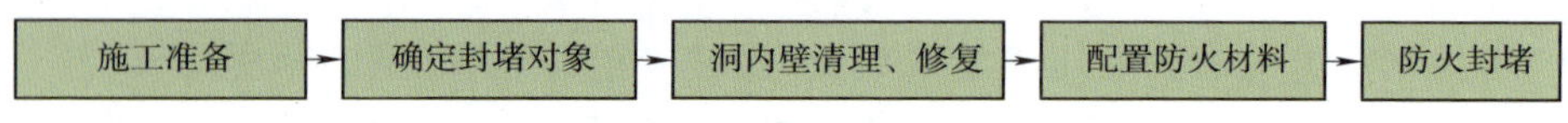

图2.31 防火封堵施工工艺流程图

2.7.2 施工准备阶段

1)依据施工图纸将所有材料及工机具备齐。

2)根据图纸和现场以及施工规范进行现场定位测量。

3)根据测量尺寸加工角钢、防火隔板,角钢刷漆。

2.7.3 施工阶段

1. 固定

1)将角钢、防火隔板对齐孔洞,标出固定孔位。

2)用冲击电钻对准固定孔位,垂直地板钻孔并清除孔内的粉尘。

3)将膨胀螺栓装入孔内,将角钢、防火隔板固定拧紧。

2. 填充有(无)机堵料

1)根据孔洞大小调和好无机堵料。

2)距离电缆一定尺寸用无机堵料封堵孔洞。

3)电缆四周用有机堵料封堵。

4)有特殊要求时用防火包封堵。

3. 角钢用黄绿线接地

2.7.4 施工总结

1)电缆桥架、管道过墙及楼板采用防火泥及防火胶等材料封堵,适应于电缆及管道不需要经常变动处。

2)洞口尺寸不超过900 mm×900 mm,大于此规格时先将洞口用墙体同等材料缩小或洞中加模板分隔洞口。

3)将洞内壁清理干净,应无浮土、油垢、霜冻。

第3章

供电系统

3.1 变电所工程

变电所工程主要包括设备基础槽钢制作安装、电缆桥支架安装、接地装置安装、设备搬运进所、整流变压器安装及配电变压器安装、35 kV 开关柜安装、直流设备绝缘安装、所内电缆敷设、所间电缆敷设、封闭母线桥安装、光缆成端及接续、二次接线和孔洞封堵。

3.1.1 变电所工程施工工艺流程

工艺流程如图 3.1 所示。

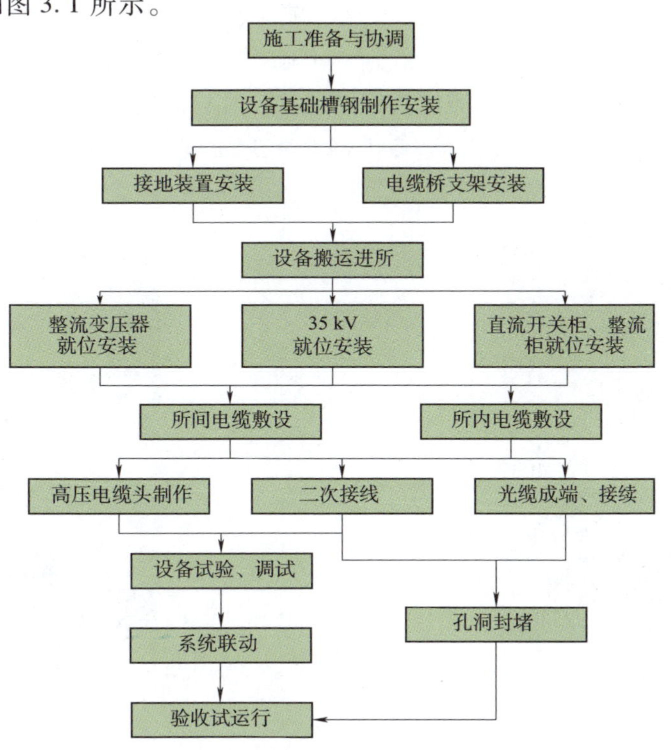

图 3.1 变电所工程施工工艺流程图

3.1.2 设备基础槽钢制作安装

3.1.2.1 设备基础槽钢制作安装施工工艺流程(图 3.2)

图 3.2 设备基础槽钢制作安装施工工艺流程图

3.1.2.2 施工准备阶段

1)依据施工图纸将基础型钢安装所需预埋配件加工备齐。

2)按图纸尺寸将槽钢调平、调直,加工成框架形状,以便现场安装。在槽钢长度超过 5 m 时,应每间隔 2 m 左右加一角钢支撑,并点焊固定,除去焊渣及铁锈刷两次防锈漆。加工完成槽钢框架的不直度应小于 1 mm/m,每根槽钢的全长小于 5 mm,槽钢间距误差不应大于 2 mm。

3)备好施工用工具,检修好机具。

3.1.2.3 施工阶段

1. 测量、定位

1)清理施工场地建筑杂物,清扫结构地板及预留孔洞。

2)用钢卷尺测量和校核土建施工预留孔洞的位置是否符合设计图纸要求。

3)依照施工图纸用钢卷尺、墨线在地板上画出型钢安装基准线,将槽钢摆放到位,根据土建装饰层标高,用水准仪测量槽钢面是否符合标高要求,如图 3.3、图 3.4 所示。

4)将预埋配件按图纸摆放到位,与槽钢分开少许,以便焊接。按配件的固定孔,画出"十"字线。

图 3.3 设备基础槽钢放线定位现场施工图

图 3.4 设备基础槽钢找平测量现场施工图

2. 钻孔、固定配件

1)用冲击电钻对准固定配件的"十"字线,垂直地板钻孔并清除孔内的粉尘。

2)将膨胀螺栓装入孔内,将焊接基础型钢的配件固定拧紧,如图 3.5 所示。

图 3.5　钻孔、膨胀螺栓固定现场施工图

3. 基础槽钢安装、焊接

1)依照位置基准线安放好基础槽钢,用水准仪测量基础槽钢顶面水平是否符合室内地坪标高。基础型钢水平误差小于 1 mm/m,每件全长小于 2 mm,如图 3.6 所示。

2)用钢卷尺测量基础型钢间的距离是否符合设计图纸要求。

3)测量槽钢顶面水平、位置、间距无误后,先用点焊的方法将型钢与预埋配件焊接。

4)将整条型钢各点点焊固定、复测无误后再将所有固定点逐点全断面焊接,不应有虚焊,如图 3.7 所示。

图 3.6　预埋件调平、水平高度复核现场施工图

图 3.7 预埋件电焊固定现场施工图

4. 接地线连接

1）依设计图要求，基础型钢间用镀锌扁钢焊接接地线，设计未注明时一般采用 40×4 镀锌扁钢。

2）将每一设备基础型钢两端用扁钢作接地焊接，如图 3.8 所示。

3）将各基础型钢间用扁钢连接并按设计要求引出与主接地线连接。

4）将过门及穿墙扁钢用膨胀螺栓固定，引出与主接地线连接。

图 3.8 接地扁钢定位、焊接示意图

5. 除锈刷漆

基础型钢及接地扁钢全部焊接后，敲掉焊缝焊渣，刷两次防锈漆。

3.1.2.4 施工总结

1）施工使用的临时电源应带漏电保护装置。

2）基础型钢在安装前调直整正，型钢及接地线焊接应满焊，不许有虚焊假焊。焊接完成及时进行防锈刷漆，如图 3.9 所示。

3）接地扁钢的搭接长度应满足标准要求。

4）基础型钢为防迷流安装，应确保基础型钢与建筑结构钢筋绝缘。

图 3.9　预埋件配件、接地扁钢满焊处涂防锈漆示意图

5）槽钢安装完在土建浇筑地坪时应密切配合，保证槽钢与地坪的水平度。

6）施工时电焊周围不得有易燃物品，施工完毕做到工完料净、场地清洁。

3.1.3　接地装置安装

3.1.3.1　接地装置安装施工工艺流程（图 3.10）

图 3.10　接地装置安装施工工艺流程图

3.1.3.2　施工准备阶段

1）深刻理解施工图纸，对作业班组做好技术交底。

2）与车站管理单位联系施工用电。

3）根据设计图纸测量、复核自然接地网电阻，或从接地网施工单位确认地网电阻值，一般自然接地网电阻值≤1 Ω。

4）根据施工图纸备齐施工用料及工机具。

5）将有弯曲的扁钢敲直，应用木槌，以防损伤镀锌层。

3.1.3.3　施工阶段

1. 测量定位

1）根据施工图纸以及房屋门口的位置，测量出接地扁钢的安装位置及尺寸，如图 3.11 所示。

2）沿墙明敷的接地母线距地面高度宜为 300 mm，与墙间隙约为 10 mm，用 S 形卡子固定在墙上，卡子的间距水平直线部分宜为 1.5～2 m，转弯部分宜为 0.3～0.5 m。

2. 接地扁钢安装

1）每列开关柜基础槽钢的接地点不少于两处，焊接质量符合规范要求。

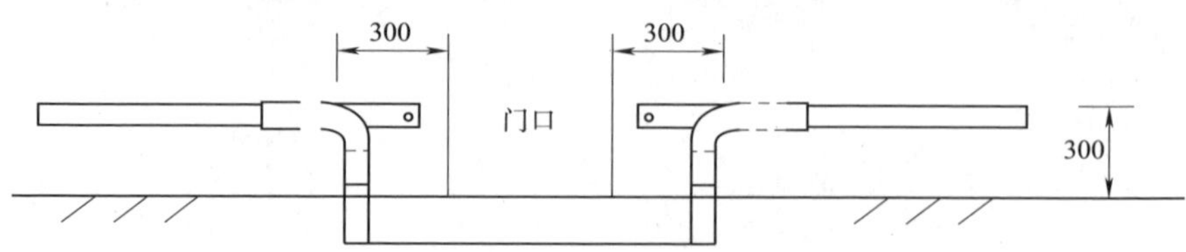

图 3.11　接地干线过门口安装示意图(单位:mm)

2)扁钢与扁钢的搭接均采用水平搭接,搭接长度大于扁钢宽度的两倍,扁钢与槽钢的搭接采用水平搭接,焊接部位做防腐处理。

3)成列开关柜接地母线有两处接地,接地端子在焊接接地支线时预留在设备开孔的下方。变压器外壳接地、变压器中性点接地,交、直流及中信屏外壳接地,直流开关柜的电缆接地等其他单独柜体外壳接地均留有接地端子,如图 3.12 所示。

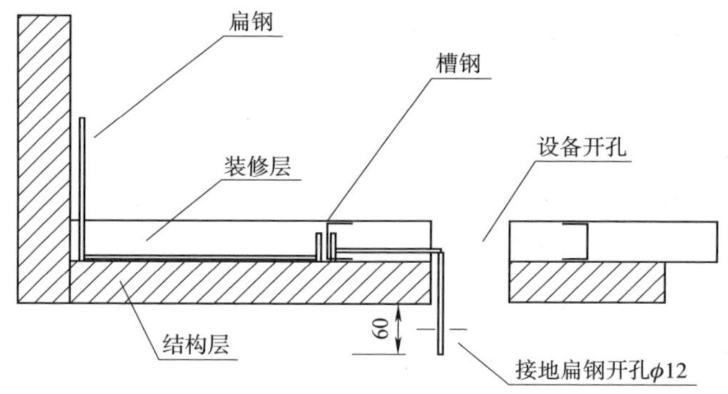

图 3.12　接地支线与设备接地端子安装示意图(单位:mm)

4)接地支线安装完成后及时填写隐蔽工程记录,接地母线安装完成后填写接地母线安装记录。

3.1.3.4　施工总结

1. 施工工艺注意事项

1)设备的接地干线采用 50 × 5 镀锌扁钢。接地干线沿水平敷设,距地面距离为 300 mm,与墙间隙约为 10 mm,用 S 形卡子固定在墙上,卡子的间距宜为 1.5 ~ 3 m。接地干线穿墙时,加塑料套管保护;接地干线过门时,预埋在地板的装修层内;接地干线通过 50 × 5 的镀锌扁钢在“向下敷设”处引至变电所夹层内,完成与接地母排的连接。

2)与预埋件相连的接地支线采用 50 × 5 的镀锌扁钢,接地支线预埋在地板的装修层内。

3)接地线之间的焊接采用搭接焊,搭接长度为扁钢宽度的两倍,焊接的部位应做防腐处理。

4)接地引上线通过电缆与电缆夹层中接地母排相连。

5)变电所的接地母排要绝缘安装。

2. 安全注意事项

1)工作人员均穿工作服,佩戴上岗证、安全帽,穿工作鞋。

2)接地母线过门口时采取固定措施,以防其他单位施工时碰撞移位。

3)变电所施工时保证有足够的照明设施。

4)用电设备满足市质检站及车站管理单位的要求,并有良好的接地设施。

5)工作人员持有上岗证,穿防护服、防护靴。

6)在变电所动火施工时办理动火证。

7)在地下变电所进行焊接作业时,有排风设施。

3.1.4 电缆桥支架安装

3.1.4.1 电缆桥支架安装施工工艺流程(图3.13)

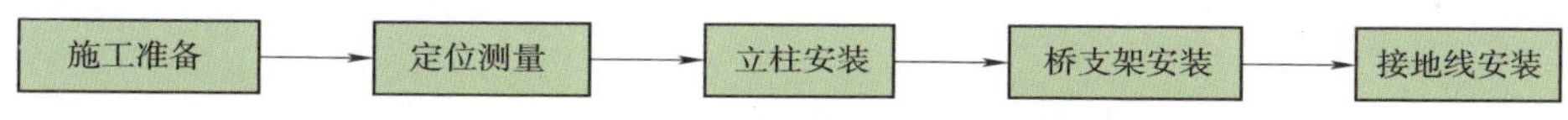

图3.13　电缆桥支架安装施工工艺流程图

3.1.4.2 施工准备阶段

1)检查变电所电缆夹层地面平整清洁,夹层高度满足桥架安装需要。

2)复核电缆桥架的规格型号与设计图纸一致,检查电缆桥架外表面应光滑平整,镀锌层均匀。

3.1.4.3 施工阶段

1. 测量定位

1)依据设计图纸,确定电缆桥架的走向。

2)根据开关柜的安装位置确定电缆桥架的安装位置,电缆桥架让开高压电缆进出位置。

2. 立柱安装

1)根据电缆桥架的安装位置测量出立柱的安装位置,用墨斗标出两列立柱的中心线。

2)根据立柱的安装孔距打孔安装膨胀螺栓,先在一列的两端各安装一个立柱,将立柱安装调整垂直后,绑扎线绳作为基准线,以便于其他立柱的安装调整,如图3.14所示。

图3.14　电缆立柱固定现场施工图

3)当地面不平立柱倾斜时,可在立柱下面

加垫片进行调整。

3. 桥架安装

1)立柱安装完毕后,按设计图纸安装桥架托臂,托臂应固定牢固。

2)安装完一层托臂及时安装电缆桥架,电缆桥架安装水平连接牢固。

4. 接地线安装

1)接地线安装在桥架立柱上,在立柱的下部距地面300 mm处敷设接地扁钢,接地扁钢与桥架立柱用螺栓连接固定。

2)扁钢与扁钢搭接处采用焊接,扁钢与立柱连接完成后设两处与接地母排连接。

3.1.4.4 施工总结

1)施工用电电源应带漏电保护装置。

2)使用电焊,应办动火证,并做好防火措施。

3)焊接接地干线时,应加白铁皮,湿棉布保护墙面和地脚瓷砖,防止烧坏。

4)连接自然接地体时,一定要确认自然接地体的电阻值是否符合设计要求。若不符合要求,应及时通知施工单位整改。

电缆支架安装完成效果如图3.15所示。

图3.15 电缆支架施工完成图

3.1.5 整流变压器及配电变压器安装

3.1.5.1 整流变压器及配电变压器安装施工工艺流程(图3.16)

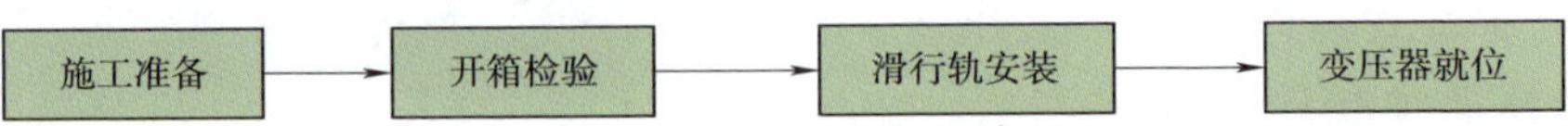

图3.16 整流变压器及配电变压器安装施工工艺流程图

3.1.5.2 施工准备阶段

1)设备到货后及时进行实地考察,根据变电所的具体位置,周边施工环境情况,整流变压器室的地面高度,制定具体的施工方案、工具材料计划,报业主和监理工程师审批后实施。

2)据报批的施工方案,准备工具材料,对所用的各种工具进行检查试验,变电所施工道路进行清理和修整,如遇夜间施工,准备施工照明工具和施工防护用具。

3)整流变压器运到施工现场后及时进行开箱检查,检查变压器外观是否整洁,有无划痕,螺栓是否松动,各种资料是否齐全。

3.1.5.3 施工阶段

1. 定位测量、画线

1)根据图纸要求在变压器柜底板上画出变压器就位轮廓线,并在变压器本体槽钢上做出位置参照标记。

2)在变压器四面各找一个点,并做出标记,然后根据图纸要求的固定位置,在变压器底板上做出变压器四面各点的对齐点,以便微调时目测。

3)若设计无具体要求,则按变压器的中心线与底板的中心线确定,注意要看变压器的承重槽钢是否落在变压器柜的承重部件(一般为槽钢)上。并考虑将来变压器的母排连接是否方便。

2. 就位及微调

1)地铁降压站的动力变压器通常是放置在变压器柜内,而变压器底板高出地坪100 mm左右,因此应先用方木搭建两个平台。

2)2个平台高度与柜底棱高平齐(即高出底板20 mm左右),距离以变压器滚轮正好放置在两平台中间为宜。

3)在变压器底板上用方木劈一个高20 mm、长200 mm的斜坡。

4)用4台手摇起道器将变压器升起。将2台液压小车插入后运至平台附近,升起液压小车将变压器放在方木平台上。

5)在变压器上套上尼龙吊带,吊带上挂链条葫芦,使链条葫芦拉紧,在链条葫芦缓缓松动的同时,2人把变压器向变压器柜方向推动,当变压器移动到斜坡时,缓缓拉动链条葫芦,使变压器溜放到变压器柜底板上。

6)用手摇起道器升起变压器拆掉滚轮,并把变压器放至坦克运输车,进行前后、左右微调。当变压器达到固定位置时,再用手摇起道器升起变压器,拆出坦克运输车,使变压器落在柜底板上。

3. 攻丝固定

在变压器底板上钻M12的孔,位置根据变压器固定卡子确定,然后用M14的丝锥加攻丝器攻丝。变压器卡子与变压器连接利用滚轮固定孔位。

4. 接地安装

按设计要求,做好中性点接地及本体接地。

3.1.5.4 施工总结

整流变压器进所多采用滚杠搬运的方法,变压器上加装了运输附件,故进所时不能一次性到位,还需要进行就位调整安装。由于变电所内场地空间的限制,就位调整要充分利用现场条件和现有的工机具。

3.1.6 35 kV 开关柜安装

3.1.6.1 35 kV 开关柜安装施工工艺流程(图 3.17)

图 3.17 35 kV 开关柜安装施工工艺流程图

3.1.6.2 施工准备阶段

清除 35 kV 开关柜基础槽钢上的各种杂物,保持清洁。

3.1.6.3 施工阶段

1. 开箱检查

1)拆除开关柜四周及顶部的包装。

2)开关柜外观应无损伤及变形,油漆应均匀完整,柜门开闭应灵活可靠,柜内电器装置及元件应无脱落、锈蚀、损伤、裂纹等缺陷。

3)下列器件应齐全:

(1)零配件:螺栓、密封垫、圈等;

(2)附件:气压表、气体导管、电缆支架等;

(3)钥匙:柜门钥匙、按钮钥匙、开关闭锁板钥匙、气压表调整钥匙等;

(4)操作工具:隔离开关操作杆、接地开关操作杆、电机手动储能摇柄等。

2. 柜体就位

1)将两组开关柜用龙门架平稳运搬到基础型钢上,拆除包装底座,如图 3.18 所示。

2)将一组开关柜先平移到安装位置,并使柜底螺栓孔与基础型钢的螺栓孔对正。另一组暂与之保持 200 mm 以上的距离,以方便操作,现场施工图如图 3.19 所示。

3. 母线室对接及充气

1)打开母线室对接面的临时密封件和顶部的操作手孔封盖,检查母线室内隔离开关的触头动作是否准确到位,母线固定件有无松动等,如有异常应及时处理。

2)将母线室对接法兰面和母线室内手接触过的部位擦拭干净,密封圈涂抹凡士林

图 3.18　柜体就位现场施工图

图 3.19　起道器辅助安装现场施工图

后放置妥当，移动调整另一组开关柜与已就位的一组对正后，安装并拧紧对接法兰的全部螺栓。

3）通过母线室手孔将两组母线连接成整体，清洁连接部位后装好所有打开的手孔盖板。

4）将 3 个母线室分别抽真空后，充入 SF_6 气体达到规定值。

4. 柜体连接和固定

1）安装并拧紧柜间连接螺栓。

2）连通柜间接地铜母线。

3）安装并拧紧基础螺栓。

5. 元器件和附件安装

1）按设计图安装元器件并进行二次配线，配线型式应与柜内原有配线一致。

2）安装电缆固定架等其他附件。

3.1.6.4 施工总结

1）开关柜开箱检查，必须报经业主同意并组织有关方面人员共同参加。

2）拆除开关柜包装时，必须采取相应的安全措施，防止梯子倾倒或包装板砸伤人员或设备。

3）在拆卸开关柜包装底座和移动过程中，工作人员要注意力集中，听从统一指挥，选择合适的受力点，避免其受到强烈振动或造成局部变形。

4）凡进行导电部位的安装，工作人员必须清洁双手，以免污染导电体。

5）母线室对接时，必须均衡对称的紧固螺栓，逐步达到紧度要求。防止因受力不匀导致对接法兰损坏或密封不严。

3.1.7 直流设备绝缘安装

3.1.7.1 直流设备绝缘安装施工工艺流程（图 3.20）

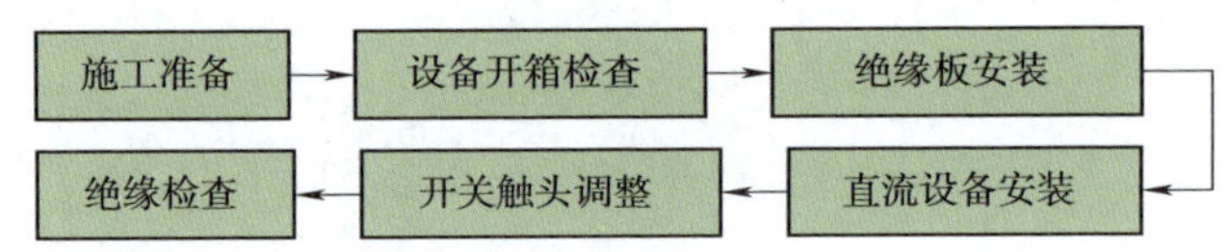

图 3.20 直流设备绝缘安装施工工艺流程图

3.1.7.2 施工准备阶段

清除直流开关柜、整流器柜、负极柜及直流屏基础槽钢上的各种杂物，保持清洁。

3.1.7.3 施工阶段

1. 设备运输及进场

直流开关柜、整流器柜和其他盘、柜同时进场。

2. 绝缘板安装

绝缘板安装在基础槽钢和柜体之间，用专用擦拭纸对绝缘板和槽钢的表面进行擦拭，然后用双面胶带将绝缘板固定在基础槽钢上，如图 3.21 所示。

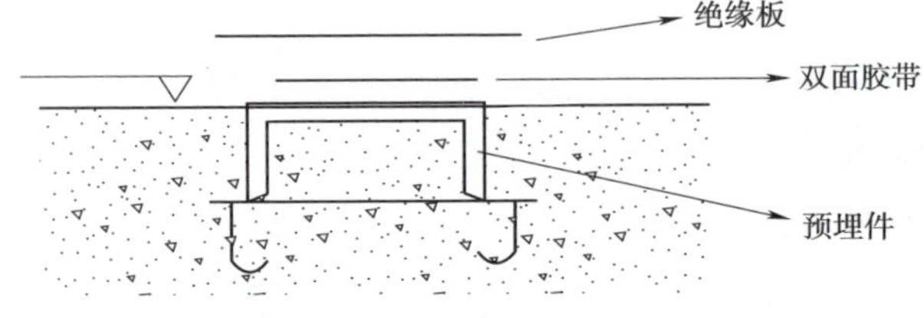

图 3.21 绝缘板安装示意图

绝缘板接口处的间隙用中性绝缘胶填充,待绝缘胶凝固后用砂纸打平,然后用电吹风机驱除绝缘板下的潮气。防止设备经过长时间运行后,灰尘和其他杂质进入间隙,受潮后造成对地绝缘的降低。

采用测量对角线长度的方法,并配合角尺保证绝缘板的正确安装位置。

3. 设备就位及柜间连接

将直流 DC 1 500 V 开关柜和整流器柜放在绝缘板上。保证绝缘板露出设备框架内外沿各 5 mm。检查设备应无明显接地点。

直流 DC 1 500 V 开关柜连接的关键在于直流母线的连接。在直流母线接触面上涂抹电力复合脂,将各段母线对齐,然后连接起来。

用扭矩扳手对每一个连接螺栓进行紧固,扭矩符合有关要求。

4. 槽钢攻丝、固定角钢焊接或安装膨胀螺栓

1)在直流 DC 1 500 V 开关柜和整流器柜框架上用自攻螺丝安装固定脚。

2)当柜体固定脚正对着下方基础槽钢时,根据柜体固定脚上的孔的位置在下方的槽钢上钻孔攻丝,如图 3. 22 所示。

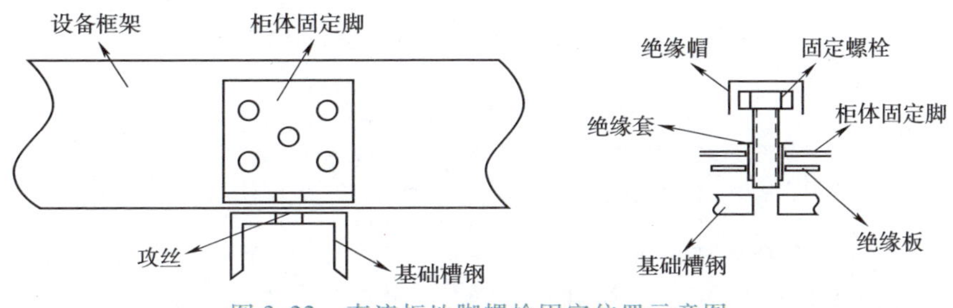

图 3. 22　直流柜地脚螺栓固定位置示意图

3)当固定脚不能正对着下方的基础槽钢时,在附近相应的基础槽钢上焊接固定角钢,角钢伸到固定脚的下方位置,然后在角钢上打孔,孔的位置与固定脚上的孔对应,如图 3. 23 所示。

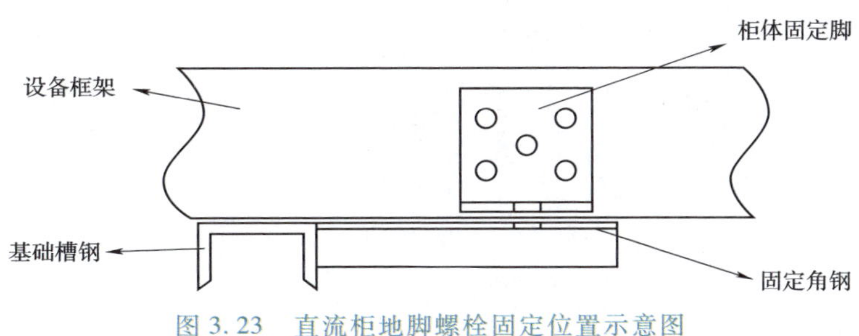

图 3. 23　直流柜地脚螺栓固定位置示意图

4)当设备四个角下方为混凝土地面同时又计划采用膨胀螺栓固定开关柜时:

(1)用冲击电钻通过开关柜地脚螺栓安装孔,向地坪内钻孔,孔径与深度根据膨胀

螺栓规格而定,用吸尘器吸除孔中粉末;

(2)将绝缘膨胀螺栓放入孔内,并使其胀紧;

(3)将直流开关柜逐个抬起 1 ~2 cm,并在柜子四周垫上小薄木片,用吸尘器、毛巾等清除地面、柜底下、孔四周的灰尘杂质,然后落下柜体板。

5. 固定螺栓、绝缘套连接

1)采用在槽钢上焊接柜体固定脚方式固定开关柜时,在固定角钢与柜体固定脚间垫上绝缘板,将连接螺栓穿上绝缘套、绝缘垫片,由上向下穿入,连接固定牢固。直流柜绝缘安装如图 3.24 所示。

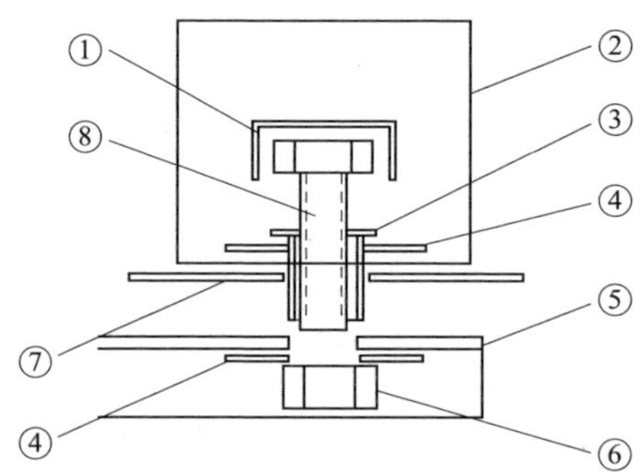

图 3.24 直流柜绝缘安装示意图

①—绝缘帽;②—柜体固定脚;③—绝缘套;④—绝缘片;
⑤—焊在槽钢上的角钢(或槽钢);⑥—固定螺母;⑦—绝缘板;⑧—固定螺栓

2)采用在槽钢上攻丝方式固定开关柜时,柜体固定脚下正对基础槽钢,将连接螺栓穿上绝缘套、绝缘垫片,向下旋紧即可,最后在螺栓上套上绝缘帽。

3)用绝缘膨胀螺栓固定开关柜时,在膨胀螺栓外套上绝缘套,拧紧膨胀螺栓,然后在螺栓上套上绝缘帽。膨胀管螺栓固定如图 3.25 所示。

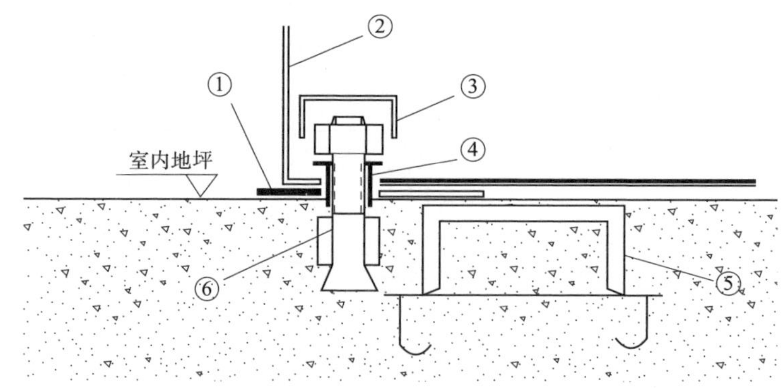

图 3.25 膨胀管螺栓固定示意图

①—绝缘板;②—柜体框架图;③—绝缘帽;④—绝缘套;⑤—基础槽钢;⑥—绝缘膨胀螺栓

6. 手车推入及触头调整

断路器的灭弧罩和手车是分离的,需要自行安装。

手车推入前,将灭弧罩装在手车上。手车和柜体本身有位置闭锁关系,检查闭锁装置的灵活性并且进行适当的调整,将手车推入柜体,推入时观察动、静触头的相对位置,如有错位,调整动触头或静触头,保证动、静触头接触良好。

3.1.7.4　施工总结

1)绝缘板安装时必须保证槽钢和绝缘板接触面的清洁,窄长的绝缘板必须盖住基础槽钢且绝缘板的位置必须在柜体的框架位置上。

2)在基础槽钢上焊接固定角钢时,必须保证固定角钢平直,固定角钢上的孔与柜体固定角上的孔必须正对,防止紧固连接螺栓时,挤压绝缘套,造成绝缘套损坏而降低柜体绝缘。固定角钢与槽钢的焊接必须牢固、无虚焊。

3)在基础槽钢上焊接固定角钢时应对柜体、绝缘板加以防护,防止烫伤或污染柜体、绝缘板。

4)安装现场必须保证清洁,安装过程的间隙和安装完毕后,应用塑料布将开关柜严密封盖,防止灰尘进入。

3.1.8　所内电缆敷设

3.1.8.1　所内电缆敷设施工工艺流程(图3.26)

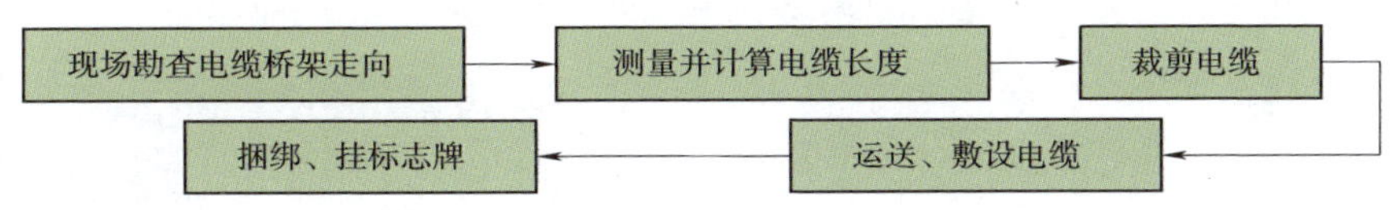

图3.26　所内电缆敷设施工工艺流程图

3.1.8.2　施工准备阶段

1. 测量计算电缆长度

由技术员到实地进行现场勘查,确定电缆敷设走向,以节约电缆为原则,采取最佳、最短路径敷设电缆。

2. 电缆裁剪

根据测量计算出的电缆长度,考虑电缆的预留长度进行裁剪,并贴上标签纸(标签上注明电缆长度、电缆型号规格、电缆起讫点),将电缆两头用绝缘胶布包好。

3. 电缆敷设

将裁剪好的电缆运送到变电所,人工敷设。电缆敷设时应避免与地面或其他硬物摩擦。按照电缆布置图,将交直流、高低压、控制与电力电缆等分布整齐的摆放在桥架的不同层面上。

3.1.8.3 施工阶段

1. 直流 1 500 V 电缆敷设

1)在地面上将裁剪的电缆理直,以防敷设后电缆扭曲不平直。

2)敷设时,电缆在桥架拐弯处弯曲半径应符合标准规定;每敷设几根电缆就整理固定一次,并挂上电缆标志牌;电缆之间要紧贴,要充分利用桥架有限的空间。

3)设备电缆入孔至桥架处,电缆弯曲尽量缓和,抵到墙柱或桥架的地方应尽量不受力,并加护套保护电缆。在桥架至设备电缆连接处距离大的地方,要加支架横档固定电缆。

2. 控制电缆净空绑扎排列

控制电缆由桥架最下层至设备电缆入孔距离大,而控制电缆半径较小,如果只经吊架横档固定,在中央信号屏等电缆密集处,很难达到整齐美观的效果。根据控制电缆集中、半径较小的特点,可用尼龙绑带编排控制电缆,即把所有的控制电缆绑成一排,再进设备。

1)所有控制电缆在电缆桥架上整理固定好。

图 3.27 控制电缆净空绑扎排列示意图

2)在中央信号屏电缆集中处,依次按电缆在桥架上的路径排列,不要形成交叉,从桥架两个方向来的电缆,弯度对称向上再合在一块。

3)绑扎:电缆夹层和设备层各一人,相互配合,按照电缆顺序排列,如图 3.27 所示。尼龙绑带绑扎,先不要拉紧,等所有电缆合在一块调整后再拉紧。

4)电缆排列绑紧后,最后固定到吊架横档上。

3. 整流器柜、变压器电缆安装

牵引所中,经整流变压器降压输出至镇流器柜的电缆共有 12 根,如图 3.28 所示,电缆安装都有一个较大的跨度,要保证 12 根电缆外观和弧度一致,必须按一定程序进行施工操作。

图 3.28 整流变压器至整流器 12 根 1×400 电缆敷设示意图

具体操作步骤如下：

1)图纸排列电缆，确保变压器和整流器柜的电缆连接正确。

2)定好夹层电缆桥架上电缆。

3)将电缆穿过电缆支架最上面的横档跨在整流器柜上面，同时把电缆固定在电缆支架横档上，并调整所有电缆的弯度一致。

4)理顺每根电缆，量好长度并裁断多余的电缆，中央裁剪时每根电缆必须要非常一致。

5)后做电缆头。变压器的电缆安装也类同于整流器柜，由于电缆的半径较大，安装比较麻烦，该工序的关键是电缆弧度的调整。

4. 整理、绑扎、挂牌

电缆敷设全部完成后，进行一次统一整理，电缆之间应避免交叉，同时电缆弯曲半径应符合规定。在电缆整理完毕后，对电缆进行绑扎、挂牌。一般要求电缆标志排挂在电缆两端易于观察处(如盘柜下部)，相隔5 m左右用尼龙绑扎带交叉绑扎一次，若设计有具体要求，则按照设计要求实施，如图3.29、图3.30所示。

图3.29 电缆安装现场施工图

图3.30 电缆安装施工完成图

3.1.8.4 施工总结

1)进入施工现场，特别是进入电缆夹层内，必须戴安全帽。

2)电缆无绞拧、铠装压扁、护层断裂、表面严重划伤等缺陷。

3)人工牵拉过程中，注意电缆与桥架的摩擦。

4)电缆敷设时，防止人手被电缆砸伤或挤伤。

5)严禁电缆砸伤设备。

6)如设备需开孔时，应用钢锉去掉孔口周围毛刺，以免电缆擦伤。

3.1.9 所间电缆敷设

3.1.9.1 所间电缆敷设施工工艺流程(图3.31)

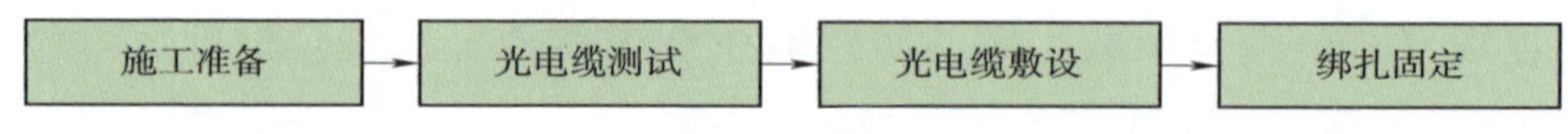

图3.31 所间电缆敷设施工工艺流程图

3.1.9.2 施工准备阶段

1)检查电缆的规格型号是否符合设计要求。

2)外观检查有无损伤。

3)用1 000 V兆欧表测试该电缆的绝缘电阻值是否已达到有关的技术标准。

4)把液压式放线架固定在平板车上。两支架的外边间距不得超越行车限界,中间间距根据钢棒及电缆盘确定,并加工2副固定电缆盘的圆钢板和卡子。

3.1.9.3 施工阶段

1. 吊装电缆

1)用吊车把电缆吊到液压式放线架上,用紧线器将电缆盘固定牢靠。

2)进入施工现场,将电缆盘拆开,清除盘上的铁器及杂物,以免敷设时伤及电缆。

3)用千斤顶把电缆盘升到离平板4 cm的位置,电缆盘两边应基本水平。

4)在支架与钢棒、钢棒与电缆盘连接处涂上黄油。

2. 电缆敷设

1)敷设电缆时由专人指挥。

2)电缆从盘的上端引出,在电缆与平板车接触部分加转角滑轮,并将其固定。

3)根据实际需要,将电缆以人工方式敷设至所内,如果该路径不长,则可组织人力扛着电缆走动敷设,如果路径较长,则施放时应将电缆放在滚轮上,用人力拉电缆,引导电缆向前移动。

4)人工转动电缆盘,牵引机车带动平板以5 km/h的速度向前移动,车后跟人,将电缆翻上支架。

5)按照此方法,可以满足在工期短的情况下,进行双电缆敷设。

3. 电缆绑扎固定

1)将电缆放在电缆支架上,使电缆稍有波纹状,有利于防止热胀冷缩。

2)根据电缆的使用技术条件及设计要求,绑扎固定。

3)单芯电缆的固定应符合设计要求。

4. 挂电缆标志牌

1)在电缆终端头、电缆接头、拐弯处、夹层内以及人井等地方应装设电缆标志牌。

2)标志牌上应注明线路编号。当无编号时,应写明电缆型号、规格及起讫点;并联使用的电缆应有顺序号。标志牌的字迹应清晰不易脱落。

5. 清理场地

施工完毕,应注意清理场地,人员、工具、材料清,保证设备的正常运行,不影响行车安全。

3.1.9.4 施工总结

1)电缆盘上的杂物随时清理,以避免人员和设备受到伤害。

2)敷设电缆时人员应站在电缆弯曲的外侧。

3)电缆盘前方禁止站人。

3.1.10 封闭母线桥安装

3.1.10.1 封闭母线桥安装施工工艺流程(图3.32)

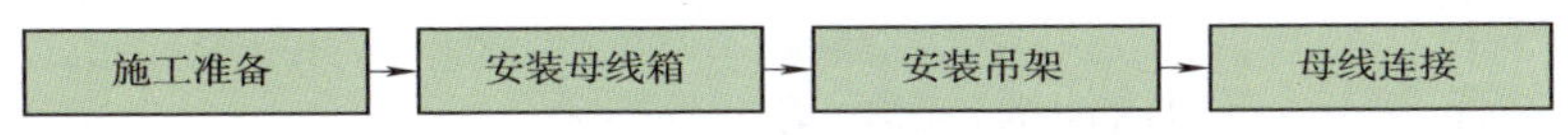

图3.32 封闭母线桥安装施工工艺流程图

3.1.10.2 施工准备阶段

变电所开关柜就位安装完毕后,可让厂家来测量。由于封闭母线槽安装精度要求高,所以测量必须准确,加工需精密。

3.1.10.3 施工阶段

1. 安装母线箱

母线箱安装于开关柜的顶部,采用自攻螺钉固定。母线箱前面可以打开,方便维修。

2. 安装吊架

根据封闭母线槽的走向确定吊架的安装位置,基本位置如图3.33所示。

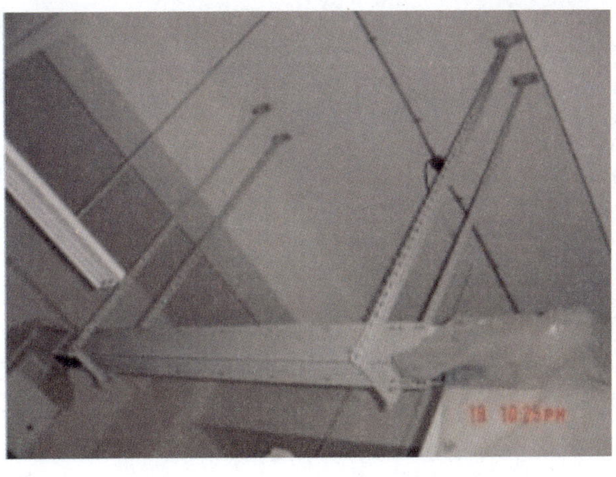

图3.33 母线连接示意图

3. 母线连接

先连接与开关柜的封闭母线槽,注意接头部位要连接紧密,固定牢靠。

3.1.11 光缆成端及接续

3.1.11.1 光缆成端及接续施工工艺流程(图 3.34)

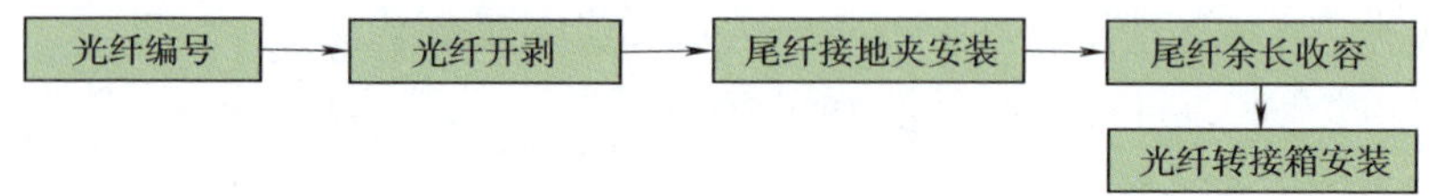

图 3.34 光缆成端及接续施工工艺流程图

3.1.11.2 施工准备阶段

1. 材料准备

增强保护管、酒精、专用清洁纸、尾纤、光纤转接箱。

2. 工机具准备

光纤熔接机、OTDR(光时域反射仪)、接续专用工具、开剥工具、操作台、光源、光功率计。

3.1.11.3 施工阶段

1. 光缆成端

1)光缆预留

(1)光缆在通信机房地板下可预留 10 ~ 20 m,以防止各种意外情况发生。光缆预留弯曲半径不得小于其外径的 15 倍,光缆堆叠应整齐。

(2)光缆从下部穿入到 ODF 配线架后,应牢固的绑扎在架内。绑扎应整齐美观。

2)光缆的开剥

(1)光缆的开剥可参见光缆接续中相关内容,但光缆开剥后其铠装护套用接地线可靠连接到 ODF 配线架的接地端子上。其加强芯应牢固地固定在机架内相应位置。

(2)束管开剥可参见光缆接续中相关内容,应注意在束管开剥前穿入束管号码管,对束管进行编号。

3)尾纤熔接

光纤和尾纤熔接参见光缆接续中相关内容,应注意在尾纤熔接开剥前应穿入号码管,并在尾纤穿入光纤配线箱且固定在熔接盘上后才可开剥、熔接。

4)光纤、尾纤盘留

光纤和尾纤盘留参见光缆接续中相关内容,但注意光纤和尾纤在熔接盘内盘留应为 1 ~1.5 m。

2. 光缆接续

1)光缆开剥

(1)按照光缆接头盒要求开剥光缆长度,并按照接头盒的操作说明书做好电气连通处理,待接续完成后可连接。

(2)按照接头盒说明书上尺寸对光缆进行密封处理。

(3)使用专用光缆外护套开剥刀,对着光缆头调节好刀口深度后进行开剥,不得伤及光缆内部,开剥长度可参考接头盒说明书。

(4)剪去多余的填充束管,固定好加强芯,用专用光缆清洁纸蘸酒精对束管清洁。

(5)用束管环切工具剥除束管,长度考虑在盘绕一圈的长度。

(6)用脱脂棉或医用纱布蘸上专用清洁剂,清洁、擦拭光纤上的充油膏。清洁后的光纤悬空放置。

(7)光纤清洁完毕后,将束管绑扎在收容盘的引入点位置,绑扎适当不可太紧,否则损坏光纤,并在收容盘内绕一圈,其余光纤用作接续。

(8)穿入增强保护管。

2)光纤熔接

(1)光纤熔接前应将所有的光缆开剥工具收入工具箱内,摆放出接续专用工具。

(2)用涂覆层剥除器剥出 40 mm 裸光纤,用蘸酒精纱布清洁裸光纤部位 5 ~ 10 次。

(3)将裸光纤按照切割刀上的指示刻度放入到 V 形槽内,盖上光纤压板,将切割刀片沿光纤的垂直方向轻推到底,按下光纤折断柄折断光纤。然后从 V 形槽中取出光纤。此时已完成了光纤端面的制作,裸光纤长度大约为 15 mm。重复上述步骤制作另一根光纤的端面。

(4)开始熔接:将制作好端面的光纤按照其上指示的刻度放入熔接机的 V 形槽中,盖上 V 形槽压板和防尘罩,按下启动按钮,开始接续熔接。熔接过程和损耗推定都是自动一次完成的。

(5)接续点的增强保护:打开防尘罩及 V 形槽压板,等待熔接机自动复位完毕后,取出光纤(熔接机的自动复位过程是对光纤接续点进行张力试验的过程,如果光纤未被拉断,则表明接续点的抗张力强度是合格的,否则须重新熔接)。将事先穿上的增强保护管移到裸光纤部位(接续点置于增强保护管的中间位置),打开加热器的上盖,将增强保护管放到加热器的中间,盖上上盖,按下加热启动键,开始加热(加热器对增强保护管内的热熔胶从中间部位开始向两边融化,达到排出管内空气的目的,使光纤与热熔胶充分密合以起到保护的作用)。

(6)光纤盘留:从加热器中取出 1 根光纤,放在一边散去热量后,即可进行收容。首先将光纤余长逐一沿收容盘的收容槽盘绕,直至盘完所有余长光纤,然后将增强保护管轻轻压入收容盘中的保护管卡槽内,将保护管固定在卡槽内。用棉签沿收容槽轻拨光纤，使光纤分布均匀，便完成了单根光纤的熔接工作。待1根束管光纤均接续盘留完成后应将熔接盘的保护盖安装好，再熔接下根束管光纤。

3）接头盒组装固定

（1）按照接头盒操作说明书，完成接头盒内各种电气连接。

（2）因不同接头盒组装方式不同，详细情况请参见其操作说明书。

（3）接头盒组装完成后应牢固地固定在电缆支架上。

3.1.11.4 施工总结

1. 光缆接续注意事项

1）光缆吊装、运输应严格按照操作规范进行。

2）在单盘测试完成后确认质量合格的光缆才能敷设。

3）光缆单盘测试时应用专用工具开剥光缆，测试和敷设完成后，切断光缆时不得使用钢锯应使用专用工具，应立即用热可缩套管密封。

4）区间施工必须有作业计划，严禁无计划施工和超出作业计划范围施工。

5）光缆展放时应统一指挥，在轨道车司机、光缆盘、光缆前端各安排1人指挥，相互间用对讲机联系。轨道车以速度小于5 km/h匀速行驶。

6）敷设完成后剩余的光缆应立即带回，敷设预留的光缆应立即绑扎在电缆支架上，严禁超出限界或堆放材料在区间内。敷设完后光缆应立即绑扎。

7）引入光缆时必须申请停电作业计划。

2. 电缆成端注意事项

1）光缆的开剥、束管开剥必须使用专用工具。

2）光缆的铠装或护套等必须牢固地固定在其ODF内的接地端子上。

3）束管编号、尾纤编号应清楚，不得遗漏。

4）在束管进入光纤配线箱时，某些易受损伤部位应采用保护管保护。

5）光缆进入ODF配线架后需绑扎整齐，标识清楚、正确。

3.1.12 高压电缆头制作

3.1.12.1 高压电缆头制作施工工艺流程（图3.35）

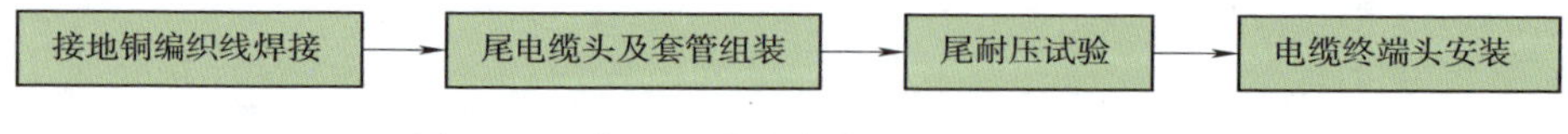

图3.35 高压电缆头制作施工工艺流程图

3.1.12.2 施工准备阶段

1）根据电缆芯直径尺寸选择与之相适应的电缆头型号。

2）用兆欧表测量电缆的绝缘电阻，满足有关的技术规定。

3）施工现场的照明设施满足施工需要。

4）施工人员向有关管理单位办理施工动火证。

3.1.12.3　施工阶段

1. 电缆头结构的前期处理

1）首先检查电缆是否受潮，如果电缆头周围的空气湿度比较大，可将电缆头锯掉一部分（1 m 左右），以确保电缆头的质量。

2）根据电缆头附件箱中的加工图纸，剥切电缆结构层，剥切尺寸如图 3.36 所示。

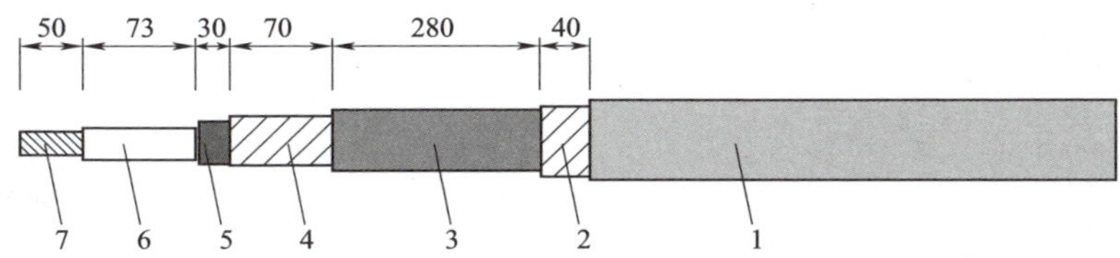

图 3.36　35 kV 内锥式电缆终端头加工尺寸剥切图（单位：mm）

1—电缆外护套；2—防鼠铠装；3—内护套；4—金属屏蔽层；
5—半导体层；6—绝缘层；7—导体

3）尺寸剥切完成后，如果芯线绝缘表面有凹痕，一定要打磨光滑，用酒精将绝缘层表面擦拭干净。高压电缆头主绝缘切除如图 3.37 所示。

图 3.37　高压电缆头主绝缘切除示意图

2. 接地铜编织线焊接

将铜编织带焊接在金属屏蔽层和防鼠铠装带上，或用刚性卡子将铜编织带卡在金属屏蔽层和防鼠铠装带上，用绝缘胶带将铜编织线缠绕固定。

3. 电缆头及套管组装

1）首先将热缩管、法兰外套、密封圈穿在电缆上，然后用无毛纸蘸上酒精将绝缘层外表面擦拭干净。

2)待酒精挥发绝缘层表面晾干后,在绝缘层上抹少许硅胶以增加润滑度,将绝缘护套穿在电缆绝缘层部位。

3)利用电缆终端头安装专用工具将应力锥和接触环装在电缆芯线上。插拔式高压终端头效果如图 3. 38 所示。

图 3. 38 插拔式高压终端头效果图

4. 耐压试验

电缆头制作完毕后,对电缆头进行绝缘电阻、交流耐压及泄漏电流的试验,其数值应符合有关的技术规定。

5. 电缆终端头安装

电缆耐压试验合格后,及时将电缆终端头安装在设备上,电缆终端头安装前用无毛纸蘸酒精擦拭电缆头及安装仓位,并在绝缘护套上抹上少许硅脂以增加润滑度。

如因其他原因不能马上安装,应将电缆终端头用塑封袋进行密封包装,以防电缆头受潮。保护效果如图 3. 39 所示。

图 3. 39 插拔式电缆终端头保护效果图

3. 1. 12. 4 施工总结

1. 施工工艺注意事项

1)高压电缆头的制作,应由经过培训掌握操作程序的人员进行。

2)电缆终端头与电缆芯线截面的规格应相符,所用绝缘材料应符合要求。

3)电缆头从剥切到制作完毕应连续作业一次完成,防止受潮。

2. 安全注意事项

1)剥切电缆的外护层和铠装层时,应将电缆固定牢靠,操作时应戴手套,且不得用手剥除铠装。

2)热缩型配件收缩成型期间应防止配件移动。

3)剥切半导电层时,千万不要伤及芯绝缘,防止电缆投入运行后,电流沿着绝缘伤痕爬行,从而使电缆头引爆。

3.1.13　二次接线

3.1.13.1　二次接线施工工艺流程(图 3.40)

图 3.40　二次接线施工工艺流程图

3.1.13.2　施工准备阶段

准备主要工机具:弯刀、剥线钳、压线钳、尖嘴钳、斜嘴钳、螺丝刀、校线器等。

3.1.13.3　施工阶段

1. 剥线

用弯刀剥去电缆表面皮层(注意不要损伤电缆芯线),留少许钢铠及铜蔽层与地线连接(注意每根电缆只取一端接地),然后用绝缘胶布包好。同一柜体内的电缆最好取同一高度进行开剥,摆放整齐,以保持美观。

2. 校线、接线

先理顺每根二次芯线,用校线器校好线芯号,套上标志号码管,将多余线芯和未到接线端子位置的线芯一起捆扎好整齐放入柜体线槽内,待接的芯线按图对号接到相应端子上。效果如图 3.41 所示。

图 3.41　二次接线效果图

3.1.13.4　施工总结

1)开剥电缆时,注意不要损伤芯线,正确使用弯刀,小心被划伤。

2)从开剥到接线必须连续作业,一次性完成,防止受潮。

3.1.14 孔洞封堵

3.1.14.1 孔洞封堵施工工艺流程(图3.42)

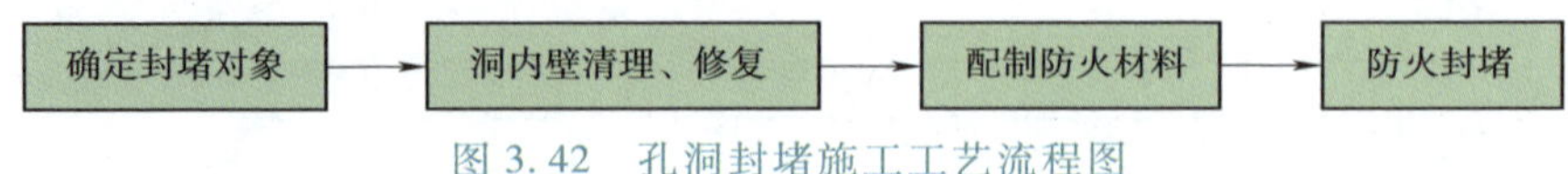

图3.42 孔洞封堵施工工艺流程图

3.1.14.2 施工准备阶段

1)依据施工图纸将所有材料及工机具备齐。

2)根据图纸和现场以及施工规范进行现场定位测量。

3)根据测量尺寸加工角钢、防火隔板,角钢刷漆。

3.1.14.3 施工阶段

1. 固定

1)将角钢、防火隔板对齐孔洞,标出固定孔位。

2)用冲击电钻对准固定孔位,垂直地板钻孔并清除孔内的粉尘。

3)将膨胀螺栓装入孔内,将角钢、防火隔板固定拧紧。

4)角钢用黄绿线接地。

2. 填充有(无)机堵料

1)根据孔洞大小调和好无机堵料。

2)距离电缆一定尺寸用无机堵料封堵孔洞。

3)电缆四周用有机堵料封堵。

4)有特殊要求时用防火包封堵。

3.2 环网工程

环网工程包括施工准备、电缆支、桥、吊架安装、接地装置安装、35 kV电缆中间接头制作、35 kV电缆终接头制作、35 kV电缆耐压试验、电缆固定、预留及挂牌、电缆孔洞防火封堵、开通送电等。

3.2.1 环网工程施工工艺流程

工艺流程如图3.43所示。

1)按照设计要求及现场实际情况,以钢轨顶面(隧道内)或地面(变电所竖井内)为基准,利用墨斗弹线、水平尺、卷尺、盒尺等测量工具,测量出电缆支架距离钢轨顶面的尺寸,并确定第一处单个电缆支架的安装位置。把电缆支架放在所测定的位置上并调正,借助支架立柱上的安装孔,画出安装眼孔。施工现场如图3.44所示。

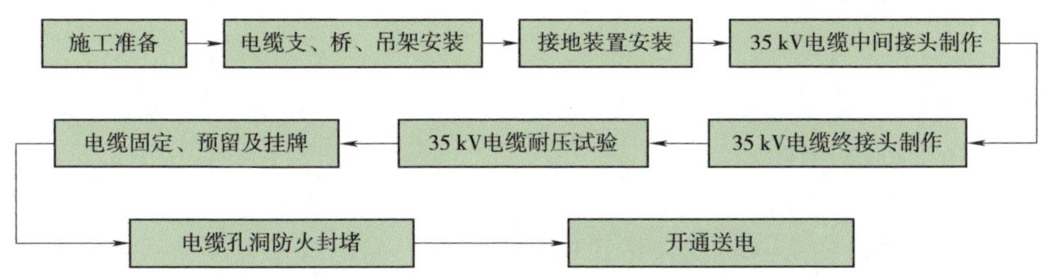

图3.43　环网工程施工工艺流程图

图3.44　现场施工图

2)在沿着线路方向,过5 m处,重复上个步骤,确定第二处单个电缆支架的安装位置。

3)以上述两处确定的电缆支架位置为准,用墨斗在侧墙上弹出一条直线,作为支架的定位线。从而确定多个电缆支架的安装位置。电缆支架安装间距一般为0.8 m,电缆支架安装位置可根据现场情况调整,调整范围为0.8～0.9 m。

3.2.2　电缆支、桥、吊架安装

3.2.2.1　电缆支、桥、吊架安装施工工艺流程(图3.45)

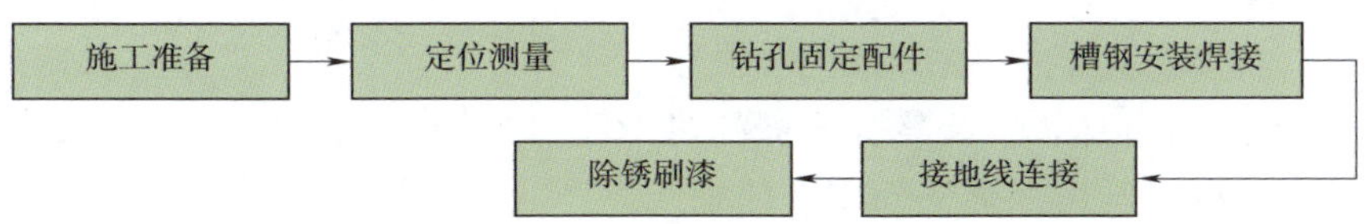

图3.45　电缆支、桥、吊架安装施工工艺流程图

3.2.2.2 施工准备阶段

1. 主要材料

粉笔、记号笔、化学锚栓、膨胀螺栓、钢支架、接地扁钢、轨道车、放线架、电缆网套、绑扎带、相色带、放线滑轮。

2. 主要工机具

冲击电钻、冲击钻头、吹尘器、钻孔模板、水平尺、配电盘及电源拖线盘、发电机、专用敲击工具、铁锤、钢卷尺、清孔毛刷、清孔气囊、普通扳手、扭矩扳手。

3.2.2.3 施工阶段

1. 电力电缆支架在典型区间隧道中安装

1)典型区间内电缆支架安装

(1)画线

根据设计的支架安装高度,在隧道壁上画出电缆支架下端或上端位置线。为保证安装精度,制作了如图3.46所示的画线工具车,其标尺和水平杆上都带有水平装置,可整正和调平。

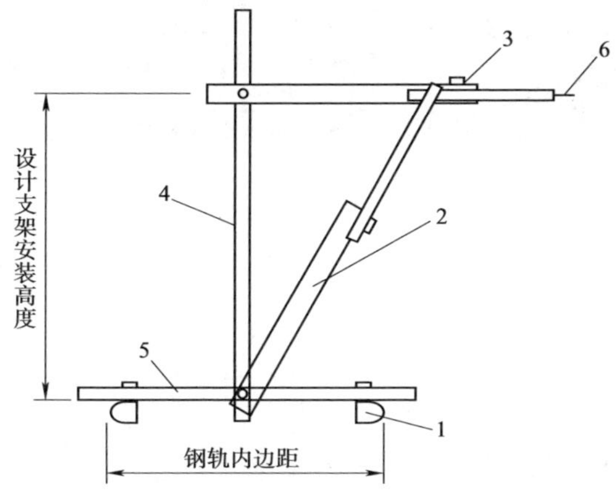

图3.46 隧道壁定位画线工具示意图

1—万向轮;2—可调支撑杆;3—可调水平杆;
4—标尺;5—支撑底座;6—画线笔

画线时,将该工具车卡放在钢轨上,根据设计的支架安装高度调整并固定好水平杆和支撑杆,将标尺整正固定,调整水平杆的可调小杆使画线笔与隧道壁接触,推动工具车,便可在隧道壁上画出一道支架安装的端线。

在轨道未铺通时,可根据已给出的轨面标高(或根据铺轨断面确定轨面高度)和隧道坡度逐段画线。

除上述的工具车外,多数情况下可进行人工画线。方法是测量环网支架底部到轨平面线的长度，制作长度木尺，如图 3.47、图 3.48 所示，进行位置标记，标记好之后进行弹线。

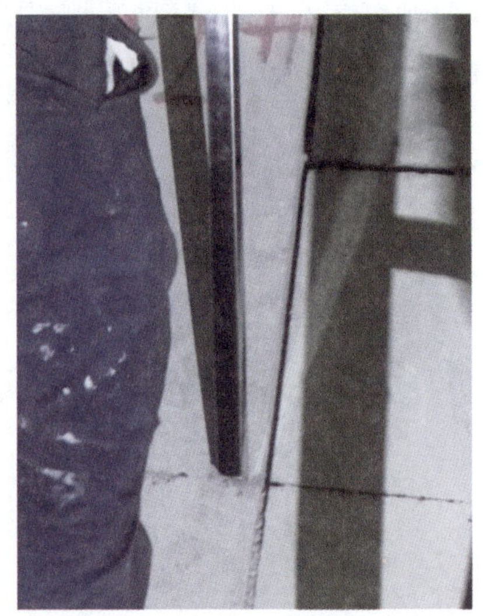

图 3.47　长度木尺下面和轨平面高度相平示意图

图 3.48　进行环网支架上端标记示意图

(2)定位

根据需安装的电缆支架安装面形状，制作一个与其等大的可弯曲塑料模具，模具上标出支架固定孔位置，并辅以水平装置，根据设计的安装距离，沿前面画出的支架上端或下端线画出支架的安装孔位。

(3)打孔安装

根据选用的膨胀螺栓，用冲击电钻在前面确定的支架固定孔位处打孔，打孔时注意孔洞的深度和孔与安装壁的垂直并保证打孔位置精度，以便于支架整正。打孔现场施工图如图 3.49 所示。打孔完成后，用钢丝刷清除孔内灰土，将膨胀螺栓敲入孔内，便可进行电缆支架安装。

图 3.49　环网支架打孔现场施工图

(4)支架整正调平

支架安装上安装壁后，根据线路坡度情况，在坡度相同或相近的区段两端先分别整正调平两个支架，以此两个支架为准，在底层托臂上绷拉一尼龙线，以此尼龙线为基准，对该段支架逐个整正调平。

2)电缆沟、电缆通道内电缆支架安装

电缆沟或电缆通道内空间较小,已不能使用前述画线工具车。可根据电缆沟通道的坡度,在相同坡度段两端各确定一个安装高度后,通过弹墨线的方式确定各段支架的安装高度。支架定位、安装及整正调平方法与隧道内电缆支架的安装相同。

2. 电缆桥架安装

以下两种情况下要使用电缆桥架。

1)电缆经电缆竖井进、出变电所,采用绝缘膨胀螺栓固定,安装形式如图 3.50 所示。

2)区间电缆中间头设置处,为保证电缆中间头在电缆支架上的均匀受力,应将中间头放置在电缆桥架上。安装时采用压板将电缆桥架与支架连接固定。

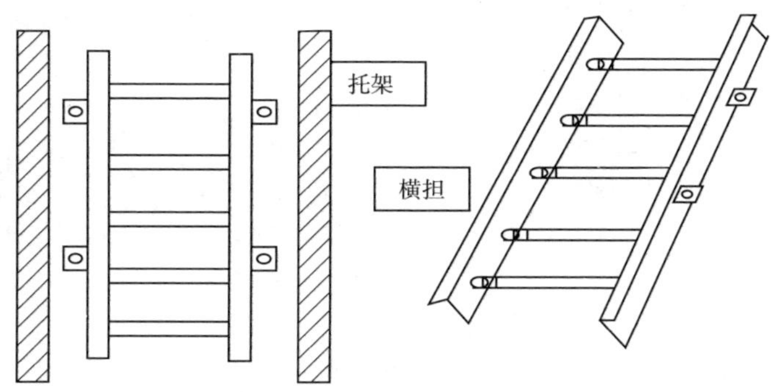

图 3.50 电缆桥架安装示意图

3. 电缆吊架安装

电缆吊架一般安装在电缆需要穿越轨道的上方,安装高度及吊架本身高度应保证与接触网的安全距离,电缆在吊架上敷设时,下层敷设电力电缆,上层敷设控制保护电缆,如图 3.51 所示。

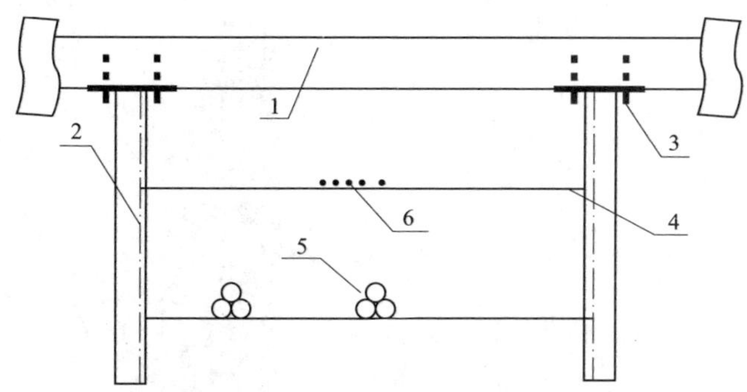

图 3.51 电缆吊架安装示意图

1—隧道顶结构;2—吊架支柱;3—膨胀螺栓;4—托臂;

5—电力电缆;6—控制保护电缆

3.2.2.4　施工总结

1)施工时保证足够的照明设施。

2)隧道内施工必须有充足的通风设备以保证空气流通。

3)施工现场必须配备灭火装置,并由专人监护,防止火灾。

3.2.3　接地装置安装

3.2.3.1　接地装置施工工艺流程(图3.52)

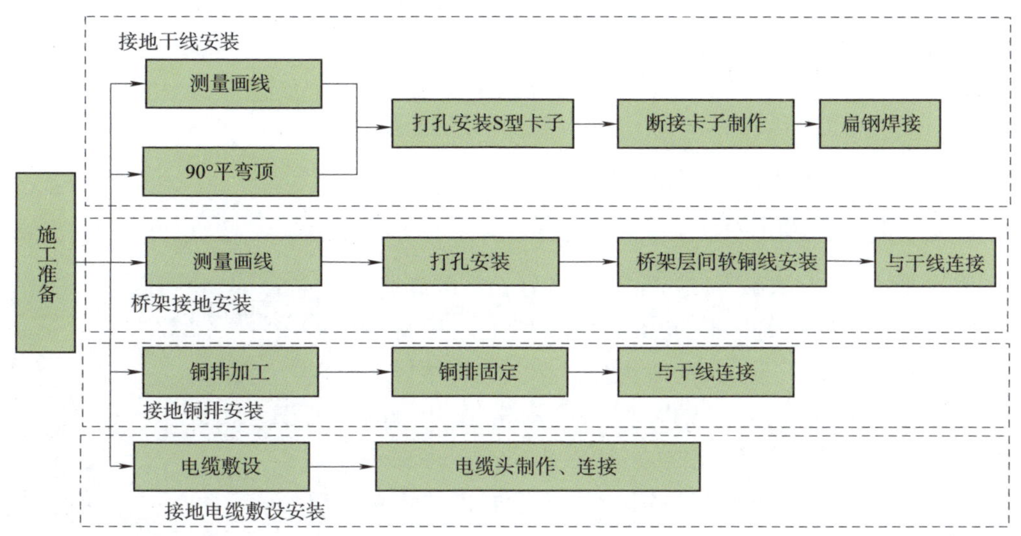

图3.52　接地装置施工工艺流程图

3.2.3.2　施工准备

1)根据设计图纸测量、复核自然接地网电阻,或从接地网施工单位确认地网电阻值,一般自然接地网电阻值≤1 Ω。

2)根据施工图纸备齐施工用料及工机具。

3)将有弯曲的扁钢敲直,应用木槌,以防损伤镀锌层。

3.2.3.3　施工阶段

1. 接地干线安装

1)测量画线

用水准仪在每一面变电所内墙上找两个点,距地面($H+d/2$) mm。H为扁钢距地面的设计高度,d为扁钢宽度。地铁建设中多采用扁钢宽度为40 mm,距地面300 mm高,故在墙上的点距离地面一般为320 mm。

根据两点用墨斗弹一条直线,每间隔1 m,拐角处间隔300 mm,做一个“十”字标记，为接地干线的打孔固定位置。

90°平弯预制，用40×5的扁钢预加成等边的90°平弯，边长为290 mm。

2）打孔安装

在做有打孔标记的位置，根据嵌入式膨胀螺母型号，确定所打孔深及孔径，见表3.1。

表3.1 打孔深及孔径

序号	型号规格	孔深（mm）	孔径（mm）	螺纹长度（mm）
1	XHKT－M6	26	8	11
2	XHKT－M8	30	10	13
3	XHKT－M10	40	12	15
4	XHKT－M12	50	16	18
5	XHKT－M16	60	20	23

用手锤将嵌入式膨胀螺母芯安装好，使其膨胀。用M8×16六角螺栓将S形卡子固定在墙上。用待安装扁钢放在S形卡子上，以量出拐弯处尺寸，并做好标记。先用适当的模子进行弯排，然后将扁钢钻M6孔，并用M8的麻花钻头扩孔，用沉头螺栓M6×15将扁钢固定在S形卡子上。扁钢与扁钢的搭焊长度为宽度的2倍。

3）断接卡子制作

断接卡子是用作主接地干线为自然接地体和人工接地体连接用的一个扁钢接头。用4个M12螺栓固定，搭接长度符合要求，能方便地断开与主干线的连接。

4）扁钢焊接

主干线扁钢除搭接卡子外，都采用搭接焊。搭接长度为宽度的2倍，必须三个棱边满焊，焊缝饱满，无虚焊、假焊。焊接后应用角磨机打磨光滑，并涂两道防锈漆后，再刷银粉漆。施工现场如图3.53所示。

图3.53 环网支架接地扁钢安装现场施工图

接地干线全部完成后，均匀刷一道银粉漆。在明显的地方按设计要求每间隔一段涂相等的黄绿色条纹。

在开关柜后面的接地干线上按设计要求每间隔一段安装一个蝶形螺栓，并刷白色底漆且标以黑色记号。

2. 桥架接地安装

1)测量画线

(1)在一排桥架立柱的两端立柱上分别找一个点,作为扁钢安装位置。一般定在从上至下第二至第三层桥架之间,这样既方便安装,又可避免扁钢占用人行通道,不便于电缆的敷设。

为将两点找水平,受环境限制水准仪不能使用,只可用透明软管,充满水后,作为连通器来找水平两点。

(2)打孔安装

用洋冲在立柱的打孔位置冲一小坑,手电钻打孔时,应加一两滴机油,以降低钻头温度,润滑钻头,使钻孔变得轻松一些。

扁钢在立柱上安装,应加一个拉力安装螺栓,这样扁钢安装完成后,更笔直、美观。

(3)扁钢与扁钢之间的连接采用焊接,焊接要求与主干线相同。

2)桥架层间软铜线安装

(1)热镀锌梯级桥架之间用不少于2个防松螺栓连接时,不需连跨接线,但各层间应用软铜线连接,全长不少于2处。软铜线截面积根据设计要求确定,在无要求时,地铁建设中一般用35 mm^2 软铜线或铜编织带。

(2)各层之间连接后,再与桥架接地扁钢连接。

3)与干线连接

桥架扁钢与接地干线连接,采用扁钢焊接。

3. 接地铜排安装

1)铜排加工

根据设计图纸选用铜材,并按设计加工好后,打磨毛边,加热铜排搪锡,搪锡应均匀,无锡斑及起壳现象。搪锡前应用砂纸将铜排表面氧化物打磨掉。

2)铜排固定

(1)若设计无要求,根据接地电缆在桥架上的敷设高度,来确定铜排固定高度。主要考虑电缆接到铜排后,电缆的弯曲半径、受力情况,若电缆到铜排的距离过长,应加非标支架来支撑电缆。

(2)铜排为绝缘安装。用M10×80膨胀螺栓,打入墙体,拧紧螺母使其胀紧。螺栓外露丝不少于10 mm,不大于支撑绝缘子的内螺丝深度。

(3)将支撑绝缘子拧在膨胀螺丝上,固定点按铜排长度确定,一般为2~3个。然后用M10×30的螺杆将铜排固定在支撑绝缘子上。

3)与干线连接

接地干线扁钢与铜排连接应用2个M10的螺栓进行固定,螺栓力矩值为17.7~22.6 N·m,接触间隙应涂一层导电脂。

4. 接地电缆敷设、制作安装

1)电缆敷设

2)电缆头制作及连接

(1)按线鼻子套管长度加 5 mm,开剥电缆,然后套上线鼻子,根据线鼻子大小,一般压接 2 ~3 次。缠上黑色绝缘胶带,电缆头制作完成。

(2)将电缆绑扎固定好后,涂一层导电脂,根据电缆截面选用固定螺栓,一般用 M12,力矩值为 31.4 ~39.2 N · m。

3.2.3.4 施工总结

1. 施工工艺要点

1)主接地母线为镀锌扁钢 40 ×5,分支接地母线为镀锌扁钢 40 ×4。

2)每列开关柜基础槽钢的接地点应不少于两处,焊接质量应符合规范要求。

3)扁钢与扁钢的搭接均采用水平搭接,搭接长度应大于扁钢宽度的两倍,扁钢与槽钢的搭接应采用水平搭接,焊接部位应做防腐处理。

4)成列开关柜接地母线应有两处接地,接地端子应在焊接接地支线时预留在设备开孔的下方。变压器外壳接地,变压器中性点接地,交、直流外壳接地,直流开关柜的电缆接地等其他单独柜体外壳接地均应留有接地端子。

5)接地支线安装完成后及时填写隐蔽工程记录,接地母线安装完成后填写接地母线安装记录。

2. 技术标准

1)遵照《电气装置安装工程 接地装置施工及验收规范》GB 50169—2016、《建筑电气工程施工质量验收规范》GB 50303—2015 中的要求施工。

2)接地干线距墙面约 30 mm,距装修层 200 mm。扁钢之间的连接采用搭接焊,焊缝长度为宽度的 2 倍,必须三个棱边满焊,焊缝不能有虚焊、假焊。所内和电缆夹层的接地干线间,应不少于 2 处连接。

3)桥架接地干线与主干线、桥架各层之间应不少于 2 处连接。

4)铜排与干线扁钢、电缆的连接应涂导电脂。

5)所内螺栓的拧紧力矩应符合表 3.2 的要求。

表 3.2 螺栓的拧紧力矩表

序号	螺栓规格	力矩值(N · m)
1	M8	8.8 ~10.8
2	M10	17.7 ~22.6
3	M12	31.4 ~39.2
4	M14	51.0 ~60.8

3. 注意事项

1)施工用电电源应带漏电保护装置。

2)使用电焊,应办动火证,并做好防火措施。

3)焊接接地干线时,应加白铁皮,湿棉布保护墙面和地脚瓷砖,防止烧坏。

4)连接自然接地体时,一定要确认自然接地体的电阻值是否符合设计要求。若不符合要求,应及时通知施工单位整改。

3.2.4 电缆敷设

3.2.4.1 电缆敷设施工工艺流程(图 3.54)

图 3.54　电缆敷设施工工艺流程图

3.2.4.2 施工阶段准备

1. 技术交底

施工前应组织所有参与电缆敷设的施工人员进行技术交底,技术交底的主要内容如下。

1)施工图对电缆敷设的要求,如电缆敷设于哪层,如何排列,如何绑扎与固定。

2)相关施工规范的要求,如《地铁设计规范》GB 50157—2013、《电力工程电缆设计标准》GB 50217—2018 等标准中对电缆最小弯曲半径、最大牵引强度、机械敷设最大速度(15 m/min)、电缆绑扎固定等的要求。

3)电缆盘在地面滚动时必须控制在小范围内进行,滚动的方向必须按照电缆盘侧面上所示箭头方向(顺电缆的缠紧方向)。杜绝反方向滚动造成电缆退绕而松散、脱落。

2. 安全交底

电缆敷设施工前针对该工序进行专门的安全交底,安全交底的主要内容如下。

1)防护衣、安全帽、防护鞋袜及其他防护用品使用。

2)吊车重物吊装过程中的安全注意事项。

3)汽车、轨道作业车上保证人身安全注意事项。

4)区间防护信号和告警知识。

5)电缆竖井等高空作业安全防护注意事项。

6)施工中保证设备、材料安全注意事项。

3. 施工前检查

施工前检查的主要内容如下。

1)电缆检查:主要检查电缆的绝缘性能及电缆外观(电缆上不应有铠装压扁、电缆绞拧、护套折裂等未消除的机械损伤)。

2)通道检查:电缆通道畅通、无积水,支架安装齐全、牢固、防腐层完整,支架拐弯半径满足电缆弯曲半径要求,接地贯通。

3.2.4.3 施工阶段

1. 区间环网电缆敷设

考虑到铺轨的进度,因此区间环网电缆的敷设有一部分需采用人工敷设的方式,考虑到在没有轨道车敷设电缆的情况下,采用人工敷设的方式进行敷设,必须将电缆盘用汽车运至敷设区段的车站地面,在车站地面使用放线架,经地铁车站出入口将电缆敷设到区间。在轨道已经开通的区间,采用轨道车牵引的方式进行电缆敷设。

1)电缆吊装及运输

根据区间限界要求和电缆盘大小,首先固定电缆放线架在轨道平板车上,放线架的选用要满足电缆盘的重量要求,放线架与平板车之间采用紧固螺栓,以保证其稳固,将绝缘检测和外观检测通过的电缆用吊车吊装在轨道平板车上的放线架上,如图3.55、图3.56所示。

在采取地面配合敷设方式时,电缆盘采用汽车运输,也需要进行拉线紧固。

图3.55 环网电缆盘吊装示意图

图3.56 环网电缆就位在平板车示意图

2）电缆敷设的两种类型

（1）在电缆敷设区段轨道已贯通的情况下，用轨道平板车运输电缆盘。轨道平板车到达敷设区段后，停稳轨道车，拆除电缆盘上的拉线紧固装置，开始进行电缆敷设。在电缆出平板车处固定一个转角导向滑轮，保证电缆在出平板车时不受摩擦损伤。在平板车上人工转动电缆盘，将电缆经导向滑轮回出，由地面作业组采用肩扛方式拖放至电缆路径侧轨道外道床上，随后由电缆排列绑扎组将已放至道床上的电缆抬放到电缆支架的设计层上，按“品”字形排列并做好相色标志后，按设计要求进行逐个支架的绑扎固定或刚性固定，如图3.57所示。

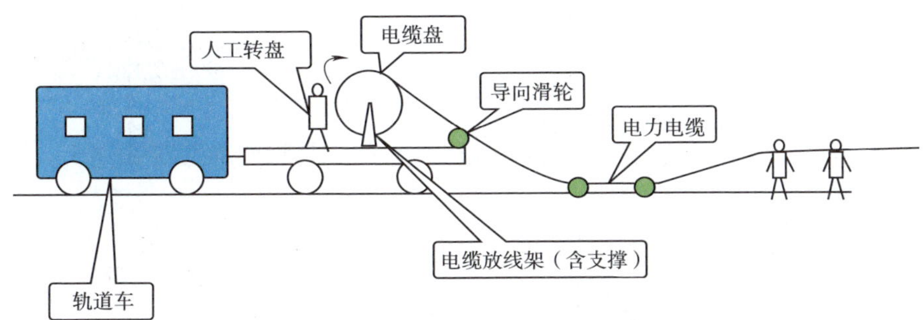

图3.57　轨道车牵引环网电缆敷设示意图

（2）在电缆敷设区段轨道未贯通的情况下，可将电缆盘运输到电缆敷设区段的车站入口处，经地铁出入口由人工拖放至敷设地段，将电缆盘支放在地铁入口处，注意电缆敷设方向与地铁入口的选取，要保证电缆从电缆盘上部拖出，在地铁入口处设一滑轮，人工转动电缆盘，将电缆回出，由人工扛抬将电缆从地面经扶梯拖放至区间，如图3.58所示。

首先，在车站范围内利用轨道车将电缆全部回出放在道床上，在夹层内电缆路径上每隔约5 m放置一组（6只）滑轮，滑轮间距3 m左右，每个5 m间隔处设3～4人，整个电缆路径上滑轮及人员均匀分布，再将回出的电缆从电缆通道入口处穿进电缆夹层，由夹层内作业人员在统一指挥下拖动电缆进行电缆敷设，如图3.59所示。

如果电缆进夹层后还需要经过电缆竖井才能到达变电所，可以采用上述方法将电缆放至夹层下方并成“8”字形绕放（在场地允许的前提下），在完成竖井下部电缆拖放后，再将电缆向上穿过电缆竖井进行敷设，如果场地有限，穿竖井敷设可与站台下夹层内电缆敷设同时进行。穿竖井时可在竖井顶部固定一个滑轮，用绳子先将电缆末端拖过竖井，再采用人工拖放方式将电缆逐根敷设到位。

当电缆路径上有吊顶过轨的情况时，在采用轨道车辅助人工敷设至吊顶过轨处后，可将剩余电缆从电缆盘上回出成“8”字形绕放于轨道上，再将电缆人工穿过过轨吊架，过轨后继续采用人工拖放方式逐根敷设。为保证敷设进度，在电缆长度允许的情况下，

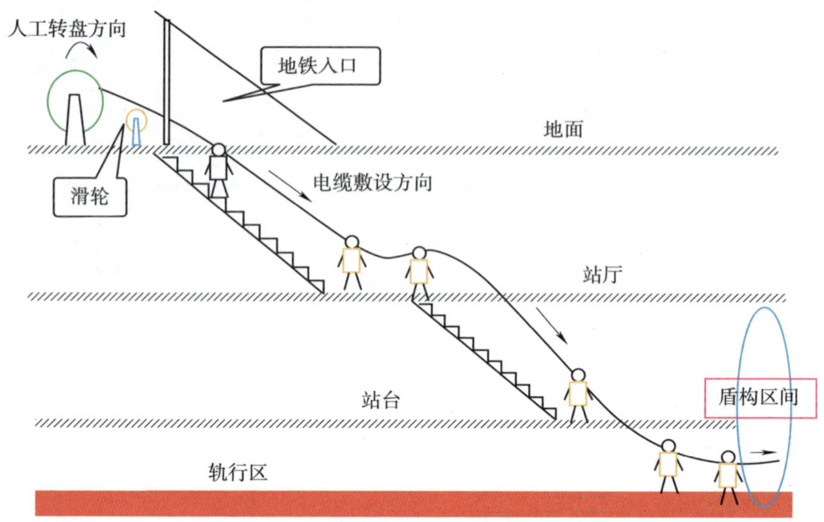

图 3.58　人工配合环网电缆敷设示意图

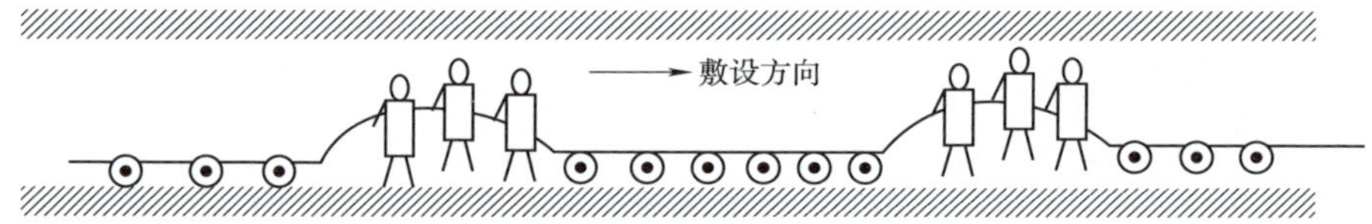

图 3.59　电缆夹层内电缆敷设方式示意图

宜在电缆过轨处附近设电缆中间头，以减少敷设工作量。

2. 电缆在管道内及电缆沟内的敷设

电缆路径在过轨时除采用吊顶过轨外，还可采用道床下预埋管道过轨方法，在部分地面段，电缆路径也可能是电缆沟。在停车场地面电缆路径部分还设有电缆预埋管道和电缆沟的混合路径。

电缆在管道或电缆沟内的敷设需检查并疏通电缆管道或电缆沟。

电缆敷设前应检查管道和电缆沟。管道内壁应光滑，无尖刺、杂物。疏通及清扫管道采用疏通器，按图 3.60 所示疏通管路。电缆沟内应无积水，无堆积物，无坚硬异物。

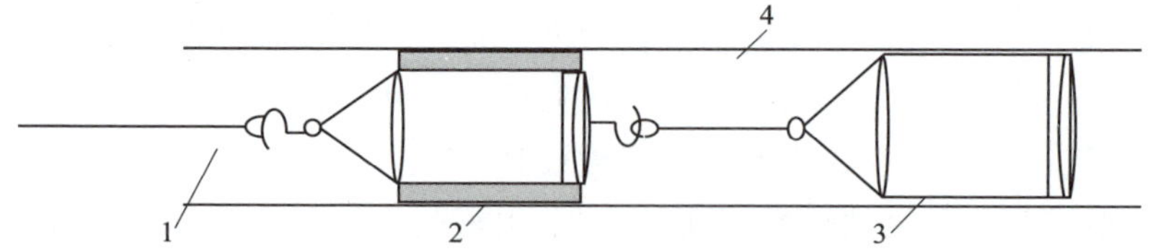

图 3.60　疏通器疏通管道示意图

1—疏通杆；2—棒型钢丝刷；3—疏通器；4—预埋管道

3.2.4.4　施工总结

1)电缆夹层作业要有充足的照明。

2)电缆在穿过建筑体时需要穿PVC管进行保护。

3)障碍区段电缆敷设应特别注意在拐弯处电缆的保护,可通过设置转角滑轮完成。

4)电缆穿竖井或过轨吊架敷设时井内的安全防护。

5)在电缆管道较短的情况下(一般不大于10 m),可采用电缆网套受力、人工牵引的方式进行电缆敷设;在电缆管道较长的情况下(10 m以上),可采用绞磨等机械进行电缆牵引。两种牵引方式的电缆敷设如图3.61所示。

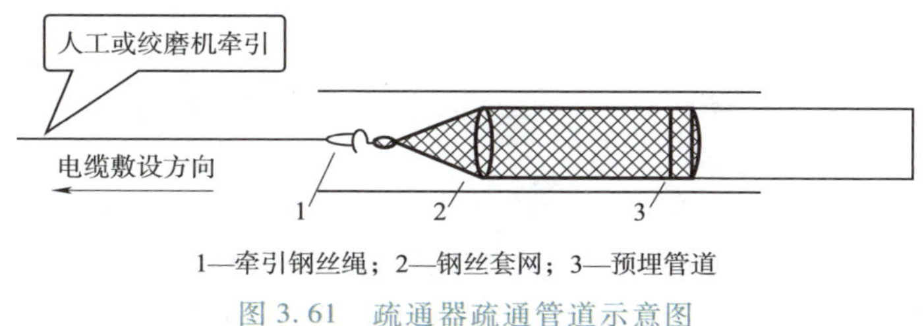

1—牵引钢丝绳;2—钢丝套网;3—预埋管道

图3.61　疏通器疏通管道示意图

注意事项:

(1)为保证电缆安全,机械及人工牵引速度不得大于15 m/min;

(2)为保证电缆不被划伤,可在电缆管道入口处涂抹适量黄油;

(3)注意电缆盘转动速度要与地面作业组电缆拖放速度配合一致,以防止电缆受张力拖伤作业人员或电缆太松而在电缆盘下垂落与平板车或地面产生摩擦损伤;

(4)在将电缆盘上回出的电缆拖放至电缆路径侧道床上时,注意人员间距的合理设置。

3.2.5　35 kV电缆中间接头制作

3.2.5.1　35 kV电缆中间接头制作施工工艺流程(图3.62)

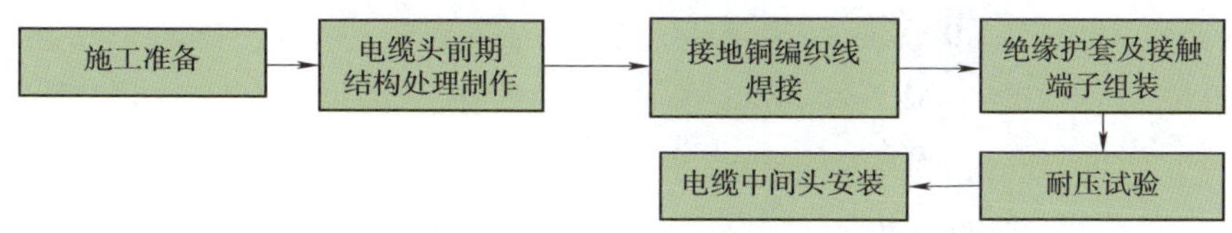

图3.62　35 kV电缆中间接头制作施工工艺流程图

3.2.5.2　施工准备

1)材料:中间接头组件、特别接头鼻子、接地线鼻子、铜套管、硅胶、无水酒精、清洁擦拭棉纸、砂纸、自黏性绝缘胶带等。

2)工具:电缆剥切刀、压线钳、钢锯、钢卷尺及常用电工工具。

3.2.5.3 施工阶段

1. 电缆重叠

把要连接的电缆重叠约 200 mm,在重叠部分中部标出参考线,如图 3.63 所示。

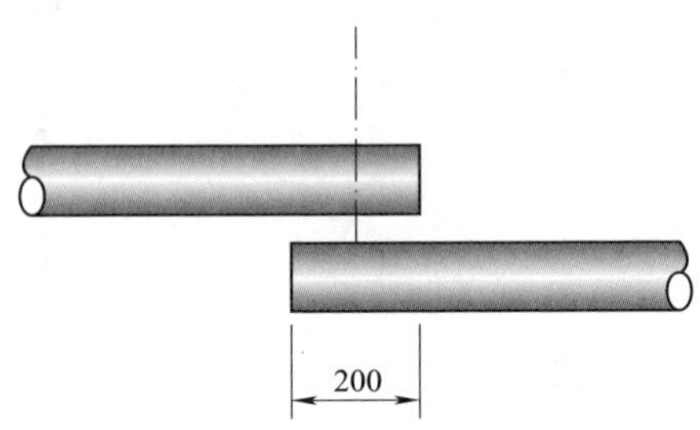

图 3.63 电缆重叠示意图(单位:mm)

2. 电缆准备

按照图 3.63 所示剥除电缆外护套、内护层、铜屏蔽层和半导电层等,按照铜罩长度的一半切除电缆主绝缘,并在主绝缘边缘上做 3×45°的倒角。注意使绝缘上不带任何导电物质。用铜胶带粘贴固定铜带屏蔽末端。注意在剥切过程中切勿损伤绝缘层。

1)铜带屏蔽开剥时预留从外护套口算起 180 mm,如图 3.64 所示。

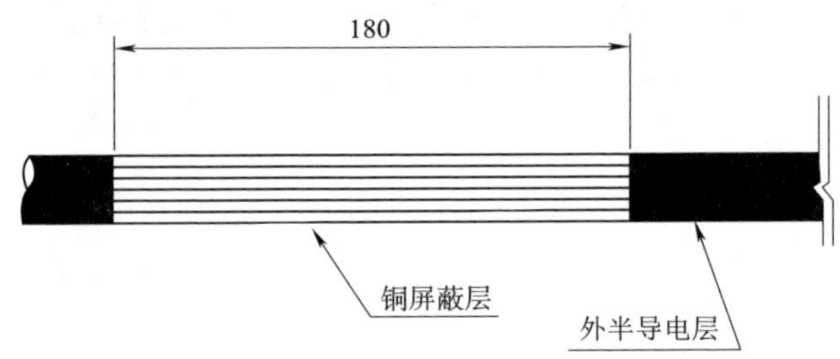

图 3.64 铜带屏蔽剥开示意图(单位:mm)

2)在距离内护套口 90 mm 处用细铜丝绑扎屏蔽铜带,然后把屏蔽铜带反折回来,并剪掉,再按照 QSIII5467AK2 和 5468AK 安装说明中所示尺寸(图 3.65)剥除外半导电层。

3)半重叠绕包 Scotch 13 半导电层胶带,从铜屏蔽带上 40 mm 开始,包至 10 mm 的外半导层上,将电缆铜屏蔽带端口包覆住并加以固定,绕包应十分平整,如图 3.66 所示。

4)在电缆导体连接前,分别将铜网套和冷缩中间头主体套入两端电缆上,装上接管。同时把铜罩上的裸铜线放入接管里,然后对称压接,并且锉平打光,清洁干净。

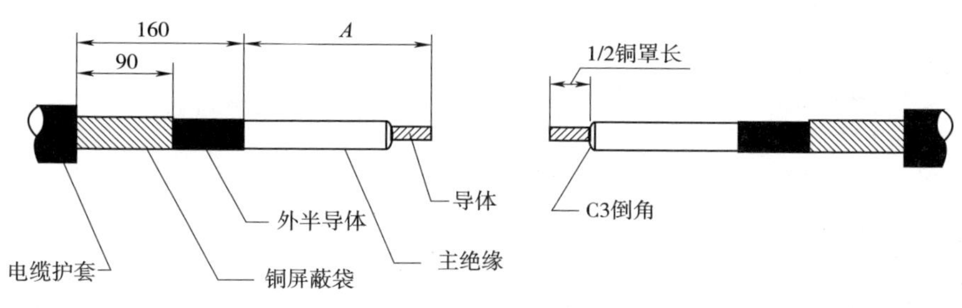

图 3.65　电缆外护套示意图(单位:mm)

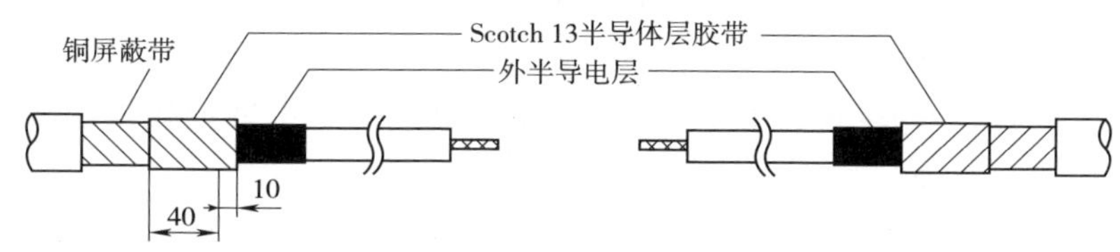

图 3.66　电缆外护套示意图(单位:mm)

5)校验绝缘尾端之间的尺寸,调整主绝缘使得尺寸和铜罩的长度相适合,然后把两个半铜罩扣在绝缘尾端之间。外面和主绝缘平齐。

6)先测量绝缘尾端之间的尺寸 C,然后按尺寸 $1/2C$ 在铜罩上确定实际中心点 D。再在半导电层上距离铜罩中心点 D 处 28.5 mm 用 PVC 带做个明显的标识,此处为冷缩中间接头收缩的基准点,如图 3.67 所示。

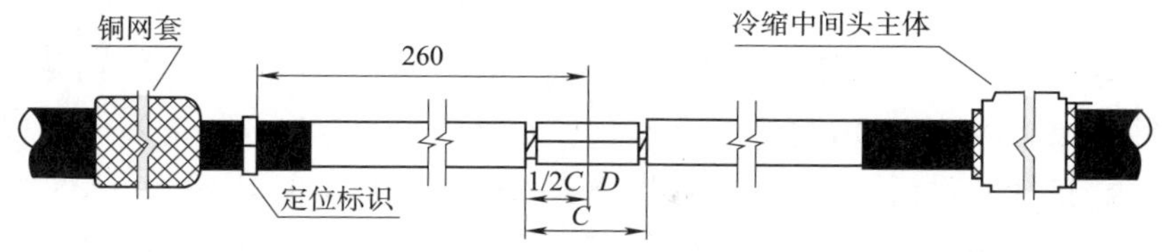

图 3.67　冷缩中间接头示意图(单位:mm)

7)用专用的清洁剂清洗电缆主绝缘。切勿使溶剂碰到外半导电层,主绝缘表面若有残留的半导电颗粒、刀痕,只能用不导电的绝缘砂纸打磨处理,将红色的 P55/R 绝缘混合剂涂抹在外半导电层与主绝缘交界处,把其余的均匀涂抹在主绝缘表面(注:只能用红色的 P55/R 绝缘混合剂,不能用硅胶),如图 3.68 所示。

8)安装冷缩中间头

将冷缩接头对准 PVC 标识带的边缘,逆时针抽掉芯绳使接头收缩;从距离冷缩中间接头口 60 mm 处开始到半导电层上 60 mm,半重叠绕包 Scotch 2228 防水胶带一个来回。

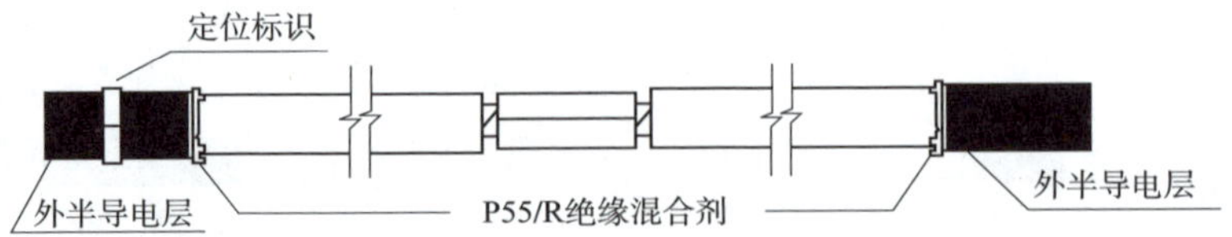

图 3.68 清洗电缆主绝缘示意图

注意事项如下。

(1)安装时可先将冷缩中间头稍稍覆盖住 PVC 带少许。在收缩几圈后,慢慢转动中间头,使 PVC 带全部露出。不要将冷缩中间头向前硬推,以避免冷缩中间头向内卷边。

(2)收缩后,检查中间头两端是否与半导电层都搭接住,搭接长度不小于 13 mm。半导电层搭接如图 3.69 所示。

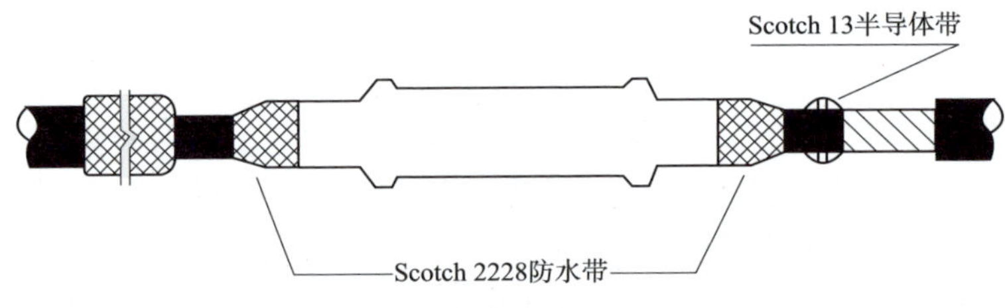

图 3.69 半导电层搭接示意图

(3)恢复金属屏蔽

在收缩好的接头主体外部套上铜编织网套,从中间向两边对称展开,用 PVC 带把铜网套绑扎在接头主体上,用两只恒力弹簧将铜网套固定在电缆铜屏蔽带上,以保证铜网套与之良好接触。将铜网套的两端修齐整,在横力弹簧前保留 10 mm。

用 PVC 胶带半重叠绕包将恒力弹簧和铜网套整个包覆住,但不要包到护套上。半重叠绕包 Armorcast 装甲带机械保护,如图 3.70 所示。

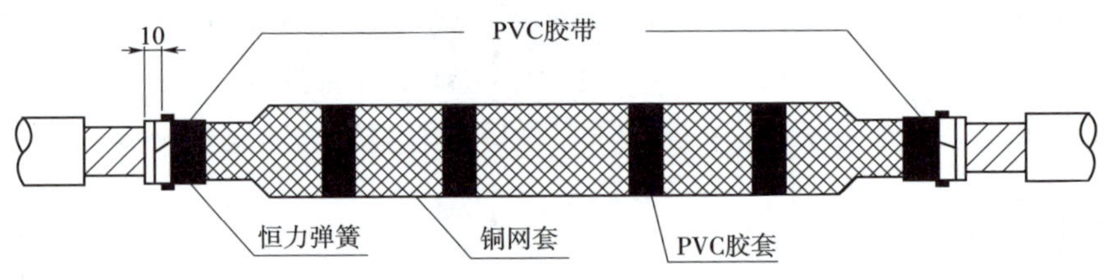

图 3.70 半重叠绕包示意图(单位:mm)

3.2.5.4 施工总结

1)为了得到最佳效果,30 min 内不能移动电缆。

2)电缆头均须采用电缆供货商提供的材料制作,不得用其他材料替代。

3)电缆头制作,从剥切到完成必须连续作业,一次性完成,防止受潮。

4)电缆终端头的制作,封闭严密;芯线连接紧密,绝缘带包扎严密。

5)电缆头处金属护层及铠装层应接地良好,所采用的接地铜绞线或镀锡铜编织线的截面积应满足电缆截面积在大于16 mm^2 且小于120 mm^2 时,接地线截面积为不小于16 mm^2;相线电缆截面积150 mm^2 及以上时,接地线截面积不小于25 mm^2。

3.2.5.5 35 kV 电缆终端头制作

35 kV 电缆终端头制作施工工艺参见“3.1.12 高压电缆头制作”内容,此处不再赘述。

3.2.6 35 kV 电缆耐压试验

3.2.6.1 施工阶段

1)电缆敷设前应对电缆进行绝缘测试,在电缆外观良好的前提下,用2 500 V 兆欧表对电缆进行线芯对地(铠装层)的绝缘测试,其绝缘值应满足相关规范要求才能投入敷设。

2)每个回路的高压电缆所有的中间接头及终端头制作完成后,可对系统电缆进行直流耐压、直流泄漏和相序确认,试验数据应满足有关规定。

3.2.6.2 施工总结

试验由取得合格证书的试验人员负责,试验场地的电缆终端设置围栏,无关人员禁止入内,电缆另一终端设专人防护,并配备通信工具,加强联系,确保人身及设备的安全。

3.2.7 电缆固定、预留及挂牌

3.2.7.1 施工阶段

1. 电缆的固定

根据招标文件、招标图等相关要求,电缆敷设后用以下方法固定:35 kV 电缆进出支架端部转弯处及垂直敷设时,采用经防腐处理的非磁性电缆卡子进行固定,其余处用电缆绑扎带与每个支架固定,每回35 kV 电缆按“品”字形进行绑扎。

2. 电缆进开关柜处夹层内预留

根据施工规范及设计图纸,电缆在终端头附近应作备用长度预留,预留长度不小于5 m,可采用电缆在开关柜下支架上盘留的方式进行预留,如图3.71所示,在电缆进开关柜处附近用电缆支架安装成一个直径约2 m 的支架环,接地与正常电缆路径上的支

架导通,电缆敷设时经该支架环盘留 1 ~ 2 圈(约 3 ~ 5 m)后再穿进开关柜,达到预留的目的。

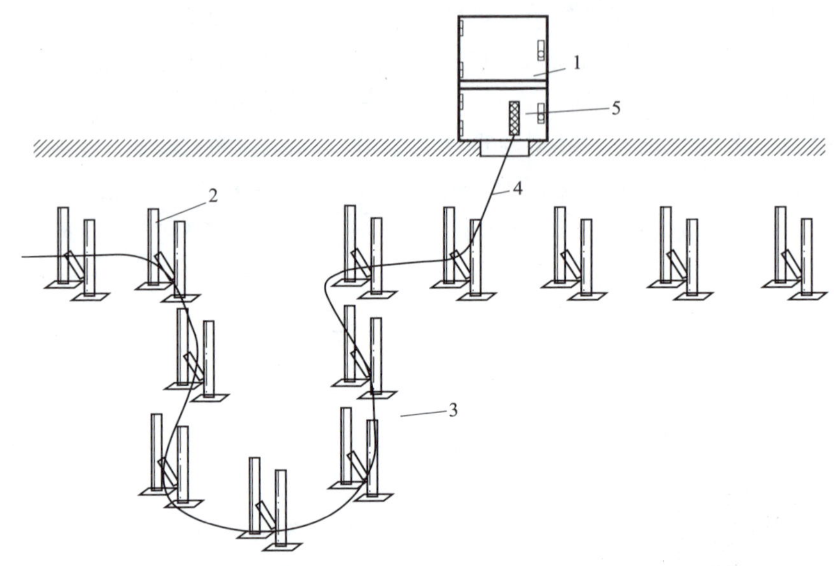

图 3.71 35 kV 电力电缆在开关柜下盘留预留示意图

1—35 kV 开关柜;2—电缆支架;3—预留的 35 kV 电缆;4—35 kV 电缆开关柜;5—电缆终端头

环网电缆进所施工如果受现场因素影响施工,可将进所的环网预留在区间洞口支架上,现场施工图如图 3.72 所示。

图 3.72 区间洞口处电缆预留现场图

3. 电缆在区间内预留

为了补偿电缆因气温变化热胀冷缩引起的长度变化,因地制宜,在区间每隔一定的距离设置电缆伸缩弯。以保证电缆在运行中不受外力影响,保证电缆的安全稳定运行。联跳电缆及光缆在中间接头处、终端处、区间结构分界点及伸缩缝处做适当预留。电缆预留示意图和现场图分别如图 3.73、图 3.74 所示。

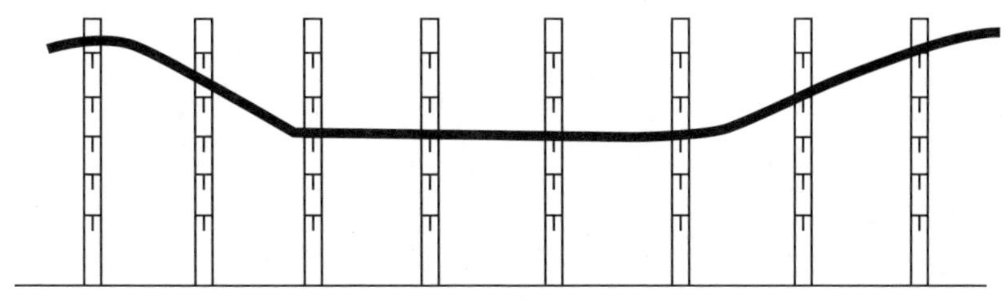

图 3.73　电缆预留示意图

图 3.74　区间电缆预留现场图

4. 电缆挂牌

电缆在终端头、中间头、拐弯处、夹层内等地方应挂设电缆标志牌。电缆牌内容包括电缆编号、电缆型号规格、电缆长度、电缆起讫点、安装(更换)日期等。

3.2.7.2　施工总结

1)在电缆终端头、电缆接头、拐弯处、夹层内、隧道及竖井两端、人井等地方,电缆上应装设标志牌,电缆两端头应有明显的相色标志,且与系统的相位一致。

2)标志牌上应注明线路编号,当无编号时,应写明电缆型号、规格及起讫点,并联使用的电缆应有顺序号。标志牌的字迹应清晰,不易脱落。

3.2.8　电缆孔洞防火封堵

3.2.8.1　电缆孔洞防火封堵施工工艺流程

工艺流程如图 3.75 所示。

3.2.8.2　施工准备阶段

1)依据施工图纸将所有材料及工机具备齐。

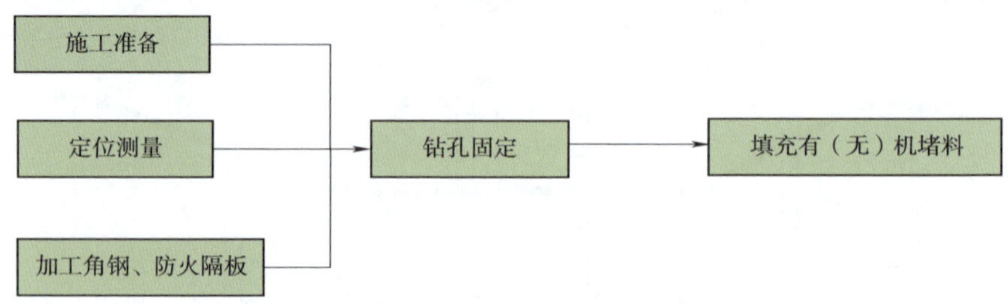

图 3.75 电缆孔洞防火封堵施工工艺流程图

2)根据图纸和现场以及施工规范进行现场定位测量。

3)根据测量尺寸加工角钢、防火隔板,角钢刷漆。

3.2.8.3 施工阶段

1)电缆进出车站或变电所夹层处孔洞封堵,可先用砖在孔洞两侧砌成墙体,将电缆保护管砌入其中,再用无机堵料对剩余小孔洞进行封堵。如果要进行电缆通道预留,可在墙体砌制时将预留通道处的电缆保护管砌入墙体中并进行临时封堵,在使用时将管道打通即可。

2)电缆竖井的上下口处封堵,可在所有电缆(包括走此通道的通信信号电缆等)敷设完毕后对出入口进行无机堵料封堵。支设模板时应根据电缆占有的空间并留有备用位置作为预留孔,拆模后对预留孔再进行封堵。电缆竖井防火封堵时,采用防火板、防火泥和防火包进行封堵。根据现场实际测量,进行防火板加工。然后将加工后的防火板安装在电缆竖井上下口,并在电缆周围留出空间。先将电缆用防火泥包裹,再用防火枕进行封堵。防火枕交叉摆放整齐,防火枕之间的缝隙及摆放厚度应符合规定。在电缆竖井容易进水处,制作防水台。

3.2.8.4 施工总结

1)做好技术交底工作,施工前项目部技术负责人按照施工组织设计进行技术交底,并编制施工方案。

2)电缆应在所有电缆敷设完毕后进行封堵。封堵用的防火阻燃材料必须经过技术或产品鉴定,在使用时按设计图纸的相关要求和材料使用说明书实施封堵。

3.3 电力监控系统工程

电力监控系统工程包括设备运输及安装,光缆敷设、成端,屏蔽双绞线、成端、接线,设备单体试验,电力监控系统调试等。

3.3.1　电力监控系统工程施工工艺流程

工艺流程如图3.76所示。

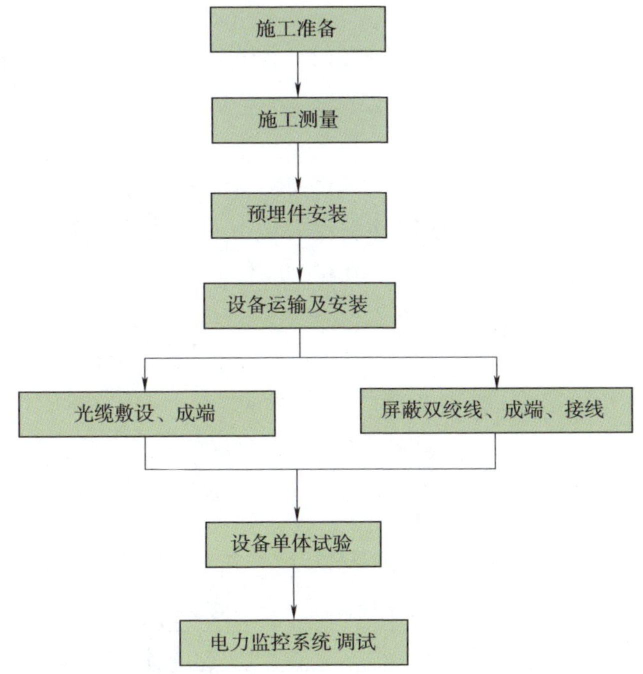

图3.76　电力监控系统工程施工工艺流程图

3.3.2　测量工作

3.3.2.1　测量工作施工工艺流程(图3.77)

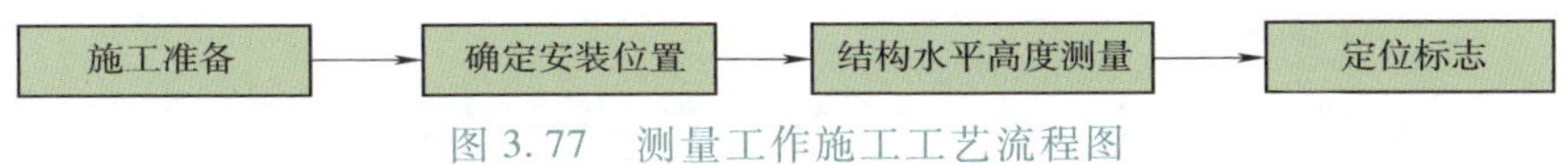

图3.77　测量工作施工工艺流程图

3.3.2.2　施工准备阶段

测量工作展开前,技术人员认真审阅施工图纸,学习相关规范和设计要求。现场测量时,按照施工图纸要求及施工规范的规定进行。

3.3.2.3　施工阶段

1)安装位置确定

根据施工图纸找到各预埋件在变电所设备房的安装位置。

2)结构层水平度测量

利用水准仪对预埋件安装位置的结构层进行测量,检查其水平度是否满足预埋件安装要求。

如果预埋件安装位置的结构层水平度不满足要求,需采用混凝土垫层调整结构层水平度。

3)定位标记

根据施工图纸中的参考点,测量出预埋件安装位置的四个顶点并用红油漆笔进行标注。

3.3.3 预埋件安装

预埋件的制作安装由变电所预埋件制作安装人员按施工设计要求完成。其施工工艺参见“3.1.2 设备基础槽钢制作安装”内容,此处不再赘述。

3.3.4 光缆敷设、成端及接续

电力监控中的光缆敷设、成端及接续工艺参见“3.1.11 光缆成端及接续”内容,此处不再赘述。

3.3.5 屏蔽双绞线敷设、成端、接线

3.3.5.1 屏蔽双绞线敷设、成端、接线施工工艺流程(图 3.78)

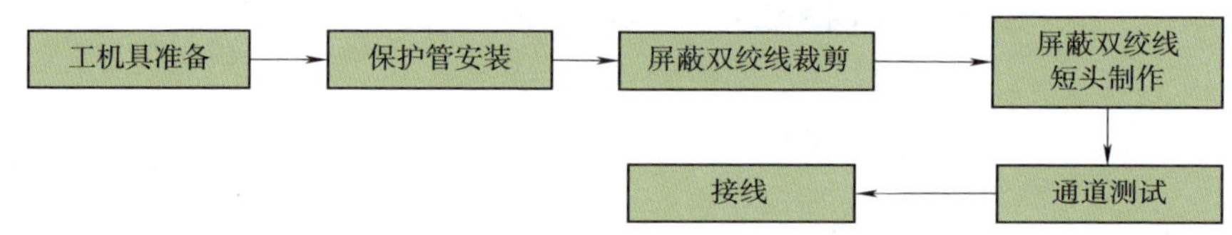

图 3.78 屏蔽双绞线敷设、成端、接线施工工艺流程图

3.3.5.2 施工准备阶段

工作展开前,技术人员认真审阅施工图纸,学习相关规范和设计要求。

3.3.5.3 施工阶段

保护管安装:安装方式分明敷和暗敷。明敷时应按规范要求进行固定,并在管内穿入牵引钢丝。暗敷时应提前与装修单位联系,将保护管预埋于装修层内同时应按规范要求进行固定,并在管内穿入牵引钢丝。

屏蔽双绞线敷设:将与各开关柜连接的屏蔽双绞线穿管后,两端分别敷设至相关柜内的接线端子处,并预留一定备用长度。

屏蔽双绞线裁剪:依据现场实际情况预留好屏蔽双绞线长度,将其多余部分裁掉,并将标明屏蔽双绞线型号规格、长度、起始点、编号等内容的标识牌挂于屏蔽双绞线两端。

屏蔽双绞线端头制作:用剥线钳剥去适当长度的外皮,外露屏蔽层满足接地要求,

然后用热缩管对屏蔽双绞线端头进行热缩处理。

通道测试:利用万用表测试屏蔽双绞线每一根线芯的通断,检查两端同色线芯是否为同一根线芯。利用万用表测试线芯与屏蔽层的通断,测试结果应为断路状态。

接线:按图纸和有关规范接线,各线芯回路编号明确清晰、屏蔽层可靠接地。接线正确牢固,配线整齐、美观,符合整体要求。

3.3.5.4 施工总结

所安装的保护管接地牢靠,管口内侧应光滑、无毛刺。屏蔽双绞线的屏蔽层要求接地良好,严禁双端接地。屏蔽双绞线各线芯的线号管内容应清晰、简洁。屏蔽双绞线需要穿墙敷设时,应采用钢管保护。保护管安装时,直角弯不应超过2个。

3.4 刚性架空接触网

3.4.1 刚性架空接触网施工工艺流程

工艺流程如图3.79所示。

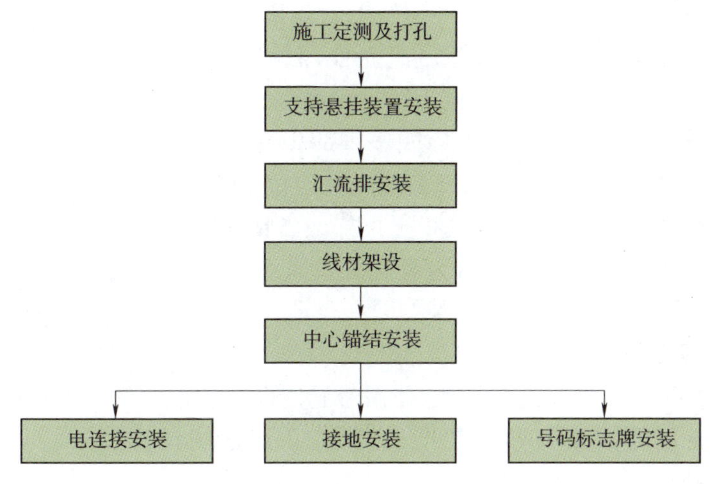

图3.79 刚性架空接触网施工工艺流程图

3.4.2 施工定测及打孔

3.4.2.1 施工定测及打孔施工工艺流程(图3.80)

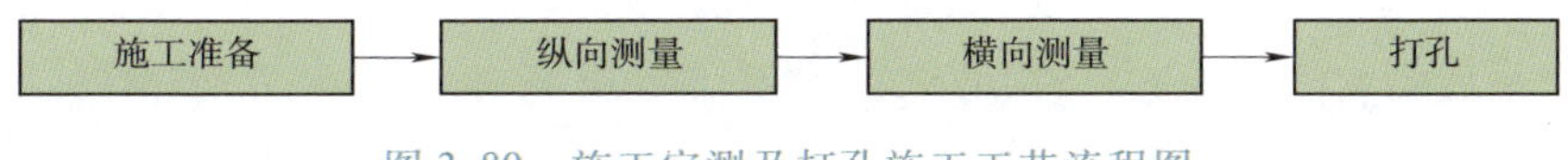

图3.80 施工定测及打孔施工工艺流程图

3.4.2.2 施工准备阶段

测量前技术主管工程师应已进行测量技术交底,所有测量人员都应已清楚测量方案。

3.4.2.3 施工阶段

1. 纵向测量

1)以车站中心标、道岔中心标或设计图纸标明的测量起点开始测量。

2)根据起测点里程和施工图纸悬挂点里程,定测出第一个悬挂点的位置,用粉笔或油漆在钢轨上做好标记,并注明锚段号和悬挂定位号。

3)按施工图纸上的跨距,沿钢轨依次测量标记各悬挂定位位置,曲线上沿曲线外侧钢轨进行测量,根据曲线半径计算跨距增长量,跨距测量长度适当增加。

4)一个整锚段测量后,对此锚段全长进行复核,无误后继续进行测量。

5)测量出各悬挂点位置后,用红油漆在钢轨侧面和轨枕上作出明显清晰的标记,按拉出值方向在对应隧道壁上标记"十"字形标志,并标注定位点号、安装类型及拉出值、导高等数据,站台等要装修的地方还须在轨腰外侧标记定位点数据。

2. 横向测量

1)将激光测量仪道尺中心线对齐钢轨上的测量标记,道尺垂直于轨道中心线放置。

2)将激光仪移至"0"刻度位,开启激光仪,激光束在隧道顶部定出受电弓中心位置,1 人站于测量车梯上,在隧道顶壁上标记出受电弓中心点,记为"×"。

3)根据悬挂定位、中锚底座、下锚底座等的中心线或钻孔点距受电弓中心的偏移值,将激光仪移至相应的偏移刻度,开启激光仪定位至隧道壁上,做好标记。

4)在测量车梯上,用专用测量模板定位标记出钻孔位置。

5)读取激光仪数据,作好记录,为悬挂安装选型提供隧道类型、净空高度、曲线段的轨道超高等数据。

3. 打孔及螺栓安装

严格按设计孔深和角度进行钻孔,使用激光定向仪辅助电钻精确定向,确保孔位不会发生偏斜。使用专用钻头和深度尺,能保证孔深达到设计要求,而不会出现深钻现象。

3.4.2.4 施工总结

1)在测量时注意观察沿线是否有可能影响接触网安装和侵入接触网限界的设备存在。

2)测量时要注意保证测量的精确度,以实际里程标记随时校核测量结果,以防产生积累偏差。

3)除在钢轨侧面做好测量标记外,还在对应轨枕上做上标记,以防钢轨调整偏移,造成接触网测量点产生偏差。

4)起量前对起测点基桩进行复核,确保起测点的正确性。

5)使用钢卷尺进行测量,严禁使用皮卷尺。

6)曲线上沿曲线外轨进行测量,并适当增加跨距测量值。

7)两孔以上的底座,都制作出各种配套专用模板,并标出中心线;定测时,测量画出底座中心线位置,并套模确定出钻孔孔位。

3.4.3 支持悬挂装置安装

3.4.3.1 支持悬挂装置安装施工工艺流程(图3.81)

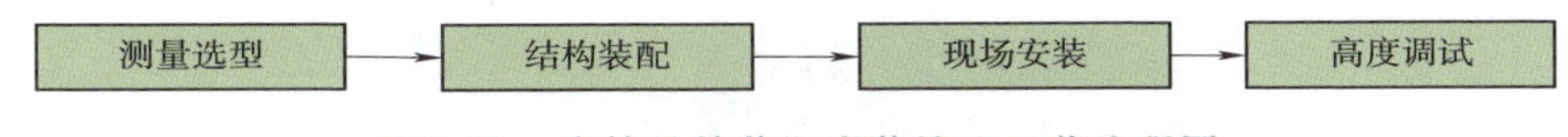

图3.81 支持悬挂装置安装施工工艺流程图

3.4.3.2 施工准备阶段

1)测量选型:根据测量记录的隧道类型、隧道净空高度、曲线外轨超高等数据,选择相应的悬挂类型,计算悬吊螺栓长度,编制装配表。

2)结构装配:装配班组按照装配数据表、装配图和装配要求进行选型、装配。装配前,对要装配的各零部件先进行检查,有缺陷的产品不得安装到工程中去。装配完成后,标明安装位置,按序妥善放置。

3.4.3.3 施工阶段

1. 现场安装

安装班组将装配好的悬挂定位运至施工现场,逐点对号安装。垂直悬吊安装底座安装水平紧固,部件安装正确齐全紧固,如图3.82所示。

图3.82 支持悬挂装置安装示意图

1）对与隧道壁相贴近的底座，在与隧道壁的接触面上刷防锈漆。

2）将贴顶垂直悬吊安装底座调直水平，T 形螺栓安装端正，悬挂槽钢调至于轨面平行。将整个悬吊装置都安装到位稳固，支持面顺线路铅垂。

3）所有的调节孔位都居中进行安装，保证有不小于 15 mm 的调节余量。

2. 高度初调

采用激光测量仪和水平尺相结合的方式。调整悬吊槽钢或绝缘横撑与轨面平行，高度初调至设计值，弹性绝缘悬挂组件中心均处于受电弓中心位。施工现场如图 3.83 所示。

图 3.83　悬挂装置高度初调现场施工图

3.4.3.4　施工总结

1）悬挂支持装置运输和安装时轻拿轻放，以防损伤镀锌层和碰伤弹性绝缘悬挂组件。

2）弹性绝缘悬挂组件绝缘电阻抽样试验合格，弹性绝缘悬挂组件安装端正，绝缘层表面光滑、清洁、无裂纹，紧固件齐全，安装稳固可靠。

3.4.4　汇流排安装

3.4.4.1　汇流排安装施工工艺流程（图 3.84）

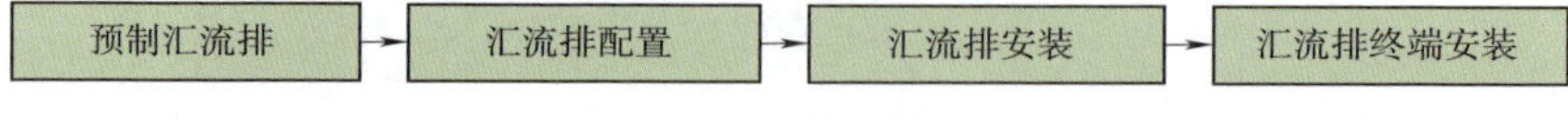

图 3.84　汇流排安装施工工艺流程图

3.4.4.2 施工准备阶段

预制汇流排:根据锚段长度、线路条件及悬挂点布置出汇流排组合布置图,筛选最合理的配置方案。首先在汇流排专用制作平台上,使用专用切割机具,在专用加工平台上根据实际需要汇流排长度,切割汇流排。汇流排切割机垂直于汇流排长度中心线,割切后汇流排切割面与汇流排中心线呈90°直角,且整个Π形截面切割平整,符合汇流排截面尺寸偏差要求。切割完成并达标后,使用专用钻孔夹具,进行钻孔。切割、钻孔后的余渣清除干净。预制完成并达到标准后,进行试对接,对接后接缝应密贴,无错位偏斜现象。在专用汇流排预制平台上采用切割及钻孔专用工具进行汇流排预制,以保证预制质量。

3.4.4.3 施工阶段

1. 汇流排配置

1)锚段长度复核:一个刚性悬挂段悬挂定位装置安装完成后,对此刚性悬挂段实际各跨距和总跨距进行测量复核(现场实测,精确至mm)。

2)伸缩量计算:根据刚性悬挂段锚段长度和现场实际安装温度计算汇流排终端温度伸缩量预留量。

3)汇流排安装长度计算:根据温度变化量预留汇流排终端伸缩量,计算汇流排总长度。

4)汇流排数量计算:计算整长汇流排根数和预制汇流排长度,并且预制汇流排长度不能太短,不小于设计规定值。

5)汇流排合理布置:绘制汇流排布置图,将汇流排沿线路布置,分析比较采用合理的汇流排布置方案。预制短汇流排应靠近悬挂定位点,汇流排对接接头尽可能靠近悬挂定位点,也应避免处于悬挂定位线夹位置。

6)汇流排编号:按汇流排布置图对配置好的汇流排按顺序依次编号。

2. 汇流排安装

1)组成汇流排安装作业车组:由牵引轨道车和地铁汇流排液压布放平台组成汇流排安装作业车组。

2)汇流排搬运和检查:工地装卸汇流排时,不得把汇流排成捆绑扎吊装,若包装符合吊装要求,可整箱吊装;单根汇流排搬运时应4人一组均力抬运,汇流排应轻拿轻放,不得扭曲碰撞。汇流排槽口有变形、损伤的不能使用;汇流排切割面有损伤或不平整有偏斜、钻孔孔位不正确的不能使用。

安装列车组中作业平台平板上均匀安放四个等高木垫,用于放置汇流排,汇流排平面端向下放置,开口向上,不得放反。汇流排按安装顺序编号整齐放入作业平板上,布放平台如图3.85所示。

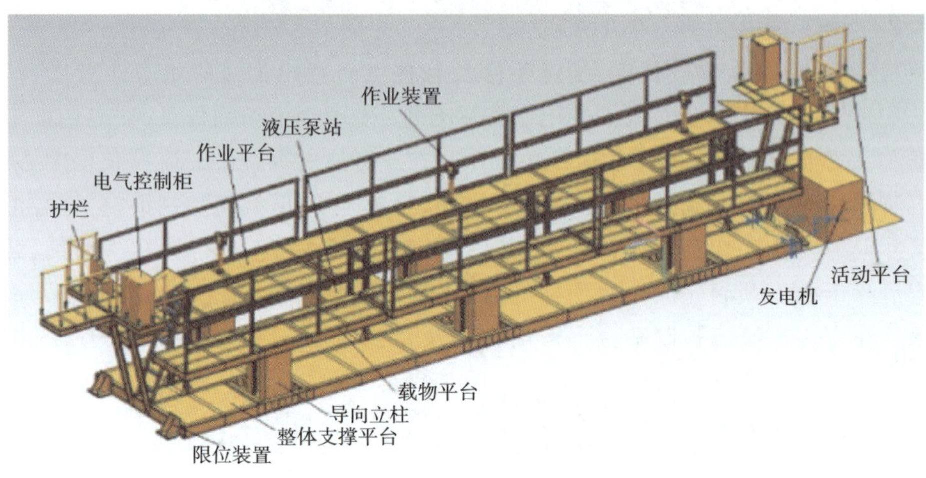

图 3.85　汇流排液压布放平台示意图

3)汇流排终端安装、分段绝缘器本体安装:汇流排安装从关节或分段绝缘器处开始安装。

4)汇流排中间接头装配,安装列车前进,装配汇流排中间接头,对接安装第二根汇流排,依次安装至此锚段汇流排安装完毕。汇流排接头如图 3.86 所示。

3. 汇流排终端安装

先在关节悬挂点弹性绝缘悬挂组件下方安装好汇流排定位线夹,使用内六角扳手松开汇流排定位线夹,将汇流排终端卡进汇流排定位线夹内,调整汇流排终端使汇流排终端端头距悬挂定位点的距离符合本锚段偏移预留量。然后上紧汇流排定位线夹,并用锚固线夹卡住,防止在汇流排安装过程中发生偏移。汇流排终端安装时注意关节交叉的方向性,以免装反。

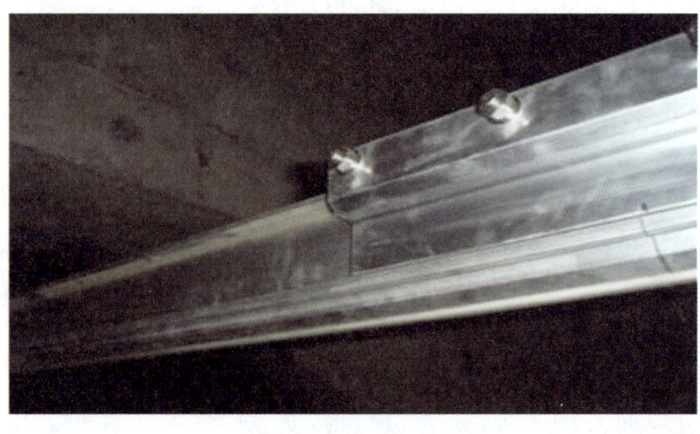

图 3.86　汇流排接头示意图

3.4.4.4 施工总结

1)安装汇流排锚段内所有悬挂支持装置应已初调到位。

2)悬挂线夹应能够水平灵活转动,线夹包夹固定汇流排,两片线夹安装平整,不得相互错位,允许汇流排在温度变化时顺线路自由滑动。

3)汇流排定位线夹安装时,使用内六角专用扳手紧固两螺栓,所有螺栓应保持统一朝向,保持美观且方便维护检查。

4)汇流排终端安装预留量符合设计要求,螺栓安装紧固力矩符合设计和产品安装技术要求。

5)分段绝缘器安装处三跨内应呈直线状态,不应受曲线力弯曲。

3.4.5 线材架设

3.4.5.1 架空地线架设

1. 架空地线架设施工工艺流程(图3.87)

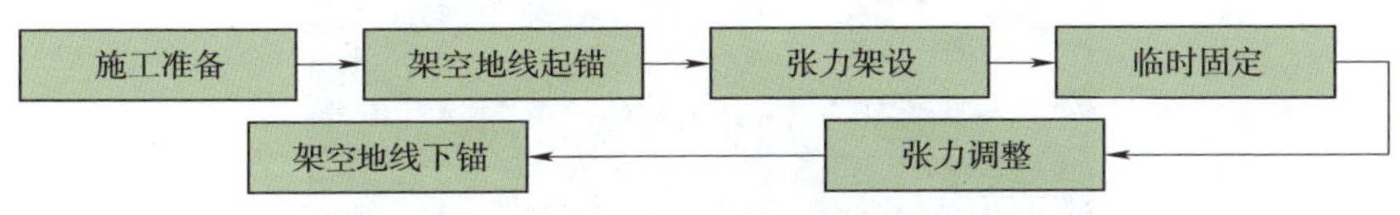

图3.87 架空地线架设施工工艺流程图

2. 施工准备阶段

检查所有的悬挂点和下锚底座应已安装到位,确认架空地线架设区间(车站)无其他车辆影响。确定放线列车组方向。吊装好按设计编号的地线线盘。确认工具及材料齐全。

3. 施工阶段

1)架空地线起锚

(1)作业车组行至起锚点,使作业平台置于地线锚固底座处。

(2)从线盘引出地线,在地线起锚端,按设计图纸和安装要求做好地线锚端连接。

2)张力架设

(1)起锚连接完毕,放线初张力调至1.5 kN左右,车组平缓起动,拉起地线后,以5 km/h速度匀速行驶。

(2)用ϕ4.0 mm铁线做成的悬挂套子,在各悬挂点挂设铝滑轮,使悬挂地线点距离悬挂安装点应保持在400 mm内。将地线放于铝滑轮上,保证绞线能顺线路无障碍自由滑动。

3)临时固定

(1)架线车组行至地线落锚点前平稳停车,并通知沿线巡视人员汇报全线检查情况。

(2)确认所架设的地线不受障碍物影响后开始紧线。

(3)用绞线卡子、钢绞线将地线临时固定。

4)张力调整

测出现场温度,根据施工设计图纸查出紧线张力值和设计超拉值,计算下锚张力。

5)架空地线下锚

(1)张力调整完毕,将地线分别安装在终锚线夹内。架空地线下锚如图 3.88 所示。

(2)按设计的要求连接好各零部件。

图 3.88 架空地线下锚示意图

4. 施工总结

1)地线不得与其他建筑物及设备发生摩擦。

2)架空地线架设时应平缓,不能出现大的折角。

3)架线车辆的行驶速度不大于 5 km/h,行驶应平稳。

4)在曲线区段进行地线架设,调整过程中,所有人员应站在曲线外侧(站在地线的受力反方向)。

3.4.5.2 刚性接触线架设

1. 刚性接触线架设施工工艺流程(图 3.89)

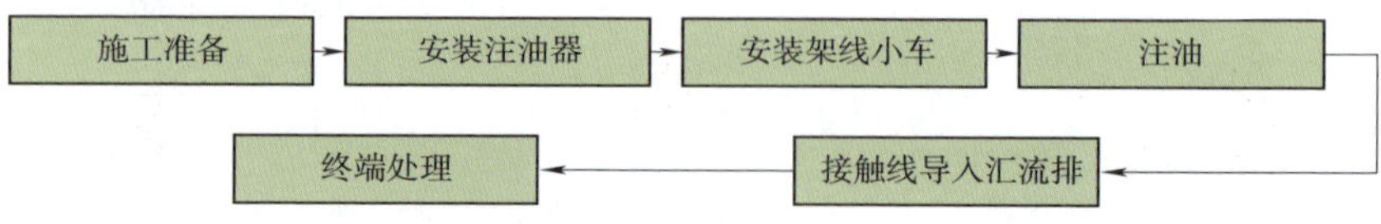

图 3.89 刚性接触线架设施工工艺流程图

2. 施工准备阶段

地下段接触线采用铜银合金接触线，考虑到汇流排与导线的铜铝过渡关系，在悬挂放线过程中，采用电动油脂泵注油、架线小车导入一次安装到位架设方法，实现架线小车牵引与铜导槽组联动控制来展放接触导线，以保证接触线架设后平滑自然，不产生硬弯和损伤。

3. 施工阶段

1）安装注油器

（1）在第一、二个悬挂定位点两端，用锚固线夹卡住汇流排，使汇流排在放线时不能滑动。

（2）将接触导线穿入注油器内，用排刷将导电油脂均匀涂抹在导线两凹槽内，注意导线工作面向下，不得翻转。

2）安装架线小车

在汇流排上安装好架线小车，调整架线小车，将接触导线从汇流排终端端头嵌入汇流排，紧固汇流排终端上的紧固螺栓，按设计和产品安装技术要求做好导线端头。

3）注油

安装好注油器，启动电动注油装置，把导电油脂注入接触线两凹槽内。注油器始终处于放线小车前方，在接触导线上顺畅滑行。

4）接触线导入汇流排

（1）架线小车用拉线固定于前端牵引支架上，由车辆带动前进，牵引支架适时调整使牵引方向始终位于汇流排正下方，牵引支架与接触线铜导槽组联动，接触导线展放顺滑自然。牵引支架设有紧急脱扣装置，在列车前进中，如遇到架线小车被卡住时，拉线应能随时脱离牵引支架，防止拉坏整个汇流排结构，如图3.90所示。

图3.90　接触线导入汇流排示意图

(2)架线作业车组以不大于5 km/h匀速架线。架线小车前设一人负责检查调整，使接触线燕尾端位于汇流排开口正下方，平行于汇流排。架线小车后，左右各设一人仔细检查接触线嵌入状况，如发现接触线嵌入不到位时，及时停车，退回架线小车（张力放线车不得后退），退出此段线，重新用架线小车嵌入汇流排。

5）终端处理

(1)接触线架设至汇流排末端时，在架线小车到达汇流排弯曲端前，放线车辆停车。人工拉动架线小车，把接触线导入汇流排终端，锁紧终端螺栓，接触线沿终端方向顺直外露100～150 mm，用断线器断开接触线，并用锉刀将端头打磨平整光洁。从汇流排卸下架线小车。

(2)拆除第一、二定位点处临时锚固装置。

4. 施工总结

1）接触导线嵌入汇流排前必须使用电动油脂泵，在两凹槽内完整均匀涂抹导电油脂，应无遗漏。

2）导线不得有损伤、扭曲，在锚段内无接头、无硬弯。

3）架线小车应调整好工作状态，导线与汇流排贴合，如导线未完全嵌入汇流排时，应倒回架线小车将导线拉出，重新嵌入。

4）分段绝缘器和汇流排终端处导线端头严格按照设计和产品安装技术要求处理，端头平整光洁，不应发生碰弓及出现硬点，螺栓安装紧固力矩符合设计和产品安装技术要求。

3.4.6 中心锚结安装

3.4.6.1 中心锚结安装施工工艺流程(图3.91)

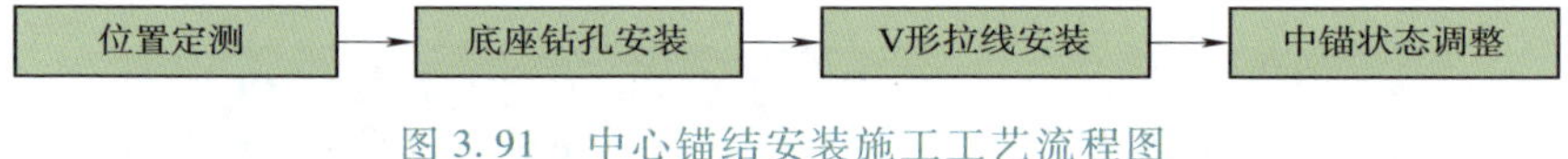

图3.91 中心锚结安装施工工艺流程图

3.4.6.2 施工阶段

1. 位置定测

刚性悬挂调整到位后，按施工图纸中锚位置，现场沿汇流排测量定出中心锚结锚固线夹位置（即该跨距中点）。测量汇流排至隧道顶的净空高度，根据中心锚结绝缘棒与汇流排夹角≤45°、中心锚结绝缘棒接地端距汇流排的绝缘距离不小于150 mm的设计要求，确定中心锚结底座位置。

2. 中心锚结底座钻孔安装

套模进行钻孔安装和中心锚结底座安装。中心锚结底座应安装水平端正。直线上，中心锚结底座中心线应位于汇流排中心线的正上方；曲线上，中心锚结底座中心线应在中心锚固线夹处汇流排中心线的延伸线的正上方。

3. 安装中锚 V 形拉线

在汇流排与中心锚结锚固线夹的接触面均匀涂抹导电油脂，安装紧固中心锚结锚固线夹，连接安装中锚 V 形拉线。两端调整螺丝调节余量应预留充足。

4. 中锚状态调整

调整中锚两端拉线受力一致，并轻微拉住汇流排，检测锚固处导线高度，不能使汇流排出现负弛度。

中锚安装后，拆除所有临时锚固线夹安装示意图如图 3.92 所示。

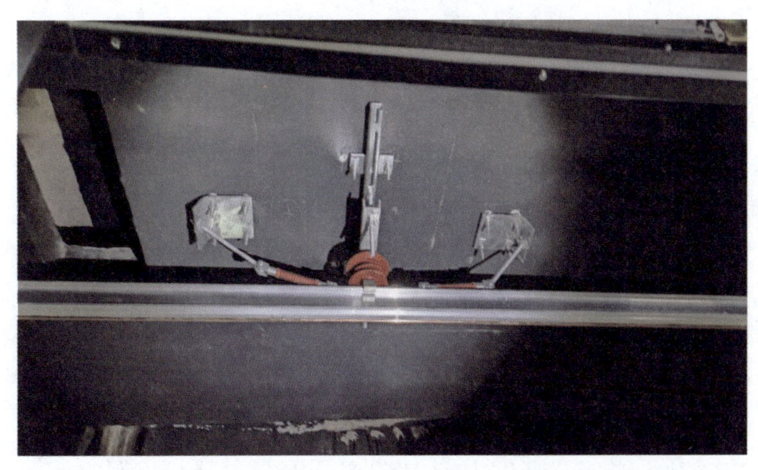

图 3.92　中心锚结安装示意图

3.4.6.3　施工总结

1）直线上，中心锚固底座中心线位于汇流排中心线的正上方；曲线上，中心锚固底座中心线位于中锚在汇流排上锚固线夹处汇流排中心线的延伸线的正上方。

2）中锚两端底座距中心锚固点的距离应相等，其安装误差为 ±50 mm。

3）中心锚结拉线拉力应均衡适度，两端拉力应一致，且不能使中锚点出现负弛度；可调节螺栓应有足够的调节余量，有锁紧螺母的要锁紧。

4）中锚锚固线夹与汇流排的接触面应均匀涂抹导电油脂，与汇流排固定牢固，螺栓紧固力矩符合设计要求。

3.4.7　电连接安装

3.4.7.1　电连接安装施工工艺流程（图 3.93）

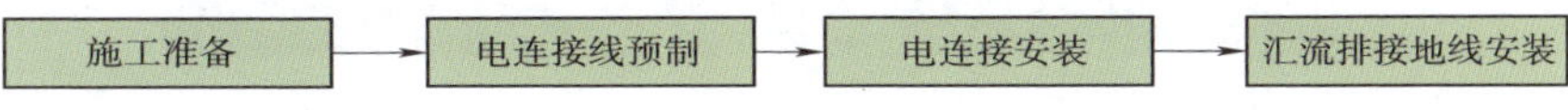

图 3.93　电连接安装施工工艺流程图

3.4.7.2 施工准备阶段

1)根据锚段关节或道岔关节处汇流排间距、汇流排最大偏移量、铜铝过渡线夹长度等数据计算电连接软铜绞线长度。

2)裁剪软铜绞线,裁剪前先在软铜绞线上缠一圈胶带,这样裁剪时绞线不会散股。

3)将软铜绞线两端剥去胶带,套入铜铝过渡线夹内推入根部,两端线夹相对正,不得相互偏扭,使用电动液压机进行压接,压模应符合规范和设计要求。

3.4.7.3 施工阶段

1)电连接在铜铝过渡线夹与汇流排电连接线夹接触面均匀涂抹导电油脂。

2)将卡子的两肢必须稳固地卡在接触线上需要安装线夹部位的沟槽内,卡子的环口朝向来车方向,卡子外露1~3 mm。

3)电连接线在线夹外露20 mm,线夹内压接时不得有胶带或其他杂物。

4)压接时,电连接线夹必须在压接模具中心,在快接近电连接线夹时,点动压接工具,确认好位置后开始压接,直至模具闭合,压力达到最大(压力表指示不小于70 MPa),保压5 s,然后卸压松开模具。

5)压接好后,确认压接质量是否合格,偏斜度必须小于2 mm。

6)区间正线每隔300~350 m设置一处横向电连接,中锚和关节处由于有接触线中心锚结绳和关节电连接,不设置横向电连接,如图3.94所示。

7)横向电连接时,当安装高度大于1 m,采用S形电连接安装方式,当安装高度小于1 m,采用C形电连接安装方式。安装时露头20 mm,电连接与承力索本线绑扎,绑扎位置距电连接线夹100 mm,绑扎宽度为50 mm。

8)横向电连接安装在悬挂第2根与第3根吊弦之间,电连接线夹距第2根吊弦的距离为500 mm,上下基本对齐。

图3.94 电连接安装示意图

3.4.7.4　施工总结

1)电连接线所用型号、材质、数量应符合设计要求,并预留足够的因温度变化使汇流排产生伸缩而需要的长度,弯曲方向与汇流排移动方向一致。电连接线不得有散股、断股现象。

2)电连接线的安装位置应符合设计要求,在任何情况下均应满足带电距离要求。

3)电连接线与铜铝过渡线夹压接应良好,符合规范和设计要求。汇流排电连接线夹与电连接线应接触良好。

4)汇流排电连接线夹、汇流排接地线夹与汇流排的接触面、汇流排电连接线夹与铜铝过渡线夹的接触面都应均匀涂抹导电油脂。线夹安装端正牢固,螺栓紧固力矩应符合设计要求。

5)电连接线夹距悬挂点的距离一般不超过500 mm,但不宜过近,以免影响汇流排的正常伸缩。

3.4.8　接地安装

3.4.8.1　接地安装施工工艺流程(图3.95)

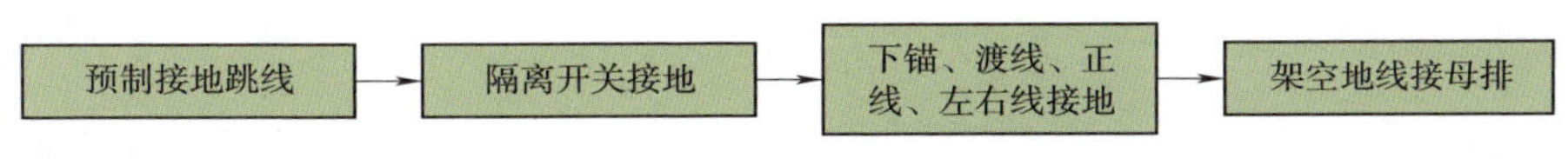

图3.95　接地安装施工工艺流程图

3.4.8.2　施工阶段

1)测量悬挂支持装置、中心锚结底座、隔离开关固定底座等底座与架空地线的布置距离,预制接地跳线,一端压接接线端子与底座相连接,另一端用D形电连接线夹与架空地线相连通。接地跳线采用固定卡和锚固螺栓沿隧道壁固定。

2)隔离开关直流上网电缆支架用接地扁钢相连接,与回变电所接地保护扁钢相连接。

3)对向下锚、换向下锚、渡线与正线、左右线未直接连通的架空地线间,采用与架空地线同规格材质的接地跳线,用并沟线夹与两端架空地线相连通,接地跳线用固定卡和锚固螺栓沿隧道壁布置。

4)在牵引变电所处,架空地线引下线沿电缆支架敷设固定,一端压接接线端子接变电所内的强电设备接地母排,一端就近与架空地线用D形电连接线夹连接,如图3.96所示。

3.4.8.3　施工总结

1)接地方式:全线接触网所有不带电金属部分均应与架空地线连接,架空地线与变电所内接地网相连,构成接触网系统接地保护回路。所有不与架空地线直接相连接

图 3.96 接地安装现场施工图

的接触网不带电金属部分都应采用接地跳线与架空地线相连通。

2)接地跳线在隧道壁上应稳固固定,两端连接牢固、导通良好,布置顺直美观,固定卡安置均匀合理。电缆敷设应符合电缆施工及验收规范要求,电缆在支架上绑扎稳固,两端连接牢固可靠。

3.4.9 号码标志牌安装

3.4.9.1 施工准备阶段

1. 标志牌制作

“有电危险”标志牌采用1 mm 厚 L2Y3 合金铝板为底衬板,标牌底色满足设计要求的反光膜,白底,黑字,红框,红闪电,牌背面为白色,要求使字体在底色反光膜上达到醒目的效果,如图 3.97 所示。

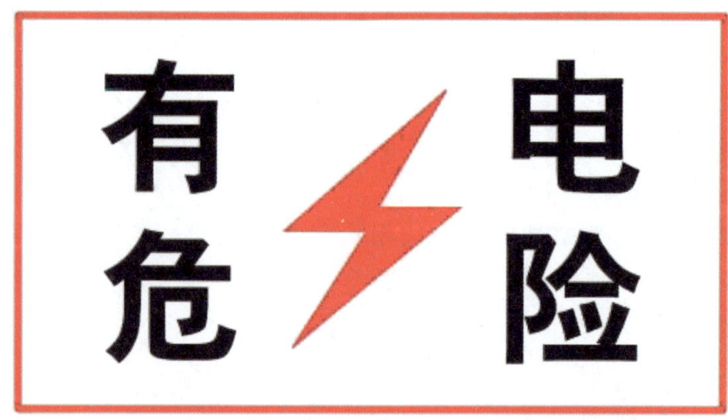

图 3.97 “有电危险”标志牌

“接触网终点”标志牌采用合金铝板为底衬板，标牌底色采用反光膜，白底，黑字，黑框，牌背面为白色，要求使字体在底色反光膜上达到醒目的效果，如图3.98所示。

图3.98 “接触网终点”标志牌

2. 反光号码牌制作

反光号码牌采用在工厂预制，用2 mm厚铝合金板，采用反光膜，其反射系数应在IV级及以上，白底、黑字，正反两面相同；号码采用字体为黑体。根据现场安装的方式进行，按照相应的技术要求进行加工制作。

3.4.9.2 施工阶段

1. 标志牌安装

“有电危险”牌设置于接触网隔离开关等电气设备处，设置高度为距轨面2 m。打锚固螺栓固定在结构柱上或隧道壁上，安装端正牢固。

“接触网终点”牌设置在接触网终点悬挂定位点处，通过在接触网线路终端安装底座支架，把“接触网终点”牌固定在支架上，安装稳固端正，距接触网带电体距离大于150 mm。

2. 号码牌安装

采用胀锚螺栓来固定反光号码牌，安装高度距轨面一般为3.1 m，悬挂号码牌一般安装在列车前进方向右侧隧道壁上，正对悬挂支持装置（所处的位置和悬挂定位点处于同一隧道断面上）。安装时，利用冲击钻在隧道壁上钻孔，钻孔的间距满足号码牌安装尺寸的要求，利用安装工具将膨胀螺栓安装上去，最后将号码牌固定在隧道壁上。

3.4.9.3 施工总结

1）“有电危险”牌和“接触网终点”牌应清晰明显，规格及安装装置应符合规范，安装牢固，带电安全距离符合要求。

2）号码牌的安装应符合规范和设计要求，号码牌上印刷清晰、字体美观、字距适中，整体端正，正对定位点。安装位置应便于观察，便于维护，安装牢固，不易脱落。

3.5 杂散电流监测与防护

3.5.1 杂散电流监测与防护施工工艺流程

工艺流程如图 3.99 所示。

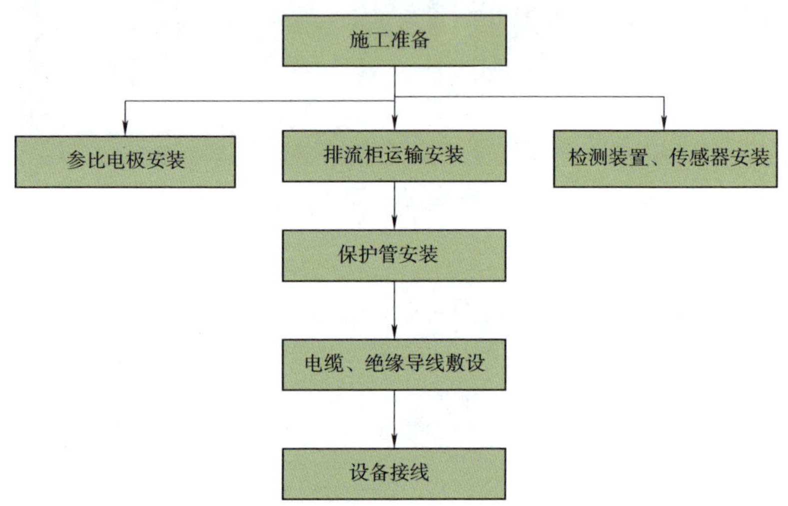

图 3.99 杂散电流监测与防护施工工艺流程图

3.5.2 参比电极安装

3.5.2.1 参比电极安装施工工艺流程(图 3.100)

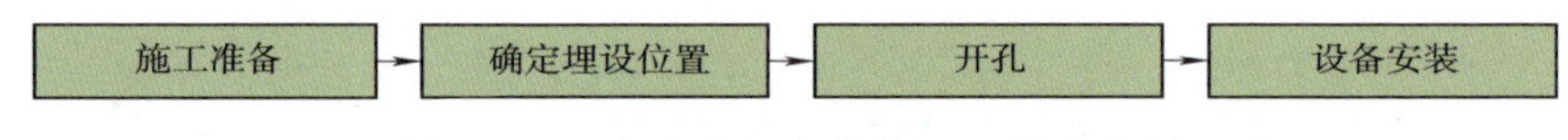

图 3.100 参比电极安装施工工艺流程图

3.5.2.2 施工准备阶段

安装使用前必须将马上要安装的电极在洁净的自来水中浸泡 8 ~ 10 h 后备用;本电极采用多孔陶瓷外壳,因此在使用与安装过程中注意小心轻放,严禁撞击其他刚硬结构物。

3.5.2.3 施工阶段

1)埋设位置:参比电极必须埋设在被测结构物的钢筋附近,距钢筋(或钢)距离 10 ~ 15 mm。电极垂直放置,将电极全部埋置在混凝土介质中。

2)开孔:在选定的地点,钻取直径大于 60 mm、深度大于 160 mm 的孔洞;除掉孔洞中的混凝土粉块或浮尘，用自来水淋湿内表面。

3）将事先配好的水泥砂浆填料用自来水调匀，稠度适宜，然后将少许砂浆放入孔洞或方槽底部，用适当的工具将砂浆涂抹在四周壁上，注意涂抹均匀。

4）将参比电极陶瓷外壳涂抹薄薄一层砂浆，轻轻放入孔洞中，直到达到理想深度为止。

5）将电极引线穿过钢套引向传感器，并与传感器内接线端子固定。

6）在电极埋置处上方，用砂浆抹平并与周围混凝土表层尽量取平。

3.5.2.4　施工总结

1）电极在埋置前应放在阴凉处，避免露天放置阳光曝晒或雨淋。

2）电极安装完或使用一段时间之后，为了解电极是否工作正常，可用手提式 Cu/$CuSO_4$ 电极放置在电极埋设处上方测其电位，判断是否正常。测量时最好是断电状态，即无杂散电流干扰下进行上述测量。

3）如果测不出电位值，首先检查是否断线。

4）如果电极安装 24 h 之后，或者电极正常使用在停电无杂散电流干扰情况下，每隔 10 min 测其电极电位值，电位波动≥20 mV，则需更换参比电极。

3.5.3　排流柜运输与安装

3.5.3.1　排流柜运输与安装施工工艺流程（图 3.101）

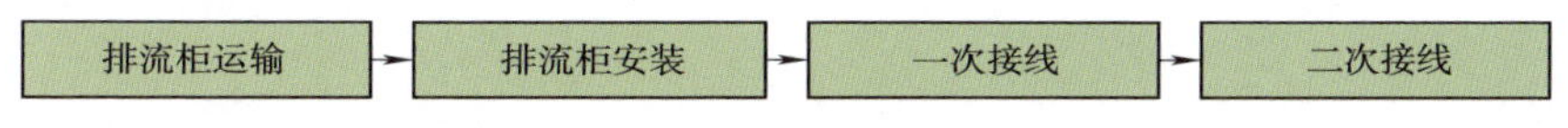

图 3.101　排流柜运输与安装施工工艺流程图

3.5.3.2　排流柜运输

排流柜安装于牵引变电所内，运输方式可采用轨道车运输、液压小车拖放和吊装孔吊装、液压小车拖放的方式。如果采用轨道运输方式，由于有 11 台排流柜，可以用轨道车一次性将排流柜运放到各牵引所站台上，再采用向上吊装或直接拖放方式将其运进变电所。如果采取地面吊装孔吊装，则可分所进行。

为统一协调设备进所路径、预留需求，将排流柜进所与变电所其他设备进所运输放到一起进行。

3.5.3.3　排流柜安装

1. 施工准备阶段

清除排流柜基础槽钢上的各种杂物，保持清洁。

2. 施工阶段

1）排流柜安装

智能排流柜安装在变电所室内，用固定螺栓将其固定在设备基础上，带电部件之间连接必须牢固。

2)设备接线

(1)进出电缆连接

用压线钳把排流电缆线和铜鼻子压接好、镀锡,排流电缆通过柜体电缆孔进入柜体,使用螺丝与铜排连接。

(2)二次线连接

二次线主要是 220 V 电源连线和远传故障触点线的连接。二次线进入柜体后,直接压接在二次接线端子排上。二次开关装置接线如图 3.102 所示。

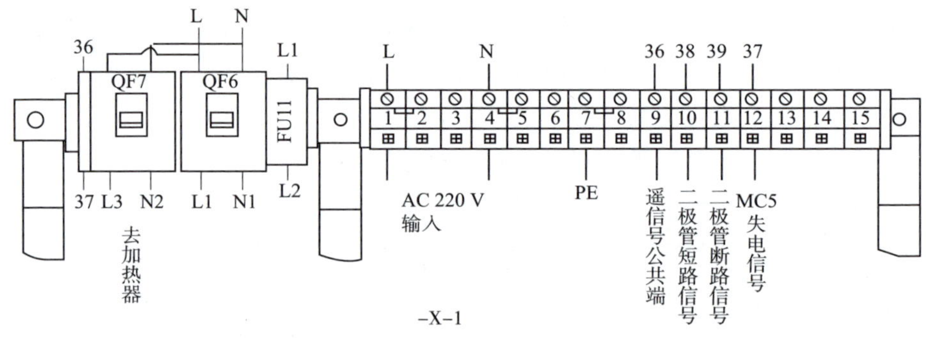

图 3.102 二次开关装置及接线示意图

(3)地线连接

把地线直接连接到接地线螺母上。

3. 施工总结

1)二次连线应牢固可靠,电缆芯线端部编号清晰、正确,导线绝缘良好。

2)二次回路绝缘测试时,应有防止弱电设备损坏的措施。

3)基础混凝土的强度等级为 C20;基础顶面高出地面层 200 mm,基础表面平整,不应有蜂窝、麻面、棱角损坏或露筋现象。

4)柜上的标志牌、标志框齐全、清晰、正确。

5)设备接线完毕后应对电缆的进出孔洞进行封堵。

3.5.4 监测装置、传感器安装

3.5.4.1 监测装置、传感器安装施工工艺流程(图 3.103)

图 3.103 监测装置、传感器安装施工工艺流程图

3.5.4.2　施工阶段

1)按安装标准测出准确的安装位置,保证各电位监测点至监测点(传感器)接线长度符合设计要求,并做好相应标记。

2)用冲击钻钻出与安装螺栓相适应的孔洞,并将孔内粉末清理干净。

3)用绝缘膨胀螺栓(传感器用尼龙胀管加螺钉)将箱体悬挂固定。

3.5.4.3　施工总结

1)根据箱子底部的安装孔在墙壁上定出尺寸并安好膨胀螺钉(M6),安装过程注意内部,电器元件保护不能碰撞。箱体安装应平整牢固。

2)引入引出线穿过铜质填料函接线完毕后用力将压紧螺帽收紧以密封防雨。

3)箱体不可受重力撞击。

4)箱盖螺钉在接线完毕时要旋紧。

3.5.5　保护管安装

3.5.5.1　施工准备阶段

按照图纸和各监测点的位置,合理布置保护管的敷设路径,并用弹线粉斗弹划定位线。

3.5.5.2　施工阶段

1)依据定位线,直线段每隔 1 m 左右,安装 Ω 型固定卡,在转弯等地方应适当加密布置。

2)将保护管用 Ω 型固定卡固定,管与管间采用直通或三通接头连接,接头处涂以适当专用胶水,做好防水处理。

3)在有转弯弧度的地方,对 PVC 加热煨弯时要注意力度,不使 PVC 管破裂。

3.5.5.3　施工总结

1)保护管敷设应横平竖直,固定牢固,不能松动。

2)管与管的连接要紧密牢固。

3)一组保护管转弯不得超过 3 处。

3.5.6　电缆、绝缘导线敷设

3.5.6.1　电缆、绝缘导线敷设施工工艺流程(图 3.104)

图 3.104　电缆、绝缘导线敷设施工工艺流程图

车站内每个测量电极等电位信号用穿管线引出,区间内每个监测点传感器内引出的电位信号用电缆引出,全部信号集中送至车站的监测装置。

3.5.6.2 施工准备阶段

1)用白油漆标记各电极及监测点的位置,并根据里程标准确计算出所需电缆或绝缘导线的长度,再合理分配电缆盘。

2)对单向导通的电源及控制等二次电缆,由于单向导通安装于停车场内,其二次电缆要引至变电所交直流盘及控制信号盘,电缆大多是走电缆井穿管敷设,因此,电缆敷设前必须进行详细的路径调查和测量,以确定电缆长度和敷设方法。

3.5.6.3 施工阶段

1. 电缆敷设

利用轨道放线车敷设电缆,并随时挂装每根电缆的标志牌。每根电缆两端敷设到位后,要加以捆绑,避免电缆侵入限界,影响轨道车及其他专业作业。

对停车场单向导通的二次电缆敷设,采用电缆井下人工穿管敷设的方式进行。电缆敷设中注意电缆防水和电缆穿管中对电缆的损伤。

2. 绝缘导线敷设

把绝缘导线穿入敷设好的保护管,敷设至各监测点后,套上线号管做好标记,并预留好接线长度。

3.5.6.4 施工总结

1)电缆敷设位置正确,排列整齐,固定牢固,标记位置准确,标记清楚。防火隔离措施完整正确。

2)电缆的转弯外走向整齐清楚,电缆的标记清晰齐全,挂装整齐无遗漏。

3)电缆保护管口光滑、无毛刺,固定牢靠,防腐良好,弯曲半径不小于电缆的最小允许弯曲半径,保护管口封闭严密。

3.5.7 设备接线

3.5.7.1 设备接线施工工艺流程(图3.105)

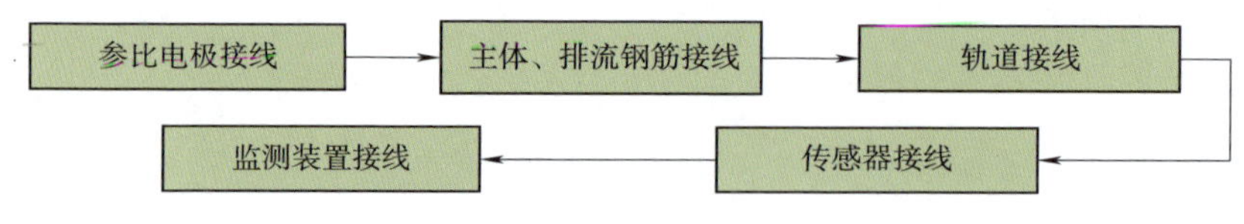

图3.105 设备接线施工工艺流程图

3.5.7.2 施工阶段

1. 参比电极接线

电缆芯线、绝缘导线预留适当长度后,将芯线从电极上的预留孔洞穿入,根据参比电极引出线的压接线端子剥除芯线绝缘层,再将导线插入压接线端子,用压线钳压接。

注意电缆芯线、绝缘导线的导电部分不能与电极的金属外壳接触。

2. 主体钢筋、排流钢筋接线

在主体钢筋、排流钢筋有引出线的地方,直接将绝缘导线与引出线连接;如果没有引出线,需将绝缘导线与主体钢筋、排流钢筋直接连接。

3. 轨道接线

绝缘导线与轨道的连接,需征得轨道信号相关单位的同意后,方可与相应的走行轨和扼流变压器的引出点相连。一般其引出点在两走行轨之间,绝缘导线需保护管加以保护。

4. 传感器接线

将参比电极、主体钢筋、排流钢筋、轨道等的电位测量点通过绝缘导线引至就近监测点传感器,并保证各电位测量点至监测点(传感器)接线长度不超过1 m。各导线穿上标号头,再分别与传感器相应接线端子连接。

5. 监测装置接线

地下车站内每个测量电极等电位信号用穿管线引出,区间内每个监测点传感器内引出的电位信号用电缆引出,按照图纸将全部信号集中引至车站的监测装置。先进行校线或根据线芯颜色确定回路,同时穿上标号头,标明回路名称,然后按照图纸将各导线接至测量箱接线端子上。

3.5.7.3 施工总结

1)必须保证接线正确、牢固,配线整齐美观。

2)线芯标示牌标明回路编号,编号正确、字迹清晰。

3)导线与电气元件间连接必须牢固可靠。

4)导线线芯、绝缘、屏蔽层均应无损伤。

3.6 均流、回流电缆和设备安装

3.6.1 均流、回流电缆敷设及箱体安装

3.6.1.1 均流、回流箱体安装

均流、回流箱体严格按设计位置和设计要求安装,支架安装稳固,绝缘子绝缘性能良好,安装位置空间应能保证回流电缆与回流箱连接自然平顺,如图3.106所示。

3.6.1.2 均流、回流电缆敷设

1)首先确定电缆与钢轨的焊接点,信号“S”棒已安装或位置已确定,按照设计焊接位置,现场复核与信号“S”棒的距离是否符合要求,焊接点距信号“S”棒中心距离符合信号专业要求。

2)电缆沿电缆支架敷设,敷设规整、绑扎稳固,至钢轨焊接点部分采用固定卡固定

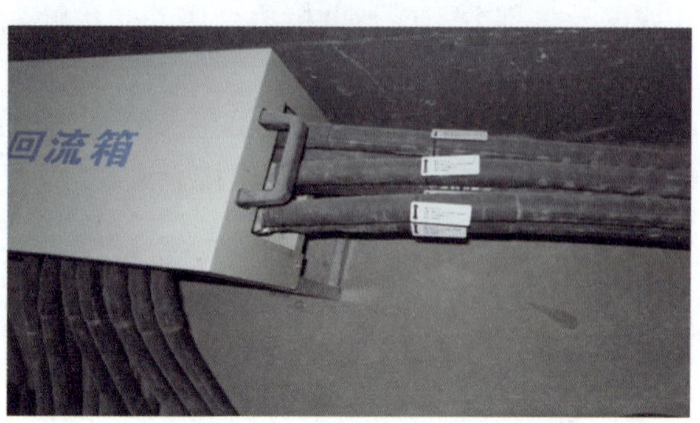

图 3.106 回流箱体安装示意图

在整体道床上,电缆弯曲自然,固定卡布置规整稳固,如图 3.107 所示。

3)电缆与回流箱连接端,按接线端子长度剥切电缆外护套,按接线端子压接规范用电动压接机压接接线端子,接线端子与电缆导体连接到位,电气接触良好。然后将接线端子与回流箱铜板可靠连接。

图 3.107 均流、回流电缆敷设示意图

3.6.2 隔离开关设备及引线安装

3.6.2.1 隔离开关设备及引线安装施工工艺流程(图 3.108)

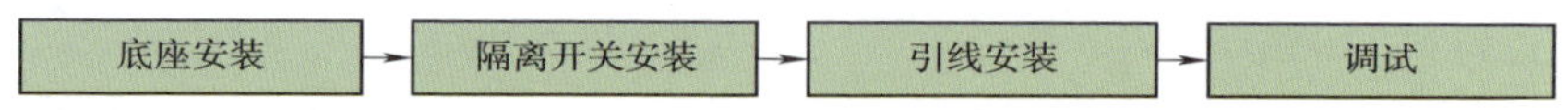

图 3.108 隔离开关设备及引线安装施工工艺流程图

3.6.2.2 施工阶段

1. 底座安装

1)在无其他设备干扰和限界及空间符合的条件下,隔离开关安装位置应尽量靠近绝缘锚段关节。

2)用墨斗弹出水平直线,定出固定底座钻孔孔位,垂直于隧道壁钻孔,安装螺栓。

3)安装固定底座,调整底座端正,其隔离开关安装面必须水平。

2. 隔离开关安装

1)将隔离开关安装在固定底座上,调整隔离开关及操动机构至隧道壁的距离符合设计要求,隔离开关与操动机构处于同一垂直面上。

2)调整操动机构行程至闭合位,隔离开关刀闸处于闭合位,安装操纵杆,其安装角度符合设计要求。

3)调整三联隔离开关处于同一水平直线上,安装隔离开关间接线板。

4)调试隔离开关和操动机构开合同步到位,隔离开关动触头和静触头中心线重合。

3. 引线安装

1)安装隔离开关至接触网汇流排引线电缆,安装美观,弯曲自然。实测接线端子长度,按电缆绝缘层厚度调节剥线钳深度,剥除绝缘防护层,露出裸铜线芯,根据接线端子的压接工艺进行制作压接两端接线端子。在汇流排上安装汇流排电连接线夹,将接线端子与汇流排电连接线夹、隔离开关相连接,所有接触面均匀涂抹导电油脂。

2)将所有底座用接地跳线与架空地线相连接。

4. 调试

电动隔离开关调试和配合变电所隔离开关联调。

3.6.2.3　施工总结

1)隔离开关的安装位置符合设计要求,严格按设计和产品技术文件要求安装。

2)隔离开关的本体外观应无损坏,零件应配套齐全,绝缘子应完好、整洁,主接头接触良好,绝缘测试值、主回路接触电阻值应符合国家标准、设计要求和产品技术文件要求。

3)隔离开关底座安装时,应保证两底座安装面水平,且间距符合设计要求;多组隔离开关并列安装时,应保证所有底座安装面都在同一水平面上,且各底座间距符合设计要求。

4)隔离开关安装时,应保证隔离开关到墙壁或其他接地体绝缘距离符合设计要求;隔离开关打开时,刀口距接地体、墙壁最小距离符合设计要求。

5)隔离开关中心线应铅垂,操纵杆垂直于操动机构,连接应牢固无松动现象,铰接处活动灵活。

6)隔离开关应分合顺利可靠,分合位置正确,角度符合产品技术文件要求。触头接触良好,无回弹现象。操动机构的分合闸指示与开关的实际分合位置一致。电动开关当地手动操作应与遥控电动操作动作一致;隔离开关机械锁应工作正确可靠。

7)隔离开关刀口部分涂导电油脂,机构的连接轴、转动部分、传动杆涂润滑油。

8)隔离开关 150 mm^2 直流引线电缆连接正确规整。按汇流排随温度变化伸缩要求,预留位移长度,弯曲方向与汇流排伸缩方向相同,电缆不应压在汇流排上,电缆重量应由隧道顶电缆支架来承载。电缆应平行整齐排列,不能压叠;电缆支架应安装牢固,布置均匀合理;电缆弯曲自然,布置线路应尽量短。电缆在汇流排上安装应尽量靠近悬挂定位点。

9)隔离开关所有底座都与架空地线相连通,可靠接地。

3.6.3 分段绝缘器安装

3.6.3.1 分段绝缘器安装施工工艺流程(图3.109)

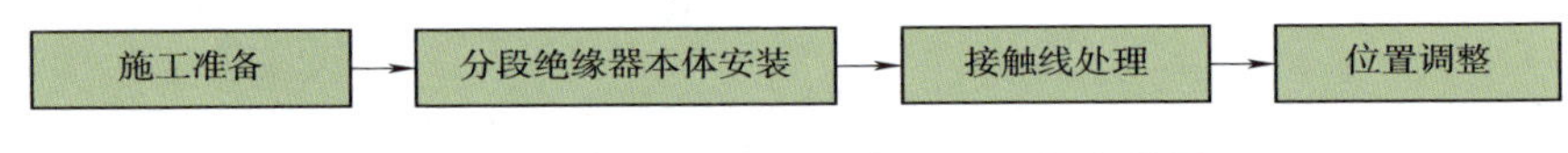

图3.109 分段绝缘器安装施工工艺流程图

3.6.3.2 施工准备阶段

分段绝缘器安装前,应将其保存在独立有保护层的纸板箱内,运输和安装中应轻拿轻放,不得挤压和碰撞。分段绝缘器安装必须使用力矩扳手安装。

3.6.3.3 施工阶段

1. 分段绝缘器本体安装

1)分段绝缘器本体随汇流排一起安装,先将分段绝缘器本体从两端配套汇流排导轨上卸下。

2)将导轨与相邻汇流排连接,在两悬挂定位点中心预留分段绝缘器本体位置,安装好汇流排,并在悬挂定位点处锚固紧汇流排。分别向两端安装完成本锚段汇流排。

2. 接触线处理

1)架设完成本锚段接触导线,将接触导线从预留位置中心锯断,两端各留出适量导线,并将接触导线向上方略为弯曲,以满足设计规范要求。

2)将分段绝缘器本体安装在导轨上,在分段绝缘器安装固定分段绝缘器本体及铜滑轨。

3)在本锚段导高、拉出值及汇流排坡度调整完毕后,在分段绝缘器上安装调整工具,松开铜滑轨固定螺栓,检查滑轨面是否紧密贴合调整工具表面。手工临时上紧滑轨螺栓。

3. 位置调整

1)以轨面为基准,用激光测量仪、光学测量仪检测分段绝缘器是否平正。

2)用扭矩扳手上紧滑轨螺栓,取下调整工具,用水平尺复检分段绝缘器过渡状态和平直度。

3）用受电弓往返检查分段绝缘器的状态，应过渡平稳，无打弓碰弓现象。

3.6.3.4　施工总结

1）分段绝缘器本体外观应无损坏，绝缘棒应完好、整洁，绝缘性能良好，零件应配备齐全，产品合格证、产品技术文件和安装手册齐全。

2）分段绝缘器严格按照设计要求和安装手册规范进行安装。

3）分段绝缘器铜滑轨上固定螺栓紧固力矩为20 N·m。

4）分段绝缘器中点应设置在受电弓的中心位置上（即拉出值为0 mm），偏离受电弓中心线最大不应超过50 mm。

5）分段绝缘器与受电弓接触部分应调至一个平面上，且该平面应与轨面平行。受电弓双向通过分段绝缘器均应过渡平稳，不打弓。

6）分段绝缘器距相邻刚性悬挂定位点的距离符合设计要求，允许误差±50 mm。

3.7　防雷及接地安装

3.7.1　综合接地

3.7.1.1　施工阶段

1）基坑分段开挖至坑底标高后，按设计位置人工配合挖掘机挖沟，施作水平接地体、垂直接地体、接地引出线，然后回填，施工期间要注意保护接地引入线。对已完成接地网进行接地电阻测量，以便推算出整体接地网的接地电阻值，如推算不能满足要求，则将联系设计单位调整余下段落的接地敷设方案，确保满足接地电阻要求。整个接地网敷设完毕后，按要求实测接地电流，接触电位差及跨步电位差，计算接地电阻 $R=U/I$。

2）接地网连接。外圈水平接地体，接地引入线以及连接两者的水平均压带，其本身及相互间的连接采用放热熔连接，应切实做到连接牢固，严防虚焊、脱焊、漏焊。放热熔连接是通过铝与氧化铜的化学反应（放热反应）产生液态高温铜液和氧化铝的残渣，并利用放热反应所产生的高温来实现高性能电气熔接的现代焊接工艺。放热焊接适用于铜、铜和铁及铁合金等同种或异种材料间的电气连接，热焊接无须任何外加的能源或动力。

3）接地体施工。垂直接地体：用钻机钻出孔径为150 mm的孔，深2.5 m，放入垂直接地体并与水平接地体焊接。水平接地体：中间均压带挖沟断面为梯形，上宽600 mm，下宽400 mm，深650 mm，水平接地体敷设在沟槽底部，放入沟内，水平接地极和连接带扁铜，应立放，不应平放，之后按设计要求焊接好；用钢筋头将水平接地体支撑起来，以便回填土包裹住接地体。平接地极敷设后用黏土回填夯实，不得以建筑垃圾回填，接地极敷设后的回填土应不大于接地电阻计算时的土壤电阻率。

4)接地引入线施工。综合接地引入线共8组,其中2个用于连接强弱电接地母排,2个用于连接弱点接地母排,2个用于连接动力照明接地母排,另外2个预留。接地引出装置引出结构底板高度不小于0.1 m,接地引入线引出车站底板不小于0.5 m,并应设法妥善保护,严防断裂和丢失。各种引出线间相互绝缘。为防止结构钢筋发生电化学腐蚀,必须对接地引入线进行绝缘处理;为防止地下水沿引入线渗入底板结构,引出线需做特殊防水处理。

3.7.1.2 施工总结

1)引入线在车站结构底板以上引出高度不小于0.5 m,且必须与车站结构底板钢筋绝缘。

2)止水环套在钢管上,设于钢管中部。接地引出铜排置于钢管中,钢管在底板钢筋网孔中心穿过(钢管不与结构钢筋接触)铜排与钢管间的空间用环氧树脂填充,保证接地极与结构钢筋间的绝缘。

3)接地引入线引出点(引出车站结构底板)位置:接地引入线通过接地扁钢与接地母排可靠连接,接地母排安装在站台板下夹层中,在距离结构底板800 mm处绝缘安装在夹层侧墙上。

4)施工过程中注意加强对接地引入线的保护,防止发生机械损伤和化学腐蚀。

5)止水环密封焊接在钢管外壁上,不允许渗漏水。

3.7.2 接触网接地安装

3.7.2.1 施工阶段

1)测量悬挂支持装置、中心锚结底座、隔离开关固定底座等与架空地线的布置距离,预制接地跳线,一端压接接线端子与底座相连接,另一端用D形电连接线夹与架空地线相连通。接地跳线采用固定卡和锚固螺栓沿隧道壁固定。

2)隔离开关直流上网电缆支架用接地扁钢相连接,与回变电所接地保护扁钢相连接。

3)对向下锚、换向下锚、渡线与正线、左右线未直接连通的架空地线间,采用与架空地线同规格材质的接地跳线,用并沟线夹与两端架空地线相连通,接地跳线用固定卡和锚固螺栓沿隧道壁布置。

4)在牵引变电所处,架空地线引下线沿电缆支架敷设固定,一端压接接线端子接变电所内的强电设备接地母排,一端就近与架空地线用D形电连接线夹连接。

3.7.2.2 施工总结

1)接地方式:全线接触网所有不带电金属部分均应与架空地线连接,架空地线与变电所内接地网相连,构成接触网系统接地保护回路。所有不与架空地线直接相连接的接触网不带电金属部分都应采用接地跳线与架空地线相连通。

2)接地跳线在隧道壁上应稳固固定,两端连接牢固、导通良好,布置顺直美观,固定卡安置均匀合理。电缆敷设应符合电缆施工及验收规范要求,电缆在支架上绑扎稳固,两端连接牢固可靠。

3.8 疏散平台工程

3.8.1 疏散平台工程施工工艺流程

工艺流程如图3.110所示。

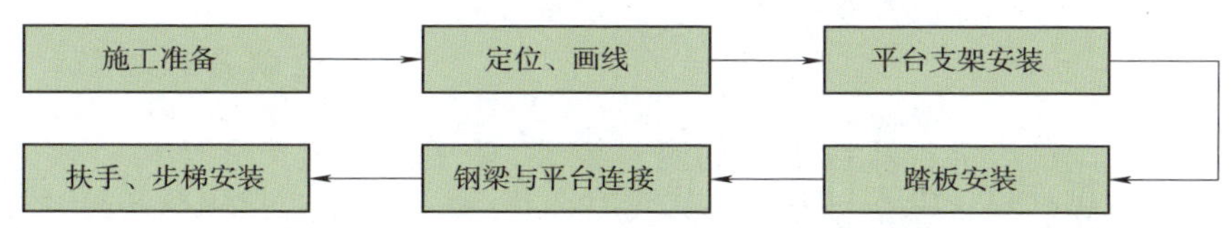

图3.110 疏散平台工程施工工艺流程图

3.8.2 定位、画线

3.8.2.1 定位、画线施工工艺流程(图3.111)

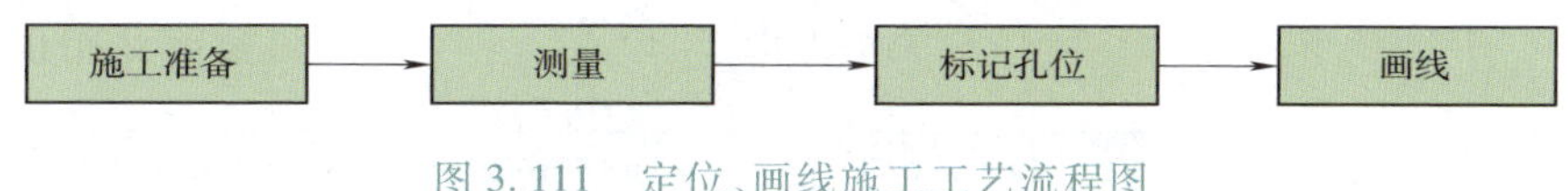

图3.111 定位、画线施工工艺流程图

3.8.2.2 施工准备阶段

1)劳动力准备:技术人员1人,技术工人1人,普通工人3人。

2)工机具准备:钢卷尺、水准仪、水平尺、专用定位测量仪、粉笔、墨斗、自制道尺。

3.8.2.3 施工阶段

1)将自制测量道尺卡在两条轨道上,以道尺的平面为基准,并将自制的专用工具与道尺垂直固定。

2)用专用测量工具测出施工图要求的钢板孔位与轨平面的距离,在隧道壁上标记出该中心点,记为“×”。

3)在曲线区段利用专用测量仪器、水平尺和钢卷尺测出轨道外轨超高,并记录该值。

4)用专用测量模板定位标记钻孔位置。

5)用粉笔标记出孔位位置。安装位置在直线段每隔5～6 m处进行一次定位,在转弯处则需在规定的平台距离测量定位一次。

6)画线:先用墨斗在已经定位的两处安装孔之间绷紧墨线,弹出两处安装孔之间的直线;再用粉笔画出在弹出的直线上需打孔的位置。

3.8.2.4 施工总结

1. 技术要求

1)定位画线时,定位孔距离伸缩缝或盾构片边缘不小于100 mm。钢梁沿隧道纵向间距为1.2 m,特殊情况下如不能保证钢梁安装间距,按不超过1.4 m定位。

2)平台支架位置测量正确,两相邻平台支架之间的距离误差不大于20 mm。

3)用墨线弹线时,应使墨线清晰;粉笔标出打孔位置时,应用一个“×”表示,使打孔位置清晰、明了。

2. 注意事项

1)在铺轨、调线后进行疏散平台的测量安装,需实测隧道尺寸及相对轨道中心线的位置,确定疏散平台的实际宽度。

2)进入施工现场时佩戴好安全帽、胸卡、荧光衣。

3)设专人防护,注意来往轨道车的行驶。

4)必须做好施工现场的出清工作,做到工完料净场地清。

3.8.3 平台支架安装

3.8.3.1 平台支架安装施工工艺流程(图3.112)

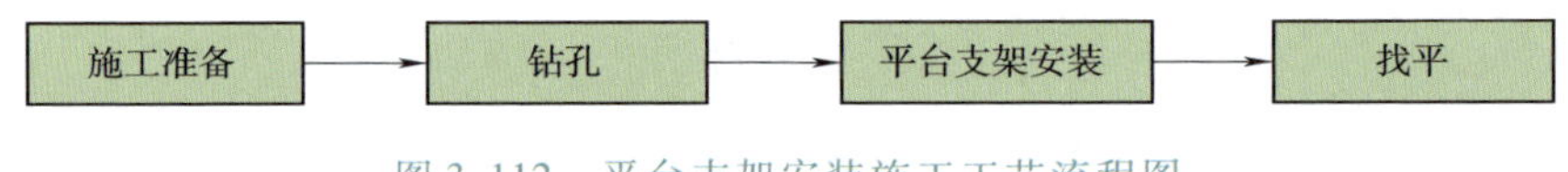

图3.112 平台支架安装施工工艺流程图

3.8.3.2 施工准备阶段

1)劳动力准备:技术人员1人,技术工人2人,普通工人17人。

2)工机具准备:钢筋探测仪、冲击电钻、深度控制尺、吹气筒、扳手、榔头、水平尺、钢锯、电源配电箱、防护眼镜。

3)材料准备:平台支架、植筋螺栓。

3.8.3.3 施工阶段

1)钻孔:首先采用钢筋探测仪进行探测管片钢筋,尽量避开受力主筋。用冲击电钻在记号笔标出位置钻孔,孔深、孔径根据植筋螺栓规格而定。孔钻好后用吹气筒清除其中灰尘,并保持孔道干燥。用深度控制尺测量孔深,并保证孔深在规定允许误差范围内。

2)平台支架安装:用平台支架按图纸要求位置试靠结构侧墙,在钻好的孔洞中灌入化学药剂,然后植入螺栓,按照说明书要求待固化凝固时间完成之后,再将平台支架安放上去,将上排螺杆稍稍旋紧,然后将平台支架靠上水平尺调正,保证支架水平,并在同一平面上,再将螺栓旋紧并固定下排锚栓,以固定好平台支架(预制钢筋混凝土疏散平台支架各部分之间连接采用焊接),如图 3.113 所示。

3)钢梁固定好后,用水泥砂浆将钢梁与隧道壁的缝隙找平(或采用金属垫件后注入固定胶的方式来垫平钢梁与隧道壁的缝隙,具体优化方案待中标后经设计单位确认后再实施)。

图 3.113 钢梁安装效果图

3.8.3.4 施工总结

1. 技术要求

1)锚孔深度允许偏差为 +10 mm,垂直度允许偏差为 5°。

2)打孔时遇着蜂眼或者隧道壁渗水情况,应及时汇报监理单位和设计单位到现场协调解决,待联系相关单位处理后再进行施工。

3)对于废孔,应用化学锚固胶或高强度等级的树脂水泥砂浆填实。

4)直线段疏散平台边缘至轨道中心线距离为 1 600 mm,在曲线、道岔地段根据限界要求加宽,根据本段线路条件和曲线超高设置计算出各曲线半径条件下的疏散平台限界,一般区段采用悬臂钢梁支撑,在设置步梯及钢爬梯处,支撑结构采用加强型钢支撑。在火车东站站前明挖矩形隧道部分区段采用 T 形支撑。

5)药剂检查:有无破损、硬化现象,如有则为废品。化学胶及螺杆置入锚孔后,在固化完成之前,应按照厂家所提供的养生条件进行固化养生,固化期间禁止扰动及承载。

6)钢梁:采用 Q235B 钢材;焊条:E43 型;所有焊缝高度均不小于 5 mm。钢构件喷砂除锈(除锈等级 Sa3 级)后,采用整体热浸镀锌不小于 86 μ 防腐。钢构件采用超薄型钢结构膨胀型防火涂料,涂层厚度 2 mm,耐火极限 1.0 h。

2. 注意事项

1)施工用临时电源应带漏电保护装置。

2)直线段,钢梁端部距轨道中心线距离为 1 600 mm,平台支架不得侵入设备限界。

3)未安装的当天应带出施工现场,做到工完料净场地清。

3.8.4 踏板安装

3.8.4.1 踏板安装施工工艺流程(图 3.114)

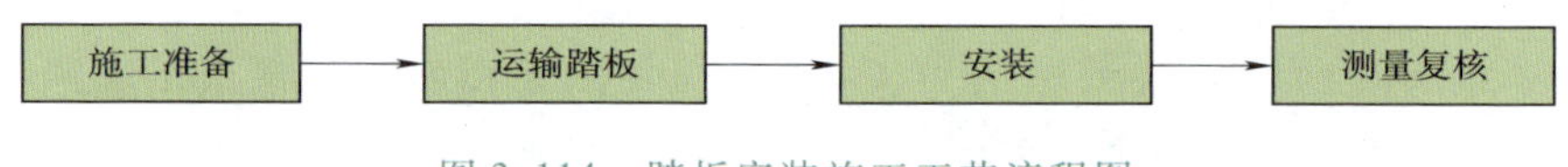

图 3.114 踏板安装施工工艺流程图

3.8.4.2 施工准备阶段

1)劳动力准备:技术人员 2 人,技术工人 3 人,普通工人 15 人。

2)机械、工机具准备:吊车、轨道作业车、东风货车、自制轨道运输车、钢锯、水平尺、手枪钻、测量尺。

3)材料准备:复合疏散平台踏板,踏板扣件。

3.8.4.3 施工阶段

1)将复合材料踏板及扣件通过东风车和轨道作业车运输至安装区间,再通过自制轨道运输车将踏板排放至安装地点。

2)根据已测量的踏板尺寸裁减踏板,再安装到钢梁上,并用测量工具复测安装的踏板是否符合限界要求。

3)测量满足限界要求后,用踏板扣件将其固定,然后进行下一块踏板的安装。

4)平台施工完成后在平台外侧刷一条黄色警戒线,宽度 80 mm。

3.8.4.4 施工总结

1. 技术要求

1)平台安装时外边缘不能侵限(直线地段轨道中心距平台边缘为 1 600 mm,曲线地段根据本段曲线半径及轨道超高计算确定)平台外边缘上翘 2°~3°。

2)复合材料平台踏板沿纵向两端头确保踏板在支架上的支承长度大于等于 50 mm;踏板两端头横向必须完全支承在平台支架横梁上,不允许悬空;踏板内侧与隧道结构墙密贴或预留空隙不大于 30 mm。

3)复合材料平台踏板在固定前,需对踏板边缘进行测量,保证满足线路中心线到平台边缘的距离。复合材料平台踏板与每一支架连接扣件不能少于2处。

4)每个区间复合材料平台踏板安装完毕后,必须重新测量,保证不侵限,并检查每块踏板安装是否牢固,保证平台踏板不出现台阶。

5)疏散平台沿地下线路正线区间一般设置在隧道行车方向左侧离轨面900 mm处,疏散平台起讫点设置平行于线路的人行钢步梯,并根据道床疏散原则,隧道区间疏散平台每隔约300 m及联络通道处设置一组钢步梯(两套步梯含过渡段)进行疏散,并尽量将步梯设置在直线段。

对于设置人防门的车站端头,钢步梯设置距离人防门不得小于5 m,若车站内部存在道岔应同时满足在道岔岔心向岔尖方向27 m处开始敷设疏散平台的要求;在联络通道处设置钢步梯,步梯中心距联络通道中心10 m,在有区间废水管干扰时,无法设置钢步梯的区段,设置垂直于疏散平台的钢爬梯代替。

2. 注意事项

1)进入施工现场时佩戴好安全帽、胸卡、荧光衣。

2)使用电气设备、电动工具时要有可靠的接地措施,施工用的临时电源应带漏电保护装置。

3)使用电源线时,电源线应先从轨道下方穿过,再接电源,以免车辆把电源线压断,造成安全事故。

4)在平台端部设置止移钢板进行侧挡,根据制造工艺确定的防滑措施可设有美观图案,应细腻并不易积水。

5)必须确保疏散平台板与结构可靠连接,不允许有活动构件可供拆卸。避免进入轨道影响行车安全。

3.8.5 钢梁与平台连接

3.8.5.1 钢梁与平台连接施工工艺流程(图3.115)

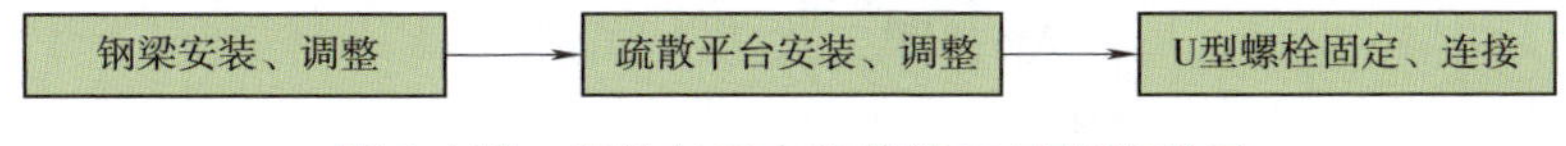

图3.115 钢梁与平台连接施工工艺流程图

3.8.5.2 施工准备阶段

疏散平台需采用可靠的连接与钢梁固定,每处钢梁与疏散平台至少有2处可靠连接,连接件承载力至少大于活塞风力的1.3倍。

3.8.5.3 施工阶段

在完成钢梁后,利用水平尺等测量工具将钢梁调平,并测量钢梁安装后的限界。

利用轨道车等运输工具将疏散平台运输到现场,并且根据钢梁之间的距离现场确定平台的长度。选用型号和长度适当的平台。

在疏散平台调整完成后,使用扭矩扳手将固定平板的 U 形螺栓安装牢靠。

在将疏散平台固定牢靠后,利用测量工具重新复测限界。

3.8.5.4 施工总结

1. 技术要求

1)在铺轨、锁定完成后再进行疏散平台的敷设和安装,并严格控制疏散平台边缘距线路中心线的距离值。误差在 +20 mm ~ −10 mm。

2)在疏散平台安装前,必须实测隧道尺寸及相对轨道中心线的距离,以确定疏散平台的实际宽度。

2. 安全注意事项

1)进入施工现场时佩戴好安全帽、胸卡、荧光衣。

2)使用电气设备、电动工具时要有可靠的接地措施,施工用的临时电源应带漏电保护装置。

3)使用电源线时,电源线应先从轨道下方穿过,再接电源,以免车辆把电源线压断,造成安全事故。

4)平台支架不得侵入限界,未安装的应当天带出施工现场。

5)疏散平台安装时采取防掉落的措施,避免砸伤人和设备。

3.8.6 扶手、步梯安装

3.8.6.1 扶手、步梯安装施工工艺流程(图 3.116)

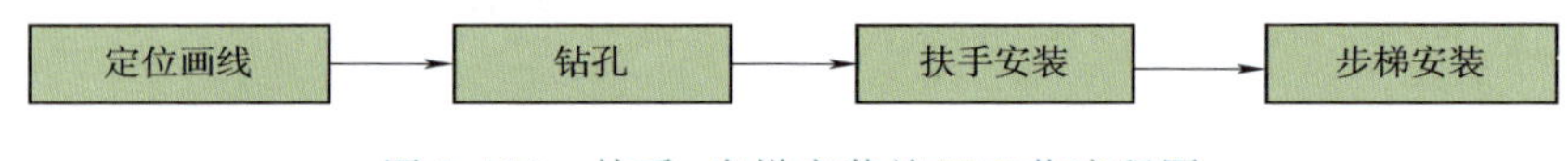

图 3.116 扶手、步梯安装施工工艺流程图

3.8.6.2 施工准备阶段

1)劳动力准备:技术人员 1 人,技术工人 1 人,电焊工 1 人,普通工人 12 人。

2)工机具准备:冲击电钻、水平尺、卷尺、榔头、扳手、记号笔、电焊机。

3)材料准备:膨胀螺栓、步梯、扶手、固定件。

3.8.6.3 施工阶段

1. 定位画线

依据施工设计图,以踏板表面为基准标高,通过钢卷尺、水平尺等测量工具,确定扶手在区间隧道上的安装位置。用墨斗在已经定位的两处之间绷紧墨线,弹出直线;将扶手固定件作为模板放置到已画直线上,用记号笔标出扶手固定件安装孔在隧道壁上的位置(每隔 2.4 m 确定一次)。

2. 钻孔

用冲击电钻在记号笔标出位置钻孔，孔深、孔径根据膨胀螺栓规格而定。孔钻好后清除其中灰尘。

3. 扶手安装

将扶手圆管穿过扶手固定件，并将扶手固定件安放到隧道壁，让固定件上的孔与隧道壁上的钻击孔对齐，用榔头敲入膨胀螺栓。将螺杆稍稍旋紧，然后将扶手固定件调正，再将螺栓旋紧，以固定扶手固定件。

待完全固定住扶手空心杆件后，用紧固锚栓固定在隧道混凝土壁上，扶手安装完毕后应无水平滑动或可转动现象。

4. 步梯安装

确定步梯具体的安装位置后，按照步梯固定孔的大小进行钻孔。清除孔内的灰尘后，再将步梯的固定孔与钻好的孔对齐，敲入膨胀螺栓，并将螺杆拧紧，以固定步梯。

最后对步梯边缘进行测量，检查步梯是否侵入限界，如有，则立即改正。钢梯安装完成后，采用接地线将钢梯与电缆支架接地扁钢连接。

3.8.6.4　施工总结

1. 技术要求

1）扶手距离疏散平台高度为 950 mm，扶手安装后应离开墙壁 90 mm，利于疏散人员抓握。

2）疏散平台扶手锚固件（与结构墙连接）沿隧道纵向间距为 2.4 m。

3）疏散平台扶手为 $\phi50$ 复合材料杆，扶手锚固件采用金属不锈钢件。

4）在每段疏散平台的始点、终点必须安装平台钢结构步梯。

5）平台步梯高度根据安装位置、道床砼高度调整。安装时，保证平台步梯水平。

6）在车站端头疏散平台断开处，设置平行于线路的钢爬梯，爬梯距离人防门不小于 5 m。

7）人防门处，钢梯设置在盾构隧道内，采用 B 型钢梯；无人防门时，有条件的车站，疏散平台应与设备区站台相连，不设置步梯或爬梯，无法与设备区站台相连时，应尽量将疏散平台步梯设置在盾构井内，采用 A 型钢梯。区间隧道内设置 C 型钢梯，在 B 型钢梯基础上增加一定距离的过渡平台。

2. 注意事项

1）步梯安装应水平。

2）安装人员必须佩戴安全帽。

3）在每天的施工完成后，应及时清扫施工场地，带走施工垃圾。

3.8.7 疏散平台钢梁及钢梯限界控制

1)根据《地铁设计规范》GB 50157—2013,城市轨道交通限界分为车辆限界、设备限界和建筑限界。

车辆限界:车辆限界指车辆在正常运行状态下形成的最大动态包络线;车辆限界包括受电弓限界以及受流器限界。

设备限界:设备限界是指用以限制设备安装的控制线。

建筑限界:建筑限界指在设备限界的基础上考虑了设备和管线安装尺寸后的最小有效断面。

疏散平台及环网电缆支架主要安装在隧道侧壁,沿线路“敷设”,疏散平台边沿距车辆间距要求精度高,设置了疏散平台的电缆支架安装位置所在空间非常紧张,为确保列车安全运行,安装完毕的疏散平台以及电缆支架的限界控制显得特别重要。通常疏散平台和电缆支架按设备限界进行控制。

2)限界控制

(1)疏散平台设置位置及宽度

疏散平台宽度的理论计算值 $D = S + d - B$,其中 S 为平台高度处结构内边缘至线路中线距离,为 2 577 mm;d 为隧道相对线路中线的偏移量(曲线内侧为正,曲线外侧为负);B 为疏散平台边缘至轨道中心线限界值。

(2)直曲线区段疏散平台位置

①在直线线路区段,线路中心线至平台边缘净距 1 600 mm。

②在曲线地段,可参考表 3.3。

表 3.3 疏散平台边缘至轨道中心线距离 B(单位:m)

曲线半径	曲线内侧 Bn	曲线半径	曲线外侧 Bw
$300 < R \leqslant 600$	1.76	$300 < R \leqslant 800$	1.65
$600 < R \leqslant 1\ 000$	1.7	$800 < R \leqslant 2\ 000$	1.63
$1\ 000 < R \leqslant 2\ 000$	1.67		
$R > 2\ 000$ 及直线	1.60	$R > 2\ 000$ 及直线	1.60

(3)疏散平台钢梁及钢梯长度确定

疏散平台钢梁和钢梯长度除满足平台安装固定要求的尺寸外,需结合限界,确定其钢梁的长度和钢梯的型号。在曲线地段,需考虑外轨超高引起的偏移(曲线外加宽,曲线内缩减)以及车辆由于曲线引起的几何偏移量。防止钢梁和钢梯由于尺寸不合适引起的侵限。

第4章 信号系统

信号系统的施工内容主要由光电缆线路敷设、室内设备安装、室内设备配线、轨旁设备安装、车站设备安装几部分构成，其中轨旁设备安装包括：信号机安装、转辙设备安装、计轴装置安装、应答器（信标）安装、无线接入单元安装（无线 AP、LTE 基站）、LTE 漏缆敷设等。

4.1 光电缆线路敷设、接续及电缆支架安装

4.1.1 光电缆线路敷设

4.1.1.1 光电缆线路敷设施工工艺流程（图 4.1）

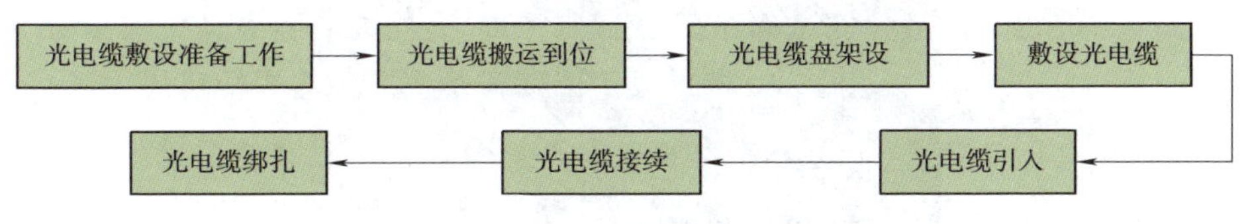

图 4.1 光电缆线路敷设施工工艺流程图

4.1.1.2 施工准备阶段

根据工程规模、特点及工期要求，确定施工方案及采用的技术标准，合理安排劳动力；检验和检测仪器、仪表、工具、机具；认真审核设计文件，复测径路，确定防护点及防护数量；逐级做好施工技术交底工作。

1. 光电缆测试

光电缆测试主要检测电缆导通、电缆芯线间绝缘和芯线对地绝缘、光纤损耗是否符合订货合同要求，光纤的几何、光学、传输特性、机械物理特性等是否符合设计要求，避免不合格光电缆在敷设完成后造成不必要的人力、物力、财力的浪费。

光电缆测试完成后端头用热缩帽做好密封处理。

2. 线缆径路的复测与现场施工条件的调查

光电缆敷设前核对线缆径路。对隧道内的照明、地形和障碍进行详细的调查，对轨

行区电缆支架的安装情况，轨行区人防门施工情况，人防门处预埋钢管疏通情况，光电缆由轨行区引上至设备室的预留孔洞疏通情况及引入口高度进行确认并做好详细的记录。调查结束后对现场存在的问题及时反馈并联系相关单位协调尽快处理。

4.1.1.3　施工阶段

1. 光电缆搬运到位

1）将光电缆运至距离施工现场的最近点，减少敷设时的抬放距离。

2）施工前检查电缆盘结构是否紧固，光电缆支架是否良好，电缆盘上的铁钉铁丝是否全部去掉。

2. 光电缆盘架设

1）使用电缆支架架设光电缆时，首先注意地面或平板车的平稳，顶升光电缆盘轮离开地面或平板车支撑面约 100 mm。盘轴保持水平，光电缆盘保持在两电缆盘支架的中央。

2）使用电缆盘架架设光电缆时，首先注意地面或平板车的平稳，将盘架中轴穿入电缆盘中心圆孔内，并将电缆盘连同电缆盘架水平放置在平板车中心位置，如图 4.2 所示。

图 4.2　使用电缆盘架架设光电缆示意图

3. 电缆敷设及防护

根据电缆、防护材料的进货情况组织电缆施工，在轨道条件具备的情况下，对于较长的干线电缆，电缆敷设采用放线作业车，如图 4.3 所示。

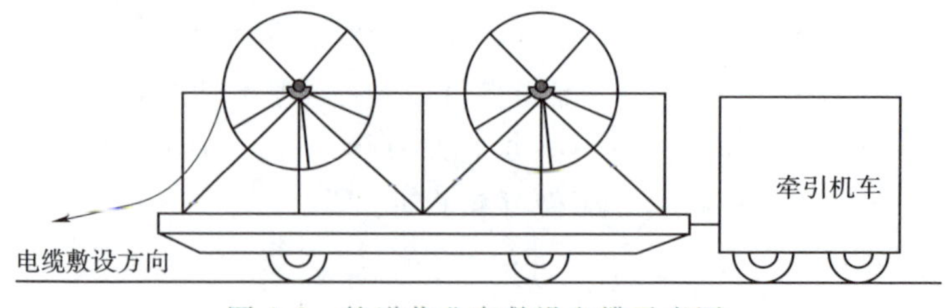

图 4.3　轨道作业车敷设电缆示意图

1）电缆过轨防护

电缆横向穿越时，推荐采用预埋钢管的形式，这样既能保证道床的整体性，又能保证电缆的防护质量。如果前期工程已完工，推荐在轨下敷设玻璃钢管或使用镀锌钢管，并在两端加装橡胶绝缘套与钢轨绝缘进行防护。

2）光电缆敷设工艺标准

光电缆敷设时严格按图施工，在人防门、引入口、区间中间泵房处均应悬挂电缆铭牌。穿越人防门时应在人防门两侧各预留 1 m 余量，在拐弯处及凹凸处也需留有 1 m 余量，预留的缆线弧度保持一致，美观整齐。同时在穿人防门处、拐弯处及凹凸处等位置，在敷设预留余量时立即绑扎固定，避免移位。光电缆穿过人防门及引入口孔洞时必须使用棉布或其他软质材料进行防护，避免电缆划伤。在敷设电缆时必须将缆适当拉直敷设，不能过于松垮，且严禁打背扣，穿人防门预留、拐角处预留如图 4.4 所示。

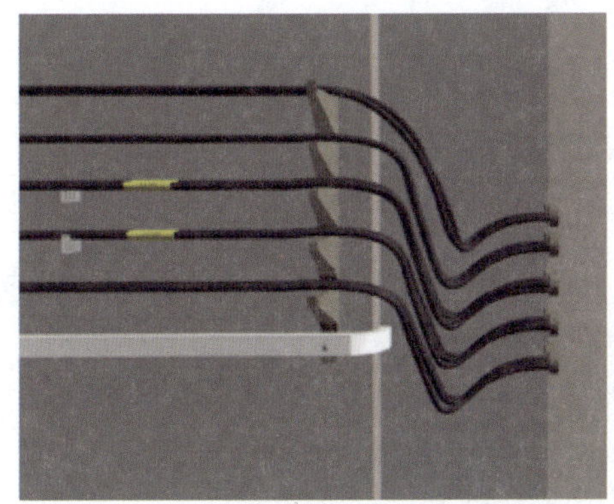
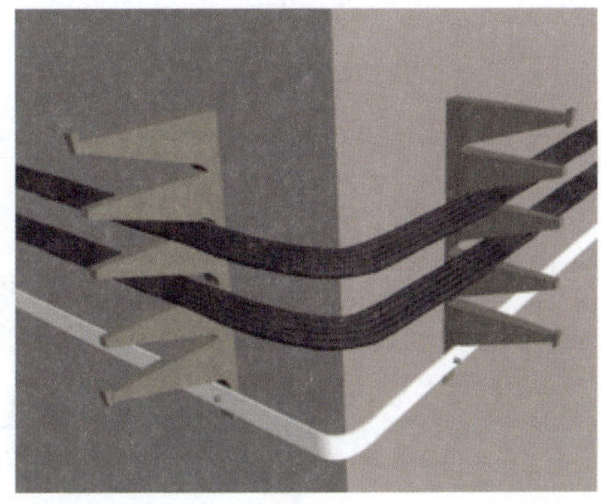

图 4.4　穿人防门预留、拐角处预留示意图

3）敷设好的光电缆做好色带标签标明光电缆来去向、型号、芯数、长度，特别是在该缆的两端及过人防门、穿引入口处等位置的标识。光电缆色带标签如图 4.5 所示。

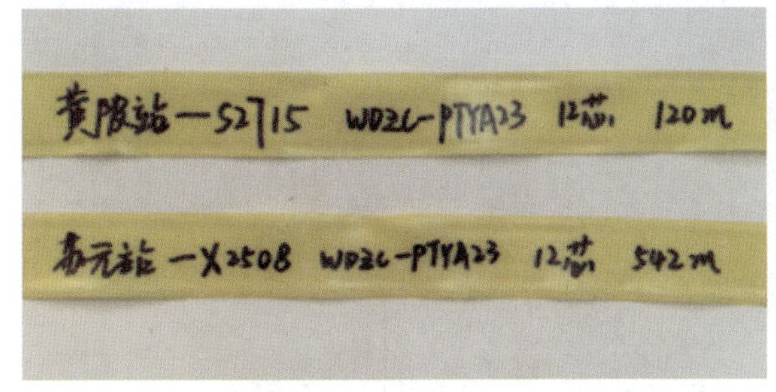

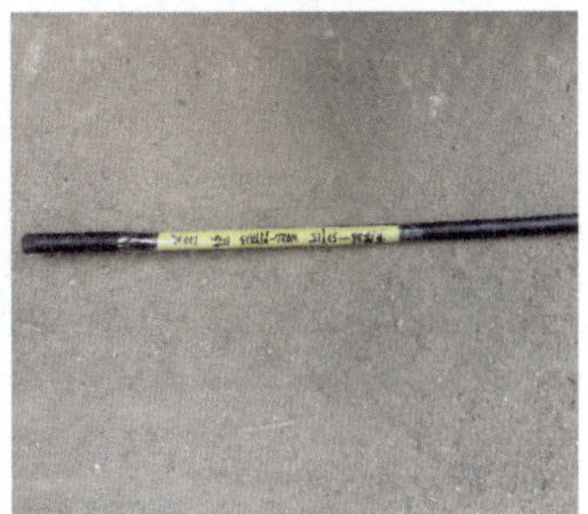

图 4.5　光电缆色带标签示意图

4)光电缆敷设到位后,明确缆线挂放的层次并及时将缆挂上支架,做好临时绑扎。

5)区间内临时预留的光电缆整齐堆放,严禁侵限;堆放好后用警戒带保护并贴成品保护联络牌。电缆预留盘圈时大小一致,挂缆时做到整齐美观、不交叉,如图 4.6 所示。

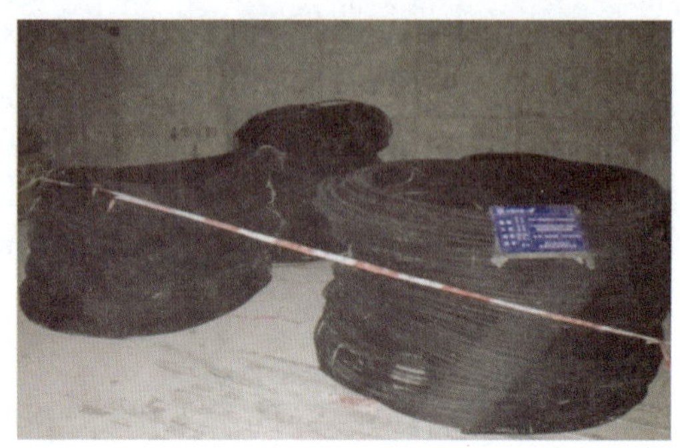

图 4.6 区间临时盘留光电缆示意图

4. 光电缆引入

1)光电缆引入时先将缆线理顺,引入时不得打死扣、不得交叉。在引入口底下须贴色带标签、挂铭牌。

2)采用在电缆引入间盘留光电缆预留量时,可在电缆间内制作并安装光电缆盘留架,并将光电缆预留量按照设计说明规定长度进行盘留。

3)采用在信号设备室盘留光电缆预留量时,可在设备室地面上将引入室内的光电缆按"Ω"形进行排缆盘留,以达到设计说明规定的预留长度,如图 4.7 所示。

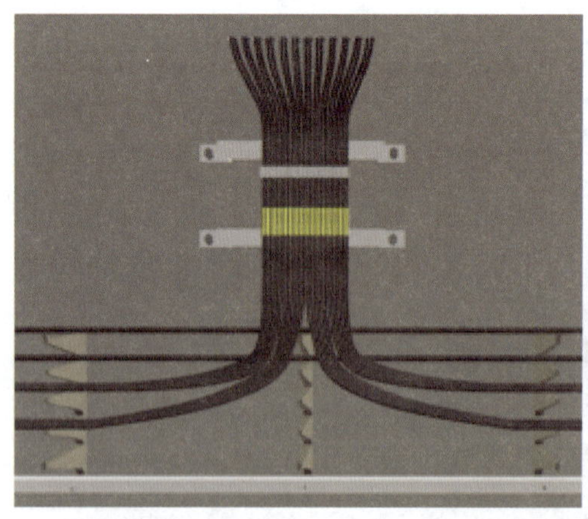

图 4.7 光电缆引入及盘留预留量示意图

5. 光电缆绑扎

1)电缆敷设完后及时上架,电缆支架的分配按设计要求的进行。

2）电缆上架摆放排列平行整齐无交叉、无错层，一字排开，不允许电缆堆叠、弯曲，若有余量则应顺至人防门拐弯处或站台板下，光电缆绑扎如图 4.8 所示。

图 4.8 光电缆绑扎示意图

3）根据每层电缆数量，两根电缆或三根电缆用一根塑包钢扎丝绑扎在托架上，但同一个区间同一层扎丝数量必须相同。

4）高架区段在桥梁伸缩缝处左右各预留 10～20 cm。

4.1.1.4 施工总结

1. 质量控制

1）光电缆敷设前应进行单盘测试，接续前、后对电缆进行电气测试，光缆进行衰耗测试，工程结束后进行综合线路测试。

2）区间托架上敷设的电缆，必须绑扎固定牢固。

3）光电缆护套不得损伤，芯线不得混线、断线或接地，电气特性应符合产品技术文件的规定。

4）电缆弯曲半径：全塑电缆不得小于电缆外径的 10 倍，铠装电缆不得小于电缆外径的 15 倍。

5）电缆预留量：信号电缆间（信号设备室）内储备量和室外每端（环状）储备量分别为 5 m 和 2 m，电缆接续处储备量为 5 m。

6）光缆预留量：信号电缆间（信号设备室）内储备量和室外每端（环状）储备量分别为 15 m 和 5 m，电缆接续处储备量为 15 m。

7）光电缆接续点处应将备用量盘放绑扎整齐，用红油漆标注清晰并做好记录。

2. 安全措施

为保证光电缆敷设工作的安全管理处于可控状态，在施工过程中，必须严格按照安全技术交底内容进行，并做到以下几点。

1）入轨作业时，必须严格履行请销点手续，不得超时超范围超区域作业。

2)进入轨行区,必须戴安全帽,穿三防鞋、荧光衣,并准备好充足的照明设施。

3)轨行区作业,须专人防护,防护员带对讲机和哨子。隧道内在作业地点两端100 m处放置红(或黄)闪灯防护;高架区段在作业地点两端100 m处用红(或黄)旗防护。

4)缆线敷设时由专人统一指挥,敷设电缆的作业人员均应站在电缆的同一侧,并保持适当间距,在拐弯处应站在拐弯外侧。

5)轨道车须做防溜、制动措施。挑杆须做绝缘措施,梯子须做防滑措施,并均粘贴反光标识,如图4.9所示。

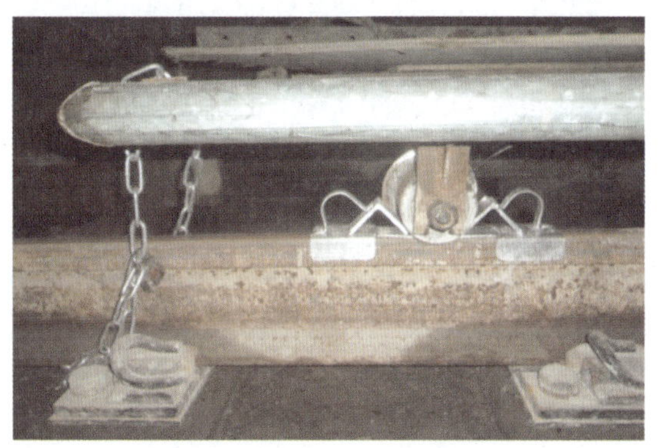

图4.9 防溜措施示意图

4.1.2 电缆支架安装

4.1.2.1 电缆支架安装施工工艺流程(图4.10)

图4.10 电缆支架安装施工工艺流程图

4.1.2.2 施工准备阶段

施工前做好电缆支架报验手续。提前熟悉管片布筋图。

4.1.2.3 施工阶段

电缆支架安装方法

1)径路确定

根据设计要求和施工规范,本着便于安装和维护的原则,确定支架安装位置。

2)画线定位

以轨面为基准或业主给的标高,确定支架的安装位置。以两点为基础,画线并确定中间段各支架的安装位置。确保支架底部距轨面1 900 mm,注意避免在管片边缘打孔及避开管片钢筋。

3)打眼、支架安装

位置确定后,采用自制的可沿轨道滑行的作业平台。选用直径为10 mm的钻头打孔,钻深度不得大于70 mm,敲入锚栓并冲紧。将支架对准孔位套入螺杆,带上螺丝拧紧。某一区段支架安装完成后,通过目测方式进行支架调整,确保其安装平直、美观。

支架的安装可采用流水作业方式,一部分人专门负责定测、画线,一部分人专门进行打眼,一部分人负责支架安装并调整。

4)接地扁钢敷设连接

接地扁钢在敷设之前先间隔1 m冲M10孔,接地扁钢敷设在支架最下层底部,孔中心对准支架最下端托臂孔,待扁钢摆放完毕后,首尾连接,并与每套支架用螺栓做有效连接。

5)拉拔测试

支架安装完成后根据要求对电缆支架进行锚栓拉拔试验,拉拔比例大于千分之三,力大于15 kN,电缆支架安装及拉拔试验如图4.11、图4.12所示。

图4.11 电缆支架安装示意图

图4.12 电缆支架锚栓拉拔试验(监理见证)

4.1.2.4 施工总结

电缆支架安装位置符合设计规定。支架安装牢固,横平竖直,防腐层完好。电缆支架的规格、型号、配件及安装附件的防腐处理及支架至洞顶的距离符合设计规定。具体安装要求如下:

1)电缆支架安装在左线的左侧,右线的右侧,即列车运行方向的右侧;

2)严禁在管片边缘打孔;

3)安装高度满足设计要求,特殊地段根据实际情况确定,与其他管线不交叉;

4)电缆支架与隧道、桥梁壁间采用M12×50 mm锚栓固定;

5)支架安装间距满足设计要求;

6)支架安装后横平竖直、整齐美观,在同一直线段上的支架间距均匀,在同一水平线上,无起伏不平、波浪弯现象。

4.2 室内设备安装

4.2.1 室内设备安装

4.2.1.1 室内设备安装施工工艺流程(图4.13)

图4.13 室内设备安装施工工艺流程图

4.2.1.2 施工准备阶段

1)若机电单位移交信号设备房时照明强度不足,则应增加临时照明,确保室内配线施工照明强度。

2)设备房粉刷完成,并且墙面打磨完成;设备房地面打灰完成,并且涂绝缘漆,弹出静电地板网格线及标高;机房有正式门或牢固临时门。若机电单位移交信号设备房时地面未刷地坪漆,则应铺设地板革并增加挡鼠板进行防尘防鼠,同时推荐使用鞋套机,室内施工时穿戴鞋套,保持室内卫生。

3)信号设备室,应增设除湿机、悬挂温湿度计,保证室内设备运行环境并实时监测。

4)信号设备室内消防设施、临时电箱、临时工具材料、临时设备、清洁工具及垃圾等摆放点均用黄黑警戒带划分摆放区域并张贴区域名称标识,专区专管,如图4.14所示。

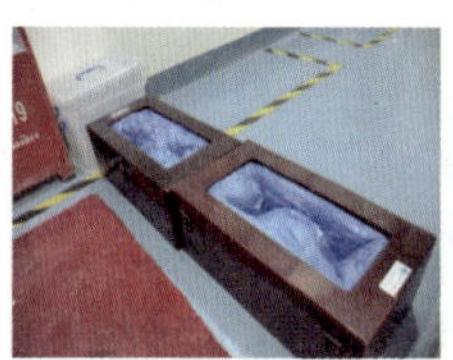

图4.14 信号设备室进场施工前准备示意图

4.2.1.3 施工阶段

1. 绘制室内底座槽道布置图

施工前根据设计提供的室内机柜布置图结合机电单位静电地板安装网格线提前策划底座、槽道布放位置,确定线槽内各类线缆的敷设位置、进线方式、转弯位置,绘制室内底座槽道布置图。

2. 机柜底座安装

底座安装完成后所有底座上平面必须保证水平且在同一平面，使用水平尺进行测量，误差控制在 2 mm 范围内，底座使用 ϕ10×80 mm 的膨胀螺丝固定。机柜底座安装需确保机柜安装完成后机柜正面竖直并在同一平面。

3. 槽道安装

1）将电源线与数据线分槽道或分层敷设，以避免电源线可能会对数据线产生干扰。室内铝合金线槽支架每隔 1.2 m 固定一个（固定位置避开网格线交叉位置，如在交叉位置可适当移动 5 cm），采用 M10×80 mm 膨胀螺栓进行固定，如图 4.15 所示。线槽与支架（支架高度80 mm，有利于室外光电缆引入时穿过线槽下方）连接时用自攻螺丝连接固定，槽道连接处使用 6 mm^2 地线短接。

2）槽道连接处使用连接地线进行短接，槽道接缝、拐角处使用防护胶条进行防护，也可使用地板革对整个槽道内部进行防护。槽道拐角处应进行135°钝角处理，进机柜处应使用喇叭口，即避免 90°转角已达到增大线缆弯曲半径保护线缆的目的。

图 4.15 采用铝合金线槽现场进行拼接安装示意图

4. 机柜安装

正线室内设备安装包括设备机柜安装、电源设备安装、工作站设备安装以及机柜配线等工作内容。在进入正线室内进行安装施工前，要与房建单位签订移交施工协议。根据设计图纸确定设备安装位置，点验设备及材料，施工前在各站提前安装临时配电箱。施工流程如图 4.16 所示。

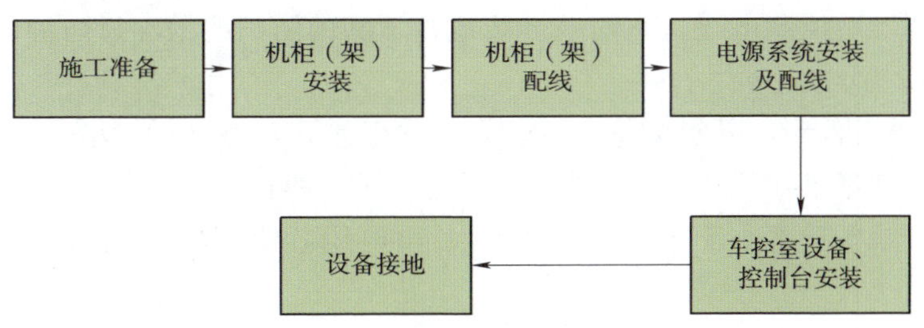

图 4.16 机柜安装施工流程图

1）机柜（架）的安装固定

开箱检验，检查机柜外观是否完好，不应有涂层脱落和框架变形等现象。将机柜抬至底座上摆放到位；机柜与设备底座间使用 4 个 M10×50 mm 不锈钢螺栓或镀锌螺栓固定牢固，机柜间用 2 个 M8 × 30 mm 进行连接。机柜安装完成后用水平尺测量横平竖直，确保机柜安装完成后机柜正面竖直并在同一平面，对不平直的设备松开固定螺栓进行调整，如图 4.17 所示。室内设备机柜安装完成后，用彩条布将其包裹起来并粘贴成品保护施工铭牌，以防其他专业施工污染、损坏。

图 4.17 机柜安装示意图

2）机柜（架）的配线

在机柜安装好后进行机柜内部、机柜之间各种线缆的引入及配线。

（1）各种电缆、电线的引入

检查确认从信号机械室外引入的各种电缆、电线应连接的机柜（架）编号和位置。

信号设备所用控制电缆从防静电屏蔽地板下部的防护线槽穿过防静电屏蔽地板引入到信号机械室分线柜内。

电缆、电线引入到信号机械室后，电缆、电线引入孔及时进行封堵。

电缆备用量盘放在机械室防静电屏蔽地板下（一般情况下电缆不应重叠盘放），原则上电缆室内储备量不小于 5 m；分线柜的备用电缆芯线直接盘成圈绑扎于柜内下部固定电缆处。

（2）各种电缆、电线的固定及配线

引入到信号机械室分线柜内的信号控制电缆从防静电屏蔽地板下部的防护线槽穿过防静电屏蔽地板，引入到分线柜中后，首先用固定卡在分线柜底层进行固定。

配线前首先检查配线的规格、型号是否符合设计规定，线条中间是否有接头或破损现象。

提前核对图纸，胶管提前用专业打号机打好(部分手写胶管，须书写整齐)，配线时严格按照图纸施工。

室内线缆按信息、电源槽分别放置，尽量避免交叉，线缆在线槽中按去向、按类别分别绑扎整齐。

机柜、排架、层及应用情况须具备标识，单一设备(如继电器、计轴板卡)也应具备标识，光电缆、芯线等需有明确去向标识。

引入到信号设备室分线柜内的光、电缆先用固定卡在底层进行固定，剥去外护套，利用卡箍完成屏蔽接地，硬线由每层下部引入，软线由每层上部引入，电缆线在侧面槽需回弯做好余量。

放线时要确保放线到相应的位置，留足余量，同时两端套上相应的线芯套管并打结，以确保套管不丢失。

放线时要做到：先本架后架间，先短后长，先软线后光电缆，架间或架内线缆分类用绑扎带固定。

软线敷设通过走线槽时，须注意防护，避免在拉线过程中，损伤软线。

电源线沿侧面槽外侧引向零层，外皮统一在进入横槽时剥去，软线沿侧槽内侧敷设，靠左的7组线缆沿左侧线槽敷设，靠右的6组线缆沿右侧线槽敷设。

接口电缆一律从接口柜左侧引入端子，组合线从右侧引入端子。

信息线按设备类别分类绑扎放置，红网数据线放在走线槽的一侧，蓝网数据线放在走线槽另一侧。

压接时，软线剥头8 mm，将所有芯线插入压针，压接牢固。

电缆、电线引入到设备室后，其引入孔要进行封堵。

接口机柜和联锁柜之间配线采用40位万可端子配线，联锁机柜和接口柜之间配线电缆走在室内防静电屏蔽地板下的防护线槽；一般接口柜右侧接线端子是连接联锁柜用的微机电缆接线端子，如图4.18～图4.22所示。

(3)配线时注意事项

机柜配线时要注意各种电缆、电源线的规格、型号、敷设径路应符合设计规定，电源接口组合中所有的线是1.5 mm^2 的软线，信号连接线、轨道继电器连接线和复位继电器连接线必须采用2 * 23/0.15双芯屏蔽连接线，在施工图纸组合内部配线表中标有“ * ”的线，必须都采用1.5 mm^2 的软线。

配线采取绕线环或焊接、压接线环方式。采用压接方式时要选用与芯线配套的压接端子，芯线剥头长短适宜，不得有压绝缘外皮现象，且压接牢固。

焊接或压接、插接端子上套用的塑料管应长短一致。

配线电缆有来、去向标志。

组合柜零层电源端子D1、D2、D3至D7的配线型号采用BVR40×0.15线。

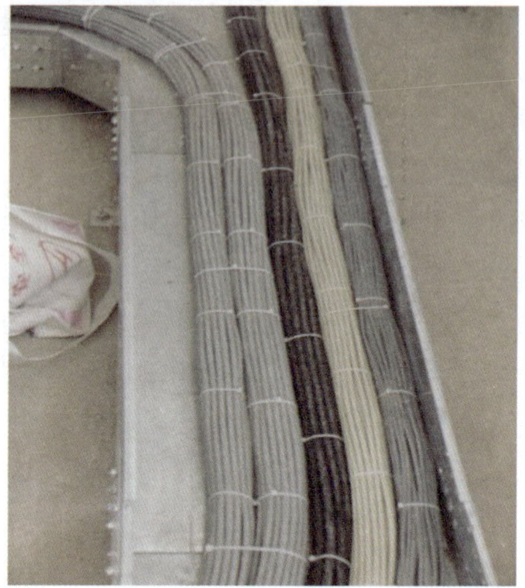

图 4.18　线槽整齐布线示意图

图 4.19　接口柜及组合柜配线示意图

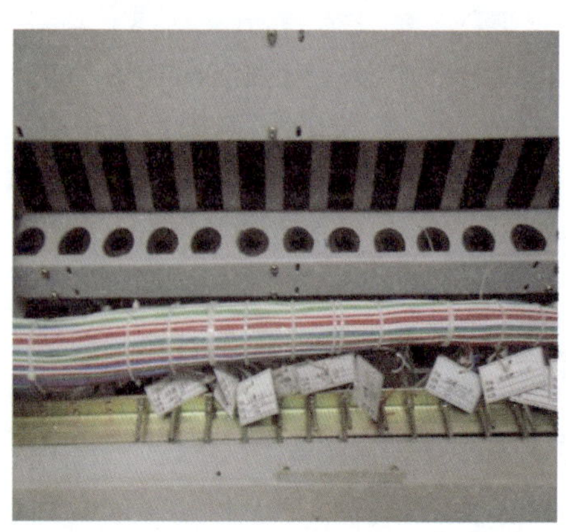

图 4.20　分线柜配线示意图

图 4.21 绕线环工艺示意图

图 4.22 柜间配线示意图

3)电源设备安装及配线

(1)外观检查:电源屏、UPS 安装前要检查电源屏外观尺寸、颜色、盘面配置和断路器容量是否符合设计要求。

(2)确定安装位置:按照设计图确定安装位置,电源屏一般是在 UPS 主机旁边。

(3)设备安装

在电源屏、UPS 等机柜支架安装完毕后,将电源屏、UPS 按照设计要求进行安装,首先将电源屏机柜直接置于支架上,然后采用连接螺栓进行固定。将各个电源设备机柜排列整齐,并做到横平竖直。

一般用 6~10 mm^2 铜塑线连接电源屏、UPS 地线。

(4)电源屏、UPS 的绝缘测试和导通

断开机柜内的地线连接,用绝缘兆欧表对输入端子进行测试,所有端子对地绝缘均应满足产品技术规格要求。

采用万用表对机柜内部配线进行导通测试。

(5)各种电缆、电线的固定及配线

引入到电源设备内的信号电缆、电线从防静电屏蔽地板下部的防护线槽穿过防静电屏蔽地板,引入到电源屏后,在电源屏适当位置进行固定。

配线前首先检查配线的规格、型号是否符合设计规定,线条中间是否有接头或破损现象。

各种电缆、电线在配线时要做到电缆排列绑扎整齐、美观,走线到位、准确。

(6)注意事项

电源屏安装时要做到平直、牢固,排列整齐。电源屏外壳无变形、无损伤,面板、侧板的漆层光滑、无脱落,按钮、电表、表示灯无裂纹、伤痕。元器件连接牢固。

电源屏配线时要注意各种电缆、电源线的规格、型号、敷设径路应符合设计规定。

配线采取绕线环或焊接、压接方式(铜塑线截面积在 2.5 mm^2 以上的不适宜采取绕线环方式)。

配线电缆有去向标志,引入三相四线制电源时,要注意其相序与电源屏、UPS 的相序必须相符。

4)服务器(终端设备)安装

(1)待室内所有机柜、设备安装及配线完成后,且机房已有正式门,将电脑桌搬运至机房。

(2)确定安装位置:按照设计图确定安装位置。

(3)根据安装位置,从角磨机在静电地板开好出线孔。

(4)将中控机、显示器按要求安装在电脑桌椅上,把电源线、数据线及信息网线插接好。

5)控制台安装

(1)根据控制台的尺寸及底座提前加工控制台的底座支架。

(2)依据室内设备布置图将预先加工完毕的支架用 $\phi12$ 膨胀螺栓固定于已做好地平的地面上,支架表面调至水平。固定应平齐美观、高低一致,高度和室内防静电屏蔽地板相同(一般其距离应以五零线作为基准线)。

(3)在机柜的支架安装完毕后,将控制台按照设计要求进行安装,首先将控制台直接坐于支架上,采用 $\phi12$ 的连接螺栓进行固定。

6)信号设备地线连接

(1)施工流程如图 4.23 所示。

图 4.23 信号设备地线连接施工流程

(2)操作要点

①施工前预留条件的检查

防雷及接地主要包括设备防雷、室内设备接地及室外设备接地等。信号设备引入综合接地系统前,应由建设单位组织相关单位对下列内容进行检查,并确认设计要求和相关技术标准规定:

a. 信号设备房屋的接地汇集线、环形地网;

b. 防静电地板;

c. 路基、桥梁、隧道内的信号设备用接地端子,与贯通地线连接牢固,端子螺母内无杂物;

d. 接地端子处,接地标识齐全,易于查找;

e. 室内外接地端子的接地电阻阻值不大于 1 Ω。

②设备防雷

防雷元件安装前应检查防雷元件的规格、型号、数量符合设计和订货合同的要求，并检查防雷元件的合格证等质量证明文件齐全；信号设备的防雷元件的安装位置、方式应符合设计要求；防雷元件的安装应牢固可靠、便于检测，其他设备不得借用防雷设备的端子；防雷元件表面无变形、无损伤；防雷元件连接牢固。

信号设备的防雷元件安装及配线应按下列方式施工。

a. 防雷元件与被防护设备之间的导线应采用阻燃线，路径应短捷、不留余长。

b. 并联型防雷保安器与被保护设备端子连接线截面积不小于 1.5 mm^2，连接线长度不宜超过 500 mm，受条件限制时可适当延长，但严禁超过 1 500 mm。

c. 电源防雷

单相稳定电流小于 100 A 的机房，电源线与防雷箱的连接线长度不宜大于 500 mm，受条件限制连接线长度在 500 ~ 1 000 mm 时，应采用凯文接线法连接。防雷箱接地线与电源保护地线（PE）连接，并就近与接地汇集线连接。

连接线采用塑料外护套多芯铜线，第Ⅰ级连接线截面积不小于 10 mm^2、第Ⅱ级连接线截面积不小于 6 mm^2、第Ⅲ级连接线截面积不小于 2.5 mm^2。

d. 信号传输线防雷

电缆金属护套和屏蔽层应与分线盘接地汇集线连接，使用中的电缆芯线经防雷保安器接地端子与接地汇集线连接，电缆备用芯线直接与接地汇集线连接。

信号传输线上设置的防雷保安器接地线必须与被保护设备金属外壳连接，连接线采用标称截面积不小于 1.5 mm^2 多股铜芯塑料绝缘软线，长度不大于 200 mm，并就近与接地汇接线连接。

室外的信号设备防雷保安器接地端子应就近与接地体可靠连接，连接线采用标称截面积不小于 1.5 mm^2 多股铜芯塑料绝缘软线。

e. 应答器室内防雷单元应固定安装在机房分线柜上或专用防雷柜内，具体位置应符合设计要求。

f. 接地线采用截面积不小于 1.5 mm^2 黄绿色多股铜芯塑料绝缘线。

③室内设备接地

a. 室内设备接地汇集线应按以下要求施工。

室内设备接地汇集线可相互连接，但不得构成闭合回路。

电源防雷箱（电源引入处）和防雷分线柜处的接地汇集线宜单独设置，分别与环形接地装置单点冗余连接，其余接地汇集线应采用截面积不小于 2 × 25 mm^2 带绝缘外护套的多股铜芯线或 30 mm × 3 mm 的铜排相互连接后与环形接地装置单点冗余连接。

当房屋面积较大时，宜设置与地网单点冗余连接的总接地汇集线。运转室、继电器室、电源室、设备机房的接地汇集线应分别与总接地汇接线单点连接；当信号设备房屋分布在几个楼层时，各楼层应分别设置总接地汇集线，总接地汇集线间应采用截面积不小于 50 mm^2 的带绝缘外护套的多股铜芯线栓接。

接地汇集线及接地汇集线间的连接导体、接地汇集线与地网的连接线必须与墙体绝缘。接地汇集线应在距地面 200 ~ 300 mm 处设置；有防静电地板的机房，接地汇集线可在地板下方距地面 30 ~ 50 mm 处设置，距墙面宜为 100 ~ 150 mm。接地汇集线上每隔 1 000 ~ 1 500 mm 应预留接地螺栓供连接使用。

接地汇集线与地网的连接线应采用截面积不小于 2×25 mm^2 的带绝缘外护套的多股铜芯线。电源室防雷箱处（电源引入处）接地汇集线在环形接地装置上的连接点与分线柜处接地汇集线在环形接地装置上的连接点之间，以及与其余接地汇集线在环形接地装置上的连接点之间距离宜大于 5 000 mm。

电源屏、控制台、各种机柜、控显设备等所有室内设备应与墙体绝缘，其安全地线、防雷地线、工作地线等应以最短距离分别就近与接地汇集线连接。

金属机柜（架）采用截面积不小于 10 mm^2 多股铜导线与本机柜（架）下的等电位铜排栓接，等电位铜排采用截面积不小于 50 mm^2 带绝缘外护套的多股铜芯线或 30 mm × 3 mm 铜排就近与接地汇集线连接。

设备门体、槽道与机柜（架）主体部分应进行等电位连接。

室内设备地线连接后，应进行接地电阻测试，接地电阻限值不大于 1 Ω，测试结果填写测试记录。

b. 电源引入防雷接地应按以下要求施工。

电源引入防雷箱外壳与防雷箱内接地端子间采用截面积不小于 6 mm^2 铜导线连接。

电源引入防雷箱内接地端子可直接就近与综合接地端子或环形接地装置单点冗余连接，连接线应采用截面积不小于 50 mm^2 铜导线。

如室内设有电源引入防雷接地汇集线，电源引入防雷箱内接地端子可直接与电源引入防雷接地汇集线连接，连接线应采用截面积不小于 50 mm^2 铜导线。

c. 电源屏、防雷分线柜接地应按以下要求施工。

电源屏外壳与屏内接地端子间采用截面积不小于 6 mm^2 铜导线连接；屏内接地端子就近与接地汇集线采用截面积不小于 50 mm^2 铜导线连接。

信号设备防雷采用截面积不小于 6 mm^2 铜导线连接到防雷分线柜内的接地汇集板。

电缆钢带、铝护套及四芯组屏蔽层环连后与防雷分线柜内接地汇集板间采用截面积不小于 6 mm^2 铜导线连接。引入设备房的电缆长度大于 5 m 时，应在电缆引入口处，将电缆钢带剥开用连接线截面积不小于 25 mm^2 的绝缘电线或多股电缆就近与综合接地端子连接。

防雷分线柜内接地汇集板应就近与综合接地端子或专用接地汇集线相连接，连接线应采用截面积不小于 50 mm^2 铜导线。

d. 机柜(架)等电位连接应按以下要求施工。

机柜(架)外壳、各种屏蔽线的屏蔽网等应共用一个接地汇集线,并采用栓接方式连接。

屏蔽线应采用单端接地,屏蔽层宜从横向出线处剖开。同架屏蔽线间采用截面积不小于 0.75 mm^2 铜导线连接后接至零层接地端子,每架零层接地端子分别与接地汇集线单独连接。

接地汇集线应就近与综合接地端子相连接,连接线应采用截面积不小于 50 mm^2 铜导线。

④室外信号设备接地

室外设备接地均采用并联连接方式,设备集中处宜设置分支接地引接线。接地引接线与贯通地线连接,有预留端子时可采用栓接方式连接,与分支接地引接线连接可采用 T 形压接方式连接。各接地线连接端子应牢固可靠,引接线露出地面部分应进行防护。室外设备地线连接后,应进行接地电阻测试,接地电阻限值不大于 1 Ω,测试结果填写测试记录。

a. 室外电缆的屏蔽和接地应按以下要求施工。

室外电缆钢带、铝护套、内屏蔽护套应采取单端接地方式。单端接地的电缆长度不得超过 3 000 m,当电缆总长度超过 3 000 m 时宜在中间采用地面接续盒方式接续。

箱盒引入电缆的钢带、铝护套层采用 U 形卡加固牢固,环连后用两根 7×0.52 mm 铜芯绝缘软线接至方向盒内接地端子,内屏蔽层用截面积 1.5 mm^2 扁平铜网环连后接至方向盒内接地端子。

设备接地端子应就近与综合接地端子或贯通地线连接,连接线应采用截面积不小于 50 mm^2 的铜导线。

b. 信号机及梯子的接地应按以下要求施工。

矮型信号机的金属基础,采用截面积不小于 50 mm^2 软铜缆连接后,应就近与综合接地端子或贯通地线连接。

高柱信号机必须进行安全接地防护,采用截面积不小于 50 mm^2 软铜缆将各机构分别与信号机梯子、信号机构连接后应就近与综合接地端子或贯通地线连接。

⑤综合接地系统

a. 综合接地系统应按设计要求施工。

b. 贯通地线接头连接、综合接地端子与贯通地线连接应牢固。

c. 电缆槽道内的综合接地端子应与槽底(含防水层)或槽壁相平。

d. 供各专业使用的综合接地引出端子,应在电缆槽道盖板或防护墙、隧道壁上加地线标识。

⑥电缆间盘架安装

a. 根据现场电缆间的大小及预留孔洞的位置,以“美观、便捷、易操作”的原则设计电缆盘架。

b. 电缆盘架按设计要求加工好后,根据每个站的电缆间情况逐一安装。

c. 电缆从电缆引入孔穿上,整齐有序盘到电缆盘架,并挂好标示标牌,机柜成品保护示意图如图 4. 24 所示。

图 4. 24 机柜成品保护示意图

4. 2. 1. 4 施工总结

1. 质量控制

1)线槽支架应避开静电地板支架支腿位置,设备底座正面压网格线,保证设备正面平齐。

2)线槽穿过隔墙时,不得在穿过墙壁处进行连接,在线槽与隔墙间安装槽盖并用水泥封堵或防火堵料封堵。

3)线槽安装应牢固,无扭曲变形,连接片的螺母应安装在线槽外侧。

4)连接螺丝必须连接紧固,线槽物理连接后必须用地线进行电气连接。

5)线槽内拐角处、接缝处垫橡胶皮防护,避免缆线刮伤。

6)底座安装水平,误差控制在 2 mm 范围内。机柜垂直于水平面,相邻机柜间隙不得超过 3 mm。

2. 安全措施

1)机柜装卸车及搬运时必须由专人统一指挥,配备足够的人力、物力,做好安全防护;运输时在车厢内固定牢固,严禁人货同载。

2)作业前检查发电机及电钻性能,确认其绝缘良好。电源线无破损、无不良接头及漏电现象。

3)使用或移动电钻时,操作人员不得戴手套,不得拖拽电线,电钻未静止前,不得触及钻头及转动部分。

4.2.2 室内设备配线

室内设备作为信号系统的核心和大脑,室内设备配线的准确率直接影响到调试的进度和质量。

本工法主要有以下三项特点。

1)工序间采用分项流水作业,效率提高。

2)提供多种室内线槽内线缆敷设绑扎方案,可根据项目实际情况进行选择。

3)针对组合柜、接口柜、分线柜等不同类型机柜制定针对性的线缆敷设、绑扎、配线方案,工艺美观。

工艺原理:根据室内配线图纸,合理规划线缆的敷设顺序、路径并进行线缆敷设、绑把、配线。敷设、绑把时做到横平竖直,扎带绑扎均匀;配线时做到预留量弧度统一、插线(焊线)牢固。在线缆敷设完成后配线前和配线完成后各进行全面的校号导通试验,并核查套管。

室内设备配线施工工艺流程如下。

1. 施工阶段

1)室内线缆敷设

为提高室内线槽内线缆敷设施工工艺,在施工前技术人员根据设计单位提供的室内机柜布置图,结合机电单位静电地板安装图提前策划线槽布放位置,线槽内各类线缆的敷设位置、进线方式、转弯位置,特别绘制室内槽道布置图。

室内线缆敷设时严格遵循电源线与数据线分槽道敷设或同一线槽分边敷设,数据线敷设时不同类型的数据线需分类敷设。线缆在机柜内部槽道敷设时也应分类敷设,出槽道时应按照编号有序出线,不能交叉出线,如图4.25所示。室外光电缆引入设备室时应排列整齐不得有互绞、硬弯或背扣现象。分线柜背面绑扎防护绳,机柜内进出线口处加贴U形胶条。

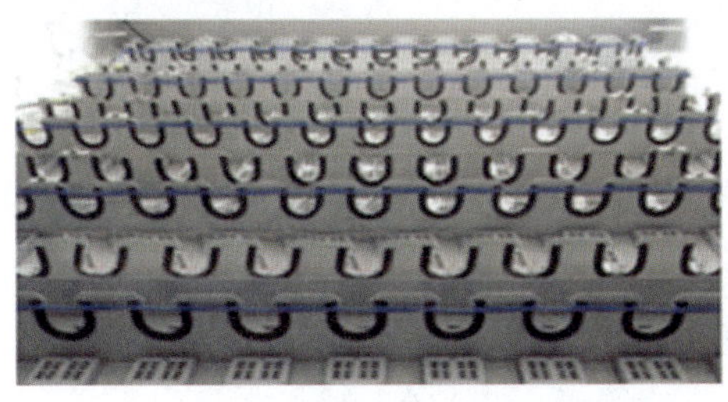

图4.25 室内线缆敷设准备工作示意图

2)室内线缆绑扎

(1)线槽内线缆敷设绑扎固定方法根据现场实际情况和业主、设计、监理、运营单位的要求可采用以下两种敷设绑扎方法，机柜内部槽道敷设线缆如图 4.26 所示。

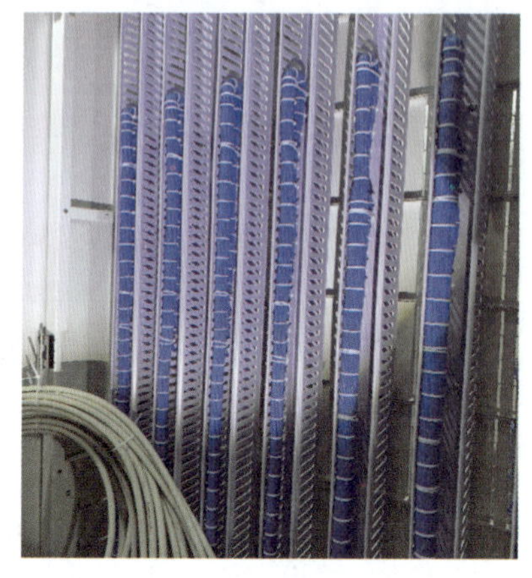

图 4.26 机柜内部槽道敷设线缆示意图

①使用理线架进行线槽内线缆由里到外分层敷设绑扎：即线槽内包括电源线、联锁电缆、计轴电缆、对绞数据线、普通数据软线等线缆均使用理线器进行分别绑扎，并根据线径选择合适的固定垫块进行敷设，如图 4.27 所示。

②使用扎带进行线槽内线缆敷设绑扎：即线槽内包括电源线、联锁电缆、计轴电缆、对绞数据线、普通数据软线等线缆均使用扎带进行分别绑扎。总体做到横平竖直并且减少线缆交叉点。绑扎扎带做到“间距一致、方向一致”，电源线、计轴电缆扎带间距 20 cm，联锁电缆扎带间距 50 cm，对绞数据线、普通数据软线扎带间距 10 cm，在线缆转弯处、进机柜处等特殊情况可适当调整扎带间距，如图 4.28 所示。

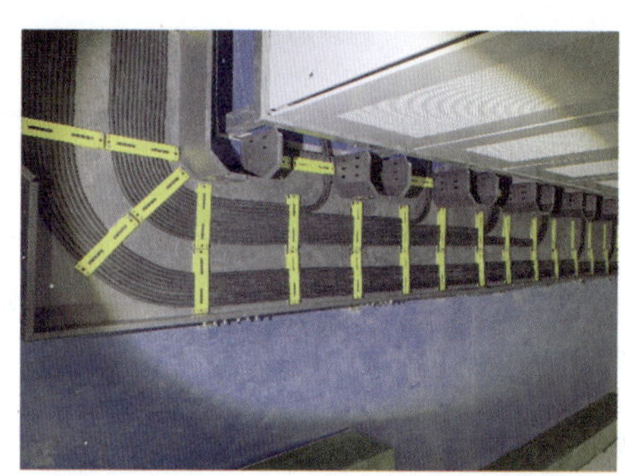

图 4.27 采用理线器进行线缆敷设绑扎固定示意图

图 4.28 使用扎带进行线槽内线缆敷设绑扎示意图

(2)组合柜内部线缆及模块线缆绑扎:组合柜内部出线绑扎时应将组合侧面电缆对应组合侧面端子分成三股分别由下至上绑扎配至组合侧面端子(也可由上至下进行绑扎出线,优点在于可使套管依靠重力自然处于配线端子处,但与传统出线方向相反,需取得业主、设计、运营单位同意后方可使用)。模块配线保证模块内穿线弧度大小一致进行绑扎。

(3)分线柜内部线缆绑扎:分线柜要求将室外电缆芯线与室内数据软线分开绑把。电缆芯线在机柜底部绑横把后进入各层横槽内绑横把,小支把从下至上,竖直分线绑把,使用左侧端子;软线在各层横槽内绑横把后,小支把从上至下,竖直分线绑把,使用右侧端子。

(4)机柜零层电源线绑扎:针对不同类型的零层端子均要求出线前绑把横平竖直,出线时正电、负电电源芯线依次出线绑扎,配线绑扎时相同型号的电源线预留弧度大小一致。

3)配线及导通试验

(1)线缆配线工艺标准:室内插线中电缆使用冷压端子压接时不能漏铜,冷压端子需压紧,室内所有插线要紧固牢靠,如图4.29所示。需要镀锡的线缆,镀锡要圆滑不能出现毛刺,镀锡完成后用热缩管防护。线缆配至端子时必须预留至少3次改线做头余量,同时增加防护套管,套管上标注线缆的来去向。

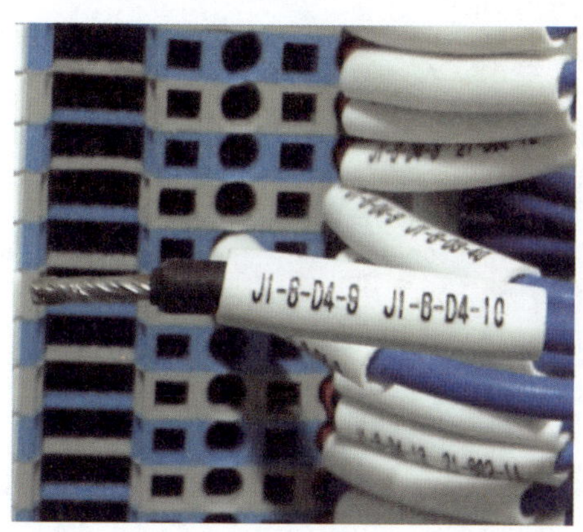

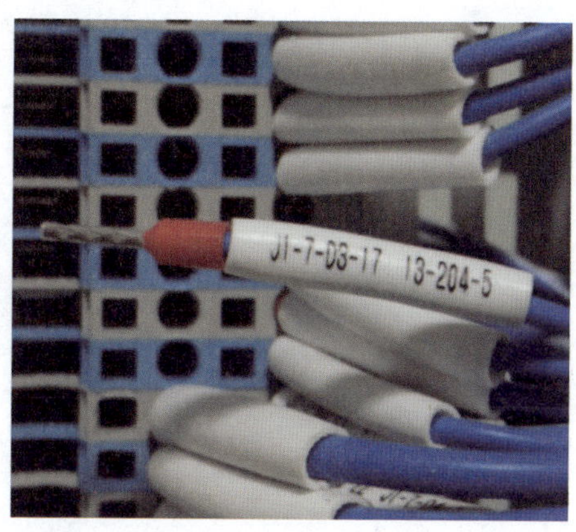

图4.29　线头镀锡或使用冷压端子处理示意图

(2)为方便后期运营期间故障排查,室内机柜配线根据功能不同设置不同颜色线缆。室内配线主基调为蓝色(机柜内部环线及组合柜架间线),组合柜至分线柜采用红色,监测配线采用紫色,组合侧面正/负电环线分别采用红/黄色,A/B/C三相电源环线分别采用黄/绿/红色。

(3)在线缆敷设完成后,配线前和配线完成后各进行一次全面的校号导通试验,并核查套管。

4)室内设备接地

室内设备接地工艺标准:室内接地中有铠装层和屏蔽层的电缆必须进行铠装接地和屏蔽接地,屏蔽焊接完成后,缆线裸露部分要用热缩管防护。电缆槽及每架机柜都要单独连接至设备室的接地端子排并悬挂铭牌,地线可以敷设于电源线槽道内或镀锌钢管进行穿管敷设,也可走线槽底部敷设,如图 4.30、图 4.31 所示。

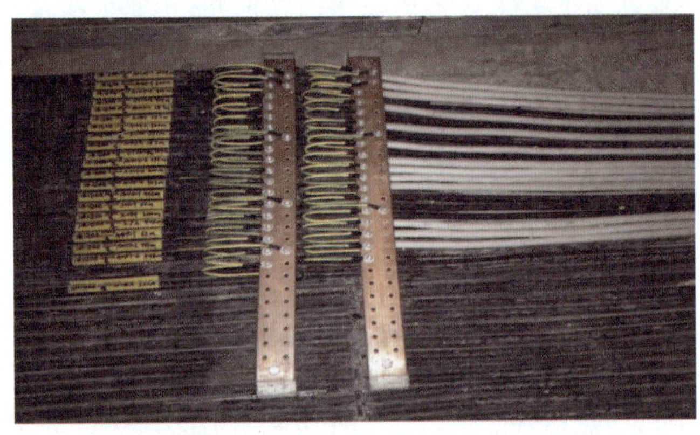

图 4.30 电缆接地屏蔽连接示意图

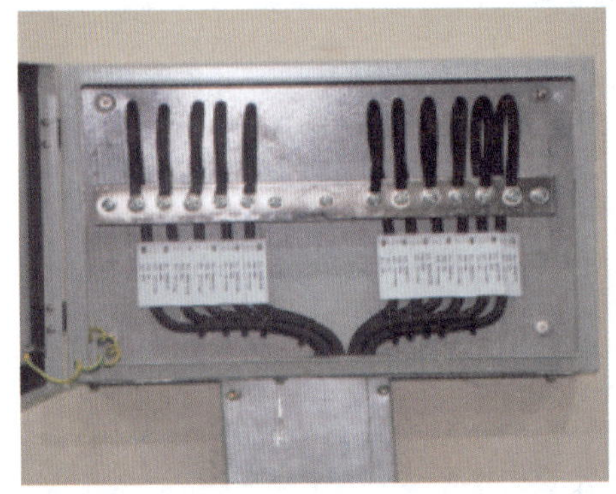

图 4.31 敷设地线接地示意图

2. 施工总结

1)质量控制

(1)室内配线按图施工,如有变更应得到设计单位或系统集成商出具的正式书面改图签认后方可实施。

(2)敷设线缆前检查槽道拐角处、接缝处防护情况,避免线缆划伤。

(3)线缆敷设前必须对线缆敷设顺序、走向进行合理规划,为下道工序做准备。

(4)线缆绑扎按照经参见各方确认后的样板施工,扎带(理线架)松紧、间距要适度,保证工艺美观。

(5)线缆配至端子时必须预留至少3次改线做头余量。

(6)在线缆敷设完成后,配线前和配线完成后各进行一次全面的校号导通试验,并核查套管。

2)安全措施

(1)进入现场必须戴安全帽,穿三防鞋。

(2)施工现场安装、维修或拆除临时用电设施,必须由电工完成。

(3)信号设备室必须安装消防要求配备消防器材。

4.3 轨旁设备安装

4.3.1 信号机安装

4.3.1.1 信号机安装施工工艺流程(图4.32)

图4.32 信号机安装施工工艺流程图

4.3.1.2 施工准备阶段

在安装信号机前,首先按照设计图纸核对定测标识、坐标、位置、限界尺寸。现场调查信号机安装位置,如果现场位置不满足安装条件,及时联系设计单位,提出解决方案,优先考虑信号机换边或移位,检测点灯单元、信号机构必须符合规定标准,不得有影响显示的斑点和裂纹,并清洁、明亮。并准备安装用工具材料。

4.3.1.3 施工阶段

1. 制作安装支架

信号机支架安装示意图如图4.33所示。根据信号机安装位置不同,结合现场实际情况及限界要求,信号机安装支架可分为立柱安装支架和侧壁安装支架。

2. 固定支架安装信号机构

1)采用立柱安装支架进行信号机安装时,信号机立柱、电缆终端盒、维修平台的中心保持在同一水平线上且与钢轨保持平行。维修平台与电缆终端盒保持80 mm间距。膨胀螺丝拧紧后必须保证外露不少于四圈丝扣。

2)采用侧壁安装支架进行信号机安装时,信号机侧壁支架、电缆终端盒均紧贴隧道壁进行安装。信号机侧壁支架与电缆终端盒保持 80 mm 间距。膨胀螺丝拧紧后必须保证外露不少于四圈丝扣。

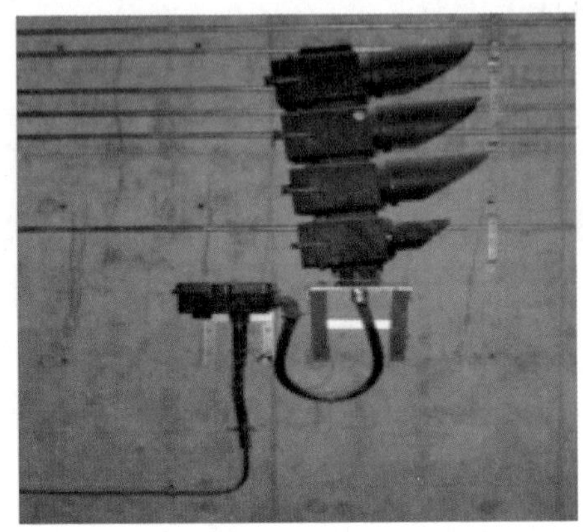

图 4.33 信号机支架安装示意图

3. 电缆引入及配线

1)信号机电缆引入工艺标准:电缆从托架引下时第一个固定线卡距接地扁钢 100 mm;电缆在隧道壁固定转弯时拐角处保持 90°圆弧,固定线卡距拐角 200 mm;电缆及地线从电缆托架引下时与地面保持垂直,固定线卡在电缆上分布均匀间距保持一致;电缆引至地面时防护管上墙高度为 350 mm。

2)电缆做头工艺标准:电缆引入至电缆盒时先用铁丝在电缆钢带层打背扣,然后将铁丝预留绑扎在引线管对接处,防止电缆在箱盒内脱落;电缆引入电缆盒时,在电缆盒内预留 30 mm 的电缆外皮保护层对芯线进行保护。

3)设备配线工艺标准:信号机设备配线颜色与灯光颜色一致;室外箱盒配线中应将软线余量按颜色整齐的绑扎并沿着箱盒边缘盘留在箱盒内;电缆芯线备用线绕圈后盘留在箱盒引入口处;软线线头绕环,电缆芯线线头做鹅头弯并增加防压断线耳;上线时均留有至少 2 次改线做头余量;配线完成后应及时灌胶、挂电缆铭牌、并增加端子防脱帽,放入干燥剂。

4.3.1.4 施工总结

1)信号机设置地点、显示方向符合设计规定,满足限界要求。

2)信号机安装方式按设计施工图中的要求进行安装。

3)信号机各部件齐全,无破损、裂纹现象,紧固件均已上紧。信号机设备及电缆终端盒已做防潮密封处理。

4)信号机配线符合设计文件要求,配线美观整齐正确。

5)信号机电缆引入时距地面 350 mm 以下电缆采用高强度软管防护,过轨及过水沟处使用镀锌钢管防护。

6）信号机接地满足设计要求。

7）信号机安装完成后需通过室内外一致性测试、灯丝转换测试并且一次侧、二次侧电压符合设计规范规定。

4.3.2　转辙设备安装

4.3.2.1　转辙设备安装施工工艺流程（图4.34）

图4.34　转辙设备安装施工工艺流程图

4.3.2.2　施工准备阶段

1）道岔转辙设备安装前，对现场道岔进行全面调查，调查的内容：道岔的种类、数量、钢轨类型、复核电机的安装位置、道岔各牵引点的开口大小、方向、道岔方正、密贴情况是否符合道岔安装图册的标准。将调查资料送交工务部门，并联系施工配合，整治道岔至安装标准。

2）检查转辙机、按钮装置的型号、规格符合设计要求，各部件及外壳完整无损，密封良好。

4.3.2.3　施工阶段

1. 角钢及转辙机安装

将4个L铁用M20×70 mm螺栓固定到钢轨上，前、后角钢穿入轨道预留的槽道内，用M20×120 mm将长角钢与L铁连接起来，在L铁及角钢间需穿入公用垫板、角铁垫板、绝缘板、绝缘管、角钢垫板，长角钢安装完成后用4个M20×65 mm螺栓将短角钢与长角钢连接起来，角钢安装完成后将电动转辙机的电机端朝岔前方向，对准电动转辙机与短基础角钢连接的四个孔，用4个M20×65 mm螺栓由下向上穿出，套上弹簧垫圈。

2. 锁闭装置安装

1）把锁闭杆连接起来，连接时注意把连接部分的绝缘部件上下对齐，绝缘部件不可破损，连接杆上的所有螺栓均由下向上安装，然后拧紧螺母。

2）把道岔用撬棍拨到定位或反位，然后在道岔开口一边的可动尖轨上安装尖轨连接铁（弧形的一面紧贴尖轨底面），拧紧螺母；在基本轨上安装锁闭框，安装之前先松开锁闭框上的导向销，以便安装锁闭杆。

3）将锁钩凹口套入锁闭杆凸起处（即落槽状态），然后将之导入连接好的锁闭框内，安装时锁闭杆与转辙机连接的一头要朝向转辙机的方向安装，然后用销轴将锁钩连接到尖轨连接铁上,将销轴螺母拧紧,再将尖端铁安装到可动尖轨上。

4)将道岔用撬棍拨到定位或反位,然后在道岔另一边的可动尖轨上安装尖轨连接铁,并用销轴将另一个锁钩连接上,将锁闭杆调整到合适的位置,使这一边的锁钩与锁闭杆处于落槽状态,然后将另一锁闭框套入并将锁闭框安装到基本轨上,最后将另一尖端铁安装到这一边的可动尖轨上。

5)将锁钩槽铁安装在锁闭杆上,所有螺栓均由下向上安装。

6)用固定螺栓将锁闭铁安装到锁闭框上,注意将固定螺栓的钩头紧钩基本轨的轨底,拨动道岔使另一端落槽。

7)用同样的方法安装锁闭铁。

8)锁钩、锁闭杆及锁闭铁保持清洁、油润、无锈蚀。道岔转换时,锁钩连结轴横向轴串效果良好,能自动调节锁钩转角。

3. 动作杆、表示杆连接

1)取下电动转辙机检测杆上的开口销、垫片及插销,避免在安装动作杆后难以取下。

2)动作杆的连接:先将两绝缘管套入锁闭杆的螺孔,再用螺栓销将动作杆连上,连接时螺栓销有丝口的一头朝表示杆方向,便于维修时能卸下螺栓销;再调整锁闭框的左右位置,使锁闭杆与电动转辙机的动作杆在一条直线上,并将动作杆的连接头连接到转辙机上,将螺栓销从上向下插入连接。

3)表示杆的连接:先将长表示杆连接到电动转辙机检测杆上,插上插销(注意插销要朝动作杆方向插入,以方便维修),套入平垫,插入开口销,并将开口销按标准角度劈开,再将绝缘管套入尖端铁螺孔,调整尖端铁左右位置,将表示杆接头连接到尖端铁上,使表示杆与动作杆平行,接着连接短表示杆,其方法与长表示杆的连接方法完全相同,动作杆、表示杆连接如图4.35所示。

图4.35 动作杆、表示杆连接示意图

4. 机械调整

1)调整准备

调整时按规定做好安全防护工作,以确保人身安全。

在滑床板上及锁钩与锁闭杆在锁闭框的部分,涂上适量的机油以减小摩擦。

松开各牵引点长短表示杆上的螺母,使表示杆不影响道岔在两个终端位置的转换,同时检查尖轨与基本轨间有无道砟,清理道砟。

2)密贴调整

用专用钥匙打开电机,顺时针或逆时针匀速摇动手摇把,使岔尖推出或拉回到终端位置(道岔锁闭),在锁闭铁与锁闭框之间增、减适量的调整片(0.5 mm、1 mm、2 mm厚三种),当在牵引点处可动轨与基本轨之间用0.2 mm厚的纸片插不进时,初步确定道岔密贴。

可动轨与基本轨之间插入2 mm调整片,匀速摇动电动转辙机,使道岔在两个位置(定位、反位)来回转换,确认各插入2 mm调整片后是否锁闭,假如不锁闭,则说明该牵引点密贴过紧,应在该牵引点处锁闭铁与锁闭框之间取出适量调整片;用同样的方法检查4 mm不锁闭的技术要求,反复调试,使各牵引点的密贴达到最佳状态。

如果是二个牵引点的电动转辙装置安装,调整时需两个施工人员同时摇动手摇把。

用改变动作杆长度的方法来满足各牵引点的开口(动程)要求,外锁闭道岔各牵引点的开口误差超过2 mm时,调整动作杆的长度,增或减电机的空动动程,满足道岔实际动程的需要。

3)表示杆调整

表示杆调整,需要先调伸出,再调拉入。

摇动电动转辙机,将道岔表示杆伸出,使道岔锁闭,调整长表示杆的长度,使指示标对准电动转辙机内下层检测杆的小缺口,此时电动转辙机内部锁闭,拧紧螺母固定长表示杆。

摇动电动转辙机,将道岔拉回到位并锁闭,调整短表示杆的长度,使指示标对准电动转辙机内下层检测杆的小缺口,此时电动转辙机内部锁闭,拧紧螺母固定短表示杆。

图4.36 表示杆调整现场施工图

拧紧所有螺母,检查有无工具或零件撒落在电动转辙机内,确认道岔开通方向正确,锁好电动转辙机盖,如图4.36所示。

4.3.2.4 施工总结

1)电动转辙机的型号、规格符合设计要求,安装符合设计安装图。

2)各部件及外壳完整无损,密封作用良好。

3)电源开关锁,通、断性能良好,通电时,摇把挡板能有效阻挡摇把插入摇把齿轮;切断开关时,摇把能顺利插入摇把齿轮;电源一旦切断,不经人工恢复,不得接通电路。

4)速动开关通、断电作用良好。

5)表示杆表示缺口调整到位。

6)正常转换道岔时,滚珠丝杠动作平稳、无噪声,摩擦联结器作用良好。

7)道岔第一牵引点处,尖轨与基本轨间有 4 mm 及以上间隙时,道岔不得锁闭,尖轨与基本轨间有 2 mm 及以下间隙时,道岔应当锁闭。

4.3.3 计轴装置安装

4.3.3.1 计轴装置安装施工工艺流程(图 4.37)

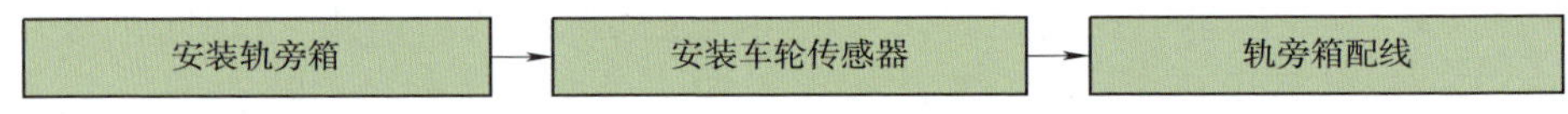

图 4.37 计轴装置安装施工工艺流程图

4.3.3.2 施工准备阶段

1)对施工人员进行安装前的培训指导,达到要求后,方可进行施工作业。

2)督导人员进入现场必须着装"荧光衣、安全鞋、安全帽",并佩戴手电等工具。

3)按照业主相关作业规定及施工范围开展相关的作业工作。

4.3.3.3 施工阶段

1. 安装轨旁箱

电缆终端盒应安装在与车轮传感器同侧垂直的轨道旁,且在弱电侧(一般行车方向左侧弱电侧,右侧为强电侧)。如需预埋走线管道,其引入孔宜满足设计图纸标准,并靠近设计的计轴安装点位置,计轴系统原理图如图 4.38 所示。电缆终端盒的安装应满足设备限界的要求,不能侵入设备限界边界内。

电缆安装盒的安装应避开消防管道,便于维护。且不得超过警冲标,应在警冲标的后方。

轨旁电缆终端盒一般具备 2 种安装方式:地面安装和挂墙壁安装。

1)立柱式安装

将轨旁箱支架用 4 个 M10 不锈钢膨胀螺栓固定到区间地面或预制的混凝土基础面上,轨旁箱采用 2 个 M10 不锈钢连接螺栓固定在支架上,如图 4.39 所示。

固定支柱可根据现场的实际情况选择不同的高度,选择的安装高度应使地下电缆方便从下面进入轨道箱。

2)侧壁安装

根据确定的轨旁箱安装位置,用铅笔在隧道壁上做好标记,使用 2 个 M10 膨胀螺栓通过箱体后部底板将轨旁箱固定在隧道壁上。墙面安装时轨道箱如图 4.40 所示。

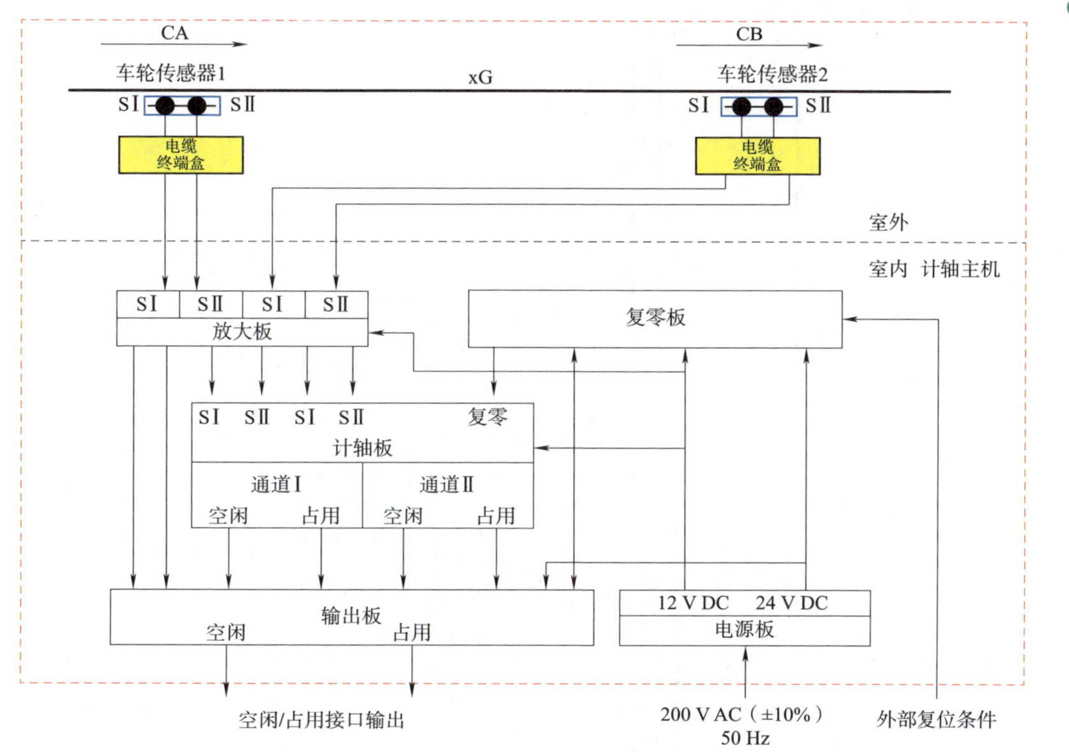

图 4.38　计轴系统原理图

2. 安装车轮传感器

1）车轮传感器打孔安装

车轮传感器采用轨腰打孔方式安装于钢轨内侧，具体安装位置与信号机、轨道电路绝缘节和钢轨接头的距离需遵循以下规定。

（1）安装位置与钢轨绝缘节、轨缝、钢轨接头、轨连线、回流线不应在同一个枕木空间内，即两者之间宜留有不小于 1 000 mm 的间隔。

（2）车轮传感器安装位置范围内不能有钢轨型号标识字体，如有，须前后移一个轨枕空间以避开该位置，或将字体打磨使平面与轨腰平滑即可。

（3）传感器安装位置范围内不得有水泥残渣、较厚的锈渣等凸起杂物，如有，须予以清除。如清除不掉，则须前后移一个轨枕空间以避开该位置。

（4）采用无缝钢轨时，根据轨旁平面布置图安装并满足传感器对金属材料的感应距离要求。

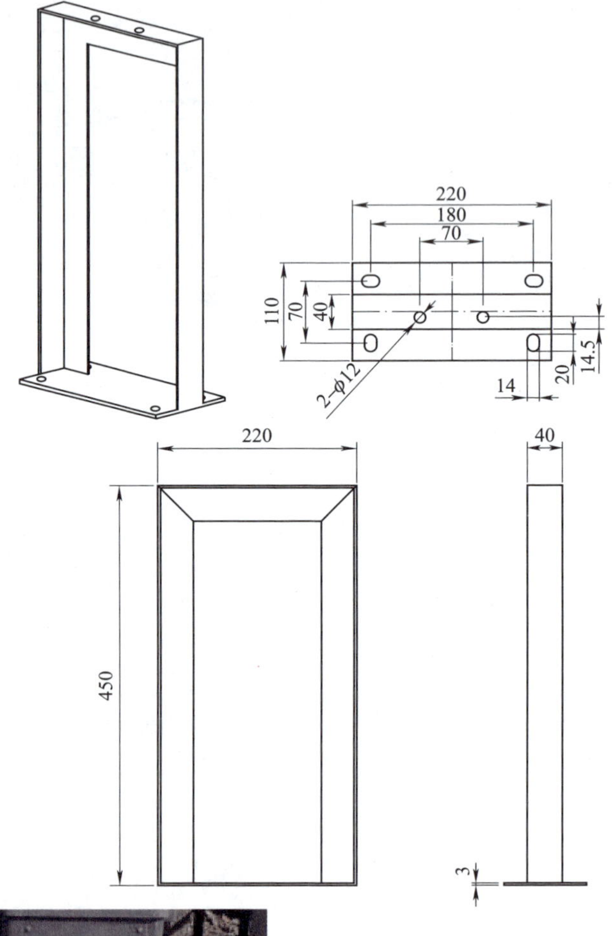

电缆盒固定用的螺丝建议采用M10的膨胀螺丝及螺母

图 4.39

图 4.39 轨旁箱安装示意图(单位:mm)

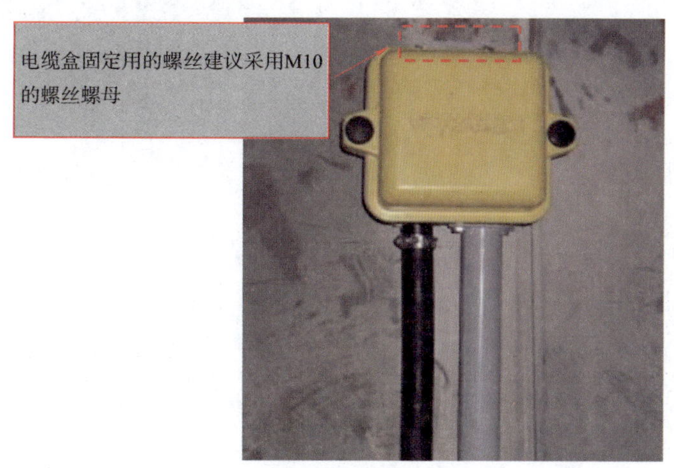

图 4.40 计轴装置侧壁安装示意图

(5)车轮传感器的安装需要在轨腰处打两个孔,打孔的尺寸以对应的打孔磨具进行规定,因此在打孔时必须使用计轴设备专用的打孔磨具,如图 4.41 所示。

2)线缆连接

按照供货商提供的图纸连接磁头线缆,每根线缆上用软管进行保护。具体按照系统集成商提供的安装详细资料进行安装。

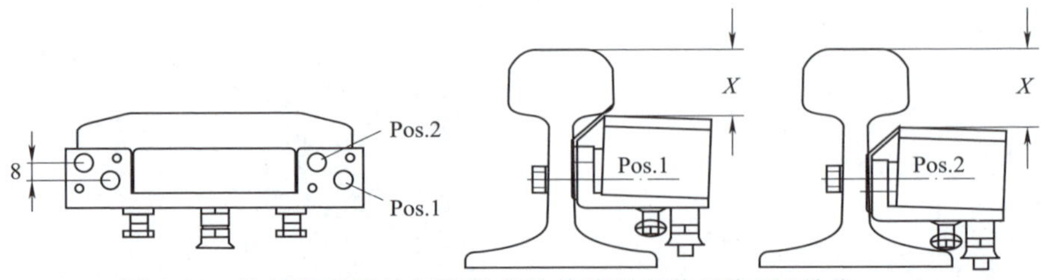

图 4.41 计轴装置钢轨打孔及车轮传感器安装示意图(单位:mm)

Pos. 1—高位(上位);Pos. 2—低位(下位);X—安装高度(大于 37 mm)

3. 轨旁箱配线

轨旁箱电缆引入时,距地面 350 mm 以下电缆采用高强度软管防护,过轨及过水沟处使用镀锌钢管防护。按照设计图纸及系统集成商提供的配线图纸进行轨旁箱配线,并在设备端预留 5 m 电缆备用量,并增加标有电缆来去向的配线套管。电缆终端盒内配有 6 个接线端子,满足车轮传感器 4 芯电缆接线的需求,备用 2 个,如图 4.42、图 4.43 所示。

图 4.42 轨旁箱示意图

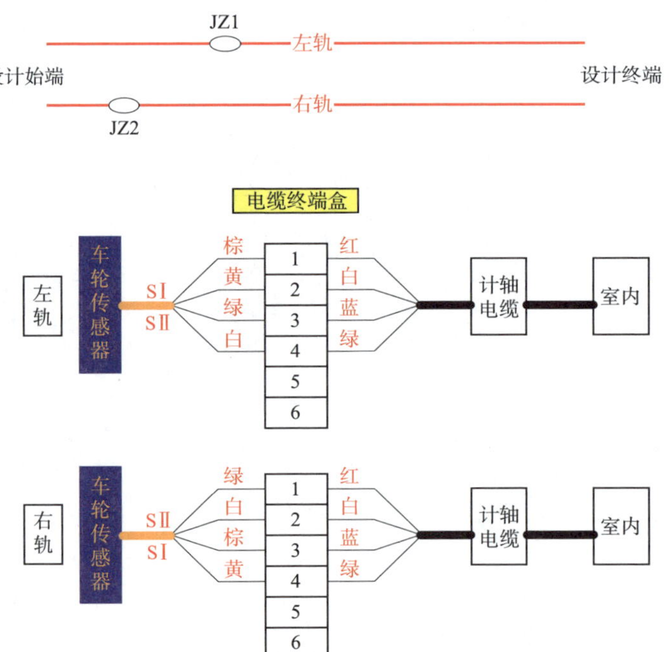

图 4.43 电缆终端盒内部配线示意图

4.3.3.4　施工总结

1)严格按照系统集成商关于计轴装置安装位置的有关规定,并避开干扰区域。

2)严格按照系统集成商关于计轴装置相互之间安装最小间距的有关规定。

3)按照设计图纸及系统集成商提供的配线图纸进行轨旁箱配线,并在设备端预留 5 m 电缆备用量,并增加标有电缆来去向的配线套管。

4)磁头电缆不允许扭绞、盘圈、截短。

5)计轴电缆屏蔽层采用单端接地,在室内分线盘处进行电缆屏蔽接地。

6)计轴装置电缆引入时,距地面 350 mm 以下电缆采用高强度软管防护,过轨及过水沟处使用镀锌钢管防护。

4.3.4　应答器安装

4.3.4.1　应答器安装施工工艺流程(图 4.44)

图 4.44　应答器安装施工工艺流程图

4.3.4.2　施工准备阶段

1. 在安装应答器前,首先按照设计图纸核对定测标识、坐标、位置、高低位安装方案等。现场调查应答器安装位置,如果现场位置不满足安装条件,及时联系设计单位、系统集成商,提出解决方案并准备安装用工具材料。

应答器外形尺寸如图 4.45 所示。

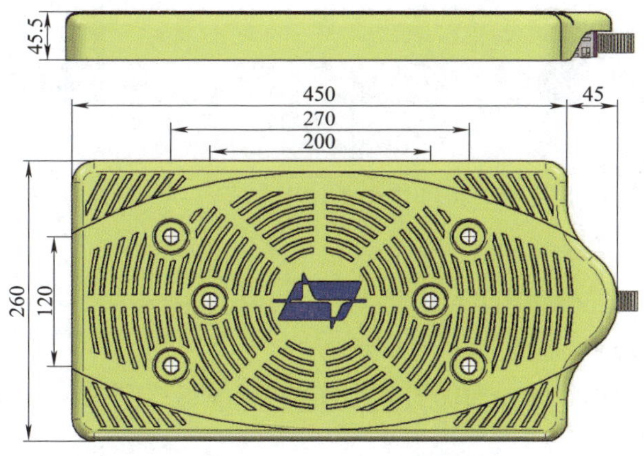

图 4.45　有源应答器外形尺寸示意图(单位:mm)

2. 安装位置

1)以下所提到的水平面是指两个钢轨轨面,并且所有的参数和旋转角度都是以钢轨轨面为参考平面。

2)应答器安装位置中心以勘测定标确定的标注位置为准。

3)应答器安装固定于两根钢轨的中间位置。

4)应答器顶面距钢轨平面的距离应在 93 ~ 193 mm 范围内;本项目应答器顶面距钢轨平面的距离为:(120 ± 10)mm。应答器安装如图 4.46、图 4.47 所示。

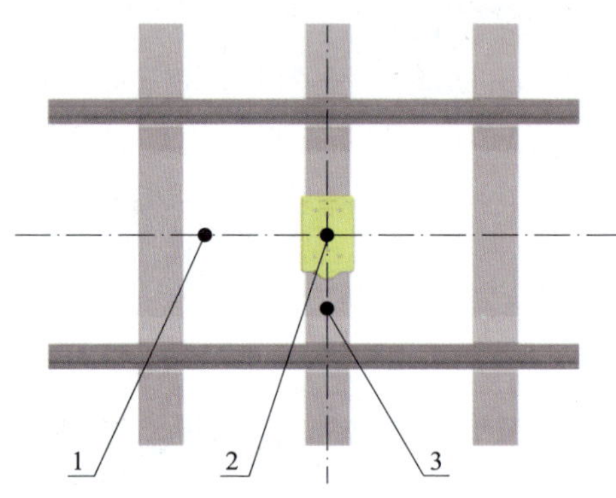

图 4.46 应答器安装位置示意图

1—轨道中心线;2—应答器;3—轨枕中心线

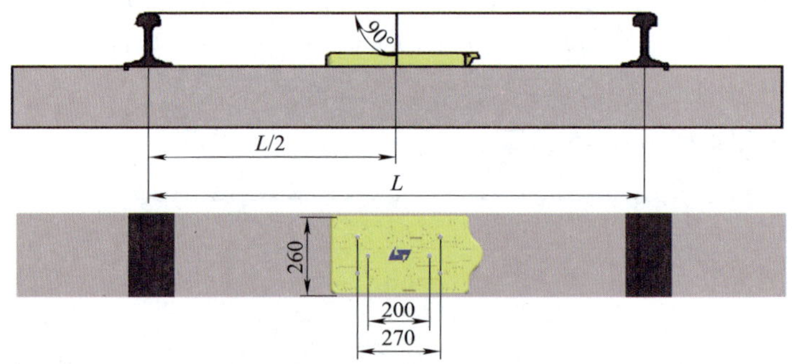

图 4.47 应答器安装位置示意图(单位:mm)

3. 基准轴

应答器安装点基准轴如图 4.48 所示。

4. 应答器安装方向

有源应答器有 LOGO 的一面需要朝上安装,尾缆出线端应朝向信号电缆一侧。

5. 允许侧向偏离

应答器 Z 基准轴和轨道中心线间的最大侧向偏离为 ±15 mm。

6. 允许的角度误差

由于应答器在列车通过时要通过车载天线与机车进行高速数据传输,因此应答器

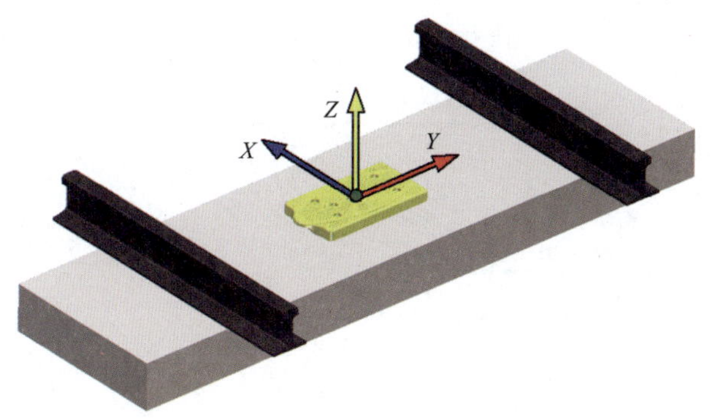

图 4.48 应答器安装点基准轴示意图

的安装需要符合一定的要求,要求在3个方向的角度偏差不能超过一定的范围。

7. 无金属空间

无源应答器安装时的无金属空间如图4.49所示。以无源应答器几何中心作为坐标原点,在应答器的水平方向820 mm×630 mm的范围内,除了许可的安装零件及混凝土枕木内的钢筋外,不应再有其他金属物质存在,特别避免出现类似水平闭环的金属区域。

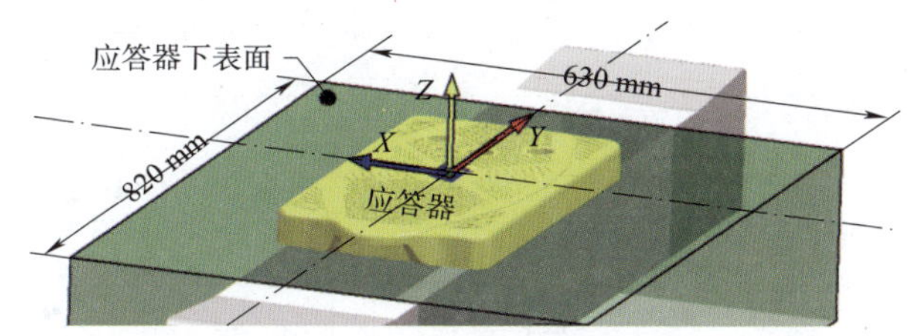

图 4.49 应答器安装无金属区要求示意图

当在非钢制枕木上安装应答器时,金属安装配件的尺寸应该受到限制。当从 Z 向观察金属安装配件时,在 X/Y 平面的投影的总面积不应超过280 cm^2。

安装配件和混凝土枕木加固件不能是导电环的形状。

4.3.4.3 施工阶段

1. 安装装置和安装方式

应答器的安装是通过安装装置固定在轨枕或道床上。试车线为碎石道床,正线为整体道床,所以其安装装置和安装方式也有两种。

1)安装装置—水泥枕型

(1)安装装置

安装装置如图4.50所示,主要部件见表4.1。

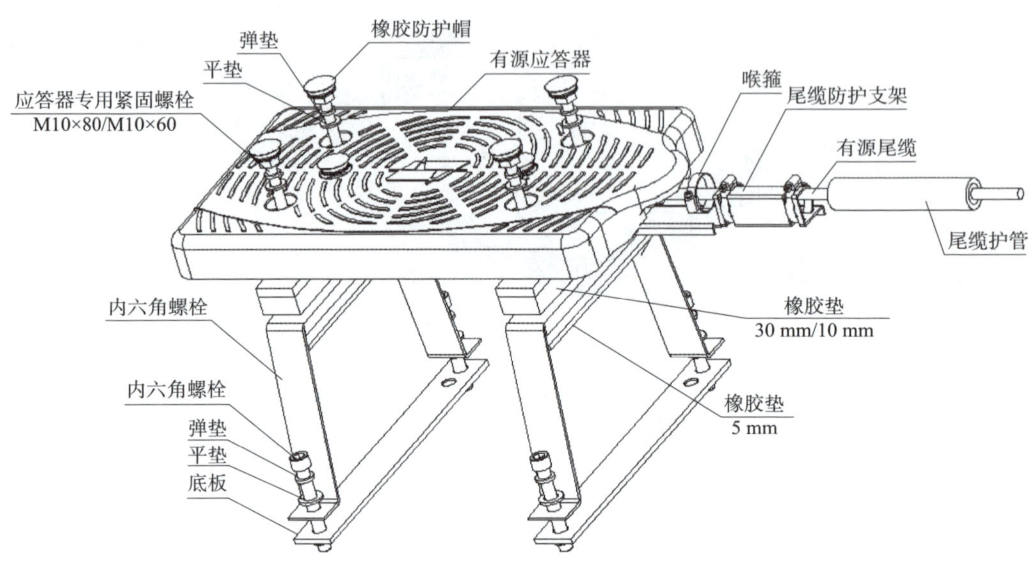

图 4.50 水泥枕型应答器安装装置示意图

表 4.1 水泥枕型应答器安装装置主要部件

序号	名称	备注
1	底板	长度:340 mm
2	U 形轨枕夹	上端宽度:225 mm
3	橡胶垫	两种厚度:30 mm 和 10 mm
4	应答器专用紧固螺栓	两种长度:80 mm 和 60 mm
5	内六角螺栓	规格 M12

(2)适用范围

碎石道床。

(3)安装示意图如图 4.51 所示。

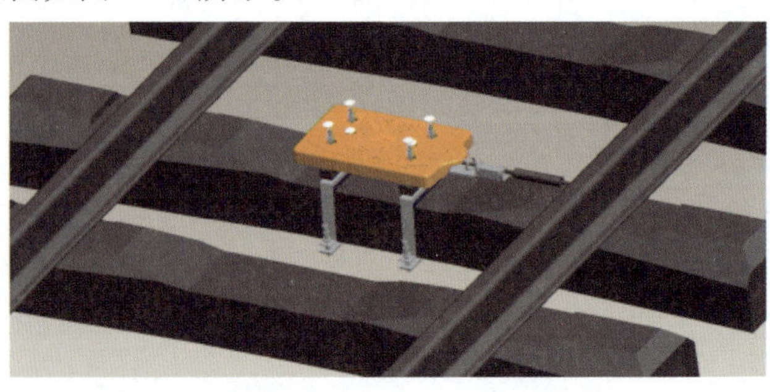

图 4.51 安装装置—水泥枕型安装效果示意图

(4)安装工具

应答器安装需要使用的工具有:应答器专用紧固器、活扳手、扭矩扳手、12号内六角扳手、卷尺、水平尺、螺纹锁固胶、记号笔等。另外,由于需要刨开轨枕两侧的道砟,还需要准备铁锹、钉耙等工具。

(5)安装步骤

①刨开安装轨枕两边道床道砟,测量轨枕尺寸,确定安装位置,标记各部件的安装位置。

②将底板从轨枕底部穿过轨枕,把5 mm橡胶垫放置在轨枕上平面;使用12号内六角螺栓固定U形轨枕夹和底板。

③调节轨枕夹以及钢板的位置,使得应答器能够安装在轨枕的中间位置,并能够满足相应的偏差要求。

④放上厚橡胶垫,再放上应答器,检测应答器是否满足相关的安装要求,使用水平尺,保证应答器在X、Y、Z轴方向满足技术要求,如果在某个方向上不满足要求,可通过在其下部更换橡胶垫的方式来调节,最终使其满足要求;其中选用10 mm厚橡胶垫时,专用紧固螺栓规格为M10×60;选用30 mm厚橡胶垫时,专用紧固螺栓规格为M10×80。

⑤各参数满足技术要求后,在应答器安装孔处放上M10平垫、M10弹垫,预紧应答器专用螺栓。

⑥使用12号内六角扳手拧紧用于固定U形轨枕夹和底板的M12内六角螺栓。

⑦使用扳手(有条件的可使用扭矩扳手)和紧固器拧紧固定应答器的专用螺栓,保证紧固力矩或者等效力矩为(24±1)N·m。

⑧连接有源应答器电缆,按图4.52所示将有源应答器电缆与LEU电缆连接,LEU接地采用机柜接地方式,应答器端无须接地。

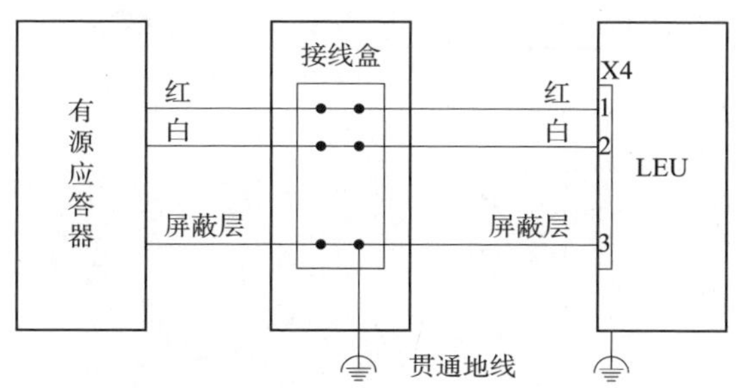

图4.52　有源应答器和LEU连接示意图

⑨应答器尾缆屏蔽层与LEU电缆内层屏蔽层连接(采用焊接方式),然后再使用7×0.52 mm多股铜线连接到贯通地线(无贯通地线时仅连接屏蔽层)。

2)安装装置—整体道床型

(1)安装装置

安装装置如图 4.53 所示,主要部件见表 4.2。

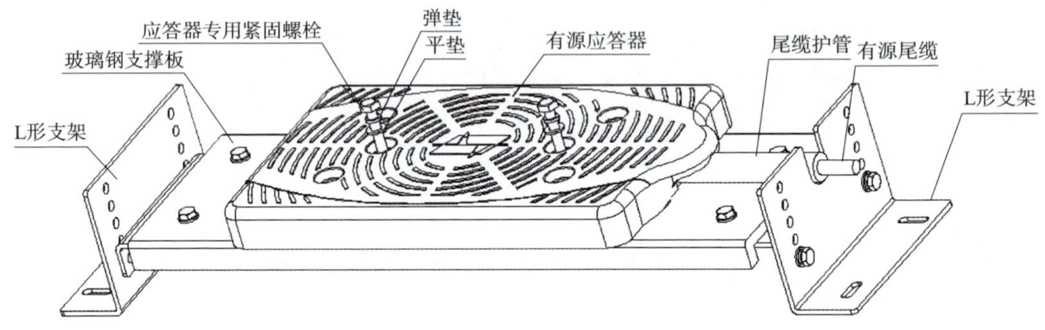

图 4.53 整体道床型应答器安装装置示意图

表 4.2 整体道床型应答器安装装置主要部件

序号	名称	备注
1	L 形支架	高度:142 mm
2	应答器专用紧固螺栓	长度:80 mm
3	L 形连接板	—
4	玻璃钢支撑板	长度:700 mm

(2)适用范围见表 4.3。

表 4.3 适用范围

序号	安装装置主要特征	道床类型	备注
1	L 形支架高 142 mm,玻璃钢支撑板长 700 mm	一般正线的整体道床	钢轨面距离安装基面距离 220 ~ 250 mm

(3)安装示意图如图 4.54 所示。

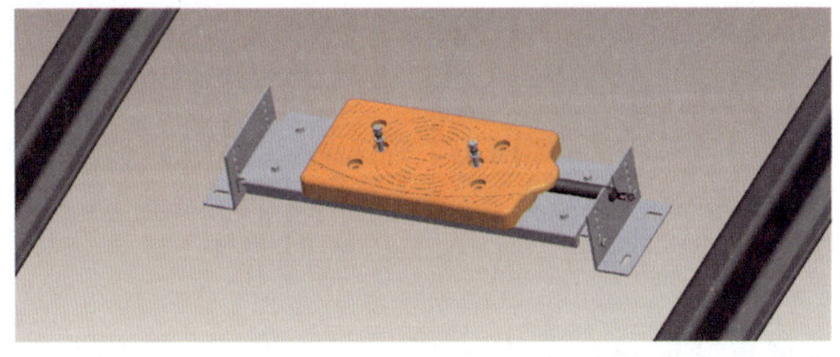

图 4.54 安装装置—整体道床型安装效果示意图

(4)安装工具

安装需要使用的工具有:应答器专用紧固器、活扳手、扭矩扳手、卷尺、水平尺、榔头、螺纹锁固胶、记号笔等。另外,由于需要在整体道床上打孔,还需要准备大功率冲击钻,$\phi10$、$\phi14.5$ 冲击钻头等工具。

(5)安装步骤

对于整体道床的安装需要在道枕上钻孔,使用膨胀螺栓进行紧固专用的 L 形支架,然后在安装板上安装应答器。步骤如下。

①测量轨枕尺寸,确定好四个打孔位置,做好标记,确保应答器处于轨道正中间,如图 4.55 所示。

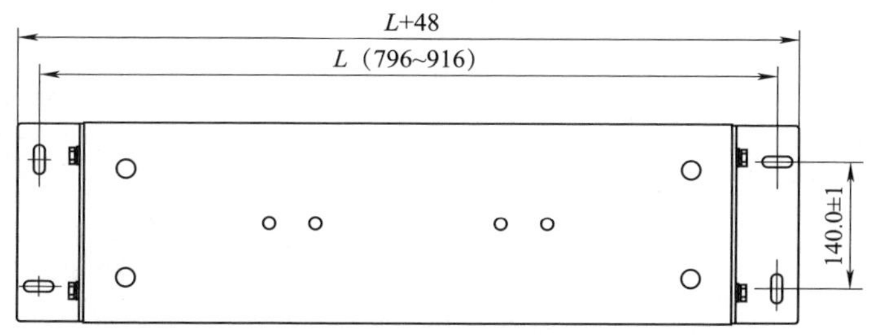

图 4.55 支架安装孔位置示意图(单位:mm)

注:图 4.55 中 L 尺寸的范围 796 ~ 916 mm;建议现场施工尺寸为(850 ± 20) mm。

②使用冲击钻和直径为 14.5 mm 钻头钻孔,放入 M10 膨胀螺栓和 M10 膨胀管,再放上安装板,依次放入 M10 平垫、M10 弹簧垫圈,拧上螺帽。

③在安装板上放好橡胶垫,再放上应答器;使用水平尺,保证应答器在 X、Y、Z 轴方向满足技术要求,如果在某个方向上不满足要求,可通过增减平垫的方式来调节,最终使其满足要求。

④各参数满足技术要求后,使用扳手拧紧固定 L 形支架的膨胀螺栓的螺帽。

⑤依次放上 M10 平垫、M10 弹垫和专用螺栓,使用扳手(有条件的可使用扭矩扳手)紧固器拧紧固定应答器的专用螺栓,保证紧固力矩或者等效力矩为(24 ± 1) N · m,胀栓及支架组件安装如图 4.56 所示。

2. 有源应答器电缆施工方法

有源应答器尾缆出线方式如图 4.57 所示。

在 LEU 与有源应答器间,连接有室内专用电缆、防雷单元、专用干线电缆、专用室外电缆,这些设备及电缆的正确安装对于整个系统正常工作至关重要。

应答器数据传输电缆敷设与防护应符合《铁路信号施工规范》TB 10206 的相关规定。

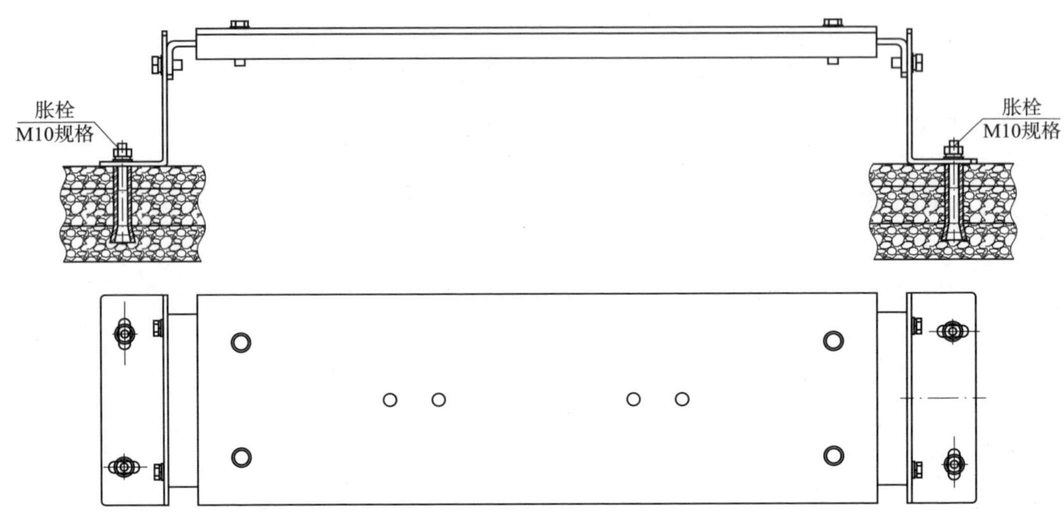

图 4.56 胀栓及支架组件安装示意图

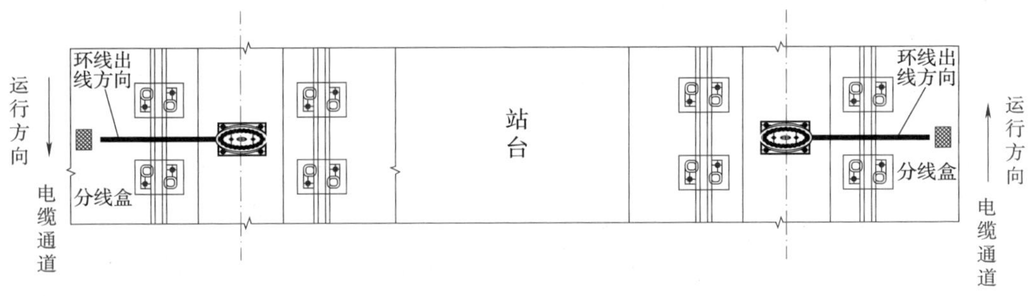

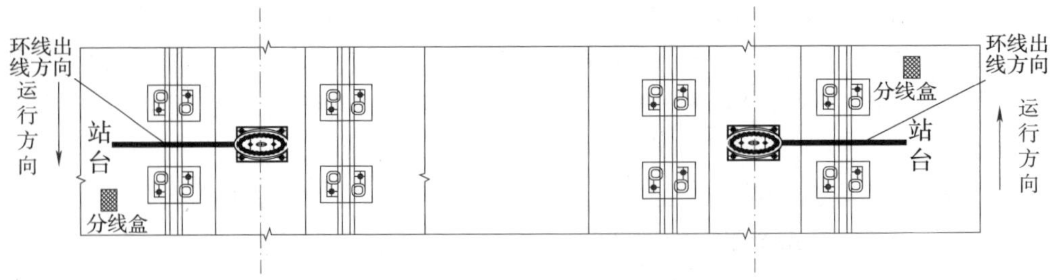

图 4.57 有源应答器尾缆出线示意图

3. 应答器处电缆终端

应答器处电缆的终端在电缆终端盒内进行连接(终端盒可采用 HZ-6 电缆盒),如图 4.58。

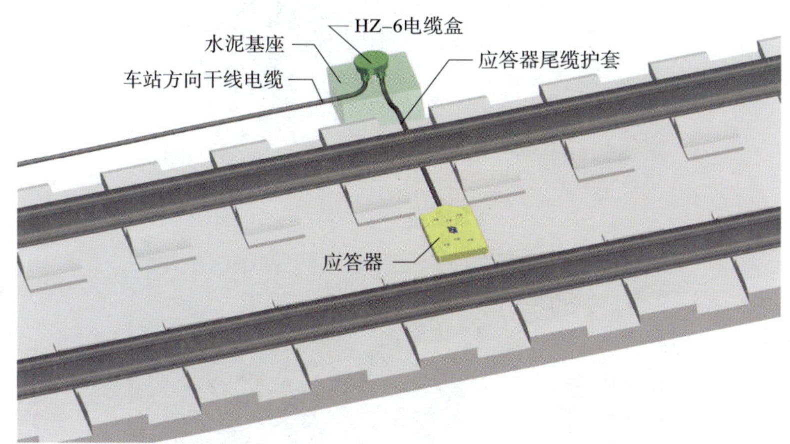

图 4.58 应答器处电缆终端示意图

1)尾缆过轨防护方式如图 4.59、图 4.60 所示。

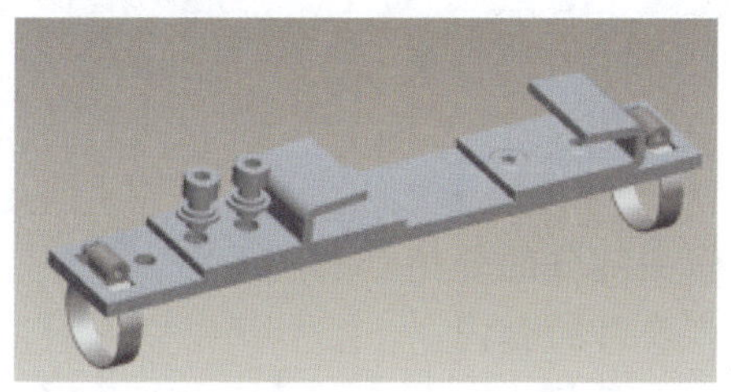

图 4.59 尾缆过轨防护方式一

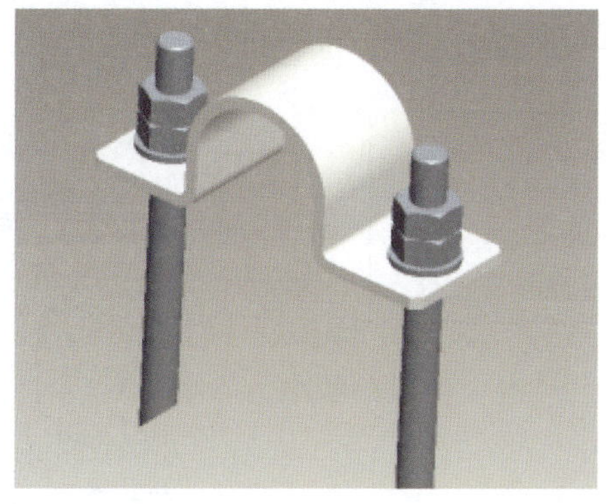

图 4.60 尾缆过轨防护方式二

2)使用方式示意图如图 4.61 所示。

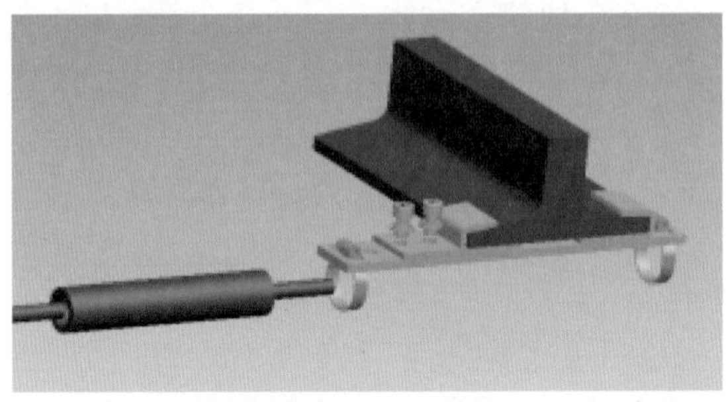

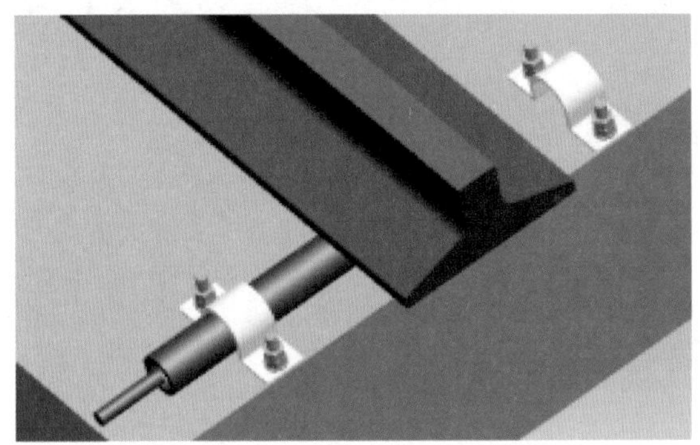

图 4.61 使用方式示意图

3)干线电缆开剥

(1)用清洁布将电缆做头部分的外护套清洗干净。

(2)将电缆穿入保护管及密封套内。

(3)电缆开剥。

(4)将电缆固定在 HZ-6 电缆终端盒内,如图 4.62 所示。

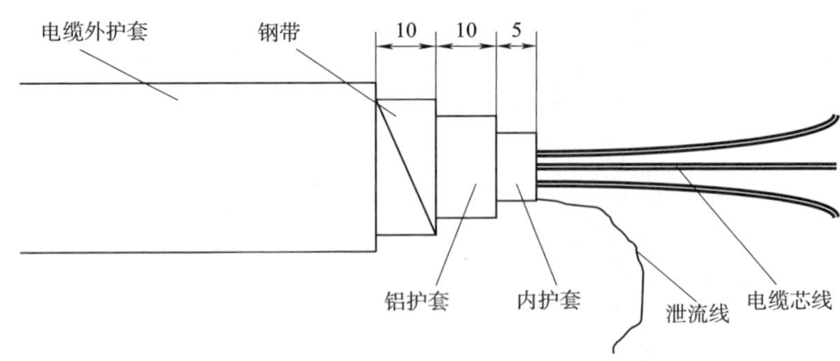

图 4.62 干线电缆开剥示意图(单位:mm)

4)应答器尾缆开剥

开剥电缆时应保持电缆芯线的原扭绞结构,应答器尾缆开剥如图 4.63 所示。

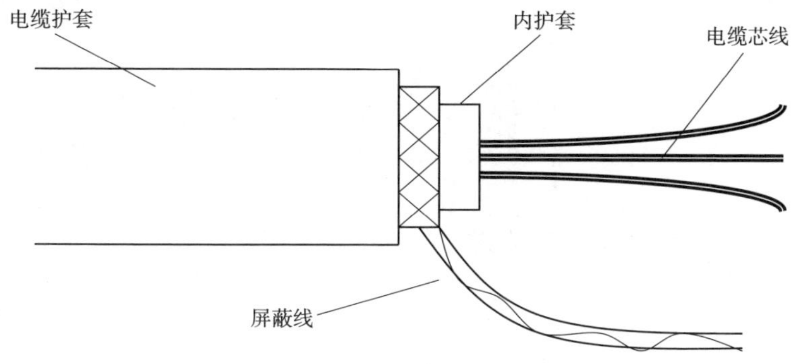

图 4.63　应答器尾缆开剥示意图

5)电缆密封处理

将干线电缆和应答器尾缆固定在 HZ-6 电缆终端盒上,应将电缆护套与保护管之间的缝隙填塞严密,防止灌胶时胶液渗漏。

灌注冷封胶具体操作步骤如下。

(1)撕开冷封胶外袋,取出内袋。

(2)两手分别捏住内袋卡条两侧边缘,向两侧用力拉,至胶条由槽中滑出,一手抓住塑料槽,一手用力向外拉胶条。

(3)两手分别抓住胶袋两端,反复上下倒折胶袋,使 A、B 两种胶液粗混合。

(4)两种胶液粗混合后将其置于手心,双手揉搓(勿留死角),揉搓至胶液充分混合。

(5)将胶袋的一角撕开,沿芯线侧方灌注胶液,随即将芯线松动几下使冷封胶更充分进入线间,胶面要求平整且高于电缆外护套切口 30 mm 以上。冷封胶灌注完成后,灌封头在 8 h 内严禁挤压、振动等外力破坏,如图 4.64 所示。

6)屏蔽连接与接地

(1)将干线电缆的金属护层(钢带、铝护管、泄流线)用接地连接卡连通后,与应答器尾缆中的金属屏蔽网线采用焊接的方式连接。

(2)将金属护层用 $7\times0.52\ \text{mm}^2$ 多股铜线连接后,再接到贯通地线在电缆终端盒内的接线端子(无贯通地线时仅做金属护层连通处理)。

7)干线电缆与应答器尾缆连接

干线电缆与应答器尾缆在电缆箱盒内,通过接线端子按电缆芯线相同颜色对应相接(电缆芯线连接时不破坏两侧电缆芯线的原扭绞结构)。

一般应答器厂商提供的尾缆长度往往大于实际使用长度,在敷设安装尾缆时,应当预留充足的尾缆长度,不要轻易截除尾缆。

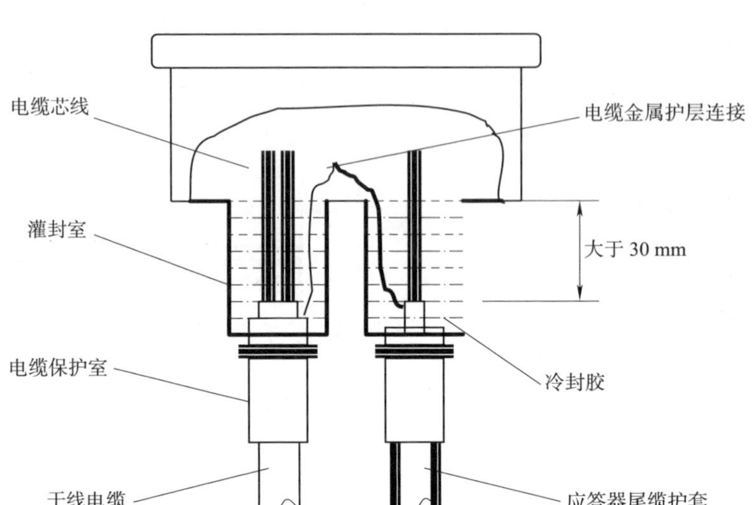

图 4.64 电缆密封处理示意图

4.3.4.4 施工总结

1. 质量控制

1)应答器安装位置必须符合设计单位、系统集成商规定位置。

2)根据平面布置图及定测时在轨旁标记的应答器编号(ID 号),与计划安装的应答器表面喷涂的编号(ID 号)进行核对,确认名称一致后方可安装。

3)有源应答器与分线盒间尾缆走线路径应尽量短,过长的尾缆可截短;严禁沿钢轨内侧走线或将尾缆过长部分盘圈放置。

4)有源应答器严禁接入非 LEU 提供的信号或任意可能导致设备损坏的信号。

5)线缆绝缘测试严禁连接有源应答器。

为确保串扰保护和可靠传输,接近应答器的护轨应截断,留下至少 20 mm 空隙。该截断应在 X 方向上距应答器中心(即 Z 向基准标记)±300 mm 范围内完成。

2. 安全注意事项

工程实施安全注意事项以现场施工方要求为主。若没有明确要求,需要注意以下事项。

1)工程实施前,与工程设计单位共同调查确认设备安装位置,检查工作现场电线情况。

2)在编制项目实施方案和项目实施计划时,除按设计文件要求之外,还必须考虑确保线路的行车安全;取得用户同意并遵守相关安全规定;施工之前,施工区也应进行安全防护。

3)向参与施工的人员进行技术普及和安全培训教育,必要时还应进行专门操作培训,培训合格后方可上岗。

4)需要拆动既有线设施的工程,开工前必须与设备管理单位签订安全责任协议书。

5)邻近既有线轨道施工作业,必须防止设备或工具侵入轨道,影响行车安全。

6)既有线施工,每个工点必须设置经过培训的安全防护员,保证行车安全和人身安全。

7)既有线有列车通过时,施工人员必须停止作业,并在安全位置等待,待列车通过后再恢复作业。

8)操作人员和技术人员的着装不应佩戴金银首饰等金属物品。

9)雨季时,尽量避免带电作业,如果无法避免,必须制订有效的防护措施。

10)施工中,应自觉接受监理公司、设备管理单位的指导,服从建设单位的指挥。

11)施工作业人员所带的工具、材料(包括铁锹、电缆、钢尺、皮尺)与牵引供电设备的带电部分保持2.0 m以上距离,与轨旁电气设备保持1.0 m以上距离。

12)在列车内或列车附近作业时,如需要电气操作,必须告知在场的所有施工人员和公务人员,防止出现人身危害。

13)在行驶的列车内进行作业时,尽量避免碰触到其他设备;不允许列车未停稳就下车,下车前必须告知负责人,未经允许不得擅自上、下车。

14)对设备清点和检验后,交由指定的施工负责人进行统一管理,每次提取的设备应有详细清单,并由负责人签字确认。

4.3.5　无线AP、LTE基站安装

信号系统无线接入单元根据系统集成商采用的信号系统不同包括无线AP、LTE基站等,但基本安装方式相同。

4.3.5.1　无线AP、LTE基站安装施工工艺流程(图4.65)

图4.65　无线AP、LTE基站安装施工工艺流程图

4.3.5.2　施工准备阶段

在无线AP、LTE基站安装前,首先按照设计图纸核对现场定测标识、坐标、安装位置等是否满足安装条件,若不满足,及时联系设计单位、系统集成商提出解决方案并准备安装用工具材料。

4.3.5.3　施工阶段

1. 轨旁箱盒安装

1)无线AP安装

(1)无线AP机箱安装

无线AP机箱分为A箱和B箱,机箱底部距地面1 300 mm,A箱与B箱之间间距为

1 500 mm,安装高度与间距确保满足线缆的弯曲半径(在满足系统集成商产品性能为前提,以运营维护方便为标准)。

圆形隧道安装时,确定 AP 机箱安装高度,在隧道壁上做好标记;AP 机箱上面采用 90°与 100°组成 Z 字形支架 2 个,用 2 个 M8 ×30 mm 的螺栓将 90°与 100°的支架连接在一起,并可以调节长度,将 AP 机箱抬到定测的位置,紧贴隧道壁,用铅笔画出安装孔位置;用 ϕ10 冲击钻头在隧道壁上打出 4 个安装孔;用 4 个 M8 ×80 mm 膨胀螺栓将 AP 机箱固定在隧道壁上,保证相应的螺栓都拧紧,机箱水平方正,如图 4. 66 所示。

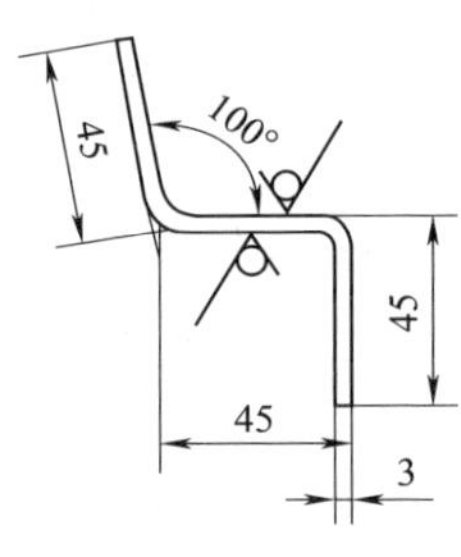

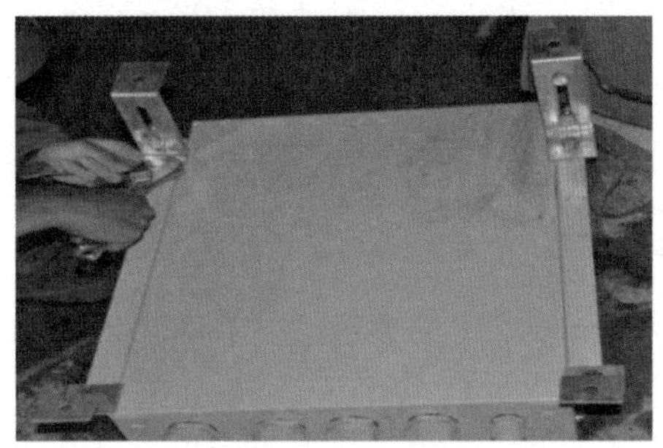

图 4. 66 圆形隧道 AP 机箱安装支架示意图(单位:mm)

矩形隧道安装时,确定 AP 机箱安装高度,在隧道壁上做好标记;用 4 个 M10 ×30 镀锌六角螺栓把 90°支架与 AP 机箱连接起来,上下两支架连线与钢轨平行,将 AP 机箱抬到定测的位置,紧贴隧道壁,用铅笔画出安装孔位置;用 ϕ12 冲击钻头在隧道壁上打出 4 个安装孔;用 4 个 M8 ×80 mm 膨胀螺栓将 AP 机箱固定在隧道壁上,保证相应的螺栓都拧紧,机箱水平方正,如图 4. 67 所示。

车辆段(场)以及高架桥地面安装时,确定 AP 机箱安装高度后,制作出相应高度的 AP 机箱固定支架,用 4 个 M10 ×30 镀锌六角螺栓把 AP 机箱和固定支架连接在一起,如图 4. 68 所示,确保 AP 机箱 A 箱和 B 箱平行保持在同一水平面上。

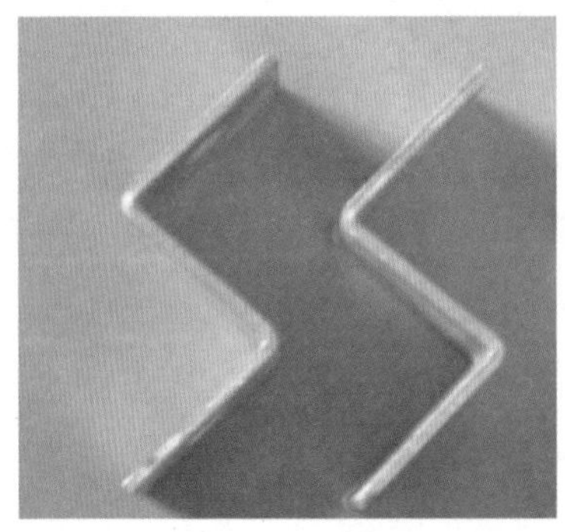

图 4. 67 矩形隧道 AP 机箱安装示意图

图 4. 68 AP 机箱地面安装方式示意图

(2)无线 AP 天线安装

圆形隧道天线中心距离轨面高度为 3 300 mm,矩形隧道天线中心距离轨面高度为 3 400 mm,高出底部漏缆卡子 200 mm,保证天线垂直极化方向,在天线安装时,以天线底座的直角边(天线馈线孔所在的边)平行于轨面为标准;天线的滴水孔统一垂直朝下,馈缆两端头采用 3M 防水胶带进行缠绕,机箱进线口采用玻璃胶封堵,安装高度确保满足系统集成商的要求,如图 4.69 所示。

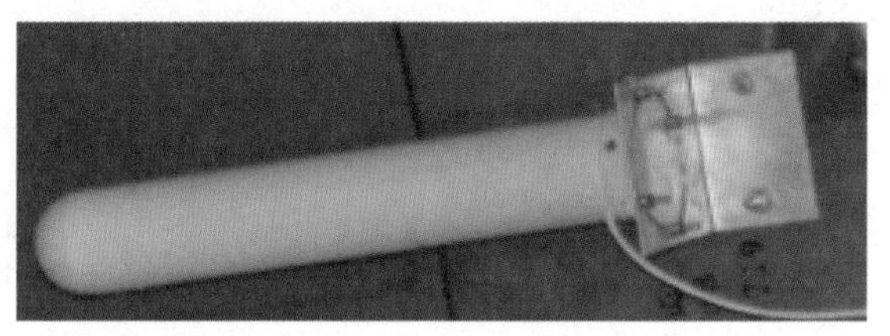

图 4.69 无线 AP 天线安装示意图

确定天线安装高度,在隧道壁上做好安装位置标记;每个安装点需要安装 2 个天线,方式相对应需要 2 个天线安装支架,用 4 个 M6 × 25 mm 的螺栓将 AP 天线与天线安装支架连接在一起;站在自制的移动平台上用 $\phi12$ 冲击钻头在隧道壁上打出 2 个安装孔;用 4 个 M10 × 80 mm 膨胀螺栓在规定的高度范围内将组装好的 AP 天线固定在隧道壁上,保证安装完成整齐、牢固。

地面无线 AP 天线安装时,抱杆必须使用直径≥18 mm 螺纹钢预制、焊接处刷 2 遍防锈漆,预制长度≥1 000 mm,预制完成后顶部螺纹缠绕胶带,防止混凝土浇筑时损坏螺纹,焊接尺寸根据抱杆地板进行实际测量,围桩混凝土浇筑时考虑机箱安装位置,根据国家标准要求,围桩边缘距立柱≥500 mm,必须考虑有效接地,如图 4.70 所示。

图 4.70 天线抱杆安装方式示意图

2)LTE 基站安装

(1)红、蓝网基站安装

基站底部距离轨平面 1 250 mm,红网与蓝网基站之间间距为 620 mm。做好高度测量,确保 LTE 基站距轨面的高度处于系统集成商要求的高度范围内。

安装减振器时需确保紧固减振器的螺丝不能过紧,以免损坏减振器的结构。

之后使用记号笔画出四个安装孔的位置。使用冲击钻在墙上画出的位置上打出

4 个直径为 12 mm、深度为 75 mm 的底孔，钉入 M10×120 的膨胀螺栓。然后将基站挂装在已安装好的膨胀螺栓上，拧紧螺栓。

(2)光电分线箱安装

光电分线箱与蓝网基站相隔 300 mm，下沿与基站下沿平齐。

(3)耦合单元安装

耦合单元安装在红网与蓝网基站中间，距离红网与蓝网基站水平距离为 200 mm，耦合单元下沿与基站下沿平齐。

基站底部支架与轨面相距 1.25 m。耦合单元下边沿、光电分线箱下沿与红、蓝网基站下边沿保持同一水平线。在主设备定点的过程中，如果遇到特殊情况，比如隧道壁不符合安装条件，可根据现场实际情况在 5 m 范围内进行位置变更，如果位置变更超过 5 m 需要反馈设计单位定点。

2. 线缆连接

1)用于连接 AP(机箱)和天线的射频电缆(馈缆)隧道内采用的型号长度为 4.5 m。射频电缆安装在 AP 箱左侧，射频电缆间距为 200 mm，用于固定射频电缆的欧姆卡间距从上至下间隙均匀，同一水平线上的欧姆卡安装完成后保持横平竖直；AP 电源线、光缆备用量盘成直径为 500 mm 的圈在 A 网机箱与 B 网机箱两边 250 mm 的位置，圈与圈间距离为 800 mm，用 4 个欧姆卡均匀固定，如图 4.71 所示。

天线馈缆为成型的缆线直接插入 AP 天线接口，尾纤一端与光缆熔接，另一端直接插入光纤模块接口。针对 AB 网分开安装的情况采用一进二出的方式安装电源线(对于 A 网 AP 来说)。A 网 AP 上级 AP 输入，给本身和同处 B 网 AP 输出。

图 4.71　无线 AP 安装成品图

2)在 LTE 基站、耦合单元、光电分线箱下部安装 100 mm×50 mm 钢槽。将基站、耦合单元、光电分线箱所要连接的线缆统一放置在理线槽之中。LTE 设置统一接地盘，基站、耦合单元、光电分线箱等地线接在统一接地盘上然后连接在贯通接地镀铜圆钢上，

LTE 基站安装成品如图 4.72 所示。基站、耦合单元、光电分线箱线缆连接要求见表 4.4。

图 4.72　LTE 基站安装成品图

表 4.4　基站、耦合单元、光电分线箱线缆连接要求

步骤	类别	安装方法
1	—	检查光电分线箱供电输出为断开状态
2	基站接地线安装	接地线一端接到基站有 GND 标志的接地棒上，并拧紧接地棒上的固定螺丝，另一端接到隧道内的信号接地棒上
3	射频防雷器接地线安装	把射频防雷器上接地线拧紧，另一端与隧道内的信号接地棒相连
4	红网基站射频线安装	N 形端子射频线，一端与红网基站 ANT1 口的防雷器相连并拧紧，另一端与左耦合单元上 A1 口相连并拧紧
5		N 形端子射频线，一端与红网基站 ANT2 口的防雷器相连并拧紧，另一端与右耦合单元上 A2 口相连并拧紧
6	蓝网基站射频线安装	N 形端子射频线，一端与蓝网基站 ANT1 口的防雷器相连并拧紧，另一端与左耦合单元上 B1 口相连并拧紧
7		N 形端子射频线，一端与蓝网基站 ANT2 口的防雷器相连并拧紧，另一端与右耦合单元上 B2 口相连并拧紧
8	耦合单元射频线安装	双缆方案： 耦合单元上 C1 端口，另一端接到拉往左边的上面泄露电缆接头；耦合单元上 D1 端口，另一端接到拉往左边的下面泄露电缆接头
9		双缆方案： 耦合单元上 C2 端口，另一端接到拉往右边的上面泄露电缆接头；耦合单元上 D2 端口，另一端接到拉往右边的下面泄露电缆接头

续上表

步骤	类别	安装方法
10	电源线安装	光电分线箱电缆出口 1 接在红网基站的 PWR 上,并拧紧; 光电分线箱电缆出口 2 接在蓝网基站的 PWR 上,并拧紧
11	光纤尾缆安装	光电分线箱光缆出口 1 接在红网基站的 OPT1 和 OPT2 上,并拧紧; 光电分线箱光缆出口 2 接在蓝网基站的 OPT1 和 OPT2 上,并拧紧
12	线缆固定	确认全部连接好线路后,将各种线缆固定在下方的线缆固定架上

4.3.5.4 施工总结

1)无线 AP 安装高度机箱底部距地面 1 300 mm,A 箱与 B 箱之间间距为 1 500 mm,两个箱底位于同一水平线,天线安装高度矩形隧道距轨面 3 400 mm(圆形隧道距轨面 3 300 mm)。

2)基站安装高度距轨面 1 250 mm,红、蓝网两基站之间距离为 620 mm。耦合单元安装在红、蓝网两基站中心,距离红、蓝网两基站间距为 200 mm。光电分线箱安装位置距离蓝网基站 300 mm。耦合单元、光电分线箱底部与红、蓝网基站底部平齐。

3)线缆连接部位防水处理必须到位。

4)设备接地需符合设计相关规定。

5)设备安装位置需与图纸位置一致。

4.3.6 LTE 漏缆敷设

4.3.6.1 LTE 漏缆敷设施工工艺流程(图 4.73)

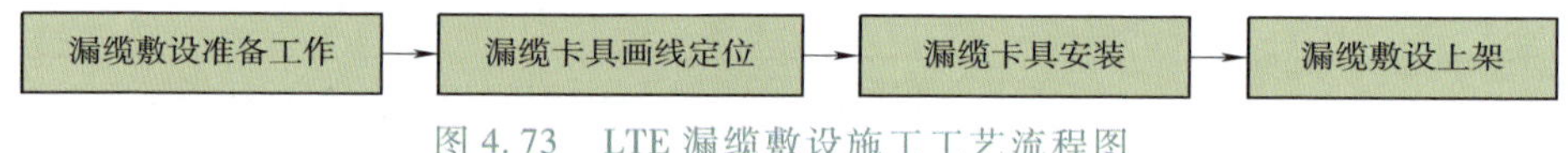

图 4.73 LTE 漏缆敷设施工工艺流程图

4.3.6.2 施工准备阶段

1)对使用的材料、工机具进行检查,确保性能指标正常。

2)根据施工图纸确定漏缆卡具安装位置。

3)系统集成商完成漏缆单盘测试且符合要求并提供测试表格。

4)轨旁基站安装位置已确定,依据配盘计划将准备敷设的漏缆运送到各站指定位置。

4.3.6.3 施工阶段

1. 漏缆卡具划线定位

漏缆卡具安装高度要求及定测方法如下。

1)漏缆卡具安装高度要求

依据设计要求,以杭州地铁 10 号线为例,采用单漏缆系统,漏缆安装高度要求如下

（离轨面距离）：

圆形隧道：4 050 mm；

方形隧道：4 100 mm；

站台区：4 350 mm。

2）漏缆卡具定测方法

（1）在轨平面处放置红外线水平仪，以投射出的红外线为参照拉一根水平垂直线至两侧隧道壁，做好标记。

（2）以此水平线为基准，使用红外线测量仪测钢轨中心距墙壁的距离 a 值，按照设计要求的漏缆卡具安装高度 b 值，由三角形勾股定理即可求得 c 值，如图 4.74 所示。

（3）以 c 值为标准制作方钢并在隧道壁打孔高度位置做好卡具安装记号。以此类推至下一个点。

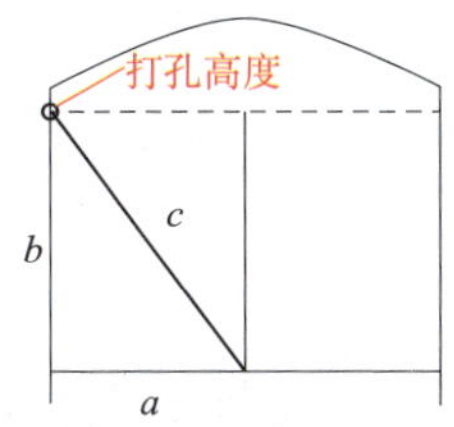

图 4.74　漏缆卡具定测方法示意图

2. 漏缆卡具安装

1）钻孔

在漏缆卡具安装位置处划出钻孔位置，每 1 m 一个孔，选用 $\phi8$ mm 硬质合金钢钻头钻孔。孔眼要求垂直，不得成喇叭状，钻孔深度为 53 mm。如碰到钢筋，应停止钻孔（此孔成为废孔），在卡具安装位置公差范围内选择一个新的位置重新钻孔，新孔孔壁与废孔孔壁的距离应大于 25 mm。安装膨胀螺栓前，钻孔内必须用压缩空气清理，确保孔内无异物。

2）漏缆卡具安装

（1）中速普通卡具安装如图 4.75 所示。

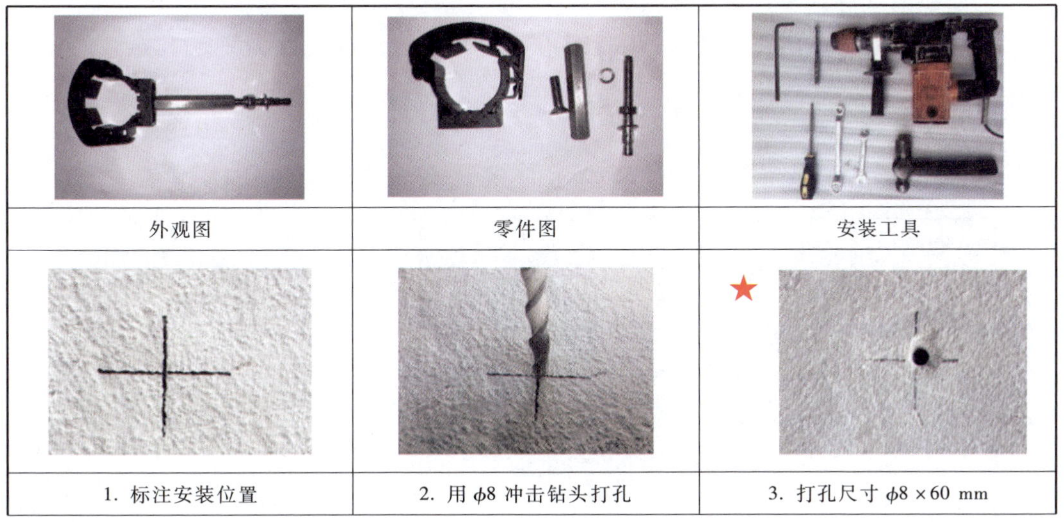

图　4.75

4. 用锤子将 M8 × 80 金属膨胀螺栓植入孔内	5. 用 13 mm 套管扳手将膨胀螺栓的螺母拧紧	6. 用 13 mm 扳手将长螺母与膨胀螺栓连接，拧紧
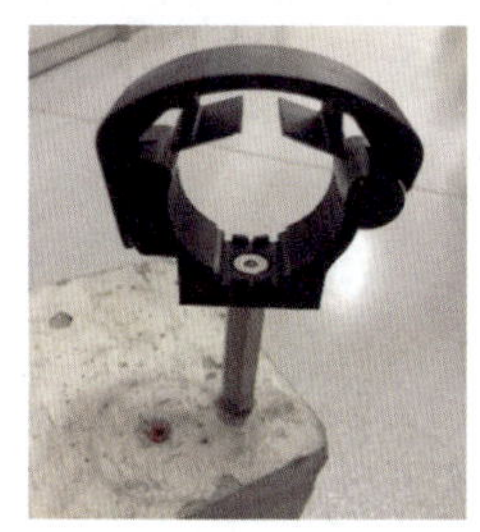	★ 	★ 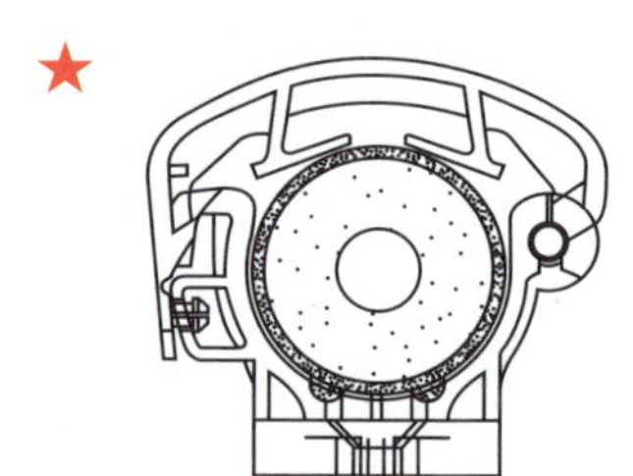
7. 用 5 mm 六角螺丝刀通过 M8 × 25 螺丝将卡头、底座与长螺母连接，拧紧	8. 卡入漏缆，盖上盖板，压入铆扣，完成中速普通盖板式型卡具安装	9. 标识线位置图

图 4.75　中速普通卡具安装示意图

注意事项：

①漏缆两端必须要用防火卡具；

②隧道口及人防门位置 10 m 内普通卡具与防火卡具的比例为 8:2，其余隧道卡具均按 9:1 配比；

③★为关键步骤。

(2)中速防火卡具安装如图 4.76 所示。

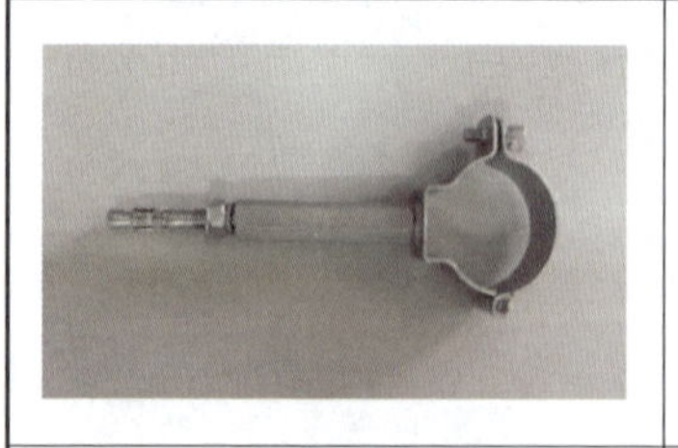	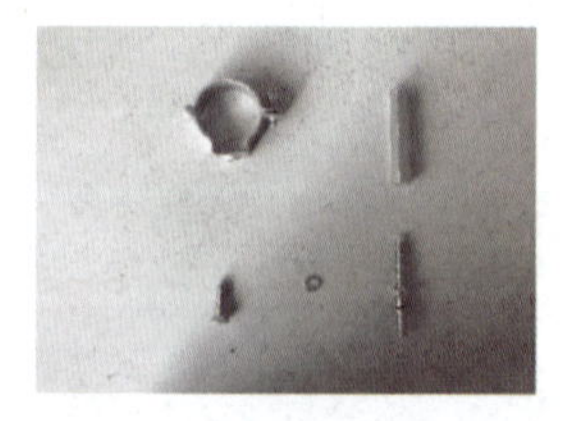	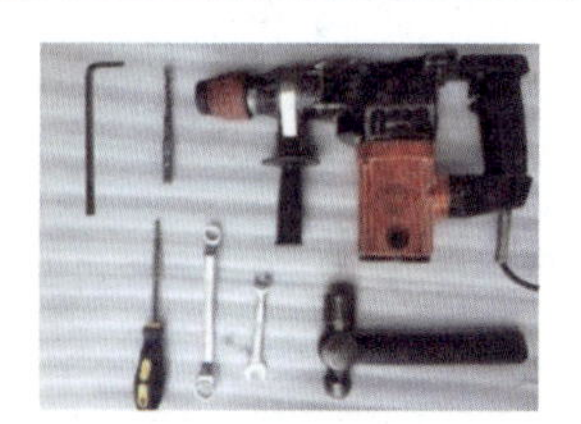
外观图	零件图	安装工具

图　4.76

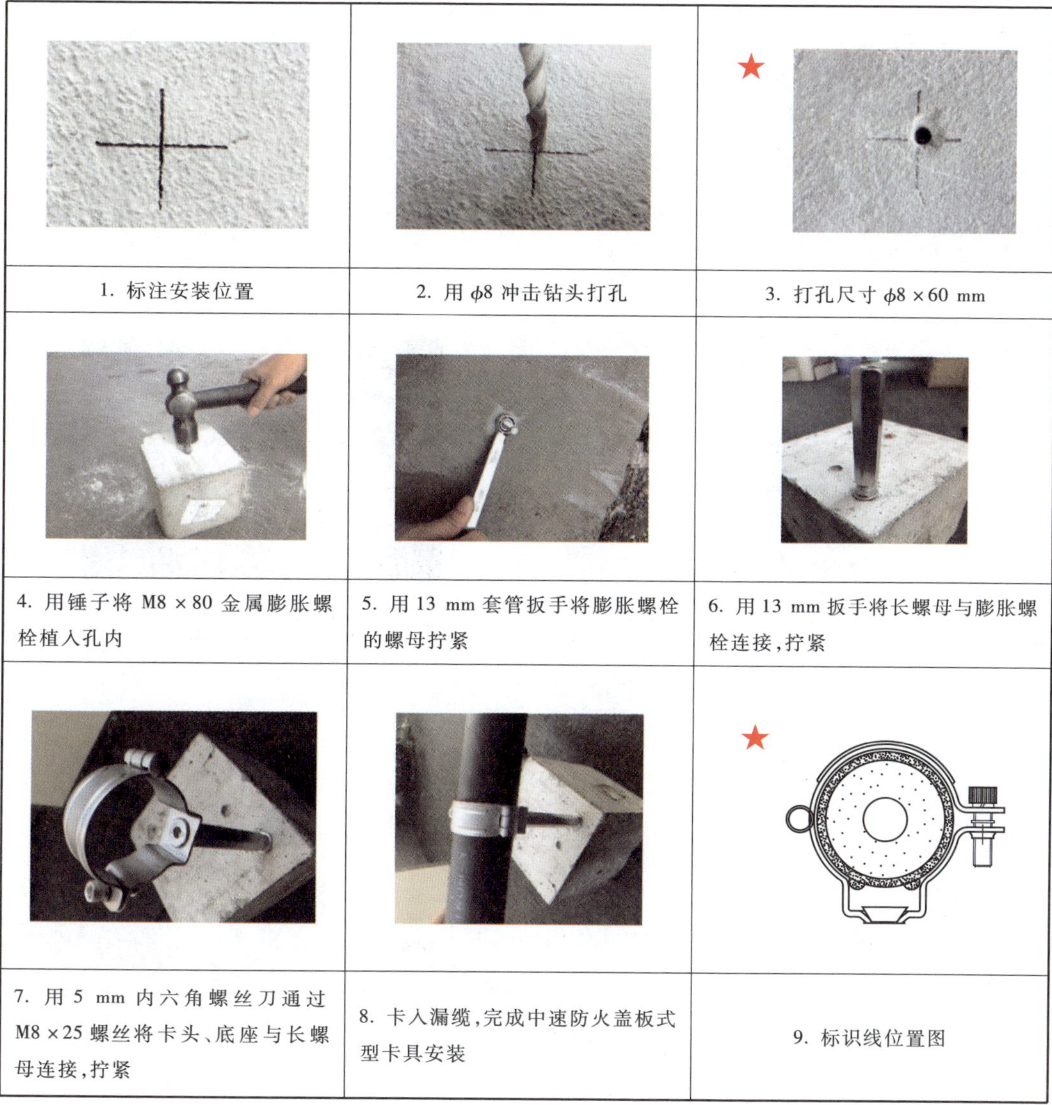

★		★
1. 标注安装位置	2. 用 $\phi8$ 冲击钻头打孔	3. 打孔尺寸 $\phi8\times60$ mm
4. 用锤子将 M8×80 金属膨胀螺栓植入孔内	5. 用 13 mm 套管扳手将膨胀螺栓的螺母拧紧	6. 用 13 mm 扳手将长螺母与膨胀螺栓连接，拧紧
7. 用 5 mm 内六角螺丝刀通过 M8×25 螺丝将卡头、底座与长螺母连接，拧紧	8. 卡入漏缆，完成中速防火盖板式型卡具安装	9. 标识线位置图

图 4.76　中速防火卡具安装示意图

注意事项：

①漏缆两端必须要用防火卡具；

②隧道口 10 m 内普通卡具与防火卡具的比例为 8:2；

③★为关键步骤。

(3)吊挂式卡具安装如图 4.77 所示。

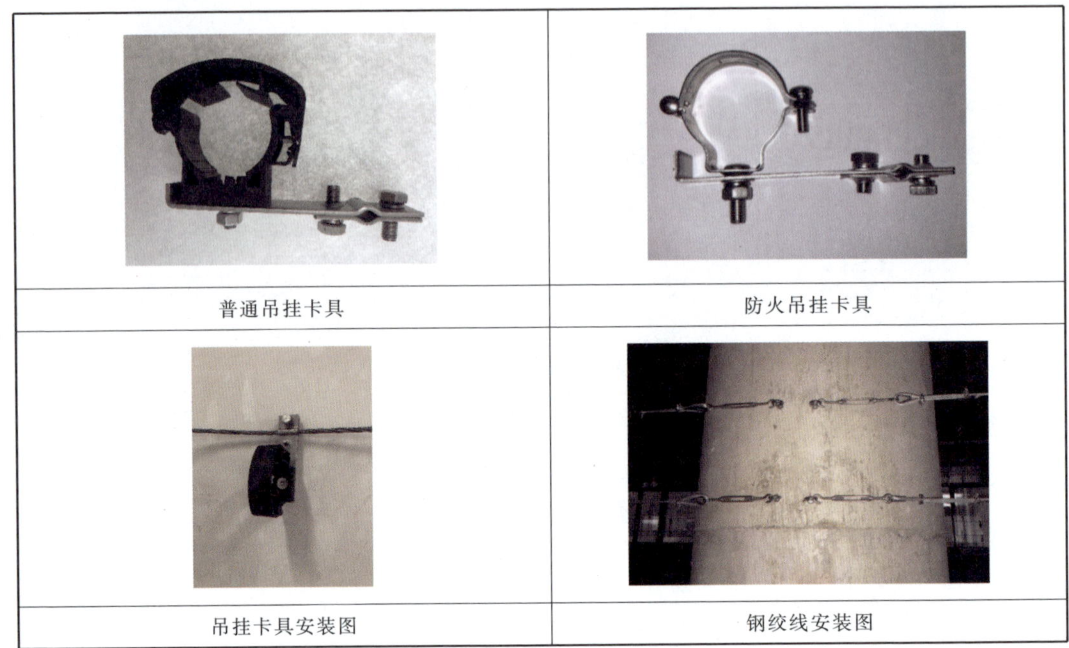

图 4.77　吊挂卡具安装示意图

吊挂卡具安装整体示意图如图 4.78 所示。

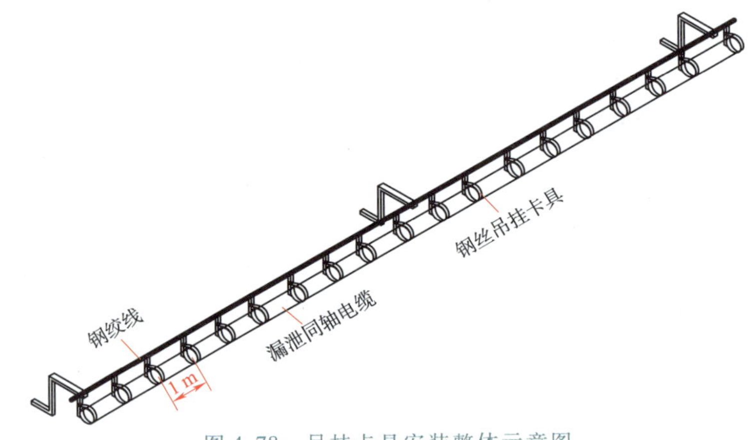

图 4.78　吊挂卡具安装整体示意图

注意事项：

①钢丝吊挂卡具（防火型）与普通型安装规范基本相同。皆可参照以上安装规范执行。卡具之间 1 m 间距及上下距离皆可根据现场情况调节，最终由设计单位决定。

②打孔完成之后将漏缆卡具安装在打好的孔洞中，注意漏缆固定的方向，定位筋应向着墙体。卡具安装应牢固，注意卡具开口的方向，保持卡线口水平。

③卡具之间间距为1 m,防火卡具10 m一个,误差不超过2 cm,遇见障碍物可以做适当调整。卡具应安装同一水平面上,误差不超过3 cm。

④遇见直角转弯,则在转弯处安装两个卡具,跨空区超过2 m使用钢丝绳加固。隧道起点与终点的卡具必须为防火卡具。

3. 漏缆敷设上架

1)漏缆是按照基站位置、区段长度进行配盘的。在漏缆敷设前应根据配盘找出要进行敷设的漏缆。

2)敷设漏缆采用人工抬放、展放时,人员间隔不超过5~7 m,以免漏缆拖地。将漏缆拉出并放在安装漏缆夹具的轨道一侧,漏缆不得在地上拖拉,确保漏缆外护套完好无损、无挤压和变形现象。漏缆架设方式如图4.79所示。

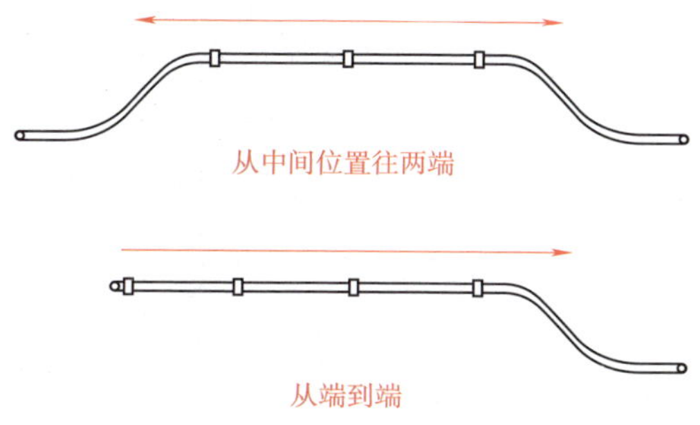

图4.79 漏缆架设方式示意图

3)挂缆时必须注意采用"从一端到另一端"或者"从中间到两端"挂缆方式,禁止采用"从两端往中间"的挂缆方式,以防挂缆效果弯曲成波浪形。

4)漏缆展放完毕,施工人员应及时将漏缆安装在固定夹具中。漏缆固定于卡具中应注意漏缆护套上的两个导向,这些导向与漏缆卡具上的开槽相吻合。

5)漏缆敷设时,尽可能不与其他线缆交叉,如无法避免时,漏缆布设在其他线缆之上。漏缆与电力电缆平行间距大于0.5 m,以免产生干扰。

6)漏缆在敷设的过程中,严禁急剧弯曲,漏缆最小弯曲半径应大于漏缆外径的20倍。

7)漏缆在过轨时采用馈线连接漏缆的两端,过轨时采用轨道专业预先埋设的过轨管或采用镀锌钢管进行防护,轨底采用PVC管套钢管进行防护处理,如图4.80所示。

8)漏缆敷设至重叠区时,漏缆重叠区末端负载应使用防水胶泥和防水胶带将接头处进行防水处理,但应将末端散热部分裸露在外,从而利于负载散热。

9)在隧道、地铁、建筑物等场所中敷设漏泄同轴电缆时应确保电缆远离墙壁50 mm以上。

10)漏泄同轴电缆在施工过程中应远离其他系统漏缆0.3 m以上。

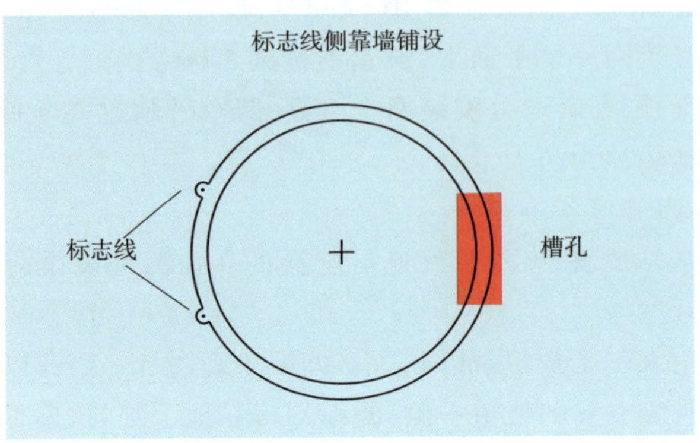

图 4.80 漏缆导向示意图

11)漏泄同轴电缆在施工过程中应远离高压电缆(10 kV 以上)1.0 m 以上。

12)在安装漏缆时应保证漏缆开孔的方向,确保其槽孔面向目标覆盖区域,其中漏缆槽孔背面的护套突起线为标记线,安装时应将标记线靠墙铺设,即开孔方向正对目标覆盖区域,如图 4.81 所示。

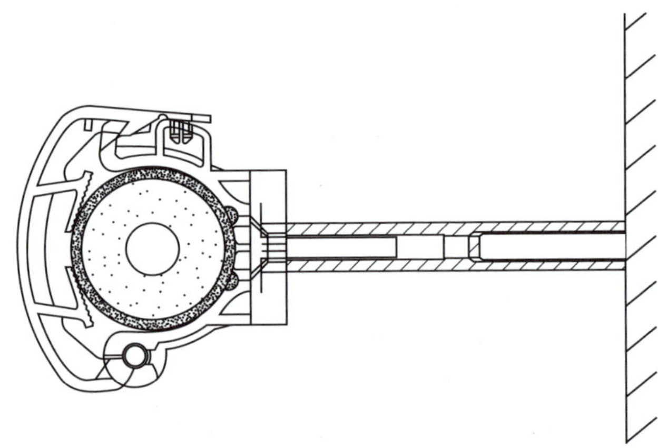

图 4.81 漏缆安装示意图

4. 漏缆之间连接

漏缆接头直接连接时,由于热胀冷缩会导致接头连接处拉断,所以漏缆连接时中间选用跳线连接,如图 4.82 所示。

1)常规工具安装如图 4.83 所示,漏缆接头连接步骤如图 4.84 所示。

注意事项:

单口扳手规格为 55 mm、38 mm(50-42 漏缆);单口扳手 44 mm、32 mm(50-32 漏缆)。

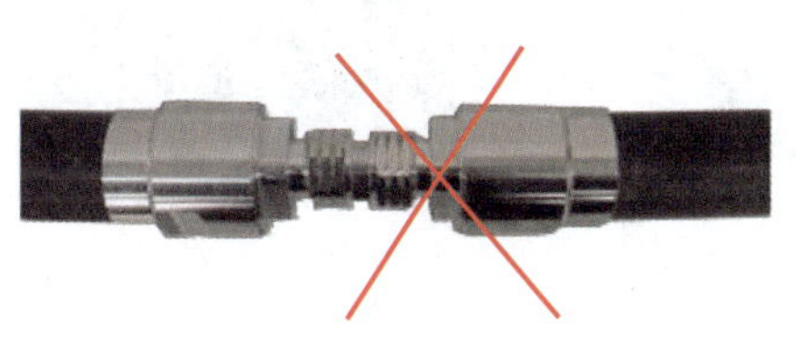
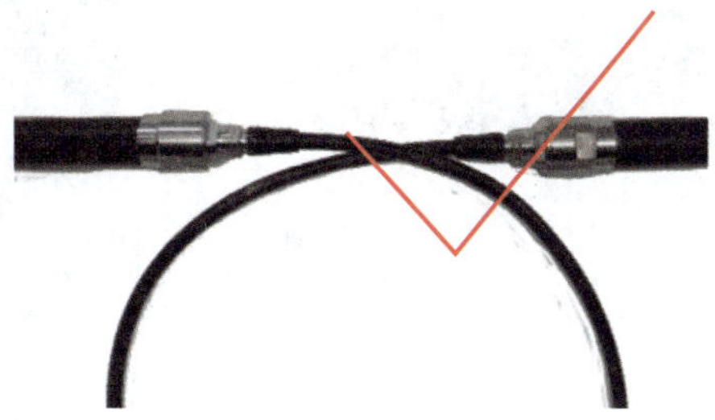

图 4.82　漏缆接头连接示意图

漏缆连接器

安装工具

图 4.83　漏缆接头安装常用工具

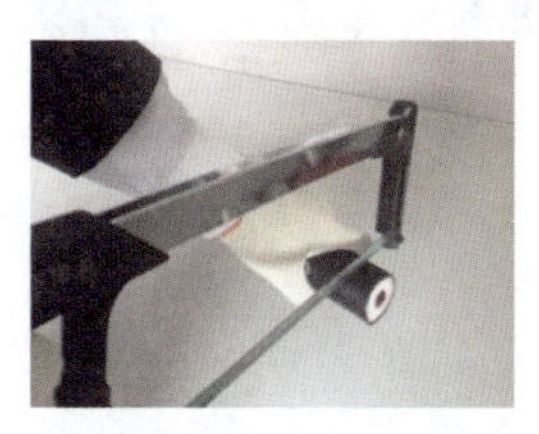		★ 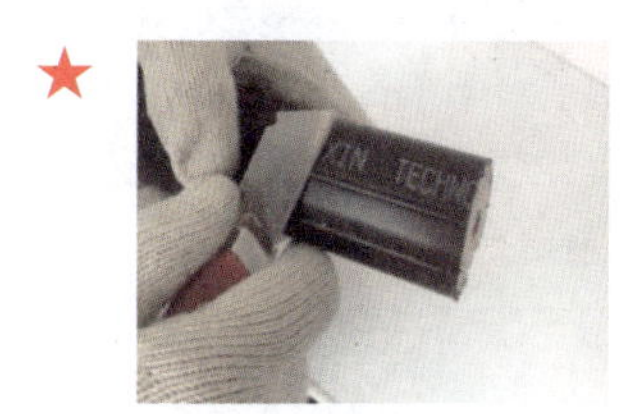
1. 校直漏缆，使用锯弓锯断电缆	2. 截面要求平整、干净	3. 削去 150 mm 漏缆标志线
★ 	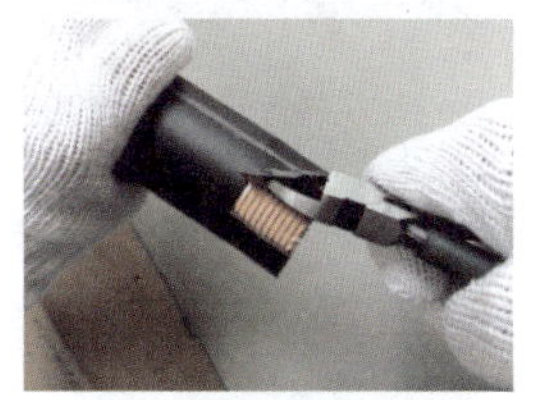	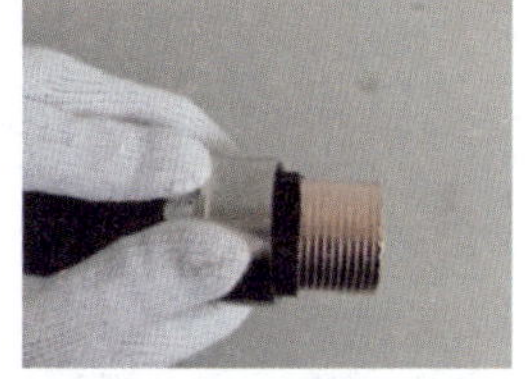
4. 环切护套 25 ~ 30 mm(1 －5/8)；环切护套 20 ~ 25 mm(1 －1/4)	5. 用斜口钳剥去外护套	6. 套入连接器后外壳

图　4.84

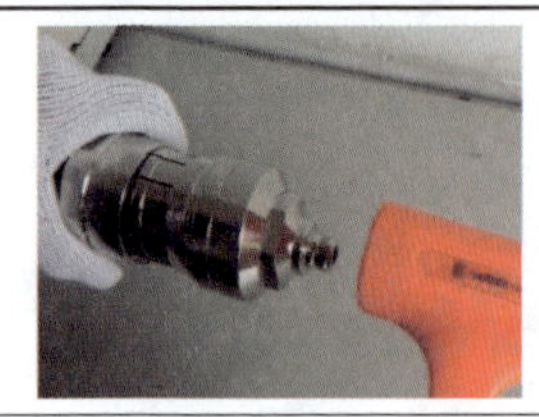	★ 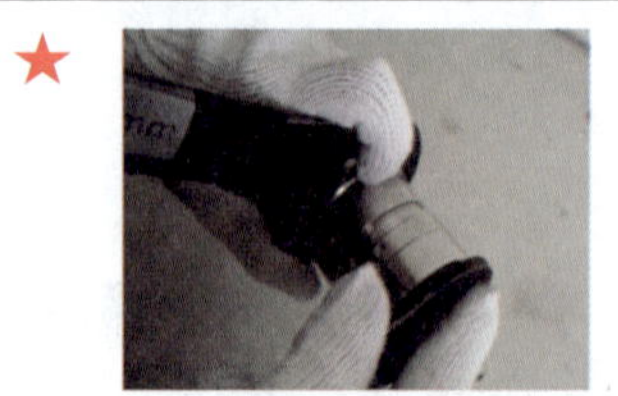	
7. 套入连接器前外壳，用橡胶锤敲击安装到位	8. 固定前外壳，拧紧后外壳	9. 安装完毕，并进行接头防水

图 4.84 漏缆接头连接步骤示意图

注意事项：

(1)标志线长度一定要满足，防止后续防水不到位，水沿标志线缝隙流入漏缆接头；

(2)剥离护套长度满足，且注意不可切断铜层；

(3)必须保证前外壳安装到位，固定时务必"固定前外壳，拧紧后外壳"，避免连接器内、外导体装置与电缆内外导体摩擦产生铜粉，影响性能；

(4)★为关键步骤。

2)专用剥线刀安装

漏缆接头制作如图 4.85 所示。

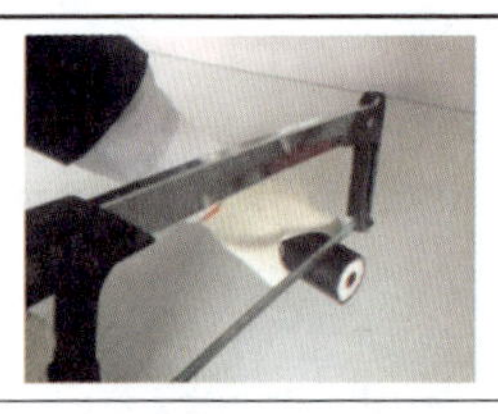	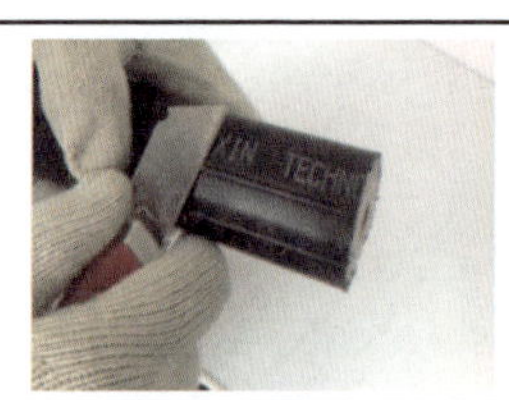	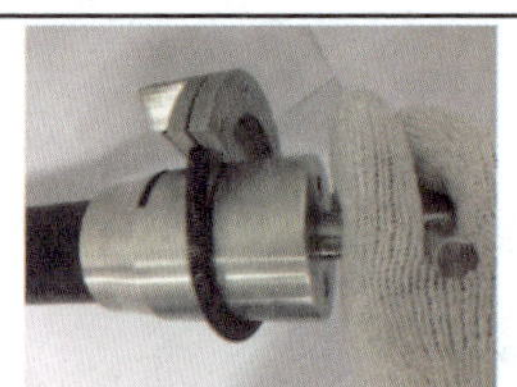
1. 使用锯弓锯断电缆	2. 削去 150 mm 漏缆标志线	3. 将剥线工具拉开插入漏缆，并使漏缆触碰后壳内壁后旋转
	★ 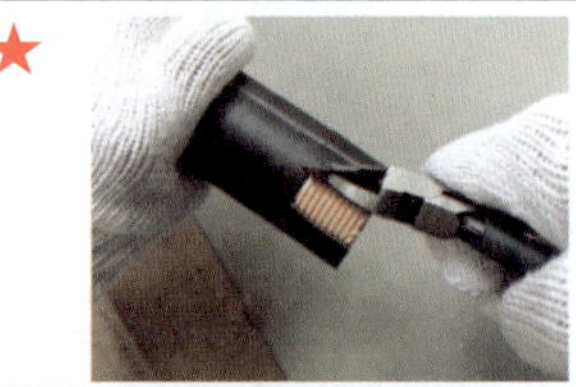	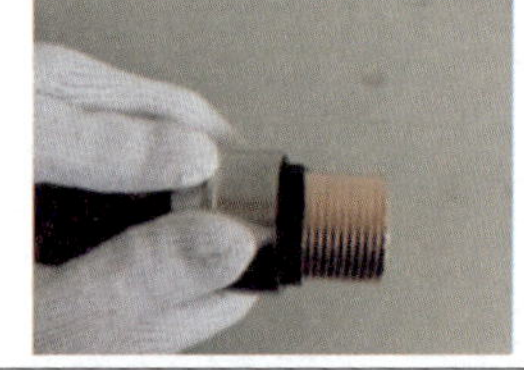
4. 切断后界面平整、干净、无碎屑	5. 用斜口钳剥去外护套	6. 套入连接器后外壳
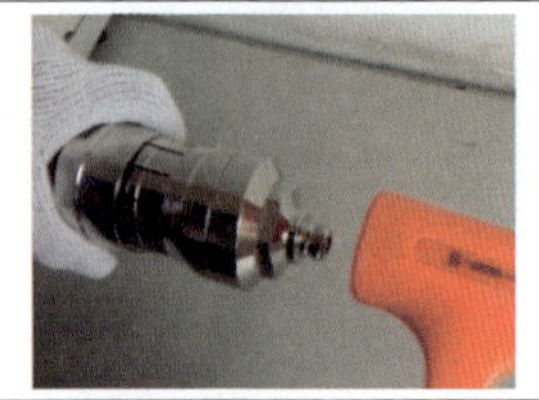	★ 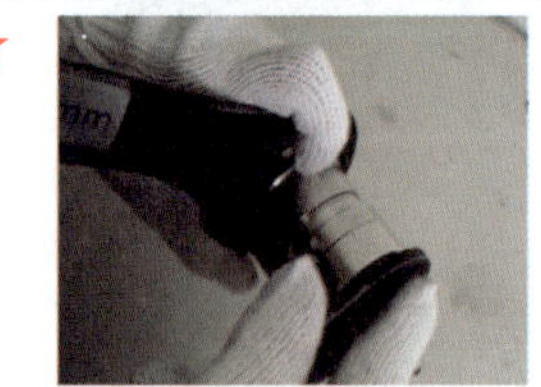	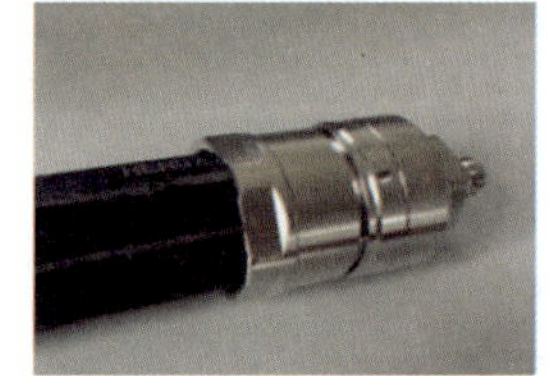
7. 套入连接器前外壳	8. 固定前外壳，拧紧后外壳	9. 安装完毕

图 4.85 漏缆接头制作示意图

注意事项：

(1)标志线长度一定要满足,防止后续防水不到位,水沿标志线缝隙流入漏缆接头;

(2)剥离护套长度满足,且注意不要切断铜层;

(3)必须保证前外壳安装到位,固定时务必“固定前外壳,拧紧后外壳”,避免连接器内、外导体装置与电缆内外导体摩擦产生铜粉,影响性能;

(4)★为关键步骤。

4.3.6.4　施工总结

1. 质量控制

1)漏缆卡具安装质量控制

(1)卡具安装高度、限界等必须符合相关要求。

(2)卡具应安装同一水平面上,误差不超过 3 cm。

(3)卡具之间间距为 1.0 m,防火卡具每 10 m 一个,误差不超过 2 cm,遇见障碍物可以做适当调整。

(4)卡具安装前钻孔内必须用压缩空气清理,确保孔内无异物。

2)漏缆敷设质量控制

(1)漏缆的型号、规格、电气特性必须符合相关要求。

(2)漏缆敷设时应平顺整齐,不得有凹凸不平,拐弯处弯曲自然,弧度一致。

(3)漏缆与电力电缆平行间距大于 0.5 m,以免产生干扰。

(4)漏缆在敷设的过程中,严禁急剧弯曲,漏缆最小弯曲半径应大于漏缆外径的 20 倍,接头处防水处理良好。

2. 安全措施

1)所有轨行区施工作业,必须履行相应请销点、登记制度。申报的施工计划内容主要包括:施工日期、施工时间、施工内容、施工单位、施工范围、影响范围、接触轨停电范围和有关具体说明。

2)所有进入正线区段的作业,原则上要求作业区域内无调车作业且相关接触轨停电后方可进行。

3)施工人员必须熟知安全技术操作规程,熟悉施工要求和作业环境,认真执行安全交底,对没有安全交底的生产任务,有权拒绝接受,有权抵制违章指令。特殊工种作业人员必须持证上岗。

4)现场临时用电线路的安装和使用,必须按配电规程和安全操作规程执行,不准任意拉线接电;各种手持电动工具和额定电流小于 60 A 的人体可能触及的用电设备,必须安装触电保安器;电气设备必须完整无损、绝缘良好、设保护地线;熔断器和熔丝应配置适当,严禁用其他金属丝代替熔丝。开关应接在相线上,不得将线头钩挂在簧片上或直接插在插座内。手持电动工具应有绝缘手柄和保护接地线。

5)在施工时间内,设置专职的安全质量检查员对每项工程项目进行检查,发现问题及时处理。施工结束前安全质量检查员要与施工负责人及工程监理人员共同确认安全和质量合格后方可撤离施工现场,施工人员对施工废弃物进行清理工作后,方可出清施工现场。

6)使用平板车运送工机具、材料时,平板车四周应贴有闪光条,并应配备机械制动,在途经下坡区段时应拉紧机械制动。在运达安装地点开始卸货前,应先经铁鞋固定在平板车车轮上,确保平板车刹车稳固后,再开始搬卸货物。使用平板车必须保证4人及以上在场,且不得将平板车在没有我单位人员在场监管的情况下交与外协人员使用。

4.4 站台设备安装

信号系统站台设备包括紧急停车按钮、自动折返按钮、发车指示器等设备。紧急停车按钮是在非常情况下为了保证行车和人身安全,临时强制列车紧急停车的一种应急安全设施;自动折返按钮是在信号系统折返站为方便运营车辆进行折返行驶的辅助设备,是司机行车的重要功能工具之一;发车指示器是地铁运营车辆发车的辅助设备,是司机行车的重要依据之一。

1. 施工特点

1)工序间采用分项流水作业,节省施工作业时间,可避免工序衔接造成的窝工。

2)站台设备安装前邀请信号运营、车务运营、站务运营部门技术人员根据设计图纸共同进行发车指示器、紧急停车按钮、自动折返按钮现场定位,使安装位置切实满足后期运营使用需求。

3)根据安装现场条件不同提供多种安装方案,安装方法合理,工艺美观。

2. 工艺原理

根据线缆径路图及现场实际桥架安装情况确定站台设备线缆径路,敷设站台设备光电缆。按照图纸位置正确安装站台设备,最后进行电缆引入配线。

4.4.1 站台设备安装施工工艺流程(图4.86)

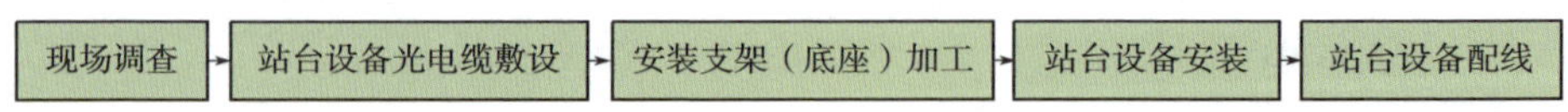

图4.86 站台设备安装施工工艺流程图

4.4.2 施工准备阶段

1. 现场调查

1)首先根据施工图纸,与信号运营、车务运营、站务运营部门技术人员进行发车指示器、紧急停车按钮、自动折返按钮现场定位，确定安装位置、安装方法并做好标识。

2）根据确定好的紧急停车按钮安装位置与车站陶瓷钢板安装专业人员联系，确定留孔位置，留孔尺寸。

3）调查站台站厅层、站台层综合管线通号桥架的布置及弱电井、电缆引入间位置，结合线缆径路图确定最优站台设备线缆径路。

2. 安装支架（底座）加工

根据确定好的安装位置，结合现场实际条件确定安装所需支架的样式及尺寸。

1）紧急停车按钮可根据装修陶瓷钢板距离立柱或墙面的距离，结合紧急停车按钮箱的尺寸，选用侧式底座安装或丝杆安装。

2）发车指示器根据现场实际情况，地下站一般选用侧墙支架安装，高架站一般选用立柱支架安装。

4.4.3 施工阶段

1. 紧急停车按钮箱安装

电缆从通信槽道引出后用 DN32 镀锌钢管防护引至紧急停车按钮箱支架下方，根据确定的安装位置将支架安装位置画出来，如图 4.87 所示。将提前加工好的支架用 2 个 M8 × 60 mm 不锈钢膨胀螺栓固定到墙面上，箱体采用 2 个 M8 × 50 mm 不锈钢连接螺栓固定在支架上，最后将预先引至支架底座下的电缆穿入箱体，如图 4.88 所示。

图 4.87 发车指示器安装首件定标示意图

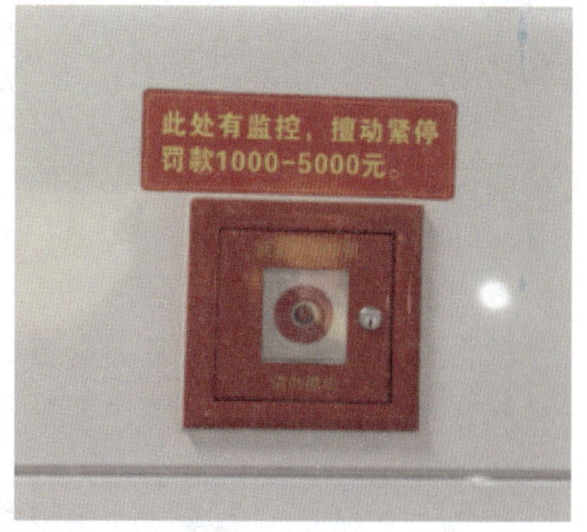

图 4.88 紧急停车按钮箱安装示意图

2. 发车指示器安装

发车指示器外观尺寸为 475 mm × 283 mm，安装在列车发车方向站台端头底部距地面约 2 m。地下车站一般采用侧墙安装，设备上部开孔，采用上走线；高架站采用钢管立柱安装，设备下部开孔，采用下走线。

地下站侧墙安装时将提前加工好的侧墙支架用 4 个 M10×80 mm 不锈钢膨胀螺栓固定到墙面上，设备采用 4 个 M10×50 mm 不锈钢连接螺栓固定在支架上，通过垂直于设备顶面安装的 DN32 镀锌钢管和 ϕ32 金属软管将电缆穿入设备。

高架站立柱安装时将提前加工好的立柱支架用 4 个 M10×80 mm 不锈钢膨胀螺栓固定在地面上，设备采用 4 个 M10×50 mm 不锈钢连接螺栓固定在支架上，通过预埋于装修垫层内的 DN32 镀锌钢管和立柱支架上的电缆引入孔和防护胶管将电缆穿过空心立柱支架引入设备。

3. 自动折返按钮箱安装

自动折返按钮箱安装在距离屏蔽门端门梁外约 1 m 处，安装高度为箱体底部距地面 1.4 m 左右。根据确定的自动折返按钮箱安装位置，用铅笔在墙面上做好标记，使用 4 个 M8×60 mm 膨胀螺栓通过箱体后部底板将自动折返按钮箱固定在墙面上。通过垂直于设备顶面安装的 DN32 镀锌钢管和 ϕ32 金属软管将电缆穿入设备。

4. 站台设备配线

将引入站台设备的电缆或数据线整齐美观的盘留约 3 m 预留量后按照设计图纸进行配线，并穿上防护套管，套管上标明电缆来去向。

4.4.4 施工总结

1. 质量控制

1）站台设备安装前，与信号运营、车务运营、站务运营部门技术人员根据设计图纸共同进行现场定位，使安装位置切实满足后期运营使用需求。

2）紧急停车按钮箱、自动折返按钮箱安装水平方正且居中，高度满足设计要求。

3）高架站发车指示器立柱安装应在满足设备限界前提下尽量靠近钢轨外侧，垂直于地面，以满足司机观察。

4）电缆的防护钢管安装横平竖直且固定牢固。

5）站台设备配线应在设备端盘留 3 m 预留量。

6）站台设备安装完成后应保证设备能够无阻碍正常打开进行检修。

2. 安全措施

1）使用人字梯时先检查其牢固性。

2）作业前检查发电机及电钻性能，确认其绝缘良好。电源线无破损、无不良接头及漏电现象。

3）移动电钻时不得提着电线或钻头，电钻未静止前不得触及钻头及转动部分。

4）使用工具要严格按操作规程进行操作，以确保工机具的正常使用。

第5章 站台门系统

站台门系统施工工作主要包含结构部件安装，设备安装及配线，电源及接地。

结构部件安装包括下部结构安装，上部结构安装，立柱安装，门槛安装，门机梁安装，顶箱安装，滑动门、固定门、应急门安装，端门安装；设备安装及配线：中央接口盘安装，就地控制盘安装，系统设备配线；电源及接地：电源系统设备安装，电源系统设备配线。

站台门施工工艺流程如图5.1所示。

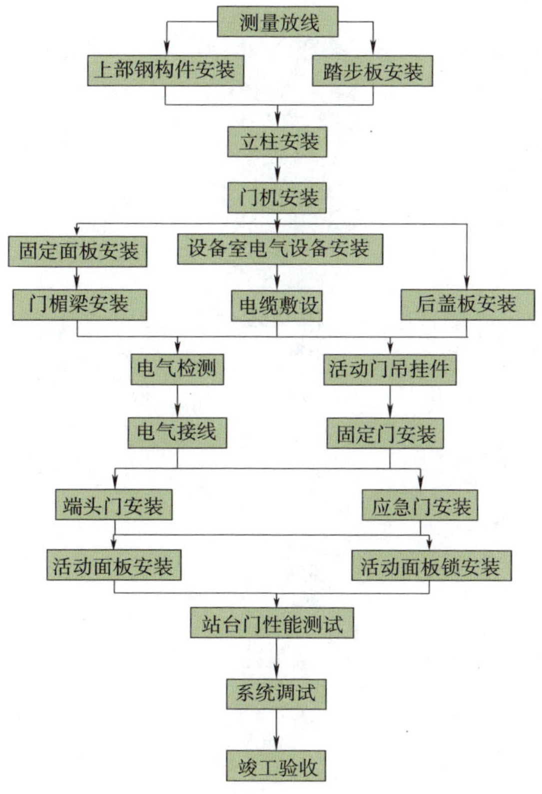

图5.1 站台门施工工艺流程

5.1 测量放线工程

确定测量基准、建立安装测量三维坐标系。

对轨道中心线、轨道面、站台面、已预留槽、孔、洞的位置、高程进行检查复核。

为站台门的设计提供可靠的依据。

为站台门的安装提供可靠的安装依据。

1. 注意事项

1)测量所用的主要器具,如全站仪(包括棱镜、对中杆)、经纬仪、水准仪(包括塔尺)、钢卷尺必须经鉴定确认为合格品后方可使用。

2)现场测量必须保证安全,如人员安全(防触电、摔伤、被击伤等)、仪器避免损坏(防仪器摔落、被落体击中等)。

3)为保证测量精度和防止出错,必须仔细计划、充分准备、认真操作、计算检查、归纳总结。

4)基准确定

(1)设计基准

X 方向:沿站台纵向。

Y 方向:垂直于站台方向。

Z 方向:高度方向(垂直于轨道顶面)。

结构设计均以此为基准进行。

(2)测量基准

以设计基准为基础,根据现场情况和安装要求,为便于操作,确定测量基准并建立三维坐标系设定,如图 5.2 所示。

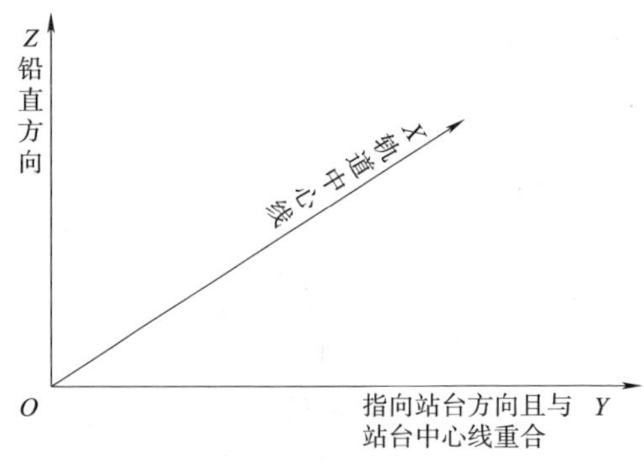

图 5.2 站台及轨道测量坐标系示意图

X 轴:与轨道中心线重合且水平,在站台上面向轨道,右为正,左为负。

Y 轴:垂直于轨道中心线(与有效站台中心线重合)且水平。指向站台方向为正,反之为负。

Z 轴:垂直于水平面,以有效站台中心线与轨顶的交点为准,向上为正,向下为负。

原点:轨道中心线、有效站台中心线、轨道顶面三条线的交点作三维坐标系的原点。

2. 测量仪器、工具的准备

综合各种条件和要求,在测量之前,先自行制作测量放线器,其主要由底板、靠尺、水平仪、铅锤、限位块等组成。水平仪与铅锤可以调整器具本身的水平、垂直性,限位块定位,靠尺定测量点。同时,准备并将采用的主要测量器具有:全站仪、激光经纬仪、垂准仪、水准仪、钢卷尺(50 m 的一个,根据需要 5 m 的个数不定)。其他必备器材:对讲机、计算器、钢丝绳、油漆、小水泥钉、锤子、红铅笔、油漆笔、线坠、水平尺、卡尺、墨斗器、刻刀等。

3. 坐标系统的确定

测量示意如图 5.3 所示。

1)Y 轴的确定

测定站台的有效中心线并校准,后用墨线标记于现场并延长至轨道上,以此作为坐标系的 Y 轴。

2)原点的确定

将轨道中心线测定到轨道基础面上并校准,用墨线标记于现场,找出该线与 Y 轴(站台有效中心线)的交点,以此为坐标系的原点。

3)X 轴的确定

用全站仪检查轨道中心线是否为一条直线。如果是一条直线则以此作为坐标 X 轴。否则在坐标原点架设全站仪,以 Y 轴为后视方向,做一条经过原点且垂直于 Y 轴直线,以此线为 X 轴,记作 L_4(站台面边缘线记作 L_2、靠近站台侧轨道面记作 L_3、另一条轨道面记作 L_5)。

4. 控制线的测定

测量示意如图 5.3 所示。

1)平行于 Y 轴控制线的测定

以站台面上的 Y 轴线作为站台门下部安装时该方向的控制线。

2)平行于 X 轴控制线的测定

在坐标原点架设全站仪,在站台面放出一条平行于 X 轴的控制线,该控制线延伸于站台门范围之外并用墨线弹出,作为下部安装时平行于 X 轴方向的控制线,记作 L_1。

5. 顶部安装平面控制线

1)放出纵向过渡线

以控制线 L_1 为基准,先在站台面上放出站台门顶部安装纵向控制线在站台面上的

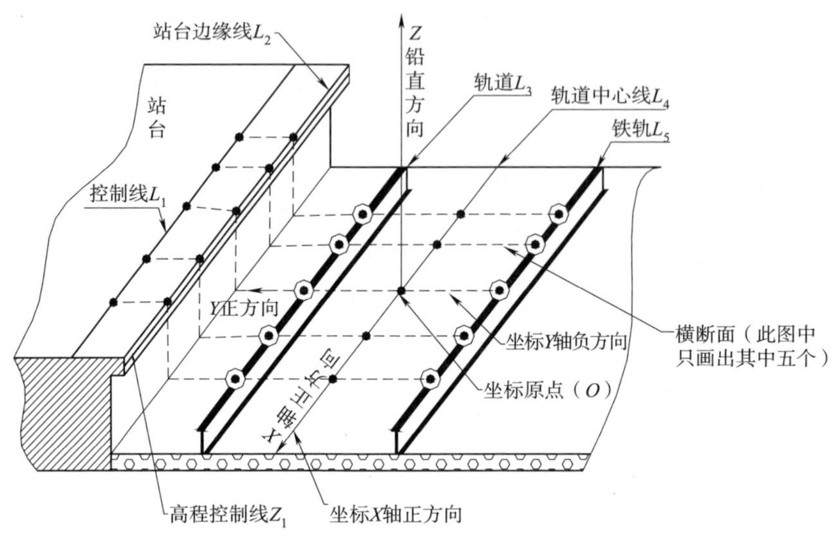

图 5.3　地铁轨道顶面与站台顶面现场测量示意图

投影线，以此线作为放样上部安装纵向控制线的过渡线。

2）放出横向过渡线

以站台面上 Y 轴线为基准，在站台面上放出站台门顶部安装横向控制线在站台面上的投影线（此线应考虑因轨道面及站台面纵坡而产生的顶部相应部件的纵向位移），以此线作为放样上部安装横向控制线的过渡线。

3）放出顶部平面控制线

分别在两条过渡线上架设垂准仪，将两条过渡线投影到站厅结构梁底面上并用墨线弹出，作为上部安装平面控制线，分别记作 L_6（纵向）和 S_1（横向）。

6. 高程控制线的测定

测量示意如图 5.4 所示。

1）为了方便操作，用水准仪在站台边缘侧面（轨道侧）弹出高程控制线，作安装的高程控制线，记作 Z_1。

2）用塔尺或钢卷尺（经检验过的，操作过程中保证尺子竖直）把站台高程控制线提高并平移至站厅底部结构梁靠站台侧的侧面上，经检验后作为站台门上部安装的高程控制线，记作 Z_2。

7. 站台面与轨道面的复核

测量示意如图 5.5 所示。

1）垂直于 X 轴的横断面

在站台面与轨道面上截取多个垂直于 X 轴的横断面（断面个数根据现场情况而

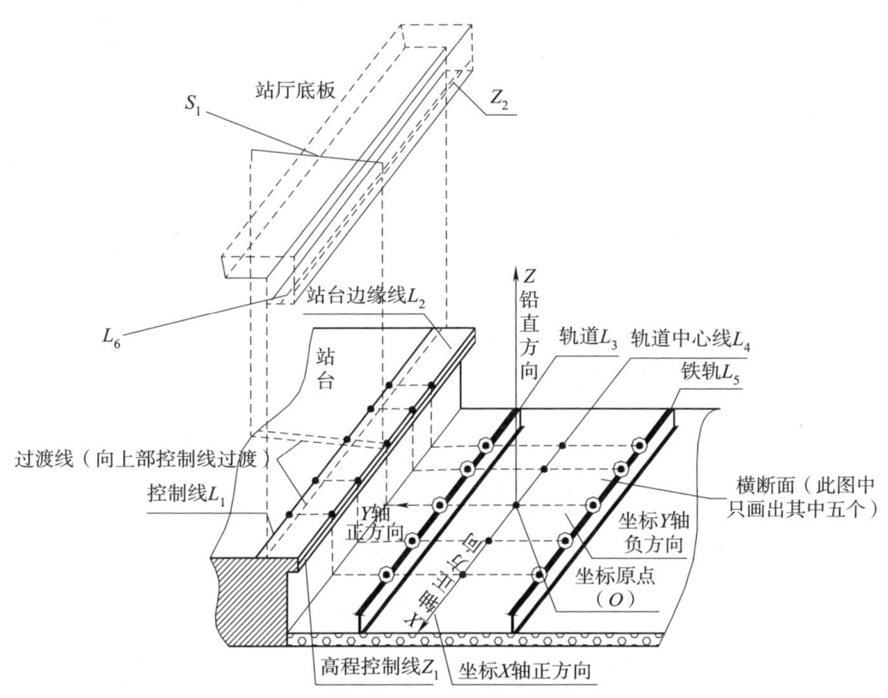

图 5.4 地铁屏蔽门安装顶部控制线测定测量示意图

定，一般每个门体单元测定两至三个断面，为便于计算和比较，尽可能使每个横断面间的距离相等），并把各横断面与 L_1、L_2、L_3、L_5 的交点在现场标记出来。

2）测出各交点的高程或坐标

用全站仪测出 L_2 上各交点的坐标，用它们的横坐标（Y）与轨道中心线至站台边缘面的距离进行比较，并分别统计出小于、大于或等于这距离之间的点的个数、比率和分布情况。用水准仪测出 L_1、L_3、L_5 上各交点的高程，计算出每条纵线的坡度、每个横断面上 L_1 至 L_3 及 L_5 的高差，并根据实测情况绘出 L_1、L_3、L_5 的纵坡曲线图（三条线绘在同一张图纸上）。

8. 站台面踏步板安装槽的复核

1）用全站仪测量出站台边缘门槛安装预留槽内侧边缘线 L_{2-1} 上各交点的坐标，用它们的横坐标（Y）与基准尺寸比较，并分别统计出小于和大于基准尺寸的点的个数、比率和分布情况。

2）用水准仪测量出门槛安装预留槽底，并计算出各点与该点所在的横断面上内侧铁轨顶面高程之间的差值。

9. 现场安装测量

在预埋件、槽、孔都符合设计要求的前提下进行安装测量。

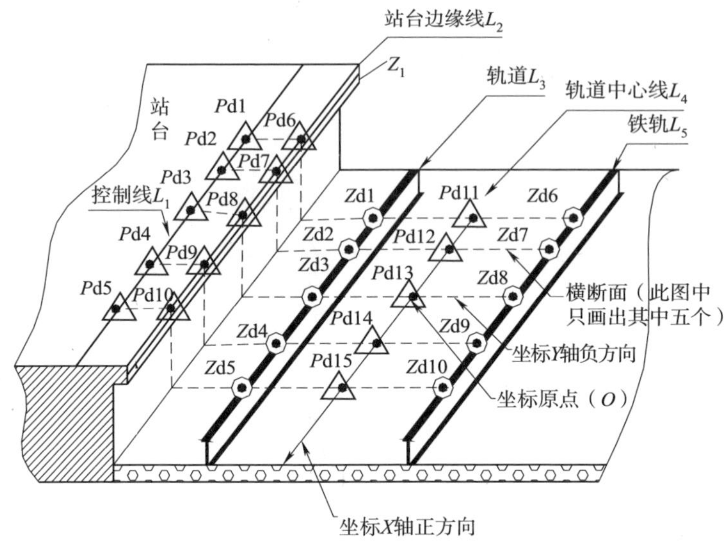

图 5.5　地铁轨道顶面与站台顶面现场测量复核示意图

说明：

1. 在现场测定轨道的中心线 L_4；2. 在站台面上找出一条与轨道中心线平行的控制线 L_1；3. 分别在控制线 L_1、站台边缘线 L_2、轨道 L_3、轨道 L_5 及轨道中心线 L_4 上各找出 n 个点（如图，暂定五个点），并使图中虚线相互平行且分别垂直于轨道中心线；4. 分别测出 L_1、L_2 上各点的坐标并比较它们轨道中心线的距离是否相等，如果不相等则对控制线 L_1 进行调整；5. 分别测出图中 L_1、L_2、L_3、L_5 上各点的高程，计算出控制线 L_1 及轨道面 L_3、L_4 的坡度并比较它们的坡度是否相等。

1）踏步板安装细部测量放线

（1）用全站仪在站台面上把控制线 L_1 向轨道侧平移到门槛设计位置作为踏步板安装的纵向控制线，用墨线在现场弹出，记作 L_{1-1}。

（2）在站台面上用全站仪和 50 m 钢卷尺把坐标 Y 轴（站台有效中心线）分别向两侧平移，按每侧单元分格，用墨线将它们弹出且与 L_{1-1}、Z_1 相交，以此作为踏步板的横向安装控制线。

（3）对（1）、（2）中的测量结果进行检查，确认准确无误后，定为门槛安装的平面控制。将高程控制线 Z_1 作为踏步板安装的高程控制线，至此门槛安装现场放线完成。

2）站台门上部结构安装的测量放线

（1）用全站仪和钢卷尺在轨道基础面上把轨道中心线向站台侧平移一定距离，用垂准仪将其投影至站厅底面结构梁下表面上，检验后，作为上部结构安装的纵向控制线，记作 L_{6-1}。

（2）在站厅底面上用 50 m 钢卷尺把 S_1 线分别向两侧平移，按单元分格，用全站仪检验后用墨线将它们弹出且与 L_{6-1}、Z_2 相交,以此作为站台门上部结构的横向安装控制线。

(3)以 Z_2 作为站台门上部安装的高程控制线(在操作过程中 Z_2 应与 Z_1 联合起来,这样可以保证测量时尺子的铅直度,也便相互检查,避免错误)。

(4)在测量放线时,以每两个结构柱之间距离为一个测量单位,按上述方法每个单位分别进行测量放线,误差控制在柱间。

10. 测量记录及资料的整理与编制

1)现场测量过程的每一步均作详细的记录并画出草图,作为原始数据。

2)对现场的测量记录进行整理计算归纳总结并形成书面资料。

3)对既成书面资料进行仔细检查,且经各必需的部门确认无误后方可上报并归档保存。

5.2 踏步板安装

5.2.1 踏步板安装施工工艺流程

测量放线完成后,即可进场进行踏步板安装,其安装流程如图 5.6 所示。

图 5.6　踏步板安装施工工艺流程图

5.2.2 施工阶段

1. 站台板钻孔

将门槛模板中线和站台纵向控制线上门槛中线重合,用记号笔在站台板上做出记号。复测尺寸是否和图纸相符。无误后用水钻垂直钻孔,打孔完毕后再次复核孔位尺寸。门槛模板沿站台纵向控制线就位后,门槛中线和滑动门中线对正,用记号笔在模板孔位上做出记号,将模板平放在边上,用水钻在记号位置垂直打孔,不能有歪斜的情况。孔洞完成后用钢卷尺复测孔洞的间距是否符合安装要求,满足要求后方能进行下道工序。做好文明施工。

为便于钻孔的快速定位及保证钻孔的准确性,采用钻孔模具进行钻孔施工。钻孔模具及钻孔示意图如图 5.7 所示。在加工厂把标准单元的开孔位置在钻孔模具上进行开孔标识,该模具利用站台面的施工基准及安全门单元分隔线进行定位,用专用夹具固定在作业面上以后,直接用钻孔机对准模具上孔位进行钻孔便可满足施工要求,现场施工图如图 5.8 所示。轨顶风道钻孔同上。

2. 穿透螺栓安装

穿透螺栓安装前将孔位清理干净并保持干燥，孔位清理用专门的吹风器进行清理，然后再安装穿透螺栓，如图 5.9 所示。

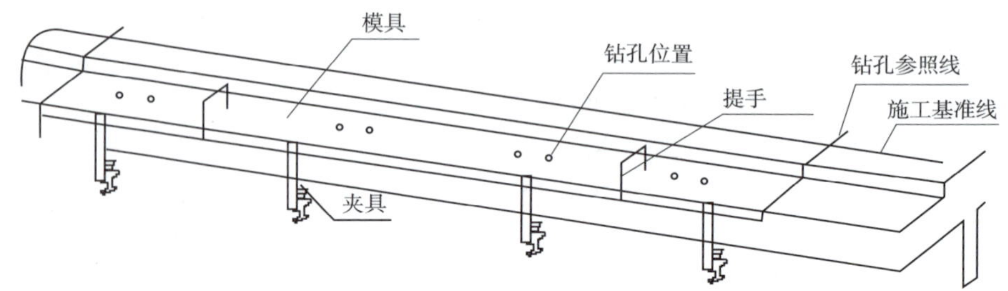

图 5.7　钻孔模具示意图

图 5.8　现场施工图

图 5.9　穿透螺栓安装示意图

3. 踏步板组件安装与校调

1）踏步板部件在工厂组装完成后，以一个单元整体进行安装，组装上下绝缘件时必须填涂绝缘胶。

2）以有效站台中心线为基准分别向两侧安装各个踏步板部件，各踏步板基体之间设计有 5 mm 的调整间隙，一侧踏步板安装完成后，其累积误差不得超过 ±10 mm，且踏步板沿站台纵向和站台板的坡度一致。

3）在站台踏步板全部安装完工后，根据站台面上安装基准线检查踏步板的限界是否符合设计要求。

4）根据站台侧面的安装基准线调整踏步板安装的标高位置，以轨顶面为基准，校验其与站台坡度的符合性。

5）检查踏步板顶面距轨道顶面的距离是否满足设计高度要求，误差控制在

±2 mm 以内。

6）检查踏步板靠近轨道的端面距轨道中心线的距离是否满足设计高度要求，误差控制在 0 ~ +5 mm。

7）每个单元踏步板直线度控制在 1.5 mm 之内。

8）调整合格后，紧固下部支承螺栓及方形垫板，踏步板安装完工。

9）安装踏步板与踏步板之间的连接板和等电位铜排。

10）踏步板与站台板的连接详见图 5.17 滑动门底部及踏步板安装示意图、图 5.20 固定门底部安装示意图。

4. 踏步板绝缘检查

1）每一个单元安装完后进行绝缘检查，在符合绝缘要求后再进行下一个单元的安装。

2）在踏步板安装完工后再对整侧踏步板进行一次绝缘检查，确保符合要求。

3）在立柱安装完成后，所有立柱与门槛保持绝缘。

5. 踏步板成品保护

为保证安装完成的踏步板面不被破坏，在踏步板安装时，原来的保护不能拆除，需在门体安装时部分拆除。

5.3　上部钢构件及立柱安装

5.3.1　上部钢构件及立柱安装施工工艺流程（图 5.10）

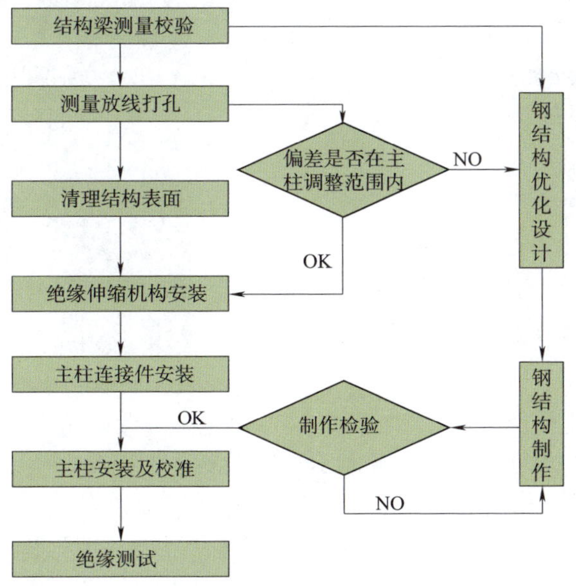

图 5.10　上部钢构件及立柱安装施工工艺流程图

5.3.2 施工阶段

1. 施工现场准备

1)按安装图要求复核放线基准、位置并确定上部钢构件安装方位。

2)土建结构表面、孔洞清理,凿平上部钢构件安装结构表面。

3)根据安装的尺寸进行测量放线打孔。

2. 上部钢构件安装(有预埋的直接进行连接)

按照安装图,以有效站台中心线为基准分别向两侧安装上部钢构件,保证上部钢构件耳板间沿站台纵向尺寸偏差 ±2 mm,并保证耳板面与站台横向截面平行。确保安装固定门的间隔为 1 mm,以便于固定门的安装。

按照安装图,安装绝缘伸缩机构。

3. 立柱安装及调整

立柱底部插接在踏步板插接块上。

4. 立柱顶部通过绝缘伸缩机构与上部安装座、预埋件进行连接,如图 5.11 所示。

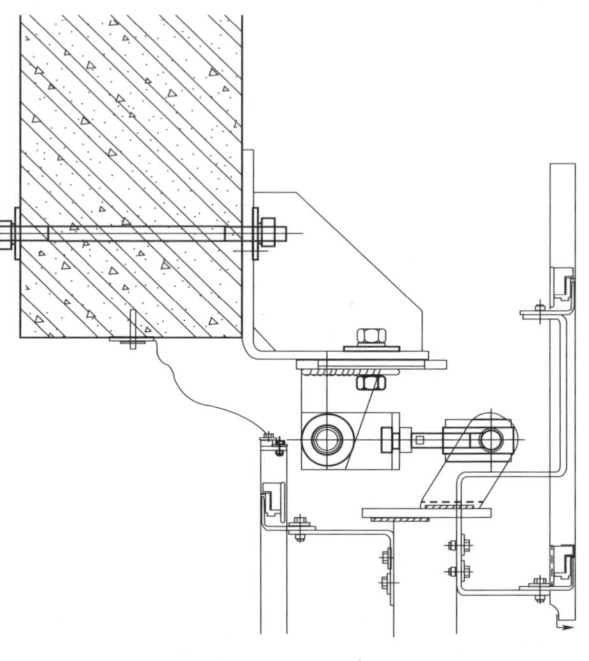

图 5.11 顶部钢构件安装示意图

5. 立柱调整、检验

立柱通过调整上部安装座和绝缘伸缩机构来确保立柱的位置尺寸及位置精度要求。具体要求:立柱位置误差需控制在 2 mm 内,固定门和应急门立柱间的间距误差为 0 ~ +2 mm,立柱横向和纵向相对踏步板面垂直度误差小于 1.5 mm。

6. 绝缘测试

根据每天的安装进度进行绝缘测试,整侧安装完成后,进行整侧测试。合格后方可进行下一步的工作。

5.4 门机安装

5.4.1 门机安装施工工艺流程(图5.12)

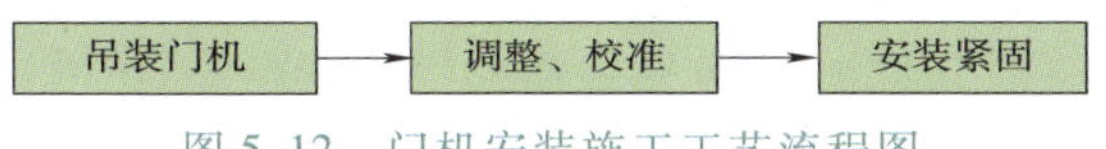

图5.12 门机安装施工工艺流程图

5.4.2 施工阶段

门机及其附件在工厂组装成整体,并测试合格后整体直接运送到安装现场。将门机整体固定在升降机的吊装平台上,通过升降机将门机顶升至立柱安装件上,如图5.13所示。如果现场环境不好也可以直接将已组装好的门机组件用葫芦提升至立柱安装件上安装紧固并调整、校准至达到设计要求。需保证门机与踏步板之间的相对关系尺寸,纵向坡度一致。具体要求如下:

1)门机梁到踏步板之间的高度公差控制在1.5 mm之内;

2)门机梁与踏步板导槽之间的平行度误差控制在2.0 mm之内;

3)门机梁纵向的直线度≤1 mm/m,坡度一致;

4)门机与法兰板之间连接螺栓采用扭力扳手安装,扭力满足技术文件要求。

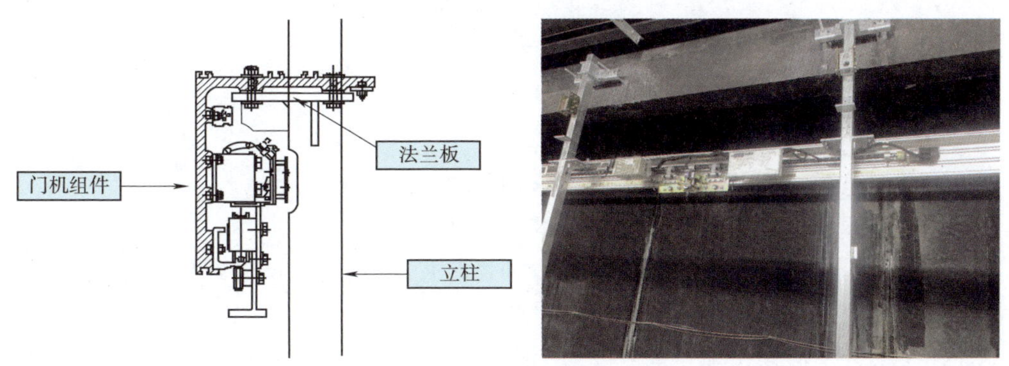

图5.13 门机安装示意图

5.5 顶箱及电气设备安装

1. 顶箱安装

1)顶箱安装主要是指顶箱前后盖板的安装,为了滑动门调试方便,顶箱活动面板将在门体调整完成后进行。

2)为保证承重结构的整体稳定性,在此阶段应该将门楣梁及钢通横梁安装好。

2. 电气设备安装

1)施工条件

为了提高安装效率,如果条件允许此阶段可进行站台门设备室电气设备的安装。设备室为独立空间,与站台侧设备的安装互不影响,可同步进行。

顶箱内的电气布线可在此阶段同步实施。具体的电缆、电线的检验、测试等将按相应的规范执行。

如果站台门设备室距站台门位置较远,则站台门到设备室的管线预埋工作将根据土建的安装进度及其他专业的管线布置提前进行。

2)安装流程如图 5.14 所示。

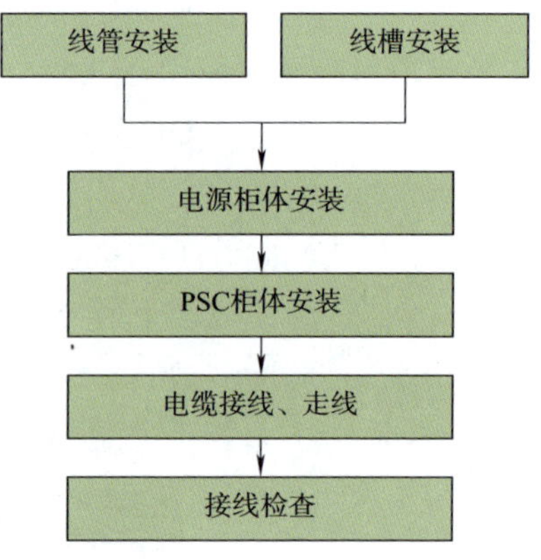

图 5.14 电气设备安装流程

(1)线管、线槽安装

①金属电缆线槽及其支架应安装牢固、横平竖直、可靠接地。

②电缆线槽连接板的两端跨接铜芯接地线。

③线槽跨越建筑物伸缩缝处应设置补偿装置;线槽与支架间螺栓、线槽连接板螺栓固定紧固无遗漏,螺母位于线槽外侧。

④金属导管必须接地可靠,镀锌的钢导管不得熔焊跨接接地线,以专用接地卡跨接的两卡间连线为铜芯软导线。

⑤当镀锌钢导管采用螺纹连接时,连接处的两端用专用接地卡固定跨接接地线;金属线槽不作为设备的接地导体。

⑥镀锌和钢导管不得套管熔焊连接。

⑦电缆导管的弯曲半径不应小于电缆最小允许弯曲半径。

(2)站台门设备室内 PSC 柜、电源柜等柜体的安装

根据施工图纸确认安装位置正确无误,柜体安装应横平竖直、固定稳固,不能有倾

斜、晃动的情况；接线时必须确保输入输出线缆与接线排准确对应，各种电缆标识清楚、接线正确，接地良好。具体操作严格按照相关标准规范执行。

(3)电缆走线、接线

①电缆敷设严禁有绞拧、铠装压扁、护层断裂和表面严重划伤等情况。

②驱动电缆和控制电缆在同一线槽内敷设时应同槽分室(以金属板隔开)敷设。

③电缆在线槽内敷设时应排列整齐，不要交叉，拐弯处应以最大截面电缆允许弯曲半径为准，线槽内的线缆不应有接头。

④同一交流回路的电线应穿于同一金属导管内，且管内电线不得有接头。

⑤电线、电缆穿管前，应清除管内杂物和积水，管口应有保护措施。不进入接线箱的垂直管口穿入电线、电缆后，管口应密封。所有走线路径不得和元器件的活动部位有冲突。

⑥接线前要先确保线缆不能有破损，接线端子排安装牢固。接线时确保进出线缆与接线排准确对应，端子压接一定要牢固可靠，不能有接触不良的现象。线缆的绑扎要规范、整齐、美观。

(4)接线检查

接线完成后必须经过严格检查，线缆的走向应符合技术图纸要求，施工过程中严禁有损坏电缆及其护套的现象，线号标识一定要清楚、正确，线号标识不能褪色，接线一定要正确，不能有错接、漏接的现象。

5.6　门体安装

5.6.1　滑动门安装

1. 滑动门安装施工工艺流程(图 5.15)

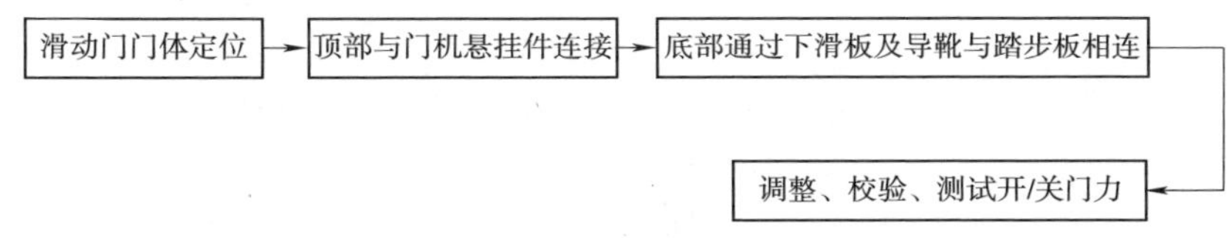

图 5.15　滑动门安装施工工艺流程图

2. 施工阶段

滑动门应在工厂整体组装完成，运送到工地现场。安装前需先清除踏步板导槽内保护泡沫，然后按以下步骤进行安装。

1)将滑动门按设计要求放置在安装位。

2)通过门体顶部吊挂件与导轨吊挂件挂接，拧好定位螺钉，微调导轨吊挂件保证门体位置，如图 5.16 所示。

3)底部通过下滑板及导靴与踏步板相连,如图 5.17 所示。

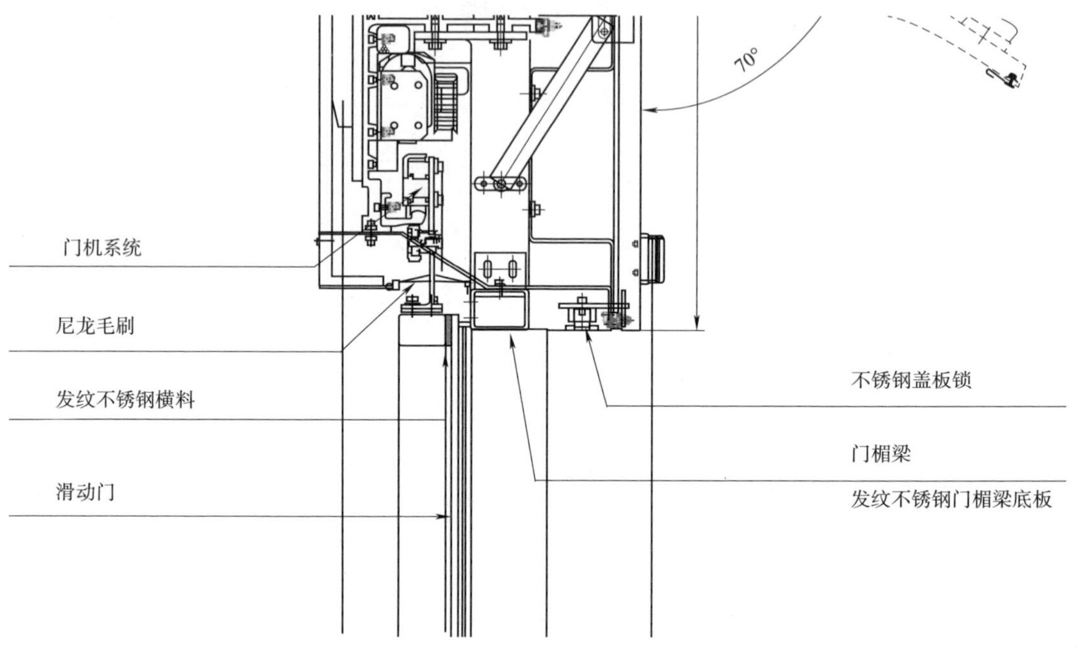

图 5.16 滑动门顶部悬挂示意图

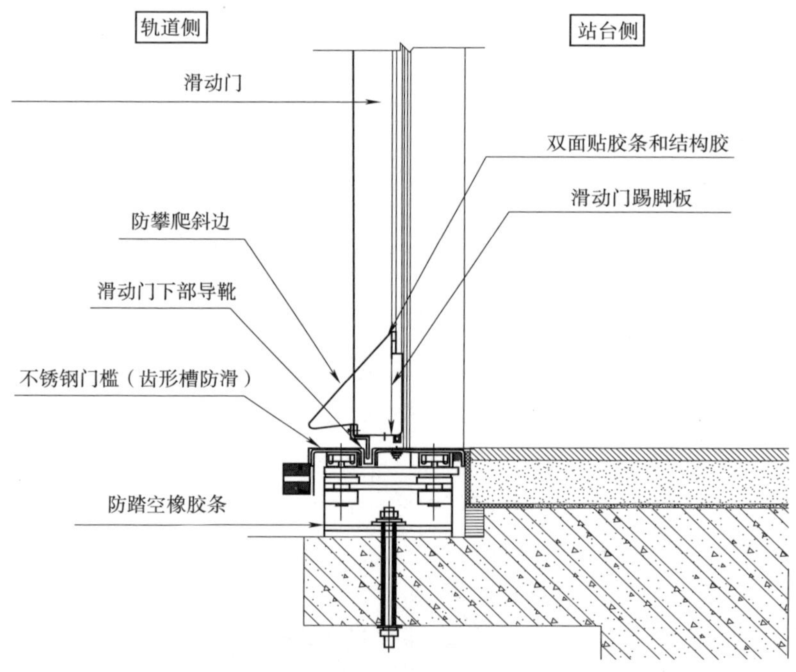

图 5.17 滑动门底部与踏步板安装示意图

4)滑动门安装就位后需进行调整、校验、测试等工作,应符合以下要求:
(1)左右滑动门玻璃面前后及上下相差小于 1 mm;
(2)与踏步板间隙左右均匀一致,并满足图纸要求;
(3)与固定门立柱上防夹手胶条间间隙满足设计要求,上下均匀一致;
(4)检查滑动门限界,满足设计要求;
(5)滑动门解锁机构功能可靠,开关触发正常;
(6)5 mm 障碍物探测功能可靠;
(7)阻止关门力不大于 150 N;
(8)解锁后人工开启力不大于 150 N;
(9)从轨道侧手动打开滑动门,手动解锁力不大于 67 N。

5.6.2　固定门安装

固定门为销插式联接结构,其安装特点是配套化程度高、安装速度快。
1. 固定门安装施工工艺流程如图 5.18 所示。

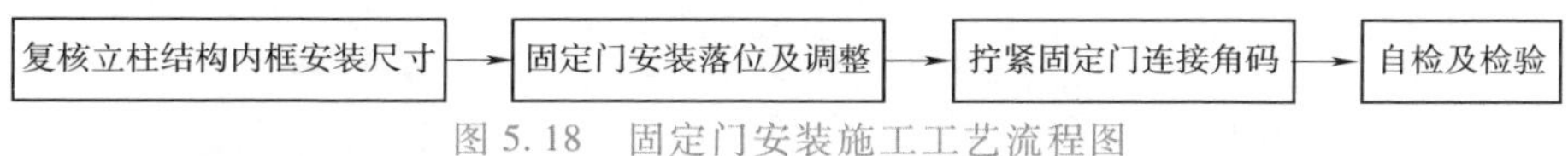

图 5.18　固定门安装施工工艺流程图

2. 施工阶段
所有固定门工厂组装完成,整体运到现场。然后按以下步骤进行安装:
1)固定门顶部与门楣梁固定,如图 5.19 所示;

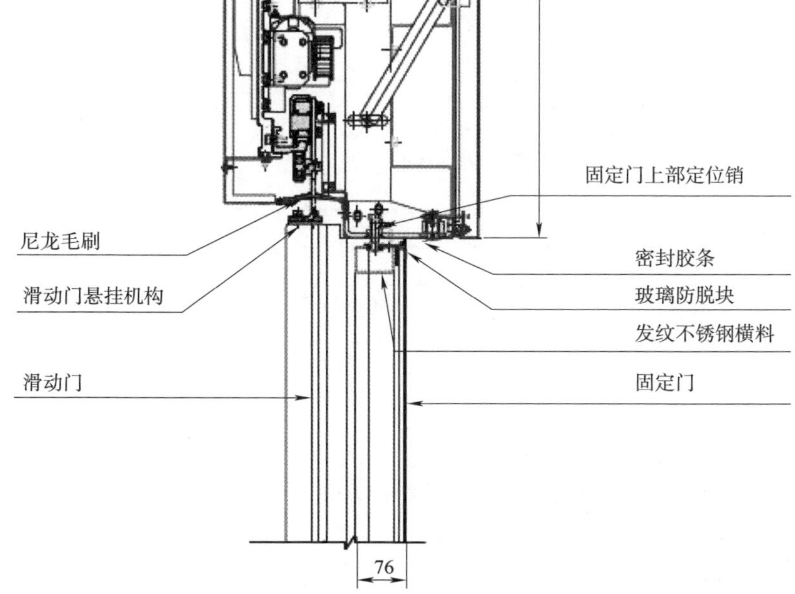

图 5.19　固定门顶部安装示意图(单位:mm)

2)固定门底部与踏步板固定,如图 5.20 所示;

3)固定门安装后需保证周边缝隙均匀一致,大小满足设计要求,门体前后位置正确;

4)塞密封胶条。

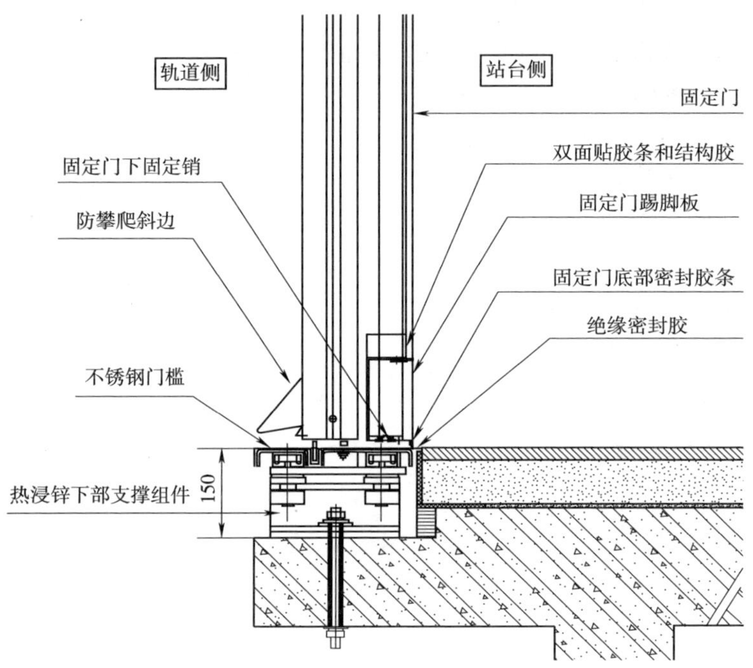

图 5.20 固定门底部安装示意图(单位:mm)

5.6.3 应急门、端门安装

1. 应急门、端门安装施工工艺流程如图 5.21 所示。

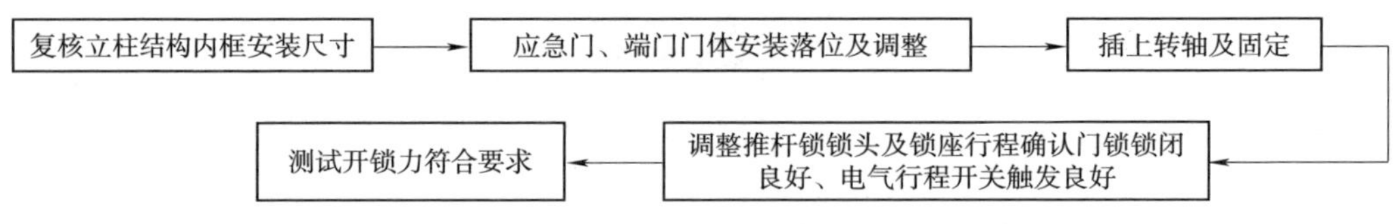

图 5.21 应急门、端门安装施工工艺流程图

2. 施工阶段

应急门、端门安装就位过程中应符合以下要求。

1)所有应急门、端门在工厂组装完成。

2)采用上下转轴固定方案。

3）采用推杆锁结构锁定。

4）安装完成后，达到功能要求：锁紧可靠，闭门器工作状态正常。

5）端门和应急门手动解锁力：不大于 67 N。

5.6.4　活动面板及面板锁的安装

1）活动面板及所属附件均在工厂组装完成，将整体运到现场后通过铰链与顶箱连接，安装时要求各面板之间缝隙宽度一致，满足设计要求。

2）活动面板安装的同时应进行面板锁的安装，保证活动面板锁紧可靠，且开启灵活。

第 6 章

场段工艺设备

6.1　不落轮旋床安装

不落轮旋床安装作业主要涉及起重吊装、水泥浇筑、金属切割等，进场的作业人员严格遵守各作业的规范和标准进行，保障安装人员安全，确保设备安装工作的顺利进行。

1. 环境和基础检查

检查通道是否满足运输存放要求、环境和设施是否能够安装旋床。检查地基是否符合要求，若发现问题尽快督促土建整改。

2. 不落轮旋床主机卸车吊装

1）卸车地点选择在车辆段检修库附近场地，在运输车一侧设置一部吊车。利用吊车将集装箱和框架箱卸到场地上。

2）在场地上进行掏箱作业，进行商检（如有现场商检要求）。

3）将设备运到车辆库内不落轮旋床地基坑附近，开箱检查。并进行商检（如有商检要求）。

4）根据环境和现场情况选择起重机吊装方法。

5）在土建基础上支模为下主机做准备，灌注水泥，如图 6.1 所示。

图 6.1　设备底座安装示意图

6)落装机床以下的部分排屑器,漏斗。

7)将主机吊装在模具上。

为了便于运输,出厂时机床上配有四个可拧上的吊环螺栓。

机床可如图 6.2 所示用绳索吊装。绳索和所用的吊具必须状况良好并且按规定装好。

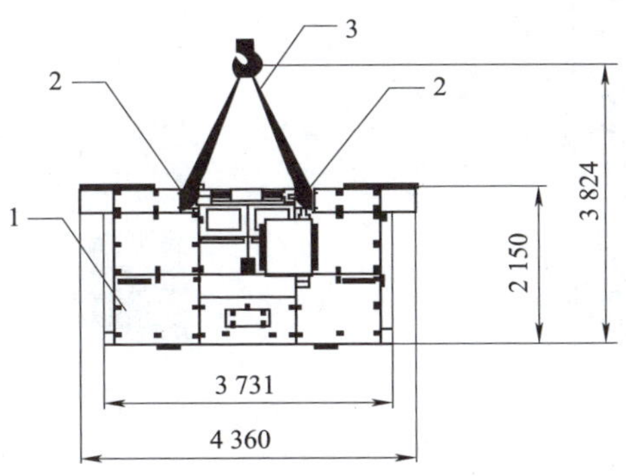

图 6.2　机床吊点示意图(单位:mm)

1—机床;2—吊环螺栓;3—绳索

8)调整主机后请轨道单位对土建轨道二次锯轨。

9)落装机床轨道,调整轨道和机床位置水平后灌注水泥。

10)安装楼梯、吸尘器、打印机、排屑器和机床护板等机床附件。

11)连接线缆线和槽吸尘器管路等连接部件。

12)清理现场,给机床做防尘等收尾工作,安装结束,如图 6.3 所示。

图　6.3

图 6.3 机床现场安装图

6.2 移动式架车机安装

1. 现场勘验

1）按照地基图纸和工艺布置图进行详细的查验，并检查地基图纸和工艺布置图是否有问题，对照《现场安装调试安全操作手册》检查是否有侵界现象。

2）确保安装地面平整，具备设备的安装条件。

2. 移动式架车机的安装

1）总控制台的安装

将总控制台根据现场实际情况安放在基础电缆井上，安装稳固。

（1）将操作台和控制柜并排安装在地基基础电缆井上，操作台在右侧，控制柜在左侧。

（2）将原方案中的6个控制箱中的电气安装板整体拆下，按控制柜电气布局图安装所拆下的6个电气安装板。在拆控制箱中电气安装板时需按控制箱编号组别对电气安装板进行编号，安装时按编号将其安装在控制柜对应位置。

2）穿电缆及信号线

根据电气原理图及地基基础条件图布线。

（1）根据地基基础条件图穿电机电缆和控制信号线电缆。

（2）电机电缆从航插分线盒到操作台按实际布管长度截电缆，并按电气系统布线图对每根电缆两端套上对应电缆编号便于分辨各架车机对应电机电缆。

（3）控制信号线电缆航插分线盒到控制柜按实际布管长度截电缆，并按电气系统布线图对每根电缆两端套上对应电缆编号便于分辨各架车机对应控制信号线电缆。

(4)每台架车机需穿电机电缆和控制信号电缆各一根,电机电缆使用 RVV4 × 2.5 mm^2电缆,控制信号电缆使用 RVV20 ×0.75 mm^2 电缆。

(5)控制柜与操作台端所有电机电缆及控制信号电缆按电气原理图和系统布线图对各控制线套上对应线号后接到对应接线端子上。

(6)航插分线盒端用专用压线钳压接端子并将压接好的端子按电气原理图中航插引脚线号编号插到对应航插的对应针孔内(注意:航插针脚压接后插入针孔内时需认真核对对应孔位,不能弄错)。控制信号线电缆和电机电缆压接时最好按电缆线上数字编号或线颜色一致。

(7)按电气原理图连接操作台与控制柜之间的互联控制线(注意:所有电气接线时一定按电气原理图认真核对并接线)。

3)航插接线盒的安装

将航插接线盒组合体放置到基础检查坑两侧的接线盒安装方孔内,按电气原理图接线。

(1)将12个航插分线盒按布局图进行编号。

(2)航插分线盒中的4航插为2台架车机所用的电机电缆航插和控制信号线电缆航插。按电气原理图贴上标识牌做上对应标记。

(3)按航插编号进行压接接线。

4)电气调试

待所有电机电缆及控制线电缆连接完成后,用万用表检测控制柜和操作台内电气无短路及断路故障。所有信号线连接完成且正确后才能通电调试。调试内容如下。

(1)模拟各架车机信号开关工作,测试各架车机信号是否正确连接及信号是否可靠。

(2)调节同步检测开关,确保信号可靠。

(3)检查调节螺母脱离和螺母磨损开关是否安装正确且控制信号可靠。

(4)检查接触信号连接是否正确可靠。

(5)点动测试架车机升降方向是否正确。

5)移动式架车机的摆放

移动式架车机无须固定安装,只需根据列车架车点位置摆放在检查坑两侧,此时需注意摆放位置不能侵限。需按每组4台架车机编号进行顺序排列,如图6.4所示。

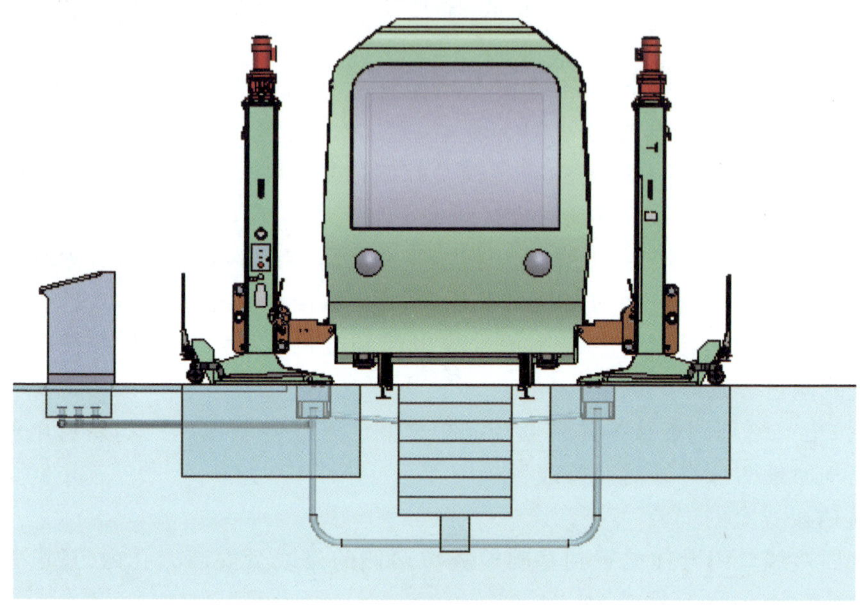

端面视图

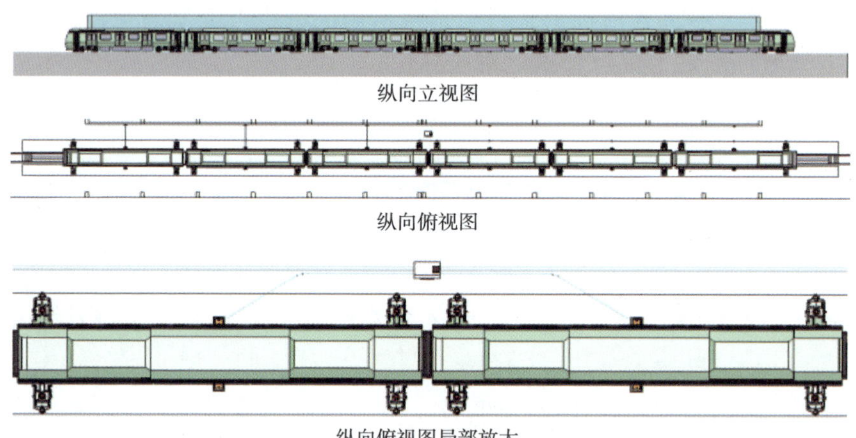

纵向立视图

纵向俯视图

纵向俯视图局部放大

图 6.4　移动式架车机摆放示意图

6.3　列车清洗机安装

1. 人员安排

在每个设备安装现场,公司应派 1 名或 2 名人员在现场负责协调工作并指导安装。在设备安装完毕后,公司应派调试人员到现场负责设备调试。另外,公司质量部要在现场对安装进行内部的检查和验收，并对发现的问题形成书面材料传回公司，以便发现问题及时进行整改。

1）负责人到达施工现场后的工作

（1）负责协调我公司与其他施工单位的配合关系。

（2）负责施工队的施工进度，可根据工期期限和施工进度要求施工队加班。

（3）负责指导施工队在施工中正确安装。

（4）负责监督施工队的施工质量，发现问题及时纠正和改正。

（5）负责采购一些施工中缺损件。

（6）要求负责人从进入现场起至工程结束写好施工日志，交回公司。

2）调试人员到达施工现场后的工作

（1）首先与现场负责人和施工队一起对设备和整个流程进行检查，发现问题及时更改，以保证调试工作的顺利开展。

（2）调试人员到现场后需要掌握和指挥全局的进展，现场负责人和施工队须全力配合。

（3）要求调试人员从进入现场起至调试工作结束做好调试日志，交回公司。

2. 施工人员要求

1）施工队要求带齐安装工具提前到达安装现场，提前做好安装的各项准备工作，施工队人员要尽快熟悉安装项目的内容，在施工前由技术人员进行施工技术交底培训。

2）施工人员熟悉并掌握国家的设备安装及验收规范、水电安装及验收规范。

3）施工人员需有良好的工作素质和服从指挥的观念，施工队一旦到达现场即要按公司要求管理，要严格服从现场负责人的指挥和指导，以及业主和监理的安排。

4）施工人员在施工前要进行安装安全培训。

5）设备安装尾期进入调试阶段后，调试人员也可直接指挥安装施工人员。调试工作结束后，由调试人员对该工程进行验收。并将验收结果交回公司，公司根据结果作出此项工程的结束批复，施工队方可退场。

3. 安装要求

外皮清洗机自工厂发货后起，将由安装施工人员负责，包括设备的卸车，搬运，存储，看护，安装，配合调试，直至设备交验的整个过程。

1）卸车准备

（1）安装施工负责人应熟悉现场并与现场负责人根据现场实际情况共同拟定一个卸车计划、搬运方案、临存地点和安装方案。然后找相关部门协调解决，如需公司出面的，请尽快与公司联系，以确保设备到达后顺利卸运，及时安装。

（2）检查吊装用具数量是否充足，是否会对人或设备造成损坏，若不符合要求禁止使用。

(3)在卸车、搬运及安装的过程中,要求施工人员派专人做统一指挥,时刻提醒施工人员注意人身安全和设备的安全。

(4)设备卸车时现场负责人要按发货清单详细清点,如有遗漏或损坏请及时与公司联系补发,避免安装时有缺件情况发生。

(5)设备落地并清点完毕后由施工人员负责设备的安全防护工作,防止人为破坏和偷盗。

2)安装前准备

(1)要求施工队准备工具、劳保,特别是保证安全帽和安全带齐备。

(2)要求安装队负责人根据刷组分布图,对土建预埋设备基础逐个进行校验,如有问题及时与有关人员联系,商定解决办法。

(3)若出现图纸未明确标注或现场环境无法满足的情况,如水处理系统、电缆桥架等一些辅助设备,请及时与公司联系,也可以根据现场环境适当处理,但要考虑整体布局合理做工美观。例如:电线怎么走,水管怎么做,是否符合规范要求、效果是否美观,材料是否浪费等。

3)端刷天地轨安装

(1)根据图纸要求先进行尺寸精确测量,误差越小越好,如有问题及时解决。

(2)在焊接天轨时必须两面打坡口,焊接要饱满,不得出硬弯或措茬。与预埋件焊接时要求满焊,焊缝要均匀,不得有偏弧或起瘤。

(3)焊接完毕后,要在焊接处刷两遍防锈漆和两遍原漆,不得有漏刷。

4)设备吊装

(1)刷组吊装时最好从一头开始,有序倒退安装。且事先做好计划和应急预案,起吊前要通知每位相关人员,严格按照计划进行,分工明确。

(2)按刷组布置图对刷组事先编号,面对出车方向分出左右,刷组的摆出方向是迎向车头的。尤其注意刷组的安装具有对称性,不能出错。

(3)在刷组和其他设备吊装时要由专人统一指挥,避免多人指挥造成混乱,以免损坏设备或造成人员伤害。

(4)吊装时要使用软吊带,以免造成设备漆皮脱落或设备磕碰受损。

5)设备调整和附件安装

(1)刷组吊装完毕后将进行简单的调整,如垂直度的调整、高矮的调整、按图纸尺寸对轨道中心距调整。

(2)设备调整的同时要安排人进行设备自身的配件、布管坑内的绑线网、走线桥架等安装工序,为布管穿线做准备。

(3)设备自身配件包括油雾器、调压阀、电磁阀、接近开关、气管、喷水管及铝型材等，以上配件要求安装合理、流畅、美观。

(4)电缆桥架安装，要求横平竖直，桥架接头处要有跨接地线，固定支架要牢固，分布均匀。

(5)以上各项安装要符合通用安装规范。

6)设备管线敷设

待设备调整和附件安装完毕后，进行设备的管路、线路、气路的敷设与连接工序。

(1)首先确认各设备功能要求，熟悉各管路、线路的安装走向，按图纸做好管线的标记工作，之后测量和分配每一条管线的长度。

(2)管路敷设要求是连接牢固、不泄露、少交叉、有序整齐。

(3)线路敷设要求接线准确，走线合理，不浪费线，并要求动力线与控制线一定要分开，决不能穿同一管内，更不能与水管走在一起。而且走线有顺序、不交叉、不重叠、不拧劲、不紧绷。

(4)所有管线的终端都要留有适当余量以满足二次连接需求。

(5)管线敷设要严格按照管线安装通用标准来执行。

7)设备管线连接

待设备管线敷设完毕后，进行线路连接和管路连接工序。

(1)线路连接要求有专业电工基础的工作人员来完成，工作人员需细心辨认每一条电缆的作用和电缆里每一颗线号，按图纸要求穿上线号后连接每一条线路。

(2)所有线缆一律不准中间有接头，如因施工或其他原因造成外皮被磨损或破裂，可根据其程度做出更换或用防水胶布处理好。

(3)为方便施工人员接线和未来检修，在线两端务必做好标记。

(4)管路连接要求有专业水暖基础的工作人员来完成，要求管路明确，喉箍紧固。管件连接处填料充足、松紧适度、管件完好。

8)水循环系统安装

水处理系统具备废水的回收能力，其洗车废水除洗车后车体表面带走的水、在收集过程中损失的水外，所有的洗车废水均被回收处理，其处理能力及质量可满足设备的洗车能力及质量要求。同时处理后水可以达到《铁路回用水水质标准》TB/T 3007—2000 中的要求。根据实际工作经验，此部分损失的水不超过 20%。溢流部分的水质满足当地的废水排放标准。回用水利用率最高可达 80%。安装流程如图 6.5 所示。

9)气动安装

气路敷设按照安装图纸要求从空压机出来用硬管连接，一直到管沟内，当进入刷组和其他用气设备时，再用软管连接。同时要求施工队按照国家安装通用规范进行施工。

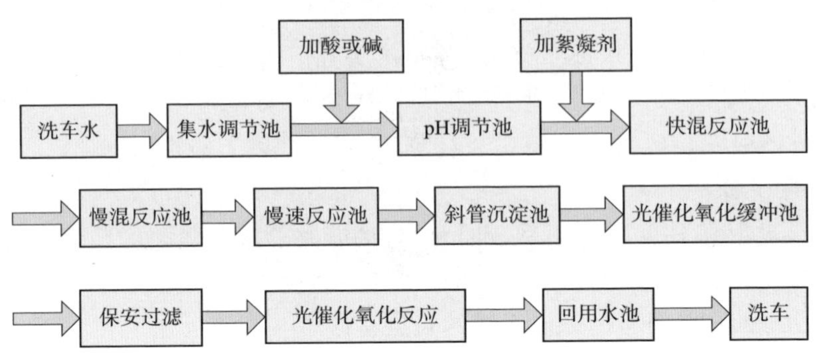

图 6.5　水循环系统安装流程

4. 调试要求

当设备安装完毕后,公司将派设备调试人员到现场进行设备的调试及验收工作,届时施工人员要全力配合,以便及时处理影响调试和调试过程中出现的问题。施工人数根据实际情况而定,作息时间听从调试人员安排。

第7章 通信系统

7.1 管线、线槽及支吊架安装

7.1.1 管线安装

7.1.1.1 管线安装施工工艺流程(图7.1)

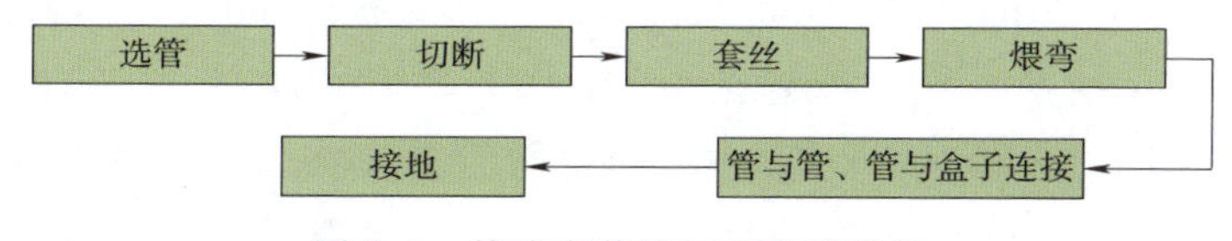

图7.1 管线安装施工工艺流程图

7.1.1.2 施工准备阶段

在配管前按设计图纸确定好各种箱、盒、设备及机柜安装位置,然后依照配管线路"先主干,后支线"的秩序,径路横平竖直的原则,确定主干径路。可依照设计图纸、车站综合管线图,选出径路最短、最直、相互干扰最小的径路。

7.1.1.3 施工阶段

1. 根据设计要求选择金属管。

2. 管子切断

配管前必须把管子按每段长度切断,钢管的切断方法很多(如手工锯、切割机、割管器等)。管子切断后,断口处应与管轴线垂直,管口应锉平、刮光,使管口整齐光滑,当出现马蹄口后,应重新切断。

管子批量较大时,可以使用型钢切割机(无齿锯)利用纤维增强砂轮片切割。操作过程中要用力均匀平稳,不能用力过猛,以免过载或砂轮崩裂。

3. 管子套丝

暗配钢管为使管子互相连接或管子与器具或盒(箱)连接时,均需在管子端部套丝。

套丝时,先将管子固定在管子台虎钳(龙门压架)上,再把绞板套在管道上。当镀锌钢管套丝时,应先调整绞板的活动刻度盘,使板牙符合需要的距离,用固定螺丝将其固定,再调整绞板上的三个支撑脚,使其紧贴管子,防止套丝时出现斜丝,绞板调整好后，手握绞板手柄，平稳向里推进，按顺时针方向转动。

开始套丝板转时要稳而慢，太快不宜带上丝，不得骤然用力，避免偏丝啃丝。继续套丝时，还要避免套出来的丝扣与管子不同心。

第一次套完后，松开板牙，再调整其距离比第一次小一点，用同样方法再套一次，要防止乱丝，当第二次丝扣快套完时，稍松开板牙，边转边松。使其成为锥形丝扣(拔稍)。在套丝过程中，要及时浇油，以便冷却板牙并保持丝扣光滑。

电线管的套丝，操作比较简单，只要把绞板放平，平稳向里推进，就可以套出所需的丝扣。

用套管机套丝时，应注意要边套边浇冷却液。

套完丝扣后，随即清理管口，处理管子端面毛刺，使管口保持光滑。

4. 管子弯曲

1)用弯管器弯管

弯管器适用于弯 50 mm 以下小批量的管子。弯管器应根据管子直径选用，不得以大代小，更不能以小代大。在弯曲管路中间的 90°弧形弯曲时，应先使用薄板做好样板，以便在弯管的同时进行对照检查，弯管时把弯管器套在管子需要弯曲部位(即起弯点)，用脚踩住管子，扳动弯管器手柄，稍加一定的力，使管子略有弯曲，然后逐点向后移动弯管器，重复此动作，直至弯曲部位的后端，使管子弯成所需要的弯曲半径和弯曲角度。

弯管的过程中还要注意移动弯管器的距离不能一次过大，用力不能太猛。如果采用两人煨管，则另一人应踩在弯管器前端的钢管处，从而控制煨管的弯曲半径不会过大。

当需要在钢导管端部煨管入盒处 90°弯曲时，煨好后，管的端部管口应与管垂直，但应防止管口处受压变形，特别是已套丝的管子，为防止损坏丝扣，应在管口螺纹处拧上管接头或在管端下侧丝扣处与弯管器之间垫以适当厚度的木块，再扳动弯管器手柄煨管。

管端部煨制鸭脖弯在施工现场中用的比较多，在煨弯时弯曲处前端直管段不应过长，避免造成由此产生的砌体通缝。

当弯到适当角度后，翻转管子在反方向适当位置再进行煨管。应注意管弯起的一段直管段，应与管子平行，且弯曲弧处不应过直。

2)电动或液压弯管机弯管

直径 50 mm 及以上或批量较大的管子，一般用电动或液压弯管机弯管，模具应按线管弯曲半径的要求进行选择。将已划好线的管子放入弯管机胎模具内，使管子的起弯点对准弯管机的起弯点，然后拧紧夹具，弯管时当弯曲角度大于所需角度 1° ~2°时停止。将弯管机退回起弯点，用样板测量弯曲半径和弯曲角度。应注意的是所弯的管外径一定要与弯管模具配合贴紧，否则管子会产生凹瘪现象。

3）管与管连接

管与管的连接，一般采用螺纹连接，钢导管采用螺纹连接时，应使用全丝扣管接头，连接管端部套丝，螺纹表面应光泽、无缺损。两管拧进管接头的长度不可小于管接头长度的1/2，使两管之间吻合，连接后两端螺纹要外露2～3扣。

5. 空心砖隔墙导管敷设

空心砖隔墙内敷设钢导管，应在墙体砌筑前，根据土建放出的各种线，确定好由下引来的梁内短管至墙体盒（箱）一段管路的长度，管子切断加工后先与盒（箱）连接，再与下部的梁内短管连接，根据墙身尺寸线安排好盒（箱）口突出墙面的位置，管子敷设就绪后开始砌墙，砌墙初期应进一步调整盒（箱）口与墙面的距离。在管路经过处墙体应改空心砖为普通砖立砌，或现浇一条垂直的混凝土带把管路保护起来。

6. 加气混凝土砌块隔墙导管敷设

加气混凝土砌块隔墙导管敷设，不同于空心砖墙导管敷设，除箱体需配合砌筑预埋外，其余盒（箱）体及导管敷设均应在墙体施工后剔槽敷设。

砌体砌筑后，在已确定好的盒（箱）四周钻孔凿洞，沿管路走向在两边弹线，用刀锯锯槽后再剔槽连接敷设管路，盒（箱）由下引上管应在墙体背侧剔槽。

当箱盒入箱管敷设好后，应用跨接接地线把入箱管连接一体。

7. 钢管明敷

确定好终端设备、盒（箱）的安装位置，并将其安装固定牢固。然后根据明敷设管路应横平竖直的原则，顺线路的垂直和水平位置进行弹线定位，并应注意导管管路与其他管路相互间位置及最小净距，测量出支、吊架固定点的具体位置和距离。

8. 吊顶内导管敷设

1）吊顶内导管敷设，一般应在吊顶安装前完成，可先在顶棚或地面上定位弹线，以便准确地确定好器具及导管的位置及走向。

2）吊顶内导管管路应沿最近的线路敷设，且应尽量减少弯曲，但应注意与其他专业管道特别是空调管道的距离，以免造成施工的相互影响、相互损坏及产生不安全因素。

3）套接扣压式薄壁钢导管敷设的支架、吊架，可根据导管敷设的数量和导管的管径，按导管明敷设的规则加工制作。单根导管吊架敷设时，可利用吊顶龙骨的吊杆做吊架，也可用10号通丝自制吊架，用龙骨卡（抱式管卡）来固定导管。

4）在吊顶内多根导管在吊架或支架上敷设，应排列整齐、固定牢固。管路中支、吊架的固定距离，同明敷设施工一致。

5）套接紧定式薄壁钢导管及其金属附件，经连接后，组成电线管路，经形式试验，其接触电阻值小于规定值，做到了管路良好的电气连续性。在管与管、管与盒（箱）连接处采用丝扣方式，在连接处无须额外跨接接地线，但在管线末端应连接至接地排。

7.1.1.4 施工总结

1. 管路检查

根据设计图纸检查管线径路上所有孔洞是否全部完成，按照施工图确定管线路径。

2. 管线定位

在配管前应按设计图纸确定好设备位置。对线路的垂直和水平位置用尼龙线单线定位，并应注意管路与其他管路相互间位置及距离。

3. 钢管切断

配管在切口处涂防锈漆，做防锈处理。

4. 管线固定安装

在吊架上安装钢管使用抱箍来固定，将需要安装的钢管套上抱箍，拧紧，再将抱箍安装到全丝螺杆上。安装时，要保持管线与吊架垂直，不出现扭绞现象，影响吊架的稳固。

钢管与盒（箱）的连接也采用丝扣连接，钢管与盒（箱）的连接处，应顺直进入，不应使钢管斜穿到接线盒内。

5. 管口封堵

钢管安装完成后，用碎布条将钢管管口封堵，外罩塑料布包裹进行简单的防水，防止异物堵塞钢管。

7.1.2 地面线槽及架空线槽安装

7.1.2.1 地面线槽及架空线槽安装施工工艺流程（图 7.2）

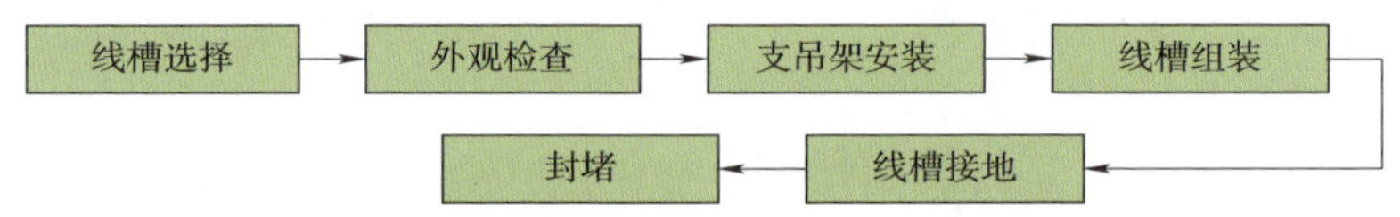

图 7.2 地面线槽及架空线槽安装施工工艺流程图

7.1.2.2 施工阶段

1. 线槽要求

1）按照设计要求选择线槽。

2）线槽两侧边应平行并垂直底边，断面形状应端正，无弯曲、扭曲、裂纹、边沿毛刺等缺陷；桥架槽内外应光滑、平整、无损伤电缆的凸起和尖角，线槽及其附件除热镀锌外，还应外喷涂防火涂料。

3）热浸镀锌表面应均匀、无毛刺，无挂灰、伤痕等缺陷；线槽焊缝表面应均匀，不得有裂纹、夹渣、烧穿、弧坑等缺陷。

4）连接附件镀锌应均匀、光滑，能够正确装配，并能满足设计的调节范围，一般工程中使用的连接附件安装在线槽内外两侧，螺栓螺杆朝向外侧，螺帽位于线槽外侧。

2. 支吊架安装

1）地面线槽一般采用3号或5号扁钢加工成“π”形支架，如图7.3所示，支架与线槽连接面的宽度应比线槽本身宽度大50 mm为宜，支架高度为30～50 mm。

图7.3　“π”形支架图

2）支架与地面采用膨胀螺栓连接。

3）一般情况下，支架之间的间隔为2 000 mm，在转弯处，线槽进入设备底座处应适当增加支架数量。

4）线槽与支架间应采用圆头螺栓进行连接，圆头在线槽内，固定螺母在线槽下方。

5）配套提供线槽安装所需的吊杆、支吊架、托臂等附件，吊杆直径应大于10 mm，支吊架、托臂所用钢材宽度应大于50 mm，厚度应大于5 mm。

6）吊架水平安装时吊架的水平跨距为1.5～2 m，垂直安装时固定点间距不大于2 m，同时所有吊架需在同一直线上并分布均匀。

7）吊架的通丝吊杆应长度合适，固定横担应安装双螺帽，桥架与横担必须固定。

3. 线槽组装

1）金属线槽的线槽之间、线槽与弯通之间应采用连接板连接，用平垫、弹垫、半圆头螺栓固定，注意半圆头螺栓螺母朝线槽外，工程中使用的线槽连接片应安装在线槽内外两侧，线槽接缝处间隙应严密平整。线槽进行分歧、转弯等应采用专用弯头。连接完成后连接螺栓必须固定牢固。

2）金属线槽连接时应按照现场情况进行组装。

3）综合监控设备室内静电地板下线槽开孔时应采用液压开孔器进行开孔，开孔大小需根据所穿线缆数量和大小确定，然后使用防护条对开孔处进行保护，防止穿线时刮伤电缆护套。

4. 线槽接地

通信及综合监控工程一般采用热浸镀锌金属线槽，表面喷漆，所以线槽之间连接板的两端需设置跨接地线，采用 4 mm^2 的铜编织带或多芯铜线；但连接板两端应有不少于 2 个有防松螺帽或防松垫圈的连接固定螺栓。线槽伸缩处应采用编制铜线连接，线槽末端应采用 16 mm^2 接地线。

5. 线槽封堵

线槽穿过隔墙时应使用防火泥、防火包、防火板等材料对孔洞进行防火封堵。

7.1.2.3　施工总结

1)线槽终端应进行封堵，槽与槽、槽与设备盘(箱)、槽与盖、盖与盖之间连接处，应对合严密。

2)金属线槽应接地。

3)供电电缆与信号线宜分开敷设，需在同槽敷设时应采用金属隔板分开敷设。

4)线槽的安装应横平竖直，排列整齐。其上部与楼板之间应留有便于操作的空间。垂直排列的线槽拐弯时，其弯曲弧度应一致。线槽拐直角弯时，其弯头的弯曲半径不应小于槽内最粗电缆外径的 10 倍。

5)支架安装应牢固，横平竖直，整齐美观，安装位置偏差不大于 50 mm，同一直线段上支吊架间距均匀。

7.1.3　支、吊架安装

1)按照设计间距，将支、吊架端正垂直地放到顶棚或墙面上，划出支、吊架的安装孔位置，钻孔，敲入膨胀管冲紧。

2)将支、吊架对准孔位，加上平垫、弹垫再带上螺杆，一人扶住支、吊架并同时靠水平尺把支、吊架扶水平或垂直，另一人把螺杆固定牢固。

3)在直线段的另外一端用同样的方法安装一组支、吊架。在前后两组支、吊架的安装线槽的平面用尼龙线拉通，尼龙线必须拉紧。再用尼龙线来作为基准线调节中间安装的支、吊架。

7.2　线缆敷设及线缆续接

7.2.1　线缆敷设

7.2.1.1　线缆敷设施工工艺流程(图 7.4)

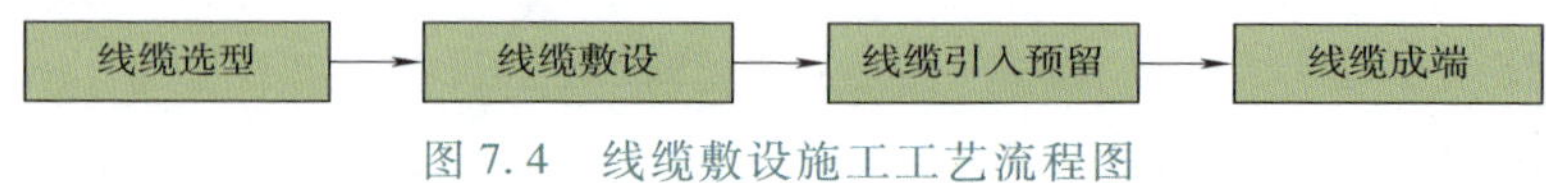

图 7.4　线缆敷设施工工艺流程图

7.2.1.2　施工准备阶段

1. 线缆敷设准备

穿线前,应认真地将管内清扫干净,发现管不通时或与施工图纸不符时,应及时纠正处理。

穿线前,要检查管路护口是否齐全,缺损则应补齐。

穿线前,应对所穿放的导线,进行线间和对地的绝缘测试。

2. 光缆敷设准备

在施工前须对光缆的端别予以判定并确定AB端,A端就是枢纽的方向,B端是用户一侧,敷设光缆的端别应方向一致,不得使端别排列混乱。

在施工前须提供光缆的运输、储藏、安装、使用过程中的注意事项,并提供相应的技术服务。

7.2.1.3　施工阶段

1. 光电缆运放

1)地面、高架区间光电缆需敷设在区间电缆槽道上,地下区间光电缆敷设在区间侧墙支架上。

2)进入光电缆敷设现场后,根据分工要求进行人员安排,明确指令和责任。

敷设过程中,根据不同的敷设区间正确选择光电缆盘,4人负责线盘,随轨道曲线和坡度变化随时调整线盘的倾斜度和水平度,防止因线盘左右平移造成与支架的摩擦或卡盘,影响线缆敷设或使电缆支架因突然受力而倾倒。光电缆敷设时不得在地上拖拉,防止损伤外皮,光电缆敷设时不得出现打背扣和打死弯等现象。

3)车上另外安排3人负责从盘上拉动线缆,使其沿平板车后沿布放,防止线缆所受张力过大。在电缆盘的后方有2人根据线路曲线动态调整电缆支架的高度,防止电缆支架倾倒。

4)光电缆敷设时弯曲半径不得小于其外径的15倍,光电缆敷设不得在地上拖拉损伤外护套,光缆不得出现打绞、扭弯等现象。

5)光电缆敷设至车站后,将通过区间引入孔引至综合监控机房。在不具备将光电缆引入至综合监控机房的条件时,需要对预留光缆临时采用“8”字倒盘方法进行盘留。

2. 光电缆引入

1)光电缆由区间敷设到车站轨行区后,从区间支架通过区间引入孔引至通号电缆间,并在通号电缆间的余留架上做预留。

2)再次确认引入长度(或接头处预留长度)。

3)电缆端头固定在隧道内支架侧的固定物上,防止电缆脱落进入轨道上。

4)将电缆上支架后出现的少量累积富余长度向前逐步送展至末端。

5)将光电缆通过地槽或预埋管道引入综合监控设备室的ODF架。

7.2.2 线缆续接

7.2.2.1 线缆续接施工工艺流程(图 7.5)

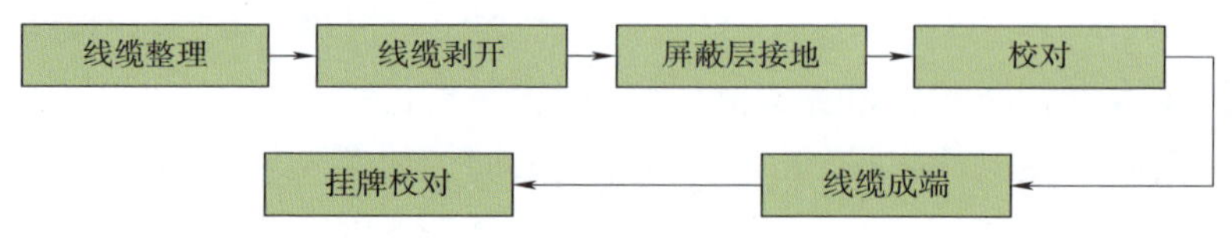

图 7.5 线缆续接施工工艺流程图

7.2.2.2 施工准备阶段

光缆续接准备流程如下:

1)组织技术人员认真审核光缆纤芯使用分配表,明确有关技术问题,熟悉接续规范和技术标准。

2)制定施工安全措施及应急预案,对接续人员进行技术交底、上岗前的培训。

3)收集光纤接续施工所涉及的各种技术数据。

4)光缆接续人员组织完备,接续材料及接续工机准备齐全。

7.2.2.3 施工阶段

1. 电缆续接

1)将需要装接头的漏缆理直 500 mm 放在设置的工作台上,使用细齿钢锯切除多余端头,漏缆断面切割平整,切割完成后,使用锉刀或斜口钳将内导体铜管做好倒角,然后用毛刷或钢丝刷将内导体铜管内的铜屑清理干净,最后用毛刷将切面处的铜屑清除干净。

2)用尺量出接头说明书规定尺寸的外护套,然后环切并将外护套剥离。剥外护套时不能伤到外导体,如果发现已伤及外导体,务必重新锯断并将外导体表面打磨平整,再切除包裹线及塑料薄膜,然后用安全刀将漏缆内导体毛刺清除,用锉刀清除漏缆外导体毛刺。

3)分体式接头安装:装入接头后体,将后体推到底部并装入压紧环,旋入顶针并用扳手将其紧固,旋入接头前体,使前体与顶针紧配,接头前体与顶针旋紧后,将后体旋入前体,用扳手固定前体同时旋紧后体,分体接头制作完成。

4)一体式接头安装:按分体式工序开剥并清除毛刺完成后,套入压紧铜环,压紧铜环与切面平齐,旋松接头并推入漏缆顶紧,顶住前体不动并旋紧后体,用扳手固定前体同时旋紧后体,完成一体式接头制作。

2. 光缆续接

1)光缆开剥

(1)根据配线架确定光缆开剥位置及开剥长度,用专用切割刀环切外护套一圈,然后轻折几次使环切处折断，往端口侧用力抽去，裸露内护套，距外护套切口 20 mm 处用专用切割刀环切内护套一圈，轻轻将内护套折断抽出，如护套过紧，一次不易抽出，可分 2 ~3 段进行(以 12 芯一束管为例)。

(2)从光缆端头松解包层至护套切口处，用美工刀将包层割除，露裸光纤束管以及加强芯和填充物，剪去填充物，根据光纤配线架固定光缆位置至固定加强芯的位置确定加强芯余留长度，剪断多余的加强芯，用酒精棉纱将裸露光纤束管及加强芯上油膏擦净。

(3)使用热吹风匀速将弯曲的光纤束管吹直，不能长时间吹同一地方，防止烤坏光纤，光纤束管全部吹直后，将每根束管穿入对应剪好的透明塑料胶管中，束管露出透明塑料胶管 20 cm 即可。

(4)根据光纤穿入托盘路径弯曲情况决定光纤束管开剥位置，一般在第一个弯曲的路径前开剥光纤束管，用束管专用切割刀环切光纤束管一周，轻轻折断，拽住塑管露出 20 cm 处，将透明塑料胶管穿至内护套切口处，并顺着这个方向用力抽出束管，露出光纤。依次将所有束管抽出后，在内护套切口与透明塑料胶管接口处用绝缘胶带缠绕密封使其对接固定好。

2)光缆固定

(1)将已开剥保护好的光缆引入机架，加强芯弯曲一定的角度后穿入加强芯锁杆的固定孔，调整好光缆的位置，拧紧加强芯锁杆顶部的螺丝，固定加强芯，依次用喉箍固定光缆，用绑扎带固定开剥后的光纤透明塑料胶管直至收容盘。

(2)光缆需要焊接地线时，选一处靠近接地点的缆身用美工刀剥光缆外皮，露出钢铠后，将钢装表面刮干净焊接地线，并套上热缩管热熔保护。

(3)将透明塑料胶管穿进收容盘内，用绑扎带穿入收容盘的固定孔中，将透明塑料胶管进行绑扎固定。

3)光纤准备

光纤熔接时应该遵循的颜色顺序为兰、桔、绿、棕、灰、白、红、黑、黄、紫、粉、青。

(1)端面制作

光纤端面的制作包括剥除涂覆层、清洁和切割 3 个环节；端面质量直接影响到熔接质量，在进行光纤涂覆层的剥除前，先将热缩加强管套入光纤中。

(2)光纤涂覆层的剥除

光纤是由纤芯、包层、涂覆层 3 部分组成。光纤涂覆层的剥除，要掌握“平、稳、快”三字剥纤法。平：即持纤要平，左手捏紧光纤，使之成水平，防止打滑；稳：即剥线钳要握得稳；快：即剥纤要快，剥线钳应与光纤垂直，上方向内倾斜一定角度，然后用钳口轻轻卡住光纤，右手随之用力，顺光纤轴向平推出去，整个过程要自然流畅，一气呵成。

(3)裸纤的清洁

观察光纤剥除部分的涂覆层是否全部剥除,若有残留应重剥,如有极少量不易剥除的涂覆层,可用棉球蘸适量酒精,边浸渍,边逐步擦除。将棉花撕成平整的扇形小块,蘸少许酒精(以两指相捏无溢出为宜),折成V形,夹住已剥除涂覆层的光纤,顺光纤轴向擦拭,力争一次成功,一块棉花使用2~3次后要及时更换,每次要使用棉花的不同部位和层面,这样既可提高棉花利用率,又可防止纤芯的二次污染。

(4)裸纤的切割

切割是光纤端面制作中最关键的部分,首先要清洁切刀和调整切刀位置,切刀的摆放要平稳;切割时,动作要自然、平稳,避免断纤、斜角、毛刺、裂痕等不良端面的产生;裸纤的清洁、切割和熔接的时间应紧密衔接,不可间隔过长,特别是已切割好端面的光纤移动时要轻拿轻放,防止与其他物件擦碰。

4)光纤熔接

光纤熔接是接续工作的中心环节,熔接前,根据光缆的规格型号,进行熔接机的模式设置。

(1)放电试验

熔接前先进行熔接机放电试验,重新设置熔接机的放电电压及放电位置,以及调整V形槽驱动器复位等,使熔接机自动调整到满足现场实际的放电条件。

(2)熔接

首先将2根同色标、端面制备完毕的光纤放入熔接机的V形槽中,保持15~20 μm距离,盖好防护盖。

启动熔接机的自动熔接开关(SET)进行熔接。熔接过程中保证左右光纤切割端面角度要小于1°,当大于1°时,端面需重新切割。

光纤熔接后,查看接头处有无气泡、过细、过粗等不良现象,纤芯熔接损耗应小于0.03 dB以下。

(3)熔接补强保护

由于光纤在连接时去掉了接头部位的涂覆层,其机械强度降低,因此,要对接头部位进行补强。在施工中采用光纤热缩加强管(热缩管)来保护光纤接头部位,将预先穿置光纤某一端的热缩管移至光纤接头处,让熔接点位于热缩管中间,轻轻拉直光纤接头,放入加热器内加热,使热缩管收缩后紧套在熔接好的光纤上。

5)盘纤

(1)第一种方法:先中间后两边,即先将热缩后的套管逐个放置于固定槽中,然后再处理两侧余纤,此方法有利于保护光纤接点,避免盘纤可能造成的损害,在光纤预留盘空间小、光纤不易盘绕和固定时,常用此种方法。

(2)第二种方法:从一端开始盘纤,固定加强管,然后再处理另一端余纤;此方法可根据一侧余纤长度灵活选择热缩管安放位置，方便、快捷，可避免出现急弯、小圈现象。

(3)第三种方法：特殊情况的处理，如个别光纤过长或过短时，可将其放在最后，单独盘绕。

(4)根据实际情况采用多种图形盘纤。按余纤的长度和预留空间大小，顺势自然盘绕，切勿生拉硬拽，应灵活地采用圆、椭圆、“CC”“～”多种图形盘纤（注意 R≥40 mm），尽可能最大限度利用预留空间，并有效降低因盘纤带来的附加损耗。

7.2.3　施工总结

1. 线缆

1)电缆布放时，在转弯或接线盒应有专人把守，电缆的弯曲半径严禁小于外径的6倍，并应留有适当余量。

2)敷设于槽内的电缆和导线不得有接头，槽内线缆应顺直尽量不交叉，绑扎线缆应整齐间距均匀，松紧适度。槽内线缆的占槽面积不大于线槽净截面积的50%。

3)电缆敷设时，应在电缆两端分别留出温度补偿和检修备用长度。

4)线缆穿放完毕后，接上设备前应用兆欧表对线路进行测试，检查所放线有无断线、混线，绝缘程度不好的情况，并做好测试记录。

5)线缆接线时采用适当的预绝缘端头（冷压端头）。

6)线缆标识、标牌清晰、准确。

7)电缆进出构筑物时穿套管保护。

2. 光缆

1)光电缆从单盘测试至成端阶段必须对端头密封处理。

2)光纤清洗必须用短纤维的清洁纸或医用脱脂棉花纱布蘸浓度为95%以上的医用酒精或99%的乙醇进行清洗。

3)涂覆层的剥离长度为40 mm，断面制作与光纤轴线的角度误差值小于5°。

4)接续损耗平均值、中继段测试损耗平均值均≤0.08 dB，其连接处的开剥长度为20 mm。

7.3　系统配线

系统配线包括各系统设备内部、设备间配线以及和其他系统配线电缆敷设、绑扎、开剥、成端等工作。

1. 电源系统内部配线

电源系统内部配线包括交流自切箱到配电盘的配线，配电盘到 UPS 的配线。

在电缆敷设时电源线与数据线分开敷设,分开绑扎。

在电源线进入设备时需绑扎牢固,不得使电缆接线端子受电缆自身重力,电源线开剥时注意不得损伤芯线,在外皮开剥处用热可缩套管保护,各芯线与设备连接时,设备接线端子为接线柱时需采用线鼻子连接,线鼻子压接必须牢固。如果是插入式端子时多股软线需镀锡后连接,镀锡光滑、牢固,不得虚焊、假焊。目的是防止芯线氧化,接触良好。

芯线在连接前穿入号码管,或者线缆连接完成后需对每条电缆挂上标志牌。

2. 传输系统内部配线

传输系统内部配线包括传输设备到 ODF 和传输 MDF 的线缆的敷设、绑扎、开剥成端。

传输设备到 ODF 敷设 15 m 长的光纤跳线,光纤跳线必须采用阻燃高强度塑料软管防护,并敷设于地板下防护钢槽内,不得裸露,塑料管在传输设备和防护钢槽中用绑扎带固定,在穿放光纤跳线时连接器上的防尘帽不能摘除。在传输设备机柜内光纤跳线有适当防护,并单独绑扎,绑扎不能过紧。光纤跳线连接 ODF 法兰盘和传输设备光端机时需用专用清洁剂擦拭连接器的端面。每次拆除光纤连接时都戴上防尘帽。

传输设备到传输 MDF 的局用电缆敷设于防静电地板下的防护钢槽内,电缆每间隔 1 m 处绑扎整齐平直,不得扭绞,电缆弯曲半径符合施工规范。进入 MDF 内电缆绑扎整齐顺直,在进线处绑扎牢固,防止电缆因自身重力拉脱。

电缆开剥时注意不得损伤芯线,在外皮开剥处用热可缩套管防护,开剥出的芯线在端子排后有 10 cm 长度的预留。开剥出的芯线进行分线绑扎,分线绑扎美观、顺直。芯线在端子排上卡接正确、牢固,每条进入 MDF 的电缆挂上正确的电缆标牌,标牌为打印,永不褪色材料。

3. 电话系统内部配线

电话系统内部配线包括交换机到 MDF 和区间、各分线盒电缆在 MDF 内的配线。

交换机到 MDF 的配线电缆敷设于防静电地板下的防护钢槽内,电缆每小于 1 m 处绑扎整齐平直,不得扭绞,电缆弯曲半径符合施工规范。进入 MDF 内电缆绑扎整齐顺直,在进线处绑扎牢固,防止电缆因自身重力拉脱。

电缆开剥时注意不得损伤芯线,在外皮开剥处用热可缩套管防护,开剥出的芯线在端子排后有 10 cm 长度的预留。开剥出的芯线进行分线绑扎,分线绑扎美观、顺直。芯线在端子排上卡接正确、牢固,每条进入 MDF 的电缆挂上正确的电缆标牌,标牌为打印,永不褪色材料。

各分线盒电缆开剥后将电缆外皮接地,接地线可靠地连接到 MDF 接地端子上,绑扎和编把、卡接同上。在外线侧端子排上插入保安器。

4. 无线系统内部配线

无线系统内部配线包括无线机柜到电源分配箱,电源分配箱到车站控制室,区间漏缆连接的射频电缆在机柜内配线。

无线机柜到其电源分配箱电源线敷设于防静电地板下的电源防护钢槽内,线缆弯曲半径符合施工规范。电源线进入机柜绑扎牢固,电缆开剥后外皮开剥处采用热缩套管防护。设备接线端子为接线柱时需采用线鼻子连接,线鼻子压接必须牢固。如果是插入式端子时多股软线需镀锡后连接,镀锡光滑、牢固,不得虚焊、假焊。目的是防止芯线氧化,接触良好。

区间漏缆的射频电缆在机柜内配线,射频电缆进入机柜后弯曲半径不小于其外径15倍,在机柜内绑扎整齐,开剥电缆使用专用开剥刀,开剥端面整齐,在安装连接器前用毛刷清除端面上的残留物质。

连接完成后挂好正确的电缆标牌。

5. 广播系统内部配线

广播系统内部配线包括各外场设备电缆的配线和车站控制室广播后备控制盘的配线。

各种广播和噪声监测器电缆到机柜后分线绑扎整齐。电缆开剥后采用热可缩套管防护开剥处,芯线一般采用与线鼻子压接或焊接的方式。

车站控制室广播后备控制盘的配线包括控制、音频、电源电缆配线。设备侧和车站控制室后备控制盘的控制电缆一般采用 RJ-11 或 RJ-45 连接头。音频和电源电缆采用专用插头,插头按照安装手册进行安装。

以上缆线连接完成后挂上正确的电缆标牌。

6. 时钟系统内部配线

时钟系统内部配线包括机柜内各分区数据和电源线的配线。

电源线和数据线进入机柜后分开绑扎整齐,各分区电源线接到电源分配端子上,成端方式可参考电源电缆机柜内成端方式,数据线接线方式一般采用卡接或 D 形数据头方式,首次开剥出一定电缆长度,套入热缩套管。

分开芯线,在每根芯线上套入小热缩套管,用 30 W 电烙铁按照供货商安装手册上针脚定义焊接芯线和插针,焊点光滑、圆润、牢固,不得虚焊和假焊。将热缩管套到针脚上,用防风打火机烘烤使其收缩,使得针脚间绝缘。烘烤电缆上的热缩管,旋紧 D 形头上固定电缆的螺丝。用螺丝刀将 D 形头固定在数据接口上。

7. 车站各通信系统间配线

车站各通信系统间配线按照设计图纸配线。

各通信子系统间设备缆线敷设时考虑控制线和电源接地线在防静电地板下分开敷设,均采用镀锌钢槽保护。电缆弯曲半径均符合施工规范,在钢槽出线口加以防护。线缆配线完成后对每个机柜底板进线孔用防火堵料封堵。

各系统数据线连接到传输MDF时，绑扎整齐后使用专用卡刀卡接，卡接后芯线不宜反复拆除或反复卡接。严禁在MDF端子排上一个卡线口卡接2条以上芯线或线径不符合端子排的线径要求。

每条缆线挂好标牌，标记清楚、正确、不易褪色。

7.4 机柜底座及机柜安装

7.4.1 设备底座安装施工工艺流程(图7.6)

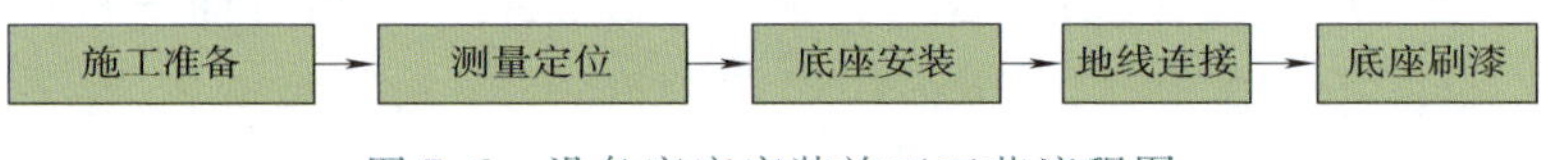

图7.6 设备底座安装施工工艺流程图

7.4.2 施工准备阶段

1)按照施工图纸确定各机柜底座位置，测量防静电地板高度(如防静电地板还没有安装时，技术人员需到装修单位了解防静电地板的安装高度)。

2)联系设备供货商，提供设备机柜的具体尺寸和安装固定方式，绘制设备底座加工图。

3)选择加工厂进行设备底座加工。

7.4.3 施工阶段

1. 底座

1)底座安装

(1)将制作好的机柜底座按图纸安装位置排列，测量距墙尺寸并定位，移开底座用冲击电钻在地面标记处打孔，电钻钻头要和金属膨胀螺栓型号相匹配，调节冲击电钻的深度标尺，使打孔的深度和金属膨胀螺栓的外胀管长度约深5 mm，打孔要垂直，用吸尘器清理灰尘放入膨胀螺栓。

(2)用榔头将膨胀螺栓逐一敲入孔内，将螺栓适当拧紧，使外胀管略微胀开后，退出螺帽和垫片。

(3)将所有金属膨胀螺栓安装完成后，把机柜底座安放到每个螺栓上，套上平垫、弹簧垫片、螺帽，逐一安装完成每个底座，用卷尺测量整排底座的前边缘在直线上的偏差不大于2 mm。

(4)采用边调整边固定的施工方法，防静电地板没有安装的房间根据现场装修给出的标高线进行调整，将底座顶面调整至防静电地板面标高。

(5)调整底座时,用水准仪或水平尺测量底座的四个角,选一个最高点,根据装修单位给出的标高线,将底座调整至防静电地板面的标高,并将其固定,然后逐一将其余各点放以一定的垫片使其达到防静电地板面的标高位置。

(6)在使用水准仪进行标高测量时,测量人员必须认真仔细,塔尺必须扶正,不得前倾或后仰,以免造成误差。

(7)依照基准线位置用钢卷尺测量底座边缘距离是否正确,是否符合设计图纸要求,用水平尺或水准仪等仪器测量调整底座面与防静电地板面水平后拧紧螺帽。

(8)将其余的底座参照已固定好的底座统一调正、调平并安装牢固。

2)地线连接

按照施工图纸设计要求以及施工规范要求将底座用接地线连接至地线排,接地线两端必须压线鼻子连接。

3)防锈刷漆

(1)机柜底座安装完成后,表面有损伤掉漆的部位,用钢丝刷将底座表面清理干净,然后进行刷漆。

(2)所有掉漆部分都要先刷一层防锈漆再刷两层富锌漆,做好成品保护。

2. 机柜

1)机柜安装

(1)首先将机柜移开,用直柄电钻在底座标记处钻孔,先用小号钻头引孔后,再选用比固定螺栓大1~2 mm钻头进行钻孔。

(2)用吸尘器清除铁屑,将机柜移动到底座上,对准安装孔穿入固定螺栓并带上垫片、螺帽。

(3)用激光水平仪发射出一条标准、平行的直线或拉尼龙线,用橡皮锤轻敲机柜底部边框使机柜正面和侧面达到施工图纸设计位置。

(4)用水平尺和线坠检测机柜的水平度和垂直度偏差,在机柜底部加上金属垫块进行调整,待水平度和垂直度偏差符合设计及验收规范要求后按照对角方式逐一旋紧固定螺栓,并固定牢固。

(5)用同样方法安装其余机柜,在安装其余机柜时用水平尺和水平仪反复检测每个机柜和整列机柜的水平、垂直偏差,并用塞尺检验柜间缝隙尺寸。

(6)安装完成后每个机柜喷漆应完好无损,每个连接螺栓平垫、弹簧垫片和螺帽齐全。应尽量使用呆扳手,以免对连接螺栓表面损坏,导致螺栓锈蚀。

(7)用水平仪和水平尺检测单个机柜和整列机柜的水平、垂直偏差,控制柜机柜前端面在平行直线上偏差应不大于3 mm,每个机柜水平偏差小于2 mm,用塞尺检查柜间缝隙应小于1 mm,机柜垂直偏差小于机柜高度的1‰,PLC控制箱的安装垂直偏差不应大于2 mm。固定方法按施工现场条件而定,采用预置膨胀螺钉固定,进入控制箱的线缆保护钢管入箱时，箱外侧应套锁母，内侧应装护口。箱内导线穿软管保护，入箱保护钢管必须具有防水弯。

(8)安装完成后需仔细检查机柜内模块、连接线是否松动、脱落。收集好机柜内部随机资料和机柜钥匙等。

(9)所有机柜安装完成后锁好机柜门，立即使用防水防尘布对机柜进行保护，防止灰尘进入。

2)机柜接地线安装

(1)根据施工图纸要求，将每个机柜用 16 mm^2 黄绿色地线连接到地线箱的接地铜排。

(2)接地线两端必须用线鼻子压接，线鼻子固定在机柜接地端子上，加上平垫、弹簧垫片和螺帽拧紧，连接可靠牢固。

(3)机柜的可开启柜门均应用接地线与机柜的金属框架进行连接，并连接到机柜的接地端子上。

7.4.4 施工总结

1)设备底座制作中表面镀锌不小于 50 μm，底座面各种尺寸偏差不大于 2 mm。

2)设备底座安装时，其上表面应保持水平，水平方向的倾斜度允许偏差为 1 mm/m，当底座的总长超过 5 m 时，全长允许偏差为 5 mm。

3)设备安装完成后单个设备水平偏差不大于 2 mm，垂直偏差不大于其高度的 1‰，整列机柜在平行直线上偏差不大于 5 mm，各柜体间隙不大于 1 mm。

4)所有机柜安装完成后用防火布进行防尘密封，在各控制室、终端设备室内的设备用防火布防尘密封，并能防止其他无关人员误操作。

5)设备及其各构件间应连接紧密、牢固，安装用的紧固件应有防锈层。

7.5 电源及接地防雷

1. 机架设备安装

机架的底座应与地面固定，机架安装应竖直平稳，垂直偏差不得超过 1‰，几个机架并排在一起，面板应在同一平面上并与基准线平行，前后偏差不大于 3 mm，两个机架中间缝隙不大于 3 mm，对于相互有一定间隔而排成一列的设备，其面板前后偏差不大于 5 mm，机架内设备、部件的安装，应在机架定位完毕并加固后进行，安装在机架内的设备应牢固、端正，机架上的固定螺丝、垫片和弹簧垫圈均应按要求紧固不得遗漏。机柜接地体接入机房内的接地极，并最终接入综合接地网。

主配电箱、各终端配电箱、各重要子系统的信号设备前端电源应设避雷器。

2. 电源防雷器安装

确定放电电流路径。在设备终端引起的额外电压降的导线，限制电压。为避免不必要的感应回路，应标记每一设备的 PE 导体。若无法进行单一接地则需要两个防雷器 SPD。设备与防雷器 SPD 之间建立等电位连接。对机房内部信号线（与室外设备相连的部分）进行过电压的保护，并安装信号防雷器。

3. 信号防雷器安装

安装在信号线路与被保护设备相应端口之间，串联连接。注意不要将同一根信号线未被保护电缆与保护电缆并行敷设。

接地导线尽可能短，并尽量避免与其他导线并行走线。主地线要求就近与建筑物的主钢筋相连。要求导线截面积为 2.5 mm^2 以上。地线连于信号防雷箱中地线接线排处。

室内所有设备金属外壳建立等电位连接。

同时沿室内四周设置闭合的接地母线（紫铜带），将此接地母线通过引下线连接到地网上，将室内设备的电气接地以最短的距离与网格相连。

7.6　天线杆（塔）、无线通信设备安装

7.6.1　施工准备阶段

1. 现场调查装修吊顶的安装进度，确保无线天线安装在吊顶封闭前完成。按照施工图纸准备好需安装的无线天线及相应的附件。

2. 无线天线定位

1）按照施工图纸中无线天线的安装位置现场寻找适合无线天线的安装位置。

2）车站站厅、站台相邻无线天线的定位间距一般在 5～6 m，特殊情况下可调整间距，但应确保无线天线的播出声场不相互干扰。

3）无线天线定位时应确保一列无线天线在一条直线上。

7.6.2　施工阶段

1. 无线天线安装

1）吊杆安装

（1）无线天线定位后，在每个无线天线安装位置安装 1 根吊杆。

（2）吊杆采用 $\phi8$ 的螺纹吊杆。吊杆顶部与水泥顶采用相应的内胀螺栓连接。吊杆安装应牢固可靠，且与地面垂直。

2）无线天线安装

（1）在地面将无线天线安装架与无线天线连接稳固。

(2)将无线天线安装架与无线天线吊杆连接稳固,安装后无线天线应平稳。

(3)栅格吊顶、铝扣板吊顶时,天线安装紧贴装修板下方安装。在走廊(或过道)无装修时,天线底部距装修面2.7 m,具体高度根据设计要求安装。

3)接线

(1)车站吸顶无线天线一般自带一小段的射频电缆及射频头,接线时,只需将敷设的射频电缆根据所需长度截断后,制作一个射频头,与天线自带射频头连接,射频头连接处应采用防水胶布进行防护。

(2)敷设的射频电缆应采用金属软管防护,紧贴吊杆绑扎,延伸至无线天线顶部,预留100 mm左右线缆与无线天线连接。

(3)接线完成后,线缆应紧贴无线天线固定,确保在地面看不到线缆露出。

2. 机房通信系统设备安装

1)因通信机房内各系统设备较多,安装时从一侧机柜开始逐一安装。首先机柜就位,对准安装孔后,穿入连接螺栓并带上垫片、螺帽,用激光测量仪发射出一条标准、平行的直线或拉尼龙线。用橡皮锤轻敲设备底部边框使设备前边达到设计位置。用水平尺和线坠检测机柜的水平度和垂直度偏差,在机柜底部加上金属垫块调整,水平度和垂直度偏差符合要求后按照对角方式逐一旋紧固定螺栓,并固定牢固。用同样方法安装第二个机柜,在安装第二个机柜时用经纬仪和水平仪反复检测每个机柜和整列机柜的水平、垂直偏差,并用塞尺检验柜间缝隙尺寸。

2)安装完成后每个机柜喷漆完好无损,每个连接螺栓平垫、弹簧垫片和螺帽齐全。尽量使用呆扳手,以免对连接螺栓表面损坏,导致螺栓锈蚀。

3)用水平仪和经纬仪检测单个机柜和整列机柜的水平、垂直偏差,整列机柜前端面在平行直线上偏差小于5 mm,整列机柜垂直偏差小于2 mm,每个机柜水平偏差小于2 mm,柜间缝隙小于1 mm。

安装完成后还需仔细检查设备模块是否松动,设备内部连接线是否松动、脱落。收集好设备内部随机资料和机柜钥匙等。

4)所有设备机柜安装完成后使用防火布覆盖防止灰尘进入,并锁好机柜门。

7.7 视频监控设备及广播设备安装

7.7.1 施工准备阶段

1. 现场踏勘复测

1)技术人员根据本工序特点现场勘察确定安装位置。

2)现场测量确认加工件尺寸、类型。

3)现场检查确认施工过程中可能出现的危险源,并做好安全防范措施和应急预案。

2. 材料准备

1)根据现场踏勘数据,针对不同安装位置的具体情况画出加工图。

2)根据图纸数量进行材料的排产。

3. 材料检查

1)核实已到货设备材料是否为合同明确的型号、数量,是否满足规范要求;对已到货设备材料进行到货检查,线缆需做单盘测试。

2)自测完成后进行设备材料的报监工作。

4. 交底

针对本工序施工安装特点,结合作业指导书对作业人员进行技术交底;针对本工序危险源对作业人员进行安全技术交底。

5. 广播安装前现场检查

根据设计图纸径路检查现场是否具备广播终端安装的条件。检查安装现场是否有阻碍施工的障碍物。检查安装位置和其他专业终端安装位置是否冲突,并做好记录报相关单位进行协调。

7.7.2　施工阶段

1. 视频监控设备安装

1)安装支架

(1)根据设计图点位和需监控的部位确定摄像机安装位置,比照摄像机支架在墙壁上画出支架安装孔位。

(2)根据支架固定孔的大小选择合适的膨胀螺栓和钻头,比照所选膨胀螺栓的膨胀管长度进行打孔作业。

(3)将选用的膨胀螺栓螺母旋紧,敲入已经打好的孔内,膨胀管必须保证全部植入墙壁中,敲入膨胀螺栓后使用与膨胀螺栓相配套的呆扳手将膨胀螺栓上紧后,取下膨胀螺栓的螺母、平弹垫。

(4)按照现场实际情况选取合适的支架。

(5)将支架套入膨胀螺栓后,用呆扳手旋紧刚取下的平弹垫和螺母,力度以弹垫上平为宜。

(6)安装固定式摄像机的支架高度大于2.5 m(根据设计要求)。

(7)安装半球、球机的支架应朝下安装,支架安装高度大于2.5 m(根据设计要求)。

(8)特殊部位满足不了安装高度的,以能全面监控所需监控部位为宜。

(9)固定式摄像机使用不锈钢螺栓将支架与万向节连接紧固,半球和球机则不用安装万向节，仅需将支架安装完毕。

2）安装摄像机

（1）将组装好的摄像机运至现场后，按图示点位厂家编号（IP）选择摄像机在支架上安装。

（2）将终端线缆使用金属软管防护（最长不超过1.2 m）引至前端箱内，制作线缆成端头，电源线开剥相应长度，套入冷压端子压接牢固，再将线缆接入空开。

（3）将成端后的线缆接到摄像机和电源适配器上，保证接、插头连接牢固，不得松动。将摄像机护罩（固定式枪机）与支架上的万向节使用合适的螺栓紧固连接，将高速球机与支架通过丝扣扭紧。

3）线缆接续及成端

（1）引入主线至前端箱内空开上端口，再从空开上端口引出一路主电源至下一台摄像机。

（2）根据支架长度，在终端设备上端顶部盘留1 m电缆、2 m光缆，便于后期点位调整，光缆成端于前端箱内熔纤盒。

（3）成端前需对电缆进行通断、环阻和绝缘测试；光纤熔接完成后，使用OTDR进行损耗测试。

4）摄像机组装和粗调

（1）光、电缆成端完成后，应对固定式摄像机和半球摄像机、高速球机进行通电测试。

（2）固定式摄像机经外观检查合格的机身、镜头、电源适配器组装好后开始安装；半球摄像机，则直接开始安装。

（3）电源适配器加220 V交流电，使用监视器检查摄像机是否有图像。

（4）将经检查有图像的摄像机镜头对准前方5～10 m处，进行成像效果调试；摄像机调试过程中应先调整焦距，后调整清晰度。

（5）调整完毕的摄像机应旋紧镜头上的旋钮，锁定焦距和清晰度。

（6）若选用IP摄像机，则需连接电脑进行IP地址和数据的配置工作；若采用高速球机，则需按照摄像机厂家要求进行地址码的设置。

（7）若选用宽动态摄像机，则需在菜单中打开宽动态工作模式。

（8）使用干净的毛巾擦拭固定式摄像机护罩的玻璃窗口，保证玻璃不能有附着物，将粗调完毕的摄像机装入护罩，旋紧所有螺丝；半球摄像机和球机不需擦拭。

5）精调

（1）由摄像机安装人员配合厂家技术人员进行调试。

（2）高速球机俯仰角和清晰度均通过计算机监控软件进行调节。

（3）固定式摄像机借助万向节进行俯仰角和观察方位的调整，以满足运营方对视频监控的整体要求。

(4)调试结果现场填写测试记录、终端点位表、占用端口等信息。

(5)技术人员将调试人员带回来的原始记录录入竣工资料,由资料员交监理签字存档。

2. 广播设备安装

1)格栅吊顶广播终端安装

(1)将带有内爆胀管 M8 丝杆预埋在水泥顶上。M8 丝杆下端与防火罩连接并用上下螺母紧固。

(2)由广播终端连接主线引出一路广播终端支线,接入防火罩内,与广播终端线相连并做好绝缘防护,注意防止线缆与广播终端外壳连接。

(3)按施工图用四个自攻钉将防火罩与广播终端进行连接并紧固。

(4)广播区内所有广播终端均应相同相位。

2)板式吸顶广播终端安装

(1)在板式装修顶棚上根据广播终端大小进行开孔,开孔应小于广播终端直径2 cm为宜。

(2)将吸顶广播终端弹簧卡打开,从顶棚圆孔推入,弹簧卡自动卡紧。注意吊顶材质较软不能卡紧时,可以考虑加装金属喷塑托盘,以保证广播终端安装牢固。

(3)由广播终端连接主线引出一路广播终端支线,接入防火罩内,与广播终端线相连并做好绝缘防护,注意防止线缆与广播终端外壳连接。

(4)按施工图用四个自攻钉将防火罩与广播终端进行连接并紧固。

(5)广播区内所有广播终端均应相同相位。

3)壁挂式扬声器安装

(1)按施工图安装高度将膨胀螺栓紧固在水泥墙上。

(2)按图用 M8 的螺丝将壁挂式扬声器固定在可调整支架上。

(3)引入一路主线连接至壁挂广播背面接线端子,主线端头开剥相应长度芯线,套入冷压端子,用压线钳压牢固,将冷压端子塞入广播接线端子,广播终端线相连并做好绝缘防护,注意防止线缆与广播终端外壳连接。

(4)广播区内所有扬声器均应相同相位。

(5)壁挂广播安装高度符合设计要求。

4)号角扬声器安装

(1)按施工图安装高度将膨胀螺栓紧固在水泥墙(柱)上。

(2)将号角扬声器支架孔套入膨胀螺栓,固定牢固。

(3)根据图纸结合现场调节号角扬声器角度。

(4)引入一路主线套入喷塑金属软管连接至号角扬声器背面接线端子,主线端头开剥相应长度芯线,套入冷压端子,用压线钳压牢固,将冷压端子塞入广播接线端子。

(5)广播终端线相连并做好绝缘防护,注意防止线缆与广播终端外壳连接。

(6)金属软管固定牢固美观。

5)扬声器安装完成后,应做好设备安装记录。

7.7.3 施工总结

1)电源线、光缆不应破损、受潮、扭曲、折皱,不应有断线、错线,线间绝缘、组间绝缘,应符合产品技术条件或设计要求。

2)摄像机终端引出的终端线缆需在安装位置上方吊顶内预留 1 m 余量,并不得影响摄像机的转动和检修。

3)摄像机终端所用的电源线和光缆均应固定,并不得用插头承受电缆的自重。

4)摄像机护罩、支架防护层均需完整,不得有脱落、锈蚀现象。

5)各安装件之间的连接螺栓均需使用不锈钢螺栓,防止生锈。

7.8 时钟设备及 PIS 设备安装

7.8.1 施工准备阶段

现场踏勘复测,技术人员根据本工序特点现场勘察确定安装位置,现场测量确认加工件尺寸、类型,现场检查确认施工过程中可能出现的危险源,并做好安全防范措施和应急预案。

7.8.2 施工阶段

1. 壁挂式时钟安装

按照安装图的规定,先固定后挂板,确保两挂钩在同一水平线上,然后按接线图接线。

2. 车控室 IBP 盘时钟安装

1)全线车站控制室时钟一般嵌入安装到 IBP 盘预留框架内。

2)首先核对 IBP 盘预留时钟尺寸与需要安装的时钟尺寸是否吻合,核对完成后,在 IBP 盘面板内打入 4 个 M10 螺栓,将挂板安装到位。

3)时钟电源与时钟信号线卡接牢固后,将时钟安装到挂板上,卡装牢固、水平。

3. 模拟时钟安装

1)站厅模拟时钟的安装方式均为吊挂式,在其安装位置的顶部分别用 4 个 M10 膨胀螺丝将安装附件及吊杆固定牢固,然后将时钟与吊杆连接牢固,最后接入电源线与信号线。

2）模拟时钟吊杆安装垂直，1级杆与2级杆连接牢固，电源线与信号线连接处应做好绝缘与防水措施。

4. 停车场、车辆段库内时钟安装

1）场、段时钟的安装方式均为吊挂式，先将时钟支、吊架结合钢梁或其他结构进行安装固定。

2）将时钟吊杆套入吊架底座，使用M10螺栓穿过套管拧紧，随后将电源线、控制线沿支架底座根部穿线孔从管中引下，开启时钟背板，接入电源线与信号线。

3）库内时钟电源线与信号线连接方式一般在时钟背板内部，采用焊接方式；场、段各单体建筑相关房间时钟安装方式及高度与车站相同。

4）场、段各单体建筑相关房间时钟电源起点一般在本单体建筑一层弱电间时钟配电箱，信号线从光电转换器引出。

5）场、段库内中部消防通道时钟按施工图结合柱子安装，库内首尾时钟需根据现场结合时钟安装孔尺寸加工吊架（吊杆）安装，时钟吊架可选用镀锌角钢（钢管）。

6）库内时钟一般安装在2股道中间，时钟距司机上车楼梯≥5 m，安装高度不低于4 m。

5. 站厅LCD显示屏的安装

1）采用吊挂方式安装时，屏体保持水平。

2）采用壁挂方式安装时，屏体保持水平。

6. 多媒体查询机的安装

1）查询机安装位置应符合设计要求。

2）查询机采用4个ϕ12的膨胀螺栓直接固定在地面上，安装牢固。

3）查询机的背板距柱（墙）的距离不宜小于60 cm。

4）查询机安装完毕后下沿需用密封胶防护做防水处理。

7. 壁挂式LED显示屏安装

在装修前需用4个膨胀螺栓植入主体结构内，螺栓长度根据装修厚度确定，需露出装修完成面40～50 mm，待装修面完成后挂上屏体背板，再安装显示屏。

7.9　数据网络设备安装

7.9.1　网络设备安装施工工艺流程（图7.7）

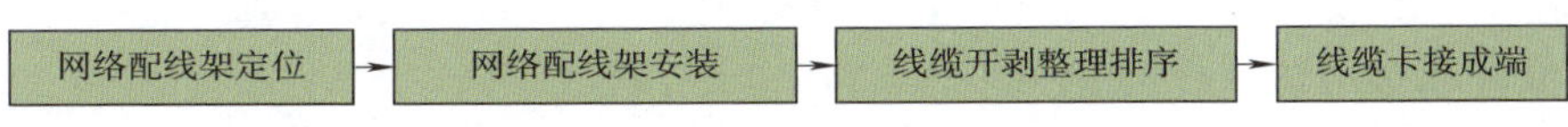

图7.7　网络设备安装施工工艺流程图

7.9.2 施工准备阶段

根据施工设计图、现场情况，确定安装位置，进行网络配线架定位，位置应布置合理、与其他机房设备不冲突。

7.9.3 施工阶段

1. 网络配线架安装

1）在机柜立柱对应位置安装背卡螺母，固定网络配线架器件。

2）注意保留网络配线架与其他设备间距，预留后期维护空间。

2. 线缆开剥整理排序

1）在机柜内外整理、理顺线缆，靠机柜一侧固定板绑扎，做好预留。

2）对线缆整理缠绕管缠绕分组，绑扎固定，做好余留弯。

3. 线缆卡接成端

1）紧贴数据模块开剥线缆外护套，分理芯线，把芯线按 TAB568B 接线方式（如图 7.8）或技术要求分别压入数据模块槽口中。

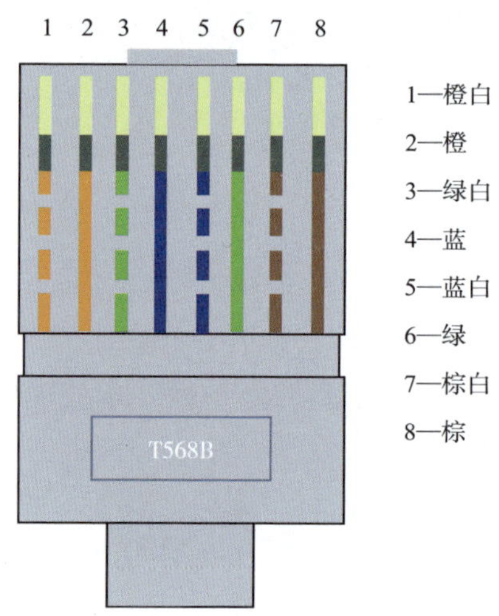

图 7.8 TAB568B 接线方式图

2）使用数据模块专用卡刀打线。

3）观察线缆卡接良好并理顺线缆，把数据模块压入固定板中，重复以上步骤，完成所有线缆成端连接。

4. 线缆成端测试

使用万用表对号、网络测试仪测试，确保线缆两端连接器接触可靠，不混线、不断线，电气数据指标满足要求。

第 8 章

综合监控系统

8.1 管线、线槽及支吊架安装

参见第 7 章 7.1 节内容。

8.2 线缆敷设及线缆续接

参见第 7 章 7.2 节内容。

8.3 机柜底座及机柜安装

参见第 7 章 7.4 节内容。

8.4 模块箱及 ACS—就地控制箱安装

8.4.1 模块箱安装

8.4.1.1 施工准备阶段

根据设计图纸要求确定盒、箱轴线位置，以土建弹出的水平线为基准，标出盒、箱实际尺寸位置。

8.4.1.2 施工阶段

1）根据施工图纸确定控制箱悬挂位置的定位尺寸，以墙上的标高线（1 m 线）和侧墙为参照点，依据定位尺寸画出控制箱水平方向的位置线和垂直方向的位置线。

2）将控制箱进行试挂，把控制箱外轮廓边缘与画出的位置线重合。

3）用记号笔画出试挂控制箱内 4 个固定螺栓孔对应墙面上的位置，放下试挂的控制箱。

4）根据上述的标记，使用冲击电钻钻出直径 12 mm 深度 70 mm 的孔，钻孔时要保证钻头与墙面垂直。

5）将 M10×80 的膨胀螺栓装进孔内，测量四个螺栓的对角尺寸，找正后拧上螺母，使膨胀螺栓与墙体固定牢固，然后卸下螺母。

6）把 BAS 模块箱挂在已安装好的 4 个固定螺栓上，调整好模块箱的位置后带上平垫片、弹簧垫片，拧紧螺母。

7）把模块箱内擦拭干净，在模块箱内插好相应的 DI、DO、AI、AO 以及电源模块、光电转换模块、继电器等元器件。

8）锁上模块箱门，做好成品保护，张贴成品保护标识，把施工产生的垃圾清理干净。

8.4.2 就地控制箱安装

1）根据施工图纸确定控制器的悬挂位置，按照控制器的实际尺寸，在墙上划出十字中心线和距底边 1.4 m 水平线。

2）在控制箱背面划出十字中心线，并在高、宽四周边沿做出刻度标记。

3）将控制箱进行试挂，使两个十字线重合后划出箱子定位螺栓孔。

4）用冲击电钻钻出 10 mm 孔后将 M8 膨胀螺栓装进孔里，测量四个螺栓的对角尺寸找正后紧固。

5）将控制箱挂上后用磁力线坠和角尺进行垂直度测量，垂直度达不到时采用螺栓上垫薄垫片调整，直至满足误差在 2 mm 范围以内。

6）凡进入控制箱内的钢管在固定前进行套丝，用半圆锉清除管口内壁毛刺，丝长按进入控制箱内锁紧后露出 2～3 丝扣为准。管子在控制箱内固定好后及时将管子护口装上。

8.5 BAS 传感器安装

8.5.1 风管温湿度传感器安装

1）按照施工图纸和相关的技术要求，确定温、湿度传感器的安装位置，用记号笔在风管保温层上做出传感器安装位置标记。

2）用壁纸刀把传感器安装位置处的保温层剔除掉。

3）利用开孔器在风道壁上开孔，孔径大小与传感器探棒一致。

4）把传感器探棒通过风道壁上的圆孔，插入风道内。

5）采用自攻丝把传感器与风道壁固定牢固。

8.5.2　公共区温湿度、二氧化碳传感器安装

公共区的温湿度和二氧化碳传感器一般安装在装修面上,以搪瓷钢板或铁质板材的装修面为例,传感器的安装步骤如下:

1)按照施工图纸和相关的技术要求,确定传感器的安装位置,用记号笔在装修板材上做出传感器安装位置标记和传感器出线口的位置标记;

2)用开孔器在传感器出线口位置标记处开孔,孔径略大于传感器出线口;

3)把预留在装修板后方的用于连接传感器的线缆通过装修板上的出线口掏出,把线缆连接到传感器相应的端子上,接续完成后再把线缆塞到装修板的后方;

4)调整传感器的位置,采用自攻丝把传感器与装修板材固定牢固。

8.5.3　流量传感器安装

流量传感器的安装应配合管道安装进行。

1)按照施工图纸和流量传感器安装的技术要求,确定传感器的安装位置。

2)在传感器所在位置处的管道安装前,把传感器连接到管道上。在传感器两端管道上焊接与传感器配套的法兰盘,把两端管道上焊接好的法兰盘与流量传感器连接牢固,最后把装有流量传感器的管道连接到系统管道内。

8.6　ISCS—IBP 盘安装

1. IBP 盘安装

按设计图纸要求进行布置,将 IBP 盘放于基础型钢上找准垂直度,成排 IBP 盘各台就位后,先找正两端的 IBP 盘,以 IBP 盘距地板高度 2/3 高位置拉线,逐台用垫片找平找正,柜(盘)如不标准以柜面为准。IBP 盘找正时采用 0.5 mm 铁片进行调整,每处垫片不能超过 3 片,安装固定螺栓。

2. 柜(盘)就位

就位、找平、找正后,柜体与基础型钢固定,柜体与柜体、柜体与侧挡板均用镀锌螺丝连接。

3. IBP 盘体接地

每台 IBP 盘单独与接地干线连接。每台柜从下部的基础型钢侧面焊上 M10 螺栓,用铜线与柜上的接地端子连接牢固。

8.7 气体灭火管网安装

8.7.1 管网安装施工工艺流程(图8.1)

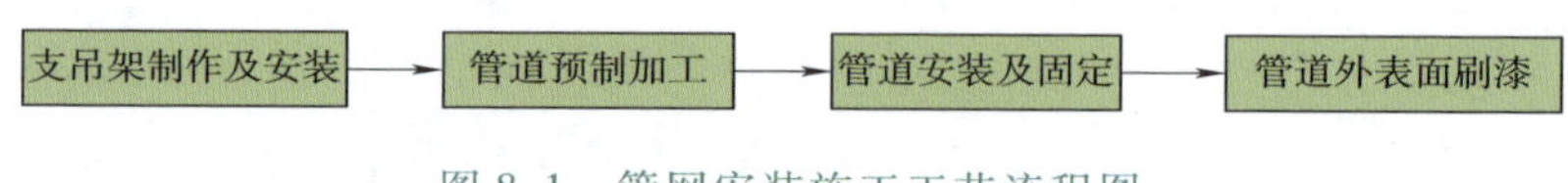

图8.1 管网安装施工工艺流程图

8.7.2 施工阶段

1. 支吊架的制作

1)管道支吊架应按照设计图纸要求选用材料制作,其加工尺寸、型号、精度及焊接均应符合设计要求。

2. 支吊架的安装

1)安装支吊架的位置、标高应准确,间距应合理。应按设计图纸要求和有关标准图规定进行安装。

2)管道不允许位移时,应设置固定支架。必须严格安装在设计规定的位置上,并应使钢管牢固地固定在支架上。

3)埋入墙内的支架,焊接到预埋件上的支架,用射钉安装的支架,用膨胀螺栓固定安装的支架,都应遵照设计要求进行安装。

4)在没有预留孔、洞和预埋件的混凝土构件上,可以选用射钉或膨胀螺栓安装支架,但不宜安装推力较大的固定支架。

5)采用膨胀螺栓安装支架时,必须先在安装支架的位置上钻孔。钻出的孔必须与构件表面垂直。钻好后,将孔内的碎屑清除干净。

6)把套管套在螺栓上,套管的开口端朝向螺栓的锥形尾部;再把螺母带在螺栓上。然后打入已钻好的孔内,到螺母接触孔口时,用板手拧紧螺母。随着螺母拧紧,螺栓在锥形尾部就把开口的套管尾部胀开,使螺栓和套管一起坚固在孔内。

3. 管道预制加工

1)管道切断:根据图纸和现场实际测量的管段尺寸,画出草图,按草图计算管道长度下料,在管段上画出所需的分段尺寸后,使工具与管道轴线成直角,将管道垂直切断,不能使用机械工具等。

2)管道切口的处理:一切管道的切口处必须用锉锉成一平滑平面,除去管道内外卷边、毛刺等。

3)管道内的检查、清扫,配管端的保护。

(1)管道切口在接合前一定要清扫管口内的存留物及管口边内外的铁屑等。

(2)加工完毕或配管作业临时中止时,必须用堵头将管端封闭好,不能使异物进入管内及管口边外的丝扣处。

(3)安装管前一定要清扫管膛内及管口边外的丝扣处。

(4)将预制加工好的管段配好零件编号,放到适当位置调直,待安装。

4. 管道安装及固定

管网子系统的管网部分是指从气瓶间各出管组件出口至各防护区各个喷嘴入口之间的全部管道、管接件和固定支吊架等。管网部分的安装包含了从气瓶间至防护区的主管道敷设、防护区内部的分配管和支管敷设、管道固定等工作内容。

管道安装施工应按照施工图纸标注的相对尺寸、规格、方向和结构,不得随意更改。如确需变更,应征得设计单位的同意,并经过复核计算。

主管道指的是从出管组件出口开始,至防护区第一个分流点之间的管道。主管道安装一般应从气瓶间出管组件出口开始,向各个防护区方向敷设。由于气瓶间设备安装一般在管网安装施工之后,因此,为确保准确对接,应预留主管道起始部分足够的管段和弯头,待气瓶间设备部件就位后再行安装。

各防护区主管道与对应出管组件的接口为一对凹凸面法兰。该对法兰由出管组件的制造商提供。其中,固定的一片已焊接在出管组件的出口,活动的一片应焊接在主管道入口处。施工时,除应保证主管道的入口相对位置的准确外,还应在两片法兰对接固定的状态下,对活动法兰片与主管道实施定位焊接。

在上下法兰片之间,配有一个专用金属垫片。该金属垫片应在接口最后固定时加入,不应反复拆装。这一要求对管网安装中的所有法兰连接均适用。

1)主管道安装

(1)将预制加工好的管道按环路核对编号,运到安装地点,按编号顺序散开放置就位。确定主管道的位置、标高、坡度、管径及异变径等,按照尺寸固定好支、吊架。

(2)架充管线连接管道和管件可先在地面组装一部分,长度以便于吊装为宜。起吊后,轻落在支、吊架上,用卡环固定,防止滚落伤人。

(3)气体输送管道的连接可采用螺纹连接、法兰连接或焊接方式。公称直径等于或小于 80 mm 的管道宜采用螺纹连接;公称直径大于 80 mm 的管道采用法兰连接,管道穿越沉降缝、变形缝时,必须采用可靠的抗沉降和变形的措施。

(4)采用螺纹连接管道、管件时,吊到支、吊架上后,丝扣连接填料,应采用封闭性能好的聚四氟乙烯带,切忌不能用高压橡胶垫,因为橡胶垫容易膨胀,导致漏气。更不能用麻丝做填料。一切就绪后即可上紧管道。

(5)主管道安装后,还应拨正调直,从管端看过去,整根管道应在一条直线上。用水平尺在管段上复验,防止局部管段有“下垂”或“拱起”等现象。

2)分配管和支管的安装

(1)防护区内部管网的安装应从主管道的第一个分流点开始,向喷嘴末端敷设,直至各支管的最后一个弯头。

(2)分配管和支管应分布在同一个水平面上,并应尽可能符合均衡管网的要求。

(3)有吊顶防护区管网的末端竖管出口应与吊顶下端面齐平。

5. 管道外表面刷漆

管网安装和试验等工作全部完成并合格后,所有管道外表面应涂敷标志性红色油漆。对于管道各接口镀锌层受到损坏的部位,在涂敷外层油漆前,应局部刷防锈漆。对管网安装过程中造成的管道表面金属毛刺和油污,在油漆前应予以清除。

8.8 气瓶间设备安装

1. 瓶组架组装

瓶组架包含灭火剂瓶组架和启动气体瓶组架两个独立的类型。

瓶组架在运抵现场时,是按照站点、系统编号和类型分别包装的。每个包装中,包含了组装系统中一套瓶组架的底板、立柱、横挡、抱卡、螺栓、橡胶垫等全部零部件和紧固件。

每套瓶组架的结构根据其所包含的瓶组数量和气瓶间平面布置条件不同而有差异,但其各零部件的形式和组装方式基本相同。其中,灭火剂瓶组架有单排式和双排式两种结构,而启动气体瓶组架均为单排结构。瓶组架现场组装的主要工作就是根据图纸,用紧固件将各个零部件组合成一个整体。瓶组架组装好后,应按照设计图的要求摆放到位。

2. 集流管组装

集流管在运抵现场时,是按照站点和系统编号分别包装的。对于较短的集流管,其灭火剂瓶组接口管和选择阀接口短管是焊接在同一根直管上整体运输的,不存在现场连接的问题。对于长度过长或结构复杂,无法整体运输的集流管,在工厂里是分段制造并组装,整体试验,再分拆运输的。在现场,需要将分拆开的集流管重新组装成一个整体。

集流管的组装主要包括灭火剂瓶组集流管部分与选择阀集流管部分的对接和灭火剂瓶组集流管不同部分的对接。集流管不同部分的连接形式,按照气瓶间的现场条件有三种设计。

1)I 形连接:集流管的不同部分在同一根中心线上,对接后成一根直管。

2)L 形连接:集流管的不同部分成直角对接。

3)Z 形连接:当灭火剂瓶组与启动气体瓶组需要安装成一排,且灭火剂瓶组必须靠墙安装时，两部分的集流管需要平行错位设计，成 Z 形对接。

连接方式视集流管的通径规格大小，分为螺纹连接和法兰连接两种。当采用螺纹连接时，连接处应缠绕聚四氟乙烯胶带，并涂高压密封胶；当采用法兰连接时，衬垫不得凸入管内，其外边缘宜接近螺栓，不得放双垫或偏垫。

在集流管对接前，应检查并清除管内杂物、水渍和污染。对接时可以借助瓶组架的支撑，但不得对瓶组架及其表面防腐层造成损坏。

连接好的集流管应满足以下基本要求。

(1)所有接口应连接牢靠，确保其强度和密封性。

(2)所有与灭火剂瓶组的接口垂直向上，采用螺纹连接的接口时，应正向逐步调节到位，避免反向调节。

(3)所有与选择阀的接口也垂直向上，采用螺纹连接的接口时，应正向逐步调节到位，避免反向调节。

(4)集流管不同部分的中心线标高相同。

(5)集流管安装时，因使用管钳等工具对集流管及管件表面造成的压痕和毛刺等，应及时打磨清除，并对镀锌层损坏处涂刷防锈漆。

3. 集流管在瓶组架上定位与固定

为了方便进一步的安装，在集流管组装结束后，应将集流管组件安放到瓶组架的集流管托架上，并采用 U 形抱卡，对集流管进行初步固定。随着后续安装的进行，集流管及瓶组架的空间位置还会逐步调整，因此，最终的定位与固定应在集流管与防护区管网对接固定后完成。

4. 液体单向阀与集流管对接

在集流管组装过程中或组装结束后，应在集流管的所有灭火剂瓶组接口安装上液体单向阀。安装前，应去除接口螺纹上的保护套管。安装时，螺纹上不需要加其他密封材料，但应注意加装随机提供的端面 O 形密封圈，并确认单向阀的安装方向。

5. 压力软管与液体单向阀对接

在集流管就位后，应在每一个液体单向阀上安装压力软管。压力软管两头接口形式不同，与液体单向阀的接口为平面螺纹活接头，另一头是球面活接头。安装时，螺纹上不需要加其他密封材料，但应注意加装随机提供的端面 O 形密封圈。

6. 选择阀与集流管对接

按照不同的通径规格及不同连接方法，将选择阀的入口与集流管上预留的选择阀接口逐一对接。通径规格≤DN80 的选择阀，采用螺纹连接，连接处应缠绕聚四氟乙烯胶带，并涂高压密封胶；通径规格≥DN100 的选择阀，采用法兰连接，在法兰之间应安放随机提供的金属垫片。

连接好的选择阀应满足以下基本要求。

1）选择阀与集流管的接口应连接牢靠，确保其强度和密封性。

2）选择阀出口应水平向后，采用螺纹连接的接口时，应正向逐步调节到位，避免反向调节。

3）选择阀的流向指示箭头应指向介质流动方向。

4）选择阀螺纹对接时使用的管钳等工具，不得对选择阀上的构件及表面造成损坏，产生出的压痕和毛刺等应及时打磨去除。

7. 出管组件与选择阀对接

出管组件是L形结构。每一组出管组件对应一个选择阀，通径规格与选择阀相同。

通径规格≤DN80的出管组件与选择阀之间为螺纹连接。其运抵现场时分拆为两节，短的一节配有一个弯头，长的一节配有一对法兰。安装时，需先将该短管呈水平方向旋入选择阀的出口，旋紧后，应使弯头出口向上。然后再将长管段垂直旋入弯头。连接处均应缠绕聚四氟乙烯胶带，并涂高压密封胶。

通径规格≥DN100的出管组件是整体达到现场的，进出口均配有法兰。安装时，将短管部分的法兰与选择阀对接，并使长管段垂直向上。在法兰之间应安放随机提供的金属垫片。

由于选择阀与出管组件连为一个整体后自重加大，因此，为了避免较大力矩造成集流管的转动，每安装好一套选择阀组件，应及时完成该组件与主管道的对接。但为了避免偏差，与主管道的对接法兰螺栓应在所有选择阀与管道对接好之后，再一起紧固。

同一集流管上的出管组件的规格及彼此之间的距离是在集流管的制造过程中确定下来且无法改变，因此，安装人员在管道敷设过程中，必须严格按照图纸上标注的各管道的顺序和相互之间的距离来施工，以免出现接口错误。

单元独立系统的集流管出口没有选择阀，出管组件与集流管直接对接。此类集流管的末端直接安装了一个螺纹弯头（或法兰）作为出口，现场安装时，将出管组件的长管段直接旋入弯头（或法兰直接对接）即可。

8. 出管组件与主管道对接

每组出管组件的出口是一对凹凸面法兰，其中，下面的一片已焊接在出管组件的出口，另一片是活动的。出管组件与主管道的对接，指的是出管组件与选择阀一起安装在集流管后，该一片活动的法兰片与主管道的连接。事实上，这也是气瓶间设备部分与防护区管网之间的连接，具体包含以下内容。

1）按照出管组件出口的位置，敷设主管道最后对接部分的管段。要求接口处主管道的入口垂直中心线与出管组件的出口垂直中心线相一致，主管道的入口端面应自然下垂至接口法兰盘中，插入深度应达到法兰盘厚度的三分之二左右。

2）将法兰金属垫置于接口法兰之间，带上所有连接螺栓，但不要紧固。

3)将主管道调节到法兰盘中央位置,并点焊到一起,完成其初步对接。

4)按照上述方法,完成所有主管道与出管组件的初步对接,并检查各根管道的对接质量,确认无误后,拆去所有法兰连接螺栓和垫片,移动集流管和瓶组架,让开位置,对上述主管道入口处的法兰盘进行全面焊接。焊接后,还应对焊接处进行清理和局部防腐处理。

5)将集流管和瓶组架重新复位,并做最后的调整,在瓶组架下垫好防潮橡胶垫,然后完成所有出管组件与主管道之间的重新连接、密封和紧固。

6)出管组件与主管道对接要求达到的标准如下。

(1)每一根主管道同与之对应的出管组件的通径规格相一致。

(2)每一根主管道同与之对应的出管组件的竖管部分应垂直,并在一条轴线上。从正面和侧面两个方向目测,不应看出偏移、歪斜、不同轴心等缺陷。

(3)各根主管道之间应相互平行。从正面和侧面两个方向目测,不应看出相互不平行的状况。

(4)对接法兰之间对位应自然,不应采用强制对位方式对接,防止管道预应力的产生。

(5)应确保所有出管组件竖管上的压力信号器接口朝向后方,并应相互一致。

(6)现场法兰焊接应按照规范要求进行,确保焊接质量。焊接时,应做好各项保护措施,防止熔融的金属黏结到法兰的密封面上,防止焊接造成对其他设备的损害。焊接完成后,应对焊缝进行及时清理,并对相关部位进行局部防腐处理。

9. 中间试验

在上述安装对接工作完成后,应按照施工规范,对整个管网子系统的管道部分(包括集流管、选择阀和出管组件)进行整体的强度试验和气密性试验。强度试验和气密性试验可分防护区逐个进行。具体要求见《气体灭火系统施工及验收规范》GB 50263—2007。

10. 集流管安全泄压阀安装

压力试验结束后,拆除集流管安全泄压阀接口的堵头,安装安全泄压阀。

到达现场的安全泄压阀是一个整体,接口处带有一只 O 形密封圈。安装时只需要将其旋紧在集流管的接口上即可。

注意:现场不可将安全泄压阀组件解体;安装旋紧时,使用扳手不得卡在不锈钢螺塞上,只能卡住铜的阀座部分。

11. 压力信号器安装

压力试验结束后,拆除出管组件上压力信号器接口的堵头或接头,安装压力信号器。

12. 灭火剂瓶组安装就位与固定

1)将灭火剂瓶组逐个搬上瓶组架底板,调整到位。搬运时,应小心谨慎,采取有效措施，防止撞击容器阀，防止对底板表面油漆的损坏。

2）采用随瓶组架包装在一起的抱卡对瓶组进行固定。固定前，应使瓶组的出口统一向后，瓶组正面的标志牌应整齐划一。

13. 启动气体瓶组安装就位与固定

1）将启动气体瓶组逐个放置到瓶组架底板上。

2）采用随瓶组架包装在一起的抱卡对瓶组进行固定。固定前，应使瓶组的出口统一向后，瓶组正面的标志牌应整齐划一。

3）启动瓶组电磁启动器下的安全插销能够防止电磁启动器误动作造成启动气体的误释放。必须保证在系统正式开通交付前，该插销不被拔掉。

4）启动瓶组应急机械操作手柄下的保险卡环能够防止手柄被误压下，造成灭火剂误喷，在任何情况下，都应保证卡环在位和铅封完好。

14. 灭火剂瓶组先导阀安装

灭火剂瓶组安装就位并固定后，可以将与瓶组分别包装的先导阀逐个装上瓶组容器阀的顶部。

安装前，应先确认先导阀内部的撞针没有脱出。先导阀上的安全插销能够防止手动机械操作手柄被误压下而刺破启动膜片，造成灭火剂的误喷放。安装前和在安装过程中，应确认和保持先导阀上的保险插销在位，铅封完好。

先导阀与容器阀的连接方式为螺纹连接，安装时，可直接旋上，不必缠绕生料带或涂密。

15. 压力表安装

瓶组安装就位后，应及时安装各瓶组的压力表，包括灭火剂瓶组压力表和启动气体瓶组压力表。安装程序及注意事项如下。

1）压力表的安装位置均在容器阀的正面。在安装前，应先采用内六角扳手拆去为运输安全而加装在压力表接口处的堵头，并清除接口内的密封材料。拆下的堵头应集中存放在启动气体瓶组架内，留待今后需要时重复使用。

2）每拆卸一只堵头，应立即替换上压力表。安装压力表时，接口锥螺纹上应缠绕聚四氟乙烯胶带。拆卸堵头时，接口处会有少量气体泄漏，这属于正常现象。

3）压力表安装后，指针将显示压力逐渐上升，待指针稳定后（大约在半小时以内），显示瓶内充装压力。如果指针处于绿色区域，则说明压力正常。如果在红色区域，则说明运输途中存在泄漏，需要检修并补气。

4）采用涂肥皂水的方式，检查压力表的接头处是否存在泄漏。

5）压力表是慢释放常带压显示结构，没有压力表开关。采用简单的方式可以更换压力表。

6）当瓶组需要整体拆卸运输时，应拆去压力表，并用备用堵头封堵压力表接口。

16. 灭火剂瓶组与压力软管对接

灭火剂瓶组的容器阀出口安全帽可以防止瓶内气体突出造成的事故。在瓶组的整个运输、装卸、搬运和前述的安装过程中,不得拆去该安全帽。

在确认灭火剂瓶组可以与集流管对接时,逐一旋下安全帽,并及时将压力软管与容器阀出口连接。连接时,应注意加装随软管一起包装的 O 形密封圈。

安全帽应保持悬挂在容器阀上,以备后用。

一旦灭火剂瓶组连接上压力软管,应保证选择阀随时处于关闭状态,预防误操作造成灭火剂喷入防护区。同时,应在瓶组架处挂上临时警示牌,防止无关人员接触瓶组。

17. 启动气体管路安装

启动气体管路安装时,注意事项如下。

1)灭火剂瓶组容器阀之间的“回”形接管已在工厂里预制完成,并按需要配套至现场,可以直接应用。

2)如需要在相邻灭火剂瓶组间的启动气体管路中加入气体单向阀和三通接头时,应使用同样配套供应的带有气体单向阀和三通的预制“回”形管。

3)灭火剂瓶组与选择阀之间,以及选择阀与启动瓶组之间的启动气体管路需要按照设计要求,利用配套供应的退火紫铜管、扩口式管接头、单向阀等零件材料,在现场制作安装。制作时,应使用配套的专用工具。

4)启动管路的敷设应横平竖直、整齐美观。煨弯处应成直角,弯曲半径应一致,并不小于 25 mm。启动管路表面不得有损伤、凹陷、压扁等缺陷。

5)微泄漏释放阀接头组件已在工厂内加工完毕,应安装在启动瓶组与选择阀之间的启动管路上。

6)在启动管路的整个安装过程和随后的系统调试过程中,都务必保持启动瓶组与出口管路接头相分离,以防止启动气体误释放可能造成的灭火剂误喷。该接头与启动瓶组的最终连接应在整个系统验收完毕,正式开通使用前完成。

7)启动管路与相关设备部件,以及管路相互之间的连接均采用了扩口式接头,因此,除在工厂内已完成的预制件以外,其他管路接口处应在现场采用专用的铜管安装工具进行扩口加工。

8)启动管路的安装工作应严格按照设计图纸上的原理示意图进行,任何气体单向阀的安装方向错误或接头位置的错误,最终都将导致灭火剂喷放的错误。

9)安装完成后,应有专人进行检查核对。

18. 表面油漆及外观调整

通过以上步骤,气瓶间的设备安装已基本完成。安装人员应从整体结构、外观上对系统进行检查、调整、修正和紧固。调整结束后,应对集流管和出管组件的外表面涂敷标志性红色油漆。对于表面未经镀锌处理或镀锌层受到损坏的部位，在涂敷外层油漆前，应局部刷防锈漆。对安装过程中造成的管道表面金属毛刺和油污，在油漆前应予以清除。

19. 喷嘴安装

喷嘴应在管道试验、吹扫和油漆结束后安装，吊顶下的喷嘴应在吊顶施工结束后安装。

管网中每个喷嘴的型号都是经过精确的设计计算确定的。在安装过程中，应严格按照图纸，逐个核对其型号、规格和接头形式，切不可错装。

喷嘴螺纹处应缠绕聚四氟乙烯胶带并采用扳手紧固，安装在吊顶下的带装饰罩的喷嘴，其装饰罩应紧贴吊顶。

20. 泄压口安装

泄压口应按照要求安装在预留的孔洞上，并采用膨胀螺钉加以固定。其中活动泄压的一面应安装朝向防护区内，外部安装铝合金装饰百叶窗。

21. 标识牌悬挂

标识牌应按照其作用和对应的标注，采用粘贴、悬挂的方式，安装在对应的位置。安装时，务必保证标志牌上标注的防护区名称与实际对应的防护区一致；标志牌安装要牢靠，确保其不能被随意取下和交换。

8.9　门禁设备安装

8.9.1　电磁铁、衔铁安装

1）根据施工图纸和电磁锁安装手册要求，确定电磁锁安装位置，用记号笔画出实际安装尺寸及位置。

2）根据电磁锁固定片和电磁锁在门体位置，画出电磁锁引线孔位置。

3）用 $\phi12$ 冲击钻在门框上钻孔，引出电磁锁的线缆。

4）根据电磁锁固定片安装位置，用麻花螺丝将电磁锁固定片固定在门框上，确保电磁锁固定位置偏差不大于 2 mm，且固定牢靠。

5）用电磁锁专用螺栓将电磁锁固定在电磁锁固定片上，确保电磁锁安装牢固可靠，水平和垂直偏差不大于 2 mm。

6）根据施工图纸及电磁锁安装手册，在门体上画出衔铁安装位置及固定螺栓位置。

7）用 $\phi8$ 麻花钻对门体进行钻孔。

8）用专用螺栓将衔铁安装在门体上，确保衔铁和电磁锁位置偏差小于 2 mm。

8.9.2　读卡器安装

1)根据门禁系统施工图纸和设计要求,用钢尺或水平尺画出门禁读卡器安装盒的位置,用墨斗(记号笔)画出读卡器安装盒及管线预埋的具体位置及路径。

2)按图纸要求进行读卡器安装盒及管线的连接安装。

3)用无齿锯沿读卡器安装盒及管线墙面进行切割,切割深度应不小于读卡器安装盒的深度。

4)用冲击电钻进行墙面剔槽,剔槽的深度应不小于读卡器安装盒的深度。

5)进行管线及读卡器盒的预埋固定。

6)用混凝土将墙面恢复。

7)用专用螺栓将读卡器进行固定。

8.9.3　出门按钮、紧急按钮安装

1)根据门禁系统施工图纸或设计要求,用钢尺或水平尺画出门禁系统出门按钮和紧急按钮预埋盒及管线的位置,用墨斗(记号笔)画出预埋盒(86 分线盒)及管线预埋的具体位置及路径。

2)按图纸要求进行出门按钮和紧急按钮预埋盒及管线的连接安装。

3)用无齿锯沿预埋盒(86 分线盒)及管线预埋画线位置对墙面进行切割,切割深度应不小于预埋盒(86 分线盒)的深度。

4)用冲击电钻进行墙面剔槽,剔槽的深度应不小于预埋盒(86 分线盒)的深度。

5)进行预埋盒及管线的预埋固定。

6)用混凝土将墙面恢复。

7)用螺栓将紧急按钮和出门按钮进行固定。

第9章 自动售检票(AFC)系统

自动售检票系统工程施工工艺主要包括管槽安装、线缆敷设、车站终端设备安装、车站计算机系统安装、中央级计算机系统安装等内容。

1. 施工准备阶段

由于AFC系统地槽为隐蔽工程,隐蔽后返工难度高,影响大,成本高。在工程实施前,将图纸与现场实际方位进行确认,重点监测施工路面是否有阻碍物,楼层结构的距离差是否影响管槽的铺设等其他问题。

1)图纸会审重点核对工程数量表与平面图中所涉及的有关方面。

(1)售票机、闸机、边门的数量、安装位置尺寸。

(2)自动售票机房配电箱安装位置尺寸是否合理。配电箱安装后,售票机上方的净空要满足维护和操作要求。

(3)根据装饰单位标注的1 m线,确定现场是否满足地槽埋设要求。若装饰完成面与现有结构地面间的净高小于地槽所需高度,应确认开凿结构的地面的位置、工作量,且应尽快协调土建单位安排人员进行开凿,发现有开凿至中板结构钢筋仍无法满足净高要求的情况积极督促土建单位整改。或针对此种情况在不改变终端位置的前提下,可改变地槽径路。不能改变径路的,采取局部降低地槽高度或联系设计单位调高装修完成面高度予以应对,切忌自行开槽。

(4)观察图纸设备位置上方顶板是否有漏水情况,早发现、早处理。在终端设备安装前处理完毕,既降低了土建堵漏的难度,也降低了设备成品被破坏的概率。

2)材料准备

(1)为地槽生产厂家提供准确的线槽底图,明确工艺要求。结合现场测量数据,合理确定出线口烟囱帽的高度,减少日后切割工作量,且烟囱帽上安装可拆卸盖板,可防止施工中异物掉入。

(2)地槽准备一定数量的三通、直角弯、直线段,以备在现场成品破坏时及时更换。

(3)施工准备阶段相关施工示意图如图9.1~图9.6所示。

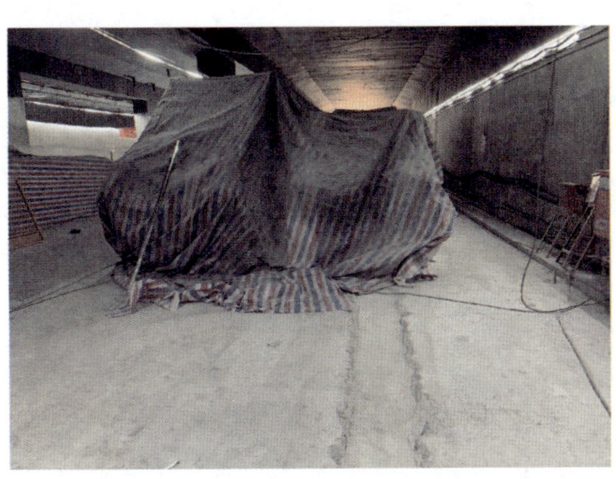

图 9.1　地槽路径被设备阻挡示意图

图 9.2　开槽深度不足示意图

图 9.3　烟囱帽上加可装卸盖板示意图

图 9.4　施工临时断开处装临时堵头示意图

图 9.5　成品被压坏示意图

图 9.6　及时更换备品示意图

2. 施工阶段

1)线槽预埋与安装

施工前提条件:公共区 1 m 线已确定;设备房间墙面砌筑完毕;公共区清场完毕,公共区地槽线路上无遮挡阻碍物品;公共区标高满足安装要求;材料已到货并经监理报验合格;已对操作工人进行技术交底并签字确认。

(1)线槽路径测量

根据施工设计图和综合管线装修图,按直线段取两端点定位,用粉袋画线器或墨斗弹线两条,标出车站全部公共区预埋线槽的位置,按照每 6 m 间距固定线槽支撑原则,用钢卷尺或标尺量出线槽支撑安装孔位置并做上标记,如图 9.7、图 9.8 所示。

图 9.7 路径测量现场施工图

图 9.8 路径测量示意图

(2)标高测量

①测量前首先与机电安装单位确认 1 m 线位置,正式施工前需再次核实 1 m 线是否有变动。

②其次,严格按照图纸标出 AFC 系统线槽径路。图纸线槽路径测量以轴中为准,测量前先确认机电所标记的轴中线是否准确,如果不准确,以实际测量中心为准。

③调平红外线水准仪及支架,调节高度与机电 1 m 线保持一致,用钢卷尺沿地槽敷设路径按照测试台账所示点位进行测量。为保证测量精度,每向前测量两个轴位将红外线水准仪向前方移动一次。

④测试方法:卷尺与地面保持垂直,确认水准仪水平线所示刻度,每走一个点位记录一次。

(3)地面下凿

①首先确认标高超高的点位,依据线槽径路划定下凿区域。开凿区域宽度不得低于 450 mm,深度按照测量值为准。

②红外线水准仪确定下凿区域的边线,用石材切割机延红外线所示路径切割,一侧完成后按此方法切割另一侧边线。切割时应注意用水瓶给切割片降温。切割人员需佩戴口罩,做好防粉尘措施。

③区域切割完毕后开始用电镐进行地面下凿,下凿时尽量保持电镐与地面垂直。

④下凿完毕后,及时清理槽内垃圾,重新测量标高是否满足条件,确认无误后,用细沙或水泥砂浆找平。

(4)钢管预埋

①信息点采用 $\phi25$ 钢管,钢管与底盒、钢管与线槽、过线盒间及管箍间必须连接电气连通线,电气连通线采用 BV 6 mm^2 地线。信息点安装高度为300 mm。网络盒为单独一根钢管,两个电源盒共用一根钢管,之间用钢管做横向连接。

②管线预埋后管口采用塑料堵头进行封堵,底盒采用白色面板防护。

③钢管与底盒连接内外必须连接锁母,禁止使用直通头连接。锁母须拧紧,固定牢靠。

④钢管采用房间垫层内预埋的方式进行敷设,转弯处应加装过线盒。钢管端头用堵头进行防护。

(5)防水线槽安装

为达到 IPX7 的防水效果,AFC 系统线槽盒安装十分重要。必须认真负责地按程序施工,才能达到满意的效果。

①按照施工图纸尺寸把各类分线盒准确定点。

②根据 ±0 基准,尼龙细绳绷线确定分线盒上平面高度(盒体上口平面应低于大理石下平面 15 ~ 50 mm)。

③按照画线标出的安装孔位置,使用冲击电钻钻孔,敲入膨胀管冲紧。注意:冲击电钻钻孔时电钻钻头垂直于混凝土地面,相邻支撑间距偏差小于 5 mm。将线槽支撑对准孔位试装一下,线槽支撑平面应与尼龙细绳绷线基本一致,否则切削地面或加垫块,调整水平,加上平垫、弹垫再带上螺杆,扶住支撑并同时靠上水平尺调整水平或垂直,最后螺丝拧紧,固定牢靠。依次安装线槽支撑,每段约 4 ~ 5 个。在线槽的首端、分支、转角、接头及进出线盒处线槽支撑数量增加,固定的位置不大于 0.4 m。

④确定地面线槽长度(采用切割机进行线槽的切割),修理切割后线槽内外毛刺,如果采用普通钢板热镀锌,切口部分刷防锈漆。线槽安装是必须保证线槽的水平度,过高的点位需要凿平,过低的点位进行垫高处理。

⑤针对线槽材质一般有两种安装方式。一种是槽体槽盖间加胶垫密封螺栓紧固。在分线盒线槽接头处放置连接器,然后放置线槽,与盒体相接(相接两线槽缝隙不大于 2 mm),盖上连接器盖板,检查合格线是否与防水连接器外边相吻合,相吻合后用气动或电动扳手紧固螺栓,并确认螺栓紧固度。紧固螺丝时要按对角的顺序,

4根螺丝平均紧固下降。严禁单个螺丝紧固完后再紧另一颗。另一种是采用槽盖焊接连接密封防护的方式。逐节摆放好线槽，对接调平，专业电焊工利用亚弧焊机逐节焊接线槽槽体接缝处满焊连接，其他人员辅助翻转连接好的线槽，焊完后，辅助人员利用角磨机打磨焊点，表面涂锌补锌处理。把焊好底部的线槽摆平安装到位，继续焊接上面的线槽盖板，全密封的连接好整个槽体，并打磨平整，做涂锌防腐处理，安装效果如图9.9所示。

图9.9　地槽安装效果图

⑥当确认防水连接器封闭件连接好后，继续紧固线槽螺栓，使连接器与线槽夹紧。

⑦安装线槽固定支架，调节至水平的统一高度，然后用膨胀螺栓在地面上定位紧固。

⑧线槽特殊处理：按照同样的加工安装方法连接终端盒，转接盒，出线盒等，在连接转接盒时仅满焊盒体内部，同样达到密封防水的作用。线槽末端应加装封堵板。采用预制好的开孔盒体与钢管连接，个别小缝处不能满焊时，利用可塑性粉状防火堵料封堵防水处理。槽体地线引出至接地铜排防护。

⑨预留敷设电缆拉线：线槽内预先穿放好敷设电缆的拉线铁丝，铁丝线径以1.5 mm粗细为好，两个子槽道内各穿放数根，拉线铁丝数量以多出近期设计数量两根左右最好。槽内铁丝在槽口处用棒状物临时绑住，略带点拉力绷紧，以免铁丝相互缠绕。

⑩当地面线槽管道系统安装好后就可以进行混凝土的浇筑。在浇筑混凝土时，避免对地面线槽系统的冲撞，以免破坏线槽的密封。

⑪线槽安装完毕后，如果没有进行混凝土的浇筑，要做好地面线槽系统的全面防护，站厅公共区和设备区走廊，有施工车通过的地段铺上板子进行防护。

2)闸机、售票机安装

AFC闸机的安装流程如图9.10所示。

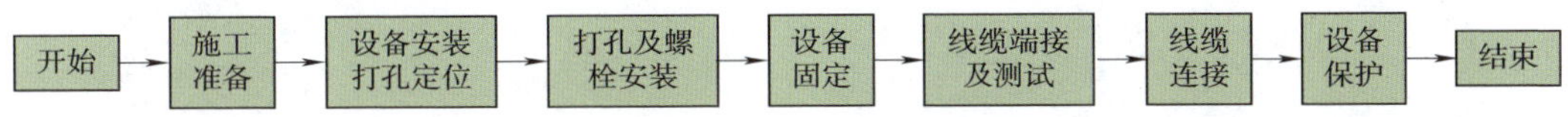

图9.10　AFC闸机的安装流程图

(1)施工准备

根据施工设计要求、工程数量、工期要求和施工调查，合理组织劳力，将设备运输到车站。

(2)安装孔定位

根据设计图纸，参照已标出的距墙面尺寸位置，运用红外线水平垂直仪和卷尺测量出售票机、出入站闸机、票卡查询机等设备底座或设备安装位置。检查相邻闸机间距是否满足技术要求，并在地板上用记号笔画出设备外框线条。

复核根据设备供应商提供的设备底部尺寸制作的安装模板尺寸与售票机、检票闸机设备底部结构是否一致，确认无误后把模板放在设备安装的地面位置上，核对前后方向，在地面上标出模板孔位位置。确保设备安装的位置与设计要求一致，膨胀螺栓孔洞位置正确。

(3)地板钻孔及底座调平

在标出的位置上，用冲击钻钻出大小和深度符合设计要求的孔洞，一般设备安装固定使用直径12～16 mm的膨胀螺栓，孔洞大小为16～20 mm，钻孔后清除地板灰尘，孔洞中轻轻敲入膨胀螺栓并冲紧涨管。

底座落于膨胀螺栓上，上下戴上锁定垫圈和螺母，下面起到调节的作用，上面起到固定的作用，参照基准线(50线)轴线使用红外线水平垂直仪和水平尺校正底座，使达到设备的安装要求。

(4)设备就位安装

设备安装前在地板和设备底部涂好防水密封胶，施工人员站在设备四周小心抬起设备，对齐底部孔和膨胀螺栓后轻放在地面上，戴上锁定垫圈和螺母，使用红外线水平垂直仪和水平尺校正水平垂直，拧紧膨胀螺栓。

设备固定完毕后，在设备底部与地板衔接处加补防水密封胶，勾缝处理。

(5)设备配线

检查接入设备的电力电缆、数据电缆等电缆数量和型号，进行绝缘、对号等测试；电缆端头接入接线柱拧紧，做好接地防护，安装效果如图9.11所示。

(a) (b)

(c) (d)

图 9.11 闸机、售票机安装效果图

3. 施工总结

1）地槽敷设时机的选择

在施工过程中车站现场交叉施工很难避免。地槽敷设完成后，现场的叉车、材料运输车等易造成其变形、报废。对于上述站点，地槽的敷设宜安排在大理石铺设前尽量晚的时间。在站厅垫层浇筑时，可采取支模预留线槽径路，以推迟地槽的敷设时间，如图 9.12 所示。

图 9.12 现场支模预留地槽位置示意图

（1）地槽尺寸的复核

出线口尺寸、位置间距必须全部核对。拼接前，要对到货地槽进行测量，看其是否生产时存在错误。拼接完成后，再次核对尺寸，检查是否有施工错误和重大偏差,如图 9.13 所示。

带有出线口的直线段,易两头颠倒。如不及时发现,待大理石敷设完成后返工费时、费力,对进度造成影响。

(2)地槽敷设时应随时对其标高进行复测,避免因地槽影响大理石铺设而返工,如图 9.14 所示。

图 9.13　尺寸核对现场施工图

图 9.14　标高复测现场施工图

(3)线缆敷设时,由于预埋地槽本身出现口尺寸较小,更要在出现口位置做好电缆防刮措施。

(4)售票机重量大搬运困难,利用准确的安装模板可以提升安装效率及安装的尺寸精度,如图 9.15 所示。

(5)及时做好售票机、闸机的成品保护。因施工工序的原因,装饰单位只有在售票机就位后,才能进行立面金属龙骨焊接,所以售票机还需做好防火措施(如:加盖一层防火布),避免对设备造成损坏,如图 9.16 所示。对于装饰单位也应做特别提醒。

图 9.15　利用安装模板安装售票机现场施工图

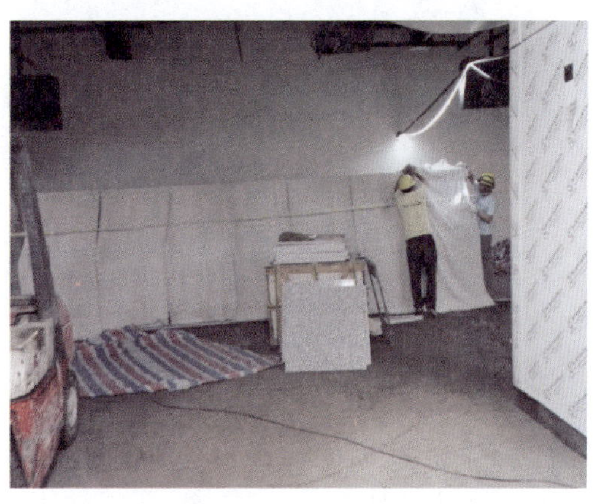

图 9.16　售票机加盖防火布现场施工图

2)存在的问题及改进措施

(1)设备底座旁防静电地板安装常会存在一个地板支架,会严重影响引缆布线,若该支架处理不好,地板会有松动现象且无法与设备底面平齐。故施工前事先确定地板的厚度,在底座加工过程中四周加焊一道小角钢,防静电地板可直接摆放其上,既保持美观、牢靠,又为后期引缆配线清除了一道障碍。

(2)防水线槽出线钢管无法满足防水需要,造成施工完毕后,土建结构渗水由钢管处流进线槽。为避免此类现象的发生,可采用取消防水线槽上的出线钢管,改由垫层内预埋钢管至设备室机柜内的做法。

第 10 章 导向、广告灯箱安装工程

10.1 导向安装工程

10.1.1 导向施工类别划分

10.1.1.1 导向标识

1. 导向标识系统类型划分

1)按功能分类:导向类标识、确认类标识、宣传信息类标识、安全警告类标识、信息咨询类标识五种。

2)按设置方式分类:悬吊式、挂墙式、落地式以及粘贴式四种。其中挂墙式又分为嵌入式和外挂式两种。

3)按照明方式分类:照明和非照明两种。

2. 标识牌设置要求

1)出入口命名及时刻表牌:设置在地铁出入口外部。

2)公告牌、安全警告牌等出入口标识:设置在地铁出入口内部。

3)通道导向标识:设置在通道楼梯口上方居中位置,通道过长时要重复设置。

4)站厅确认标识:设置在通道与站厅接驳处。

5)顶棚式标识:设置在地铁出入口门亭及电梯亭。

6)屋顶地徽:设置在地铁出入口门亭上方。

10.1.1.2 疏散指示标识

1. 紧急疏散系统类型划分

1)按功能分类:疏散导流标志、疏散指示标志、安全出口标志三种。

疏散导流标志——引导人流。

疏散指示标志——指向最近安全出口。

安全出口标志——确定安全通道出入口。

2)按安装方式分类:悬挂式、嵌入式、粘贴式三种。

3)按照明方式分类:电光源型、蓄光自发光型两种。

2. 紧急疏散标志设置要求

1)在站厅与出入口通道接驳处及出入口门亭处设置电光源型安全出口标志。

2)通道地面设置蓄光型疏散导流标志。

3)通道墙面设置电光源型安全疏散指示标志。

4)出入口楼梯侧墙面上设置疏散标志牌。

5)出入口楼梯踏步立面设置疏散导流标志。

6)站台层楼梯口处及站厅层通道接驳处的安全出口与导向牌整合。

10.1.1.3 电气系统

本工程导向专业仅对导向标识系统的电气线路施工,紧急疏散系统导向专业提供标志牌及安装,紧急疏散指示的管线敷设由动照专业完成施工。

10.1.2 导向标识施工阶段

10.1.2.1 紧急疏散指示系统

1)在站厅与出入口通道接驳处及出入口门亭处设置电光源型安全出口标志,悬挂式安装。其标志牌下边缘距地 2.5 m。标志如图 10.1 所示。

2)在地面设置蓄光型疏散导流标志,地面嵌入式安装。沿通道中心线或主要疏散路线设置;为了装饰美观、便于施工,地牌原则上设置在地面每块石材中心,原则上标志牌间距不大于 1 m。标志如图 10.2 所示。

图 10.1 电光源型安全出口标志

图 10.2 地面蓄光型疏散导流标志

3)在墙面设置电光源型或蓄光自发光型疏散指示标志,在拐弯处墙面根据需要相应增设疏散指示标志,分隔间距设置为 9.6 m;疏散指示标志上边缘距地面高度不大于 1 m。楼梯侧墙面上的疏散标志牌,标志牌中心线距地面装饰完成面 300 mm。标志如图 10.3 所示。

图 10.3 电光源型及蓄光自发光型疏散标志

4)在出入口楼梯踏步立面设置疏散导流标志,粘贴式安装。标志如图10.4所示。

5)采用粘贴工艺时,应符合下列要求。

(1)基层必须达到相关规范规定的强度要求,并要干燥透彻。

(2)基面必须平整、稳定,并清理干净。

(3)应在标志背面均匀涂覆胶贴剂固定牢固。

6)采用镶嵌工艺时,应符合下列要求。

(1)宜在镶嵌面预留出基槽。

(2)基槽镶嵌面基层要处理成粗糙面。

(3)基槽内部必须清理干净并要充分湿润,但不得积水。

图10.4　楼梯踏步立面疏散导流标志

10.1.2.2　导向标识系统

1. 屋顶地徽标志安装

顶棚式:设置在地铁出入口门亭顶部。

落地式:在支柱底部焊接固定法兰盘,法兰盘的厚度≥100 mm。法兰盘与杆体之间设有加强筋。

2. 吊挂式标志牌安装

采用悬挂工艺时,吊杆一般固定在楼板底面的混凝土层。如有其他设备而无法在楼板面固定,则考虑在吊顶龙骨或设备共用吊挂系统上固定。根据现场实际情况,配合设计单位深化吊装固定方案。

10.1.2.3　导向电气系统

1. 供电电源及控制

1)导向配电和照明配电共用配电箱,由BAS在车站综控室集中控制或照明配电间内手动控制,当车站发生火灾时,发生火灾的区域由FAS切除导向电源。

2)供电采用交流220 V,根据标识牌设置的特点,标识牌采用树干式配电方式。

2. 线路敷设

1)导线采用WDZ-BYJ低烟无卤阻燃导线。

2)站厅、站台及出入口通道内吊挂式的导向牌线路由配电室穿钢管在吊顶,或沿墙、柱敷设;站厅和站台内落地式的导向牌和出入口通道以外的落地式导向牌先在吊顶内敷设,然后沿墙或柱至地面在地面内穿钢管埋地敷设。

3)敷设在吊顶、墙面、柱面内以及出入口外的管线采用紧定式JDG钢管,站厅、站台内以及出入口外敷设在地面内的管线采用SC热镀锌钢管,导线管外壁均应刷防火漆两道。

4)电缆电线敷设主要采取以下几种形式:沿桥架、托架、线槽、穿管敷设,主要敷设在站台板下、吊顶内、电缆竖井内等处。

5)电力电缆在强电井垂直敷设时,电缆的固定点间距不应大于1.4 m。

6)根据标识牌配电的回路要求,每根管内绝缘导线数不应多于8根。

7)三根及以上绝缘导线穿于同一根管时,其总截面(包括外保护层)不应超过管内截面的40%,两根及以上绝缘导线穿于同一根管时,管内径不应小于两根导线外径之和的1.35倍,对于立式管可取1.25倍。

8)当线管超过下列长度时,应加装接(过)线盒或加大管径一级:

(1)线管全长超过30 m,且无弯时;

(2)线管全长超过20 m,有一个弯时;

(3)线管全长超过15 m,有两个弯时;

(4)线管全长超过8 m,有三个弯时。

3. 接地与安全

1)配电采用TN-S系统,接地与系统中的PE线连接,所有设备的金属外壳及金属结构件等均可靠接地。

2)导向标识系统设独立的电气开关和漏电保护开关。

3)标识牌采取良好的接地措施以保证外壳不带电。标识牌内部应走线合理,采用封闭式连接,无裸露线头在外。箱体中的电线敷设在金属套管或走线槽内,出口处均设保护套。

4)标识牌与外接电源的接线长度预留1~2 m,加装金属蛇皮管护套,该电源线从标识牌的左上角预留孔穿出,孔边加胶塞等保护套,以防电源线被割破。

10.1.3 导向施工注意事项

1)标志系统所有标志灯箱及导向牌的安装应牢固、拆装方便。

2)防止金属构件在运输、装卸和存储过程中变形。

3)防止裸露出来的表面被损坏面产生毛刺、凹凸等。

4)不要与泥浆、灰土、石膏、水泥相接触。

5)尽可能保留覆盖层并保持干燥。

6)在油漆期间要防止污染玻璃和塑料板。

7)标志系统需妥善密封,防止灰尘进入。

8)当地面疏散导流标志设置与盲道设置冲突时,应对盲道或疏散路线做相应调整。

10.2 灯箱安装工程

10.2.1 灯箱安装工程施工

10.2.1.1 灯箱安装施工工艺流程(图10.5)

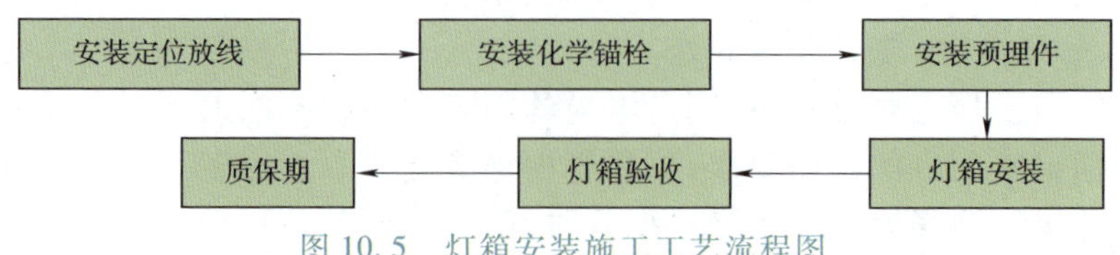

图10.5 灯箱安装施工工艺流程图

10.2.1.2　物流组织及配送方案

1. 灯箱包装

1）首先将每台广告灯箱成品固定在运输支架上，然后分别将每台灯箱进行包装，每台灯箱包装膜外侧右下角粘贴公司产品运输标签，用不褪色印刷或手写方式注明合同号、到货站、收货人、发货人、货物名称、型号、毛（净）重、生产日期和生产单位。

2）在包装膜上明显标注“轻放”“勿倒置”“防雨”等字样。

3）在包装膜外侧注明起吊绳的位置，如图 10.6 所示。

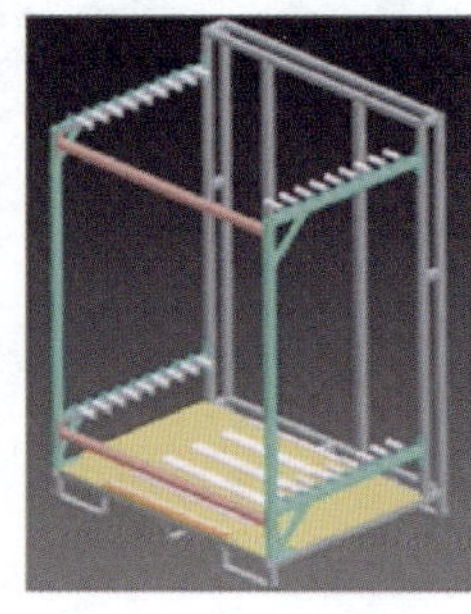

图 10.6　灯箱包装示意图

2. 灯箱运输

每批次的产品在保证设计质量及生产质量的前提下生产包装结束，并在出厂之后，采用汽车公路运输的方式将各类广告灯箱运至南宁地铁各个站口。

采用不间断连续分批生产、供货、安装的方式，在对各站所需灯箱、型号数量进行细致核实，相应的安装地点进行周密的确认后，依次根据各站的施工进度进行灯箱运输，如图 10.7 所示。

图 10.7　灯箱运输示意图

3. 灯箱吊卸

根据各站施工进度及施工现场的环境采用不同的吊卸方式，如遇车站通道口土建已完成，将广告灯箱成品运至各站站口处，采用合适吨位的吊车吊卸至站口地面，依次按顺序排放，由施工人员搬运至站内；如各站通道装修未完成且不具备搬运条件，将选用合适大吨位吊车，通过土建预留卸料口处吊卸灯箱至站内，确保灯箱能顺利吊卸至站厅层或站台层，依次按顺序摆放整齐，如图 10.8 所示。

图 10.8　灯箱吊卸示意图

4. 灯箱搬运

灯箱成品到达各站落地后采用人工搬运，首先将每台灯箱从运输架上卸下，平放在地面上，如现场环境恶劣，应先清理现场环境或铺设其他保护层以免破坏灯箱，在现场搬运条件完全具备的情况下，可开始搬运。

每台灯箱采用 8～12 人搬运，设搬运组长一名，在搬运过程中现场管理人员将全程监控，避免破损灯箱或其他专业设施设备。

10.2.1.3　施工阶段

1. 轨行区灯箱进轨

根据轨行区轨道的宽度与站台高度自制安装平台，平台可在轨道内左右移动，如图 10.9 所示。

图 10.9　轨行区灯箱进轨示意图

2. 轨行区灯箱安装搬运

由于轨行区安全门狭窄不便人工搬运，可将灯箱整体竖立在小轮车上，运至轨行区安装平台上，调整小轮车高度直至预埋件安装高度，如图 10.10 所示。轨行区安全门不能全部打开的，将采用自制轮车从安全门一端运输。

图 10.10　轨行区灯箱安装搬运示意图

3. 轨行区灯箱安装

1）在轨行区内搭设脚手架，脚手架高度为站台面高度或略高 20 cm，脚手架宽度为轨行区宽度，脚手架搭设完毕后在平面上铺设棉毡或木条，避免剐蹭灯箱背板造成灯箱损坏。

2）将灯箱搬运至站台面平放到先前搭设好的脚手架上，将灯箱旋转至便于安装的角度，打开灯箱将灯箱垂直立起。

3）上挂灯箱，每台灯箱安装需 8 ~ 10 人，灯箱两侧各 3 人负责灯箱与两侧预埋件的连接，灯箱前侧 2 人负责底托与灯箱的连接，灯箱与角码之间采用 M12 不锈钢螺杆进行连接，设置一平一弹双螺母，质检员查看安装时是否有平垫、弹垫、螺母等漏装现象，制定检验表格对安装齐全或漏装情况分别进行记录。

4）灯箱调平螺母紧固，根据水平仪水平尺寸对每一个灯箱进行调平，每台灯箱水平误差不超过 5 mm。质检员查看安装时是否有平垫、弹垫、螺母等漏装现象，制定检验表格对安装齐全或漏装情况分别进行记录。

5）关闭锁紧灯箱。

4. 安装定位放线

1）定位方法

定位放线是否准确直接影响灯箱设备的安装位置是否正确。现场清理干净后，用红外线放线仪对灯箱安装墙面进行标高线测量。认真分析本专业图纸，根据图上标注尺寸，在现场找准角码件的水平、垂直方位。根据图纸定位尺寸，用钢尺测量，找到灯箱角码安装位置，尺寸复核准确无误后进行放线定位。

2）放线准备

（1）图纸准备

准备一套完整施工图。对于本工程的施工，首先施工人员全面熟悉安装图纸，掌握安装技术要求，将现场情况与设计图纸进行比对，查看是否存在误差或不满足设计要求的情况，如发现误差及时向业主方、监理方、设计方汇报，根据反馈处理意见进行施工。

（2）技术准备

①熟悉施工图纸及其有关资料，熟悉《工程测量标准》GB 50026—2020 中相关要求。

掌握本工程的难点和重点是保证施工测量全过程顺利进行及后续施工的重要环节和基础。对本工程进行全面编制测量计划，全面掌握安装技术交底。

②熟练使用各种仪器，掌握其质量标准。

对各种仪器在使用前进行全面检定与校核。用于施工的测量仪器（激光放线仪、3 m、5 m 钢卷尺）要经过严格检查，不允许仪器自身误差影响检测工作，进而影响测设点的灯箱平面位置和标高。

③熟悉掌握灯箱标高基准线情况。

④灯箱定位放线后要经业主方、监理方验收合格后方可开始施工。

（3）人员准备

本工程测量管理人员由 1 名测量工程师和 2 名技术员组成，测量员安排见表 10.1，仪器见表 10.2。

表 10.1　测量人员组织安排表

序号	项目	天数	人数
1	熟悉图纸	1	3
2	熟悉施工现场	1	3
3	确定基准点	1	3
4	水准测量	1	3
5	测量成果的整理	1	3

表 10.2　仪器准备

序号	设备名称	规格型号	精度指标	数量	用途
1	红外线放线仪	DSG-240	2 mm	2 台	标高控制
2	卷尺	50 m	1 mm	4 把	施工放样
3	对讲机	GJD2、GP88	2 km	5 部	通信联络
4	钢尺	5 ~ 10 m	1 mm	10 把	施工放样

5. 安装化学锚栓

1)施工准备

主要机具:冲击钻、电锤、钢丝刷。

辅助机具:手吹风、棉丝、毛刷、墨斗、墨水、线坠、水平尺、盒尺、红蓝铅笔等。

作业条件:根据图纸标注尺寸,在结构墙面上放出化学锚栓安装位置点。

夜间施工时,应合理安排工序,防止错植、漏植,施工场地应根据需要安装照明设施,在危险地段应设置明显标志。

熟悉图纸,做好技术交底。

2)施工工艺

工艺流程如图10.11所示。

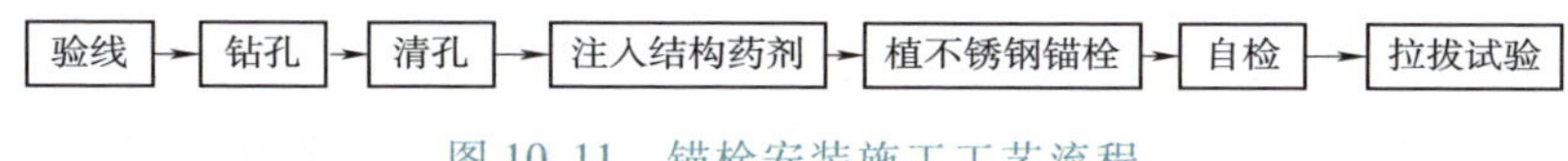

图10.11 锚栓安装施工工艺流程

3)质量标准

采用M16的化学锚栓,需满足设计要求及相关规范,允许偏差见表10.3。

表10.3 相关项目允许偏差

序号	项目	允许偏差	检验方法
1	植入深度	±3 mm	用盒尺检查
2	孔径大小	采用M14钻头	用盒尺检查

4)化学锚栓定位质量控制

(1)轨行区灯箱:根据水平放线仪确定灯箱安装位置,采用事先制作好的安装质子对各个灯箱角码件定位,对化学锚栓位置进行打孔,打孔后对其尺寸进行复核。

(2)站厅灯箱:先测量装修单位预留的灯箱装修孔位是否满足安装设计要求。

(3)根据现场装修预留的灯箱空位进行定位,采用事先制作好的安装质子对各个化学锚栓进行打孔,在上下左右四个位置各打一个孔后进行测量,查看孔位与陶瓷板距离及预埋件与预埋件间的距离是否满足要求,避免灯箱整体偏移触碰陶瓷板,设质检员一名,对每一站厅灯箱安装位置进行复查,确保安装满足要求。

5)锚杆植入质量控制

(1)打孔前在每个钻头上标注钻孔深度,当每次钻孔进行到标记处时将停止钻孔。

(2)制定测量工具,设专人依次对每一个孔洞进行测量,如孔洞较浅将再次进行钻孔,钻到合适的深度即可,如孔洞较深将对其进行明显标记,确保植入化学锚栓时外露长度60 mm。

(3)钻孔后,采用气筒将孔内尘土清理干净。如遇钢筋,将选择其他备用孔位,如遇特殊情况全部孔位均无法有效植入化学锚栓,将灯箱整体位置水平方向移位 100 mm,重新打孔植栓。

(4)M16 化学锚栓需要经过有资质的第三方检测单位进行现场拉拔试验。

6. 安装预埋件

1)安装准备

(1)设专人测量化学锚栓安装质量(外露尺寸、倾斜角度等)是否满足要求,避免影响预埋件安装质量。

(2)设专人统计每个灯箱每个预埋点位植入化学锚栓数量,如锚栓缺失将及时补齐,锚栓数量满足业主方安装技术要求。

2)预埋件角码安装

(1)先将预埋件固定到事先植入的化学锚栓安装点位,依次放入平垫、弹垫、两个不锈钢 M12 紧固螺母,并设专人对其进行检查,避免漏装,检测仪器见表 10.4。

(2)对平垫、弹垫、螺母齐全的预埋件进行紧固,设专人对每一个灯箱的预埋件水平度及间距进行测量,确保预埋件安装的水平度和预埋件之间的距离满足设计要求,对不满足设计要求的预埋件将重新紧固、调平。

表 10.4 检测仪器及用途

序号	设备名称	数量	用途
1	水平仪	3	测量一平行线上预埋件安装水平度
2	水平尺	3	测量单个预埋件安装水平度
3	卷尺	3	测量预埋件安装距离
4	铅垂	3	测量垂直度

7. 站厅灯箱安装

1)再次测量装修单位预留的灯箱装修孔位及预埋件角码安装尺寸是否满足安装设计要求。

2)将灯箱搬运至站厅层,平放至各个安装点位,放在棉毡上避免剐蹭灯箱背板及地板,将灯箱旋转至便于安装的角度,打开灯箱将灯箱垂直立起。

3)上挂灯箱,每台灯箱安装需要 8 ~ 10 人,灯箱两侧各 3 人负责灯箱与两侧预埋件的连接,灯箱前侧 2 人负责底托与灯箱的连接,质检员查看安装时是否有平垫、弹垫、螺母等漏装现象,制定检验表格对安装齐全或漏装情况分别进行记录。

4)灯箱调平螺母紧固,关闭灯箱查看灯箱四周边缘与装修材料间隙,确保尺寸为 10 mm,灯箱外表面与装修墙面平齐。如遇灯箱突出墙面超过 40 mm 以上向业主汇报,制定包边方案。

10.2.2　灯箱安装工程施工注意事项

在施工时如发现主题结构、装修专业构件存在缺陷时，应立即停止安装，并及时向业主方、监理方汇报，不得私自改动非本专业设施。

1. 施工准备

进场施工前，与土建专业做好进场准备工作，包括临电配电箱安装、临时加工区围挡搭设、施工现场清理等。施工材料运输到位，完成材料质量检验工作。熟悉图纸，掌握技术交底、安全交底作业规程及相关要求。

2. 测量定位放样

定位放线是否准确直接影响灯箱设备的安装位置是否正确。现场清理干净后，用经纬仪及放线仪找出方正、标高。认真分析本专业图纸，根据图上标注尺寸，在现场找准紧固钢架的水平方位。根据图纸定位尺寸，用钢尺测量，找到灯箱安装位置，在钢架制作前复核，准确无误后放样紧固钢架。

3. 工艺自检、验收

每项工作施工结束后进行自检，自检合格后向监理进行质量报验，填报相关技术资料。验收依据为合同要求、施工图纸、《钢结构工程施工质量验收标准》GB 50205—2020及相关技术规范。